主　编　钱乘旦
本卷作者　郭家宏

第四卷 英帝国的转型

英帝国史

A HISTORY OF THE BRITISH EMPIRE

The Transformation of the British Empire

江苏人民出版社

图书在版编目(CIP)数据

英帝国史. 第四卷, 英帝国的转型 / 郭家宏著. ——南京: 江苏人民出版社, 2019.10
ISBN 978-7-214-23285-4

Ⅰ.①英… Ⅱ.①郭… Ⅲ.①英国—历史 Ⅳ.①K561.0

中国版本图书馆 CIP 数据核字(2019)第 043203 号

书　　　名	英帝国史·第四卷　英帝国的转型
主　　编	钱乘旦
著　　者	郭家宏
策　　划	王保顶
责 任 编 辑	史雪莲
装 帧 设 计	周伟伟
责 任 监 印	王列丹
出 版 发 行	江苏人民出版社
出版社地址	南京市湖南路 1 号 A 楼, 邮编: 210009
出版社网址	http://www.jspph.com
照　　排	江苏凤凰制版有限公司
印　　刷	江苏凤凰新华印务有限公司
开　　本	880 毫米×1 230 毫米　1/32
印　　张	91.375　插页 32
字　　数	2 040 千字
版　　次	2019 年 10 月第 1 版　2019 年 10 月第 1 次印刷
标 准 书 号	ISBN 978-7-214-23285-4
定　　价	580.00 元(全 8 卷)

(江苏人民出版社图书凡印装错误可向承印厂调换)

本书获国家哲学社会科学基金经费资助,项目名称:
"英帝国的形成、发展及其在 20 世纪的崩溃"
项目号 11ASS001

谨此致谢

目 录

前言………… 1

第一章 第一帝国的特征及其瓦解………… 1
一、旧帝国的统治体制………… 1
二、旧殖民体制的危机………… 29
三、旧帝国的解体………… 52

第二章 帝国的重建………… 67
一、工业革命与英帝国的发展………… 67
二、新的帝国思想的产生………… 89
三、帝国的新形势与帝国政策的调整………… 113

第三章 第二帝国的形成………… 132
一、印度殖民地的调整………… 132
二、加拿大殖民地的调整………… 163
三、澳大利亚殖民地的建立………… 198

四、拿破仑战争时期英帝国的发展………… 227

第四章 新的统治机制的出现………… 283

一、在爱尔兰的试验………… 283

二、印度新的统治机制………… 307

三、其他殖民地的统治机制………… 328

结语 旧帝国与新帝国………… 347

附录………… 352

一、地图………… 352

二、大事年表………… 356

三、参考书目………… 358

四、译名对照表………… 372

后记………… 378

前 言

1783—1815年是英帝国发展史上一个重要时期,是从旧帝国到新帝国,从旧殖民体制到新殖民体制的过渡时期,是第一帝国解体、第二帝国形成的交替阶段。

1763年"七年战争"结束,英国击败了法国、西班牙等对手,几乎赢得了海洋霸权。就在英国春风得意,试图重组帝国的时候,英帝国却陷入了困境:一方面,英国需要处理魁北克法裔居民的问题,另一方面北美十三州殖民地与母国的矛盾不断加深,蕴藏在帝国内部的危机不断暴露,各种矛盾不断激化。这是殖民帝国内在危机的第一次大暴露:宗主国与殖民地之间必定要对抗,结局一定是帝国的解体。不过在那个时代,人们并没有意识到这一点。相反,英国政府从美国独立战争中吸取了教训,及时调整了殖民政策,使得英国在短短30年之间,又组成一个崭新的、地域更加辽阔的帝国,即"第二英帝国"。在这个时期,重商主义殖民理论渐次退出历史舞台,新理念和新地域构成了新的帝国。而导致新的帝国理念与新的帝国体制出现的根本原因是,英国工业革命的发展及其引起的英国政治、经济、社会、思想、文化、宗教的变化。工业革命的发展,推动了人道主义运动和福音教派的发展,有些英国人开始同情土著殖民地人。研究这一时期英帝国的历史,对于研究19世纪英帝国迅速发展壮大的原因，对于研究英帝国新的统治机制的形成，有很强的理论意义。本卷力图解释的是：什么机制导致帝国生命的更新？

1783年，《巴黎和约》签订，英国正式承认美国独立，这块英帝国中最重要的殖民地从此脱离了英帝国。1783年英国失去美洲殖民地是第一英帝国终结的最明显的标志。[①] 帝国的发展岌岌可危。第一英帝国崩溃后，英国政府对其殖民政策进行认真的反思、探索，及时调整了殖民政策：一方面加强对殖民地的控制，改变以前在政治上对殖民地控制不力的局面。另一方面英国政府又实行了灵活多样的政策：对白人殖民地授予代议制政府；对非英裔欧洲人殖民地则尊重其原有的语言、文化、宗教、习惯；对土著地区殖民地，改变了原来赤裸裸进行掠夺的政策，承担更多的所谓"法律上和道德上"的责任，惩治殖民地官员的贪污腐败行为，从而巩固了英帝国的统治，结果使英帝国迅速稳固。

正是这些调整，使得英国在这之后的几十年内，在旧帝国的废墟上建立了一个地域更为广阔、机制更为灵活的新帝国。英国虽然由于美国的独立而失去了一个帝国，但却得到了前所未有的更大的帝国。[②] 经过法国大革命与拿破仑战争期间的扩张，英帝国的版图大大扩大，形成了第二英帝国，"日不落帝国"在这一时期已经奠定了基础，新的帝国统治体制开始出现，并逐渐发展、成熟。到1815年，新的帝国版图已经基本形成。它包括了许多不同的地方，包括

[①] Sarah Stockwell, *The British Empire, Themes and Perspectives*, Oxford: Blackwell Publishing, 2008, p. 5.

[②] J. Holland Rose, A. P. Newton, E. A. Benians, *The Cambridge History of the British Empire*, Vol. II, *The Growth of The New Empire, 1783 – 1870*, Cambridge: At the University Press, 1961, p. 1.

加拿大、西印度、印度、斯里兰卡、澳大利亚、南非、热带非洲的一部分以及地中海中的一些具有战略意义的岛屿。

本卷所研究的问题，国内学术界尚没有专门的论著，也缺乏系统而详尽的论文。在我国，英帝国史的研究还没有成为一个独立学科，英帝国史的研究往往附属于英国史的研究，这是我国目前英帝国史研究的一个特点。我国学者所著的英国史著作往往有一定的篇幅论述英帝国史，例如，蒋孟引的《英国史》、王觉非的《近代英国史》，钱乘旦、许洁明的《英国通史》等有关著作都有一定的章节考察这一时期英帝国史的有关问题。此外，我国学者对英国前殖民地如印度、加拿大、澳大利亚、南非等国的历史也有一定的研究，在某些方面对英国殖民统治史已进行了一定程度的考察。但是这些研究都着眼于相关地区的历史，没有涉及对英帝国政策的根源、演变、实施，以及英帝国的演变进行探讨。林承节主编的《殖民主义史—南亚卷》和《印度现代史》、《殖民统治时期的印度史》对英国在南亚的殖民统治作了一些论述。他认为，英国在印度的行为总的来看呈现鲜明的矛盾性，它在自觉地实现破坏性使命的同时却不自觉地实现着建设性使命，它必须实现双重使命，却又设置障碍，使两者都不能实现。具体表现为：殖民统治实现了印度的政治统一，却又人为地保持了部分分裂状态（土邦）；它摧毁了印度的自然经济和村社，却顽固地维护半封建的土地所有制；它把印度和正在形成的资本主义市场联系起来，促进了印度商品经济的发展，却不给印度自主平等的贸易权力，仍把它置于依附于英国的地位。[①] 宋家衍的《枫叶国度——加拿大的过去与现状》用很大篇幅论述了七年战争以后加拿

[①] 林承节：《殖民统治时期的印度史》，北京大学出版社2004年版，第2页。

大的转变、发展和巩固。张天的《澳洲史》，对澳大利亚殖民地的建立、发展、壮大作了论述。郑家馨的《南非史》对南非殖民地发展的历史进行了论述。但是，这些著作都没有从英帝国整体发展的角度，探讨这一时期英帝国的转变。国内学者近年来开始注意到英帝国史研究，但主要集中在英国的非殖民化方面，有关1783—1815年英帝国史的研究尚未有专门的著作出现。

英帝国史是一个十分古老的研究课题。可以说，从美国独立之日起，英国就有许多人研究英帝国史。国外关于英帝国的研究历史悠久，著述极为丰富。英帝国史的研究源于英国国家制度史研究，它是英国爱国主义教育的典范。① 早在美国独立战争前后，英国便掀起了一个研究英帝国问题的热潮，对美国独立这一历史性事件做出了评判，出现了许多著作。此后，对英帝国的研究从未间断。不过，随着时代的发展，研究者所取的视角也有所变化。

现代英帝国史研究则从20世纪20—30年代开始，当英属殖民地的民族主义及英国国内的经济衰退开始侵蚀英国传统的爱国主义时，J. H. 罗斯（J. Holland Rose）等人主编的8卷本《剑桥英帝国史》详细地描述了英帝国史。这套丛书所隐含的目的是，证明英国的"正义"、"仁慈"和"人道"的价值观念如何通过法律规则的实施和民主制度的建立变成了自由国家普遍的民族精神。② 这一套书是迄今为止涉及范围最广，叙述最为完整，资料最为详实的研究英帝国史的丛书。但它实质上是为了给英帝国歌功颂德，并没有客观地评

---

① C. A. Bayly, *Imperial Meridian -The British Empire and the World*, 1780 - 1830, London and New York: Longmans, 1989. p. 1.

② C. A. Bayly, *Imperial Meridian —The British Empire and the World*, 1780 - 1830, p. 1.

判英帝国的历史。该丛书的基调是辉格派的、浪漫的及胜利主义的,尽情赞颂帝国扩张给殖民地以及殖民者带来的利益,尤其是对英帝国的几个自治领做了详尽的论述。该丛书第一卷题目是《旧帝国:从开始到 1783 年》,论述了 1783 年以前英国如何走出欧洲,横跨大西洋,建立英帝国,以及帝国的扩张、发展和崩溃。这是英帝国的第一阶段,也是重商主义殖民理论占统治地位的时期。第二卷《英帝国-联邦:1783—1870》,详细、全面地论述了这一时期的英帝国发展的历史。该书内容翔实,资料极其丰富,是英帝国史研究必读之书。该书认为:就第二英帝国建立的特定政策而言,这个政策并非是 18 世纪末那种国家扩张政策,而是那种传统的扩大英国海上商业力量的政策。旧帝国没有形成母国向殖民地移民的运动。作者认为,新帝国形成于英国国内经济迅速发展的时期,交通方式的变革,又促使更多的人从母国迁移到殖民地。[①] 该书对于旧帝国崩溃到殖民地改革时代到来这半个世纪的殖民政策给予极大关注,这是本书一个值得称赞的特点。该书的作者之一文森特·哈罗在论及新帝国体制时谈道:1782 到 1800 年英帝国最大的失败是没有能够对爱尔兰问题制定出妥协的方案,即爱尔兰在承认大不列颠在帝国事务上有监督权的基础上,爱尔兰在内部事务方面享有自治权。[②] 第四至第八卷分别对帝国的几个重要的地区进行了介绍,主要涉及英属印度、加拿大、澳大利亚、新西兰、南非等五个重要的殖民地。该套书认为,新的帝国形成于 1815 年,在新的帝国中,英国政治家给自

[①] J. Holland Rose, A. P. Newton, E. A. Benians, *The Cambridge History of the British Empire*, Vol. II, *The Growth of The New Empire*, 1783 -1870, Preface, pp. v-vi.

[②] Ibid, pp. 130 - 132.

己一个更重的担子。他们不得不学习在多种气候、环境下统治不同种族人民的统治艺术。①

1988年—1989年牛津大学出版社出版的5卷本《牛津英帝国史》是20世纪出版的另外一套英帝国史。这套丛书并没有对自治领给予特殊的地位,反而对英属亚洲、非洲的殖民地进行了大量论述,它强调了不列颠的帝国特性,并考察了世界各地区对帝国的影响,如对贸易的影响,帝国对征服地区人民的影响,征服地区对英国的影响等。② 其中第一卷探讨了英帝国的起源,展示了英格兰及后来的不列颠如何卷入,为什么卷入海外贸易、航行、拓殖的行列中。第二卷以专题论文的形式,把帝国作为一个整体,论述了1689年到1815年英帝国发展的几个关键阶段。作者认为18世纪中期,英帝国已经包含了其主要的部分:印度、北美、爱尔兰、西印度。美国独立战争后,前殖民地仍然留在英国商业和贸易的轨道中。英国强大的海军及军事力量,在全世界保卫其经济体制。③到18世纪末期,英国的经济利益已经日益具有"全球性",这个意义上,英国的利益已经超出了"帝国限制"。第三卷则论述了1815—1902年这一所谓的"英帝国世纪",作者认为,1814—1815年的和平条约不但确立了英

---

① J. Holland Rose, A. P. Newton, E. A. Benians, *The Cambridge History of the British Empire*, Vol. II, *The Growth of The New Empire*, 1783-1870, p. v. Vincent T. Harlow, *The Founding of the Second British Empire*, Vol. II, 1763-1793, London: Longmans, 1964, p. 1.

② Review by: Alison Games, *The Accidental Empire*, *The Oxford History of British Empire*, Volume I: *The Origins of Empire*: *British Overseas Enterprise to the Close of the Seventeenth Century*; Vol. II: *The Eighteenth Century*, *Reviews in American History*, Vol. 28, No. 3(Sep., 2000), pp. 341-350.

③ P·J·Marshall, *The Oxford History of British Empire*, Vol II, *The Eighteenth Century*, Oxford, New York: Oxford University Press, 1998. p. viii.

国在欧洲的支配地位,而且还承认了英国1793年以后征服的地区。英国在世界各地的殖民地从此不再担心被攻击、被颠覆以及财政损失,英国作为殖民地统治者地位的发展,刺激了统治者和被统治者的宪政及政治的创新,而帝国的扩张和占领,也影响了英国的文化发展。①

新帝国的孕育、诞生与英国帝国政策及观念的变化密不可分。关于英帝国观念、帝国理论研究,其专门性的著作有克劳斯·E.科纳的《英国殖民理论(1570—1850)》,这本书全面介绍了1570—1850年出现的有关英帝国方面的理论、思想,是研究英帝国史不可多得的理论性著作。作者认为,殖民理论的发展影响着国家行为和政策的形成,负责任的政治家在制定帝国扩张和帝国政策时,必定受政治影响的约束。②作者认为,"渴望拥有足够的土地来耕作是吸引一个个殖民者跨越大西洋去进行拓殖的强大动力"③。贝内特编辑的《帝国的观念:从伯克到艾德里,1774—1947》④,搜集了新帝国形成过程中的一些重要人物的言论。

第二英帝国的建立开启了英帝国发展的新阶段。关于第二英帝国的起始仍存在争论。多数人将1783年美国独立作为第二英帝

---

① Andrew Poter, Ph. D, *The Oxford History of The British Empire*, *the Nineteenth Century*, Oxford, New York: Oxford University Press, 1999, p. 1.
② Klaus E. Knorr, *British Colonial Theories 1570 - 1850*, London: Frank Cass & LTD, 1965, p. xvii.
③ Review by: W. P. Morrell: *Colonial Theories : British Colonial Theories*, 1570 - 1850. by Klaus E. Knorr, *The Economic History Review*, Vol. 15, No. 1/2 (1945), pp. 94 - 96.
④ George Bennett(ed), *The Concept of Empire: Burk to Attlee*, 1774 - 1947, London: Adam and Charles Black, 1963.

国的起点,1783年《巴黎和约》签订之后,帝国治理的许多政策都发生了变化。也有人把19世纪30年代后开始的帝国改革作为第二帝国的起点①,文森特·T.哈罗的《第二英帝国的建立》(第一、二卷)专门论述了这一阶段的历史。该书认为,随着英国海上力量和工业生产的增加,海外扩张特征的转变,海外贸易帝国的概念获得了新的推动力,在追求这一帝国的过程中,英国人发现自己被迫进行调整,并逐渐放弃了重商主义,支持自由贸易,从而导致了相反的结果。无限制的贸易极大地推动了"无形帝国"的扩张,作为宗主国,英国将自己的殖民地置于与其他国家相同的地位,也被视为外国。这又刺激了殖民地民族主义运动的兴起,而"市场高于统治"这一原则导致英国在印度获得主权,使英国控制了一个更为广阔、人口更稠密的地区。帝国的主要动力不是建立在对殖民地拓殖的基础上,而是建立在商业贸易的生命线上。② 作者认为,第二英帝国作为一种远东贸易体制,形成于18世纪60年代,它主要是贸易帝国,而不是拓殖帝国,尽管在一些地区,如加拿大,一些拓殖活动发生于18世纪末期。③

布伦丹·西姆斯的《三个胜利和一个失败:第一英帝国的兴衰,

---

① Robin W. Winks, Alaine Low, *The Oxford History of The British Empire*, Volume V, *Historiography*, Oxford, New York: Oxford University Press, 1999, p. 60.

② Vincent T. Harlow, *The founding of The Second British Empire*, 1763 - 1793, Vol. I, *Discovery and Revolution*, New York: Longmans, Green and Company, 1952. p. 2.

③ Review by: E. R. Adair: *The Founding of the Second British Empire*, 1763 - 1793, by Vincent Todd Harlow, *The William and Mary Quarterly*, Third Series, Vol. 10, No. 2 (Apr., 1953), pp. 328 - 332.

1714—1783》论述了汉诺威王朝对英帝国发展的影响,作者认为,汉诺威王朝保持了欧洲大陆的同盟关系,使英国在保持欧洲大陆势力均衡的同时帝国也急剧扩张。而1776年由于英国疏远了欧洲的盟友而失去美洲。[1] 詹姆斯的《英帝国的兴起和崩溃》一书有两个部分论述了从帝国建立到1815年这一段时间的英帝国历史,作者认为,到拿破仑战争结束时,英国已经是靠国际贸易生存的国家,英国在海外占领新的地区未能对民族自豪感有所贡献。[2] 琳达·科里的《夺取:不列颠、帝国和世界,1600—1850》阐述了帝国成立以来的领土扩张。关于第二帝国的建立,作者认为,美国独立战争没有放弃帝国,白人居民仍然在帝国的旗帜下向西扩张,肆意驱逐北美土著居民及其他人民。[3] 皮尔斯·布伦顿的《英帝国的衰落和崩溃,1781—1997》借鉴爱德华·吉本《罗马帝国兴衰史》的理论与方法,论述了1781年之后英帝国的兴衰历史,其中有2个章节论述了第二英帝国的兴起。[4]

另外,埃尔顿的《帝国联邦》也是一部有关英帝国史研究的通史性著作,其特点是理论性强,论述深刻。[5] C. A. 贝莱的《帝国的巅峰——英帝国与世界,1763—1830》中有相当一部分内容是专门论述

---

[1] Brendan Simms, *Three Victories and a Defeat, the Rise and Fall of the First British Empire, 1714 - 1783*, London: Penguin Books, 2008.
[2] Lawrence James, *The Rise & Fall of the British Empire*, London: Little Brown and Company. 1998, p. 165.
[3] Linda Colley, *Captives-Britain, Empire and the World, 1600 - 1850*. New York: Archor Books, 2002, p. 19.
[4] Piers Brendon, *The Decline and Fall of the British Empire, 1781 - 1997*, New York: Vintage Books, 2010.
[5] Lord Elton, *Imperial Commonwealth*, New York: Reynal & Hitchcock, 1946.

这一时期的帝国史等内容的。T.O.劳德的《英帝国,1558—1995》中的第三、四、五章论述了这一时期的帝国历史。该书作者认为,最伟大的帝国扩张时期也是民族主义和责任制政府理念在欧洲被接受并传播到全世界的时期,英帝国创立了一套政治观念体系,这些观念我们今天或许难以理解,但在许多方面为许多人提供了连接新旧世界的桥梁。① 另外还有其他一些关于英帝国史的通史和加拿大、印度、澳大利亚史方面的论著也有这方面的论述,这些论述集中在以下几个方面:(1)印度从公司统治到国家统治,(2)加拿大的巩固与扩大,(3)澳大利亚的建立;其不足之处是没有从整体上把握这一时期英帝国发展的特点,没有揭示出美国独立后,英帝国发展壮大的根本原因,没有解答帝国的崩溃与巩固扩大这一悖论。

本卷在写作过程中,除了参考上述主要的资料外,还运用了一些文件汇编。主要有:马登主编的《英帝国与英联邦宪政史文件选》的第2、3卷。② 阿斯普拉尔主编的《英国历史文件集》第11卷。③ 查尔编辑的《印度宪政史文件选读》④、康马杰的《美国历史文献》第一卷⑤,克劳

---

① T.O. Llody, *The British Empire, 1558 -1995*, Oxford: Oxford University Press, 1996.
② Edited by Frederick Madden with David Fieldhouse, *Select Documents on the Constitutional History of the British Empire and Commonwealth*, Vol. II, *The Classical Period of First British Empire*, 1689 - 1783, London: Greenwood Press, 1985.
③ Edited by A. Aspirall and E. Anthony Smith, *English Historical Document*, Vol. XI, (1783 -1832), London and New York: Routledge, 1996.
④ S. V. Desika Char, *Reading in The Constitutional History of India, 1757 - 1947*, Oxford: Oxford University Press,1983.
⑤ Henry S. Commager, *Documents of American History*, Vol. I, New York: Prentice-Hall, 1963.

利编辑的《澳大利亚历史文献》第一卷①,以及道蒂主编的《加拿大宪政史相关文献》等。② 这些文献资料对于本卷的写作非常重要。

与中外学者的研究成果相比,本卷有以下两个方面的特点:(1)综合论述英国旧的殖民体制的特征,论述了第一英帝国的崩溃及第二英帝国发展壮大的内在原因,分析了旧帝国与新帝国最根本的区别。作者认为1815年拿破仑战争结束时,新帝国的基本要素已经形成,尽管这时重商主义殖民政策还没有退出历史舞台,但是其衰亡的趋势却是不可逆转的。导致新的帝国发展壮大的根本因素是工业革命的发展及其引起的政治、经济和社会的变化。(2)对落后地区殖民地管理体制作了论述,对英国殖民主义的二重性问题作了进一步论述。在新的时期,英国在伯克的殖民地托管理论的影响下,形成了一套对土著殖民地的管理体制。这一时期英国在统治与掠夺殖民地,给殖民地人民带来深重灾难的同时,也开始对殖民地承担一定的法律和道德责任,惩治殖民地政府官员的腐败行为,并开始在殖民地兴办教育,铺设铁路,兴修水利,建设工厂。其主观上虽然是为了英国更好地统治殖民地,是为了获取更多的利润,是殖民地形势发展的需要,但在客观上促进了这些殖民地经济文化的发展,把土著殖民地强行拉入了资本主义世界体系,使其开始了艰难的现代化历程。英国的殖民统治在客观上也促进了殖民地民族国家的形成。

---

① Frank K. Crowley, *A Documentary history of Australia*, Vol. I, *Colonial Australia*, 1788–1840, Oxford: Oxford University Press, 1953.
② Adam Shortt and Arthur G. Doughty, eds., *Documents Relating to the Constitutional History of Canadian*, 1759–1791, Vol. I, Ottawa: King's Printer, 1918.

第一章 第一帝国的特征及其瓦解

1783年9月,英国政府与美国签订了《巴黎和约》,正式承认美国独立。英国丧失了北美十三州殖民地,第一英帝国宣告瓦解。

解体后的英帝国是一个支离破碎的帝国:在北美大陆,英国仅剩下魁北克、新斯科舍,纽芬兰等殖民地;在印度,英国保留着孟买、马德拉斯、加尔各答三个殖民据点;英属西印度殖民地仍掌握在英国人手中,在这些殖民地中,魁北克及新斯科舍乃是地广人稀、一片荒芜之地,生存条件极为恶劣。在印度,英国人则处于印度人的汪洋大海之中。一时间,英帝国似乎就要终结。

然而历史的发展往往会出乎人们意料。第一英帝国瓦解后短短30多年时间里,英国便在旧帝国的废墟上,迅速建立起了一个地域更为广阔、控制更为有效、体制更加灵活、更有活力的新帝国,传统上被称为"第二英帝国";它与第一英帝国在帝国思想、统治体制、统治原则等方面有很大不同,因此可将第一英帝国称为旧帝国,将第二英帝国称为新帝国。

一、旧帝国的统治体制

从1607年英国在北美建立第一块殖民地开始,英国殖民者逐渐把英国政治经济体制移植到了殖民地,形成了一套殖民统治体制。这个殖民统治体制以重商主义理论为指导思想,又深深打上英国地方自治传统的烙印。迄至美国独立之前的170多年时间中,英国的殖民地不断扩大,先后建立了北美13个殖民地,西印度群岛种植园殖民地和印度的几个殖民贸易据点。1763年"七年战争"结束后,英国又从法国手中夺取了地域辽阔的法属魁北克,并将法国赶出了印度,从西班牙手里夺取了佛罗里达。英国成了真正意义上的世界殖民强国。

需要说明的是,英国是在重商主义的推动下向北美大陆移民的。对英国而言,北美殖民地主要服务于商业目的,一方面可以作为英国工业品的销售市场,另一方面可以作为欧洲不生产而又需要消费的产品的来源地,英国还可以从美洲殖民地产品的转口贸易中获得丰厚的关税收入。正是这种重商主义动机,使北美殖民地从一开始就注定要向着一个巨大而繁盛的商业方向发展,在这方面,北美具有优越的地理环境:北部新英格兰和中部殖民地有着漫长的海岸线,优良海港星罗棋布;南部殖民地气候炎热,资源丰富,宜于种植欧洲所缺乏的热带作物。这些殖民地生产的物品以及从事的生产活动大都与英国的商业有密切联系,能够对英国在与其他欧洲国家竞争中起重要的补充作用。

北美英属殖民地大致分为三部分:其一是生产烟草的弗吉尼亚及其紧挨着的邻地;其二是从事捕鱼、伐木、商业和皮毛贸易的新英格兰及其他零散的不信奉国教者的居留地;其三是那些带来极大利润的英属西印度群岛甘蔗种植园殖民地。在第一英帝国时期,英帝国的主体在北美,到美国独立战争爆发之前,英属北美殖民地人口已经达到200万,占当时说英语人口的三分之一。① 在长期的殖民过程中,英国逐渐形成了一套完整的殖民地管理体制,并具有一些独特的特点。

17—18世纪中叶是欧洲重商主义盛行的时期,在英国,重商主义同样成了国策。重商主义是资本原始积累时期占主导地位的经济思想和政策体系,代表商业资本主义的利益,尤其代表着同海外贸易和殖民扩张相联系的垄断性商业资本利益。重商主义理论源于西班牙的重金主义政策,最权威的阐述来自于英国经济学家托马斯·孟(Thomas Mun,1571—1641),他在1621年发表《论英国在印度的贸易》,维护东印度公司的贸易行为。1644年他的代表作《英国对外贸易的财富》出版,该书主张由政府控制国家经济,削弱竞争对手,增强本国实力。重商主义认为货币是财富的基本形态或者说唯一形态,一国的贫富取决于国内金银货币的多寡,发展对外贸易和海外事业可以增加其金银输入,这也是巩固新兴民族国家和实现国富民强的首要途径。对外贸易必须保持"顺差",出口必须超过进口。重商主义时期英国对外贸易实行特许制度,由国王向商人集团颁发特许状,成立海外贸易公司或殖民公司,垄断特定地区的贸易。公司出资向国家购买垄断权,从而享有广泛的政治、经济特权。英国的特许公司是国家或国王与商业资本共谋的产物。

随着英国商品经济的发展和民族国家的兴起,国家干预经济活动成为财富增长的重要手段,是重商主义经济理论的一个重要组成部分,正如学者赫克歇尔所言:"国家是重商主义经济政策的主题和

---

① 斯塔夫里阿诺斯:《全球通史——1500年以后的世界》,吴象婴、梁赤民译,上海社会科学出版社1999年版,第177页。

目标。"①在重商主义思想影响下,国家通过一系列经济立法全面介入、干预和管理经济,当时国家干预不但渗入到人们的日常生活中,而且涉及经济发展的方方面面,对英国资本主义发展起到了强力助推的作用。重商主义特别重视同殖民地的贸易,它要求独占殖民地作为母国的销售市场及主要原料供给地,并且认为一旦母国控制了殖民地贸易,一个新的工业品销售市场就形成了,而新的需求又会刺激国内就业。时人乔赛亚·蔡尔德爵士(Sir Josia Child)在谈到西印度种植园的案例时说:在那里,一位白人外加10名黑人工作,加上他们的吃、穿等需求,会给英国带来4个就业机会。②因此,英国议会连续颁布《航海条例》(the Navigation Acts),以保障本国商人的利益。③第一英帝国就是在重商主义理论指导下产生、发展和壮大的,重商主义是旧帝国最主要的特征。

重商主义追求的是贸易与财富,因而这一时期英国对殖民地统治的特点就表现为政治上管理松弛,经济上严格限制。

1. 管理松弛——英国殖民地政治管理体制的特点

第一英帝国与欧洲其他殖民国家不同,它的殖民地不是由政府出面组织拓殖的,而是由私人冒险公司或个人创建的。冒险公司或个人从国王那里取得特许状,然后筹措资金,招募人员,到海外建立殖民地。

英国在美洲的殖民地分为四个类型:(1)皇家殖民地(Crown

---

① Eli. F. Heckscher, *Mercantilism*, Vol. I, New York: Garland Publishing Inc., 1983, p.21.
② J. Holland Rose, A. P. Newton, E. A. Benjans, *The Cambridge History of British Empire*, Vol. I, *The Old Empire, From the Beginnings to 1783*, Cambridge: At the Universiy Press, 1960, p.565.
③ Charles F. Mulleft, *The British Empire*, p.235.

Colonies),包括弗吉尼亚、马萨诸塞、纽约、新泽西、新罕布什尔。皇家殖民地的总督由英王指派,这些殖民地由英国国王直接控制。(2)业主殖民地(Proprietor Colonies),英王把北美大片土地赏赐给其宠臣或者大贵族,受地者称为业主。业主殖民地在性质上是英王的份地,由殖民地的业主任命总督,包括宾西法尼亚、马里兰、特拉华、佐治亚和南、北卡罗来纳。(3)自治殖民地(Autonomy Colonies),包括康涅狄克、罗得岛。自治殖民地总督由当地有产者选举产生。根据特许状和其他宪政文件,英属殖民地是英王创设的"法人和政治实体"或"永久政治实体",作为政治社会,其所拥有的政治权力来自于英王的授予。(4)加勒比海岛屿殖民地,这些殖民地通常地域很小,只是一些小岛,但经济意义重大,为英国提供热带产品。所有的殖民地都不是全体英国人的属地,而是和英国本土一样,是英王的领地。像所有殖民国家一样,英国也将自己的政治理念和机构移植到了美洲①,到17世纪末期,在英属北美殖民地,一种相当正规的政府形式已经定型,这便是通常所说的"旧的代议制体制"(The Old Representative System)。第一英帝国在美洲的殖民地都建立了这种类型的政府,每个殖民地都有一名总督、一个咨询议会和一个法院系统,几乎每个殖民地还有一个民选的立法议会。②

英国建立殖民地最初的动机是商业方面的考虑而非领土扩张③,所以英国政府对于私人及冒险公司在海外的殖民活动并不直

---

① D.K. Fieldhouse, *The Colonial Empire-A Comparative Survey from the Eighteenth Century*, London: Macmillan Press, 1982, p.529.
② Leslie William White, W. D. Hussey, *Government in Great Britain, the Empire and the Commonwealth*, Cambridge: At the University Press, 1958, p.207.
③ A. Berriedale Keith, *Constitutional History of the First British Empire*, Oxford: Oxford University Press, 1930, p.8.

接干预。北美殖民地在创立时期地处偏僻,自然条件恶劣,人口稀少,无需民选机构,通常是所有的居民集中到一起开会,挑选他们的官员,制定他们认为合适的措施。①著名的"五月花"号公约(Mayflower Compact)就规定:"在上帝面前庄严立誓签约结盟,自愿结为一民众自治团体。为使上述目的得以顺利进行、维持并发展,亦为将来能随时制定和实施有益于本殖民地总体利益的公正法律、法规、条令、宪章及公职,吾等全体保证遵守与服从";"同心协力为较佳秩序与生存建立一个文明政体,……并且要随时制订、拟定和设计那种公认的适合殖民地全体人民利益的公平法律、条例、法令、法规以及设立治理机构。"②除纽约和佐治亚两个殖民地外,其他殖民地的特许状上都写着:"所有立法均须取得'自由民'同意"③,也就是说,美洲殖民地从一开始就确立了按"人民意愿"统治的原则,尽管"人民"这个概念在那个时候只是少数人。

英国的殖民地从一开始就较少受到英国政府的干预,而较充分地发扬了英国地方自治的传统。17世纪大多数美洲殖民地创立的时期,正值英国国内国王与议会之间的权力斗争激烈之际。除了马萨诸塞殖民地早在1628年就得到查理一世的自治特许状外,新英格兰的其他殖民地(包括普利茅斯、康涅狄克、普罗维登斯、纽黑文、罗德岛州等)都是在没有得到母国的援助,甚至是在母国毫不知情的情况下建立的,这些殖民地最后都经国王批准,但殖民地同英国议

---

① James A. Williamson, *A Short History of British Expansion*, London: Macmillan & Co., Ltd, 1927, p.191.
② Hugh Edward Egerton, *A Short History of British Colonial Policy*, London: Methuen, 1924, p.42.
③ 美国大使馆文化处编写:《美国历史简介》,1982年5月第二版,第18页。

会的关系则很不明确。英国议会有时通过一些影响殖民地的立法，但不经常。如果国王不让议会过问殖民地事务的话，议会无疑就会立即停止它的权力。①托克维尔经过观察后指出："对于新英格兰的各殖民地来说，一般只是在它们的存在已为既成事实之后很久，才给它们赐予特许状的。……新来那里的移民虽然并不否认宗主国的无上权威，但他们并没有去寻找权力的根源，而是自己建立政权，只是三四十年后查理二世在位时期，这些殖民地的存在才根据皇家特许状而合法化了。"结果"我们看到这些移民时刻都在独立地行使主权，他们自己任命行政官员，自行缔结和约和宣战，自己制定治安条例，自己立法，好像他们只臣服于上帝"②。

1763年以前，英国政府由于在忙于殖民争霸战争，对殖民地的自治倾向一直是睁一只眼，闭一只眼，英国官员对殖民地事务的管理权实际上也相当薄弱。从1607年弗吉尼亚殖民地建立到17世纪中叶，国王和议会都把殖民地看成是他们争夺统治权斗争的一个次要目标。③

在建立殖民地的过程中，英国政府虽然很少直接出资或者出力，但它通过特许状的方式，将管辖殖民地的权力保留在自己手中。根据当时的政治惯例，北美殖民地作为英国海外领地，其政治属性和土地权力均来自英王的授予，英国政府因此对其拥有合法的主权和管辖权。母国如何对大洋彼岸的殖民地进行有效的政治控制，英国决策者们对此一直在苦心孤诣地探索。

---

① J. 布卢姆等：《美国的历程》（上），杨国标、张儒林译，商务印书馆1988年版，第50页。
② 托克维尔：《论美国的民主》（上），董良国译，商务印书馆1993年版，第45—46页。
③ J. 布卢姆等：《美国的历程》，第50页。

英国政府采用管理海外领地的方式进行统治，尽可能完整地将英国本土的社会结构、政治体制和法律体系移植到北美，按照英国政府自身的模式和功能来设计和建立各殖民地政府。要求殖民地所制定的法律必须符合母国的法律和习俗，在宗教上维持国教信仰，在政治上永远忠于王室。这些要求不仅体现了英国对殖民地的制约，而且确立了英国管辖殖民地的合法权威。18 世纪中期，北美殖民地政治体制已经定型，其体制相当于母国体制的缩影，殖民地的政治结构与母国具有相对应性。不过这时美洲殖民地依照的并不是这个时期的英国体制，而是 17 世纪头两代斯图亚特王朝君主（詹姆斯一世、查理一世）时期的英国体制，政府的行政部门并不对立法机构负责，但在很大程度上依赖立法机构提供经费。每个殖民地近乎是半独立的政治实体。

英国对殖民地的统治机构由国王任命的各殖民地总督、政务会（The Council）和经选举产生的议会（The Assembly）组成。在这个体系中，总督是殖民地政府的最高行政首脑，在礼仪上，总督是殖民地的头号显要人物，"享有 17 响礼炮欢迎或类似的官场礼仪这类荣耀"①，王室殖民地的总督由国务大臣推荐，英王任命；业主殖民地的总督由业主挑选，自治殖民地的总督则经选举产生。总督是母国和殖民地之间的联系纽带，是殖民地政府的重要象征。② 从理论上讲，总督是母国在殖民地的代表，总督的职责来自君主，他掌握有认证政府文件所必需的殖民地大印，有权授予土地，负有监督本殖民地

---

① R. C. 西蒙斯：《美国早期史——从殖民地建立到独立》，朱绛、常绍民等译，商务印书馆 1986 年版，第 320 页。
② Charles F. Mulleft, *The British Empire*, p.245.

宗教生活和道德的责任。他还执行海关和贸易法律，可以指定集市场所。作为陆军和民兵总司令和海军中将，他还行使很大的陆军权力和一些海军权力。由本地人组成的政务会相当于母国的枢密院和议会贵族院，民选的议会则与母国议会的下院相对应。两者共同掌握立法权，可以制定不违背英国法律的地方法令法规。总督可以召集、暂停和解散议会，否决其法案，或者将其留交帝国政府考虑。他和政务会行使着上诉法院的职能。各殖民地议会本身是由享有不同参政权的人选举产生的，其立法职能从属于帝国议会，它们重要的作用在于掌握了财权。但是地理上的阻隔减损了英国对殖民地的控制力，殖民地的自治能力不断增强。英国上层并不看重殖民地总督这个职位，远离母国任职，前途艰险莫测，且薪俸微薄，因而从英王那里得到一个总督任命，并不被看成是多大的荣耀。这使总督人选的来源受到诸多限制，当局有时不得不退而求其次，不称职的情况经常发生，这样一来，总督在殖民地居民的心中就很难得到充分的敬重。①

从理论上讲，殖民地总督的权力范围很广，覆盖了殖民地政府各个部门。他有权否决殖民地立法会议通过的议案，有权委派殖民地的法官、收税官、监察员，有权管理殖民地民兵的官吏。但在具体的操作中，总督却受到殖民地政务会、英国国内以及殖民地议会等三个方面的牵制。

对总督权威的第一个限制来自政务会。政务会是总督的咨询机构和高级法院，由 12 名成员组成，具有立法、司法和行政职能，政务会

---

① 刘绪贻、杨生茂总主编：《美国通史》，第一卷，李剑鸣著，《美国的奠基时代——1585—1775》，人民出版社 2001 年版，第 260 页。

充当殖民地第二院,与总督平起平坐。政务会的存在限制了总督的权力,总督常常发现,失去政务会支持他将孤立无援,因为在很多情况下,没有政务会的同意,总督的指令无法变成行动。[①] 政务会往往由精心挑选的上层商人和农场主组成,用以拉拢他们支持英国的殖民统治,个别成员经常对总督的指令拒不执行。不过由于总督可以推荐政务会的人选并可以终止难以驾驭的政务会成员的职务,总督的地位仍占优势。马里兰总督夏普在谈到这一问题时曾写道:如果英国业主愿意"把所有那些没有授给政务会委员的职位完全交给我自己来支配,并向那些向他申请官职的人表示,除非由我推荐,否则他决不理会任何求职申请",那么他就可以采取措施在殖民地培养一批有势力的追随者。[②] 总的来说政务会是北美殖民地统治中最为薄弱的一环,被人描述为"一个供鲸鱼游戏的浴盆"。

第二个限制来自英国国内。18 世纪英国的政治是一种寡头政治,文官录用采取的是具有封建色彩的恩赐制,即由各部大臣或各部下属机构负责人根据个人的意愿任命文官。少数专业性强的高级文官通过国王的特许状来任命。在这样一种政治生活体制中,每位政治家通过裙带关系、利害关系和收买手段,在自己周围聚集了一批忠实的追随者,其报偿就是给他们一些职位,使他们可以捞到一些好处。[③] 美洲官职的任免权是对国内谋取官职的补充手段。[④] 在这种情况下,总督权力就很难发挥,一位殖民地总督发现他的官

[①] John C. Miller, *Origins of the American Revolution*, Stanford: Stanford University Press, 1959, p.34.
[②] R. C. 西蒙斯:《美国早期史——从殖民地建立到独立》,第 321 页。
[③] 伊曼纽尔·沃勒斯坦:《现代世界体系》,第 2 卷,吕丹、刘海龙等译,高等教育出版社 1998 年版,第 364 页。
[④] John C. Miller, *Origins of the American Revolution*, p.34.

职任命权受到限制,大批官职不是由他本人而是由王室和英国各部负责任命补上,这样一来,总督拥有的可以奖掖美洲殖民地可能支持他的人的职位极少,处境极其困难。还有的总督发现他对由伦敦各部大臣任命的下属官员没有最高权力,甚至连他本人的任职也可能由于他在英国政府庇护人政治势力的衰落下而变得困难或结束。而殖民地的英国官吏往往是一些平庸无能之辈。英国政治的稳定性很大程度上是靠官职任免制度支撑起来的,但这种制度却削弱了美洲殖民地当局的作用。所以,多数殖民地总督把不能扶持一批强大的追随者列为他们最无能为力的障碍。

第三个限制来自于殖民地议会。殖民地议会是英帝国的一个与众不同的特征,殖民地议会也必须由英王批准认可,北美殖民地的地方议会远非是民主的,其选举权受到财产和宗教等多方面限制,在 18 世纪前期通常是由占人口 10%的富有者选出来的。除新英格兰领地外,一般殖民地建立时都没有议会,英国政府总是采取措施建立这种立法机关,拒绝授予殖民地行政部门任何独占的征税权或一般立法权。[1] 但殖民地议会却在不断扩大自己的权力。在殖民地议会获得的各项权力之中,控制财政的权力最为重要。殖民地最初的宪政文件将财政拨款权、征税权授予议会。18 世纪殖民地议会下院效仿英国议会下院,力图控制本地一切资金的征集和使用,声称所有财政议案的提出和修改权都在议会下院。[2] 它们制定法律、征税,控制着地方财政、官吏任命。由于殖民地议会控制着殖民

---

[1] R. C. 西蒙斯:《美国早期史——从殖民地建立到独立》,第 321 页。
[2] 刘绪贻、杨生茂总主编:《美国通史》,第一卷,李剑鸣著,《美国的奠基时代——1585—1775》,第 313 页。

地财政收支大权,各殖民地议会的地位因此变得很重要。英属殖民地民选的议会狂热地捍卫它们所认为的不可剥夺的权力,代表母国权威的总督和其他官员,其政治影响受到殖民地自治倾向的抑制。总督和其他王家官员的薪俸,必须由殖民地议会拨付,由于总督没有经常性的经费,因而很难直接对殖民地进行统治。在总督与议会的斗争中,议会往往利用这个有利的武器,迫使总督屈服。这样一来,英国在殖民地的总督实际上成了一个有名无实的职位。面对难以驾驭的殖民地议会,总督很难去认真执行英国国王的旨意。实际上,1763年之前,不论是皇家殖民地,还是业主殖民地,殖民地总督最大的障碍就是殖民地议会,在实际运行之中,它已经像母国议会下院那样,获得了巨大的权力。[1] 这样一来,许多总督发现自己既要安抚满腹牢骚的殖民地人民,又要满足国王的意愿,他常常在因严格执行皇家训令而受到人民憎恨,和对国内指令应付了事因而引起国内不满之间进行选择。[2]

值得注意的是,英国政府本身对于如何管理殖民地并没有一个明确的思想[3],理论上,英王作为殖民地最高所有者,自然是殖民地事务的主要监督人,在北美殖民地建立之初,英王个人和英国枢密院掌握着殖民地管理的全部权力。由于当时殖民地问题的重要性并不突出,管理问题也比较简单,英王实际上并没有太多过问殖民地事务。实际上,英国对殖民地实行控制的最大障碍在于政治。除

---

[1] Gipson, Lawrence Henry, *The British Empire before the American Revolution, Volume IX, The Triumphant Empire, New Responsibilities within the Enlarged Empire, 1763-1766*, New York: Alfred A. Knopf, 1956, p.18.

[2] John C. Miller, *Origins of the American Revolution*, p.35.

[3] Martin Kitchen, *The British Empire and Commonwealth, A Short History*, London: Macmillan Press Ltd, 1996, p.3.

佐治亚外,北美殖民地都是在1688年以前建立的,而这一时期英国国王和议会之间的权力斗争正异常激烈,从革命到共和,再到复辟,英国社会被严重撕裂,国王和议会都没有对遥远的殖民地投入过多的精力。1640年前,斯图亚特王朝已经处在风雨飘摇之中,英国革命爆发后,国内局势动荡,政府对殖民地的控制就更为削弱了。英国内战期间,议会和国王都声称对殖民地有统治权,但是他们都无法实施这种权力。复辟王朝时期人们开始关注殖民地事务,不过此时西印度群岛的蔗糖殖民地更引人注目,被说成是"王冠上的宝石"。英国革命对殖民地的影响比较小,革命之后,殖民地管理的最大变化是议会在对殖民地立法方面取得了决定权。[①]威廉和玛丽入主英国以后,北美一些殖民地的地位发生变动,而英国的管理体制并没有很大改变。与殖民地相距遥远,对殖民地漠不关心和英国最高权力的归属未定的局面等因素凑在一起,使英国迟迟未能制定一套前后一致的、有连贯性的殖民政策。从1607年建立弗吉尼亚殖民地之日起到17世纪中叶,英国国王和议会都把殖民地事务看成是他们争夺统治权斗争中一个次要的目标。[②]

在这种背景下,英国对殖民地的管理十分混乱,没有一个专门的机构来全权负责殖民地事务,帝国对殖民地的控制是由许多个不同的部门来行使的。在这样一套管理体制中,英王是殖民地的最高统治者,也是所有未授土地的所有人,他往往由一名国务大臣来代表。枢密院负责殖民地的最高法律事务,发布命令;南方事务大臣负责委派各殖民地总督。财政部负责处理与殖民地有关的财政问

---

① Charles F. Mulleft, *The British Empire*, pp. 240-241.
② J. 布卢姆等:《美国的历程》,(上),第50页。

题,财政部下设关税委员会,负责执行《航海条例》和征收税赋,对殖民地总督下达有关贸易和岁入的特别指令,向殖民地派驻审计核查官员。陆军部参与殖民地的防卫,组织和装备英国驻扎在北美的军队;海军部负责保护英国的海上贸易,防卫海岸线和港口,对有关海上走私、海盗活动、私掠及海上争端等问题享有最终决断权。议会负责制订有关法律,英国大主教负责掌管国教会。1696年5月成立了贸易委员会(Board of Trade)来协调有关殖民地的事务,贸易委员会是一个咨询性质的机构,隶属于枢密院,最初由2名枢密院成员和5名熟知殖民地及贸易问题的人士组成。其职责是照管英国和其他国家的贸易,参与安置贫困人口,处理与殖民地有关的事务,而以殖民地管理为主。但该部门不是一个行政主体,该委员会的主席直到1768年才成为内阁成员。①

实际上,英国对殖民地管理相当松弛。1640年以前就是这样,革命爆发后英国政府对殖民地的管理就更为松弛了,马萨诸塞殖民地直到1644年还否认当时的英国议会有权约束它。斯图亚特王朝复辟时期,为了加强对殖民地的管理,英国于1685年到1688年曾经将马萨诸塞、普利茅斯等几个殖民地合并起来组成新英格兰领地,以波士顿为首府,派驻一名英国总督统一管理。但"光荣革命"发生时,这个"新英格兰领地"就瓦解了。这样在英国,殖民地事务就成了谁都不管,谁都能管的事,每一个部门都按照自己部门的利益来直接处理殖民地事务。② 在17世纪,北美殖民地几乎是自由地处理内部事情,并逐步产生出自治倾向。1754年,英国政府为了对抗法

---

① Martin Kitchen, *The British Empire and Commonwealth, A Short History*, p.2.
② D.K. Fieldhouse, *The Colonial Empire-A Comparative Survey from the Eighteenth Century*, p.64.

国威胁,曾经在阿尔巴尼召开关于各殖民地合作的会议,即著名的"阿尔巴尼会议"(Albany Cnference),会议提出了多种联合的建议。马萨诸塞总督提议组建殖民地联盟,根据他的计划,单个的殖民地不再处理棘手的印第安事务,有关包括俄亥俄峡谷和大湖地区在内的印第安事务、条约、土地等问题都由"联盟"来处理,联盟的首脑由国王任命。① 但是这些建议都被殖民地议会否决。

在这种多重管理体制之下,英国对殖民地的控制显得十分随意,极不协调。各个部门之间也互不通气。例如负责殖民地事务的贸易委员会只是一个咨询机构,其性质类似一个全国性的商会,其主要工作是接收各殖民地总督的来信和处理殖民地议会事务,并将有关法律文件送到相应的部门。涉及财政部和海军部的事务,贸易委员会无权要求它们采取行动,而只能请求采取行动。② 而且贸易委员会长期没有人事权,殖民地的重要官员由南方事务大臣所控制。海军部和陆军部虽说负责殖民地的防务,却很少与贸易委员会协商。③ 英国大主教也想在殖民地插上一手,17 世纪 70 年代,英国大主教获得了管理殖民地国教会的权力,后来他成为贸易委员会成员。在 1787 年新斯科舍设立主教以前,英国的殖民地没有自己的主教。

这些部门的职能各有不同,但总的任务和目标则是一致的,那就是维护英国的殖民体系,使殖民地更好地服务于母国的利益。但

---

① Brendan Simms, *Three Victories and a Defeat, the Rise and Fall of the First British Empire, 1714-1783*, London: Penguin Books, 2008, p.394.
② R. C. 西蒙斯:《美国早期史——从殖民地建立到独立》,第 213 页。
③ D.K. Fieldhouse, *The Colonial Empire-A Comparative Survey from the Eighteenth Century*, p.65.

是由于这些机构分工不明确,职权也多有重叠,因而不断发生摩擦和冲突,它们相互掣肘,降低了效率。在英国,没有任何部门在殖民地事务上努力与其他部门采取共同行动。英国议会也从未为殖民地制订一个宪法,事实上也很少干涉殖民地事务。①

同时,经过光荣革命,英国确立了议会至上的原则,君主立宪制逐渐完善。尽管18世纪70年代以前,殖民地自治的原则一直没有受到严重的挑战,但是,议会至上的原则与殖民地自治的信条却不相容。尽管如此,1765年以前,在殖民地,没有一条宪法是英国议会所制定的,所有针对殖民地的法规都是经过国王恩准的。英国议会从未为殖民地制订过宪法,事实上也很少干涉殖民地事务。② 18世纪中期之前,英国政府对于美洲殖民地内部事务仍没有多大兴趣。③事实上,在所有涉及美洲殖民地方面的事务,国王和枢密院是最高权威,他们的决定是最终的决定。英国议会为殖民地颁布的法令分为四类:第一类是1651年以《航海条例》为开端的重商主义法令;第二类统称为贸易法,管制领地和殖民地的进出口贸易;第三类旨在限制殖民地的制造业;第四类保护英国的债权人。但是这些法令都没有涉及对殖民地的征税。

总之,英国统治殖民地的机构虽然很庞大,却是重叠和松散的,各个不同的机构对于殖民地政策不能协调一致,因此常常令出多方,彼此多有抵触,这就使殖民地有不服从命令的借口。进而殖民地和母国之间横亘着茫茫大海,两地之间的交通和通信很不方便,

---

① Martin Kitchen, *The British Empire and Commonwealth, A Short History*, p.3.
② Ibid.
③ Frank O'Gorman, *The Long Eighteenth Century, British Political and Social History, 1688 – 1832*, London, New York: Arnold, 1997, p.179.

这大大减弱了母国对殖民地的控制力度。殖民地议会利用宗主国与殖民地之间距离遥远、交通困难的条件,往往制定法律后,一面送呈英国政府部门批准,一面迅速执行。即使议案被英国政府否决,它们将原来的法案稍加修改,仍可再送英王批准。殖民地议会还往往以不支付总督及其他官吏薪金的方式,迫使殖民官员屈服。殖民地议会逐渐成为殖民地反抗英国统治的政治力量。所以,权力分散而引起的混乱、低效是造成英国对殖民地统治削弱的原因,北美殖民地在17世纪几乎是自由处理内部事务。

2. 严格限制——英国殖民地经济管理体制的特点

尽管英国对殖民地政治管理松懈无序,在经济方面却对殖民地施以严格限制,殖民地的一切经济活动,都必须服从于宗主国的利益。在这种政策指导之下,英国制订了一系列关于殖民地的经济法规,以保护英国对殖民地的掠夺。

复辟时期,英国确立了系统的殖民地贸易调控制度,这些商业法典由议会颁布,由此也确立了议会在帝国事务上具有立法权。[1] 17世纪中期以后,英国在重商主义理论的指导下制定了一系列关于殖民地的政策与法令,重商主义政策一直贯穿于其对北美殖民地的统治。内特尔斯认为,英国的重商主义政策包含三方面内容:(1)"谷物法促进了国家的农业,旨在实现食品供应自给自足的理想";(2)"国家通过诸如保护关税对制造业的帮助,努力提供包括战争军备在内的必需制成品";(3)《航海条例》的"目的在于保证对

---

[1] George Louis Beer, *The Old Colonial System, 1660–1754, Part I, The Establishment of the System, 1660–1688*, Vol. I, New York: Peter Smith, 1933, p.224.

外贸易将以对国家产生最大利益的方式进行"①。

对北美殖民地经济产生重大影响的是《航海条例》。1651年,英国颁布第一个"航海条例",1660年又颁布了"列举商品法令",明确规定殖民地的糖、烟草、棉花和燃料只准运往英国出售。此后,被列举的商品越来越多,到美国独立前夕,殖民地的重要产品中只剩下咸鱼一项未被"列举"。这一些法令基本上确定了英国对殖民地出口贸易的实际垄断地位。

重商主义政策也体现在垄断殖民地的进口市场上。北美殖民地主要从英国进口所需要的工业品或制成品,英国议会1663年颁布的法令禁止任何欧洲国家的货物输入殖民地,除非这些货物首先运抵英国港口,在那里交纳税款后方可由英国(包括殖民地)建造的并由英国水手驾驶的船只运入殖民地。这个法令的执行可能会给殖民地的造船业和航运业带来很大的实际利益,但由于英国商人对北美市场的垄断,殖民地居民没有更多的选择,只能以比较高的价格购买来自英国的进口品。

在此后的一个多世纪中,《航海条例》虽然经过多次修改,其基本原则却保持不变:(1)同殖民地进行贸易的船只必须是殖民地或英国所建造并为它们所有的,其船员中至少有四分之三是英国人或殖民地居民。除此之外,其他船只一律禁止同殖民地贸易。(2)蔗糖、棉花、靛蓝、烟草等"列举的货物"只准由殖民地运往英国或者其他英属殖民地,禁止运往其他地方。(3)除少数例外,禁止将欧洲和亚洲的货物从英国以外的地方运往殖民地。② 这种政策的目的有两

---

① Curtis P. Nettels, *British Mercantilism and the Economic Development of the Thirteen Colonies*, The Journal of Economic History, Vol. XII, No. 2, Spring 1952, p.105.
② J.布卢姆等:《美国的历程》,(上),第51—52页。

个:首先,殖民地应从母国输入工业品,而且只能从英国输入;其次,殖民地应绝对将原材料输往英国,只有极少数商品可以自由贸易,这些货物还必须用殖民地自己的船或英国的船运送。①实际上,重商主义政策一是为了促进英国航海业的发展,二是为了促进英国制造业的发展。

英国政府希望把各个殖民地召集起来,组成一个庞大的商业帝国,帝国的每一个部分可以从事它所能干得最好的事情,为其共同利益做出贡献。帝国不希望出现令人不愉快的竞争。②旧的殖民体制的基础是帝国的每一部分都执行某种功能:母国生产工业品,美洲殖民地提供烟草、烟花、鱼、海军仓库,西印度群岛殖民地种植蔗糖,印度殖民地种香料,等等。③对商业的控制是英帝国最有效、最集权的领域。

英国不但控制殖民地的商业贸易,而且还采取了这样一条原则:殖民地不应在工业上与宗主国竞争。像西班牙一样,英国禁止、限制殖民地某些产品的生产。1719 年英国下院在决议中指出:"在殖民地建立工厂会削弱它们对大不列颠的依赖。"同年,英国下院通过法案,禁止美洲殖民地制造铁器。④殖民地只可以生产英国不能生产的产品,并且专营此种产品;作为回报,英国保证其产品的销售市场。⑤这样,英国不赞同在西印度群岛发展制糖业,不允许在新英格

---

① Ernest Barker, *The Ideas and Ideals of The British Empire*, Cambridge: Cambridge University Press, 1941, p.41
② Martin Kitchen, *The British Empire and Commonwealth, A Short History*, p.3.
③ W. A. Barker, *A General History of England, 1688-1852*, London, 1963, p.146.
④ Hugh Edward Egerton, *A Short History of British Colonial Policy, 1606-1909*, London: Methuen & CO LTD, twelfth edition, 1950, p.123.
⑤ Martin Kitchen, *The British Empire and Commonwealth, A Short History*, p.3.

兰发展冶铁业。英国要求所有殖民地都得为英国利益服务,却不尊重殖民地自身的利益。

在这样一个经济体系之中,殖民地永远处于依附地位,受英国议会与政府的统治,殖民地的首创性受到严格限制。"英国对于其殖民地贸易所采取的宽大政策,大体上限于原料或粗制品的贸易。至于殖民地产物更精致的加工,英国商人和制造者则要自己经营,以高关税或绝对禁止,使这些制造业不能在殖民地建立。"①例如当美洲殖民地希望从英国得到大量工业品时,也试图发展自己的制帽业、冶铁业等,英国便于1732年通过《帽子法案》,不但禁止殖民地将帽子出口到英国以及其他国家,还禁止将帽子从一个殖民地输往另一个殖民地,实际上,英国是把北美殖民地当作皮毛等原料产地。1750年英国的政策做了些调整,通过《钢铁法案》,鼓励为英国市场生产生铁,但禁止建设可能与英国工业竞争的钢厂及炼钢高炉。②这样,美洲殖民地生产生铁,但英国甚至不允许殖民地为自己消费而制作精制品。1765年4月29日《波士顿报》的一篇文章形象地揭露了当时的情况:

> 殖民地的人不能制造纽扣,马蹄掌或大头钉,但是英国的满身煤烟的钢铁商和衣冠楚楚的纽扣商都要叫着闹着说他们这些大人阁下受到下流的北美共和派最厉害的苛待、损害和劫掠。③

---

① 亚当·斯密:《国民财富的性质和原因的研究》,郭大力、王亚南译下,商务印书馆1997年版,第152页。
② Hugh Edward Egerton, *A Short History of British Colonial Policy*, 1606－1909, p.123.
③ W. A. Baker, *A General History of England*, 1688－1852, p.146.

无可否认,英国对于殖民地的经济和贸易限制,目的在于限制、扼杀殖民地工商业,使之成为英国商品的销售市场和原料产地,保证英国掠取丰厚的利润。例如北美南部殖民地种植的烟草被迫转道英国后再出口到欧洲,这使南部种植园主为之付出双重的运费、保险费和佣金,较直接向欧洲出口,每桶烟草减少3英镑的收入。而由于必须经过这条迂回的线路,北美殖民地从伊比利亚半岛进口酒、油、水果则必须多支付25%以上的钱。① 英国商人通过低价收进、高价卖出,以及倾销商品等手段,进一步加大了英国对北美殖民地的巨大贸易顺差,使北美殖民地负债累累,1760年,北美殖民地拖欠英国商人的债务已高达400万英镑之多。②

总之,第一英帝国是在重商主义理论指导下建立起来的,其殖民政策必然体现着浓厚的重商主义色彩。英国的殖民政策整体上是消极的,其目的在于防止殖民地摆脱对母国的忠诚和依附,保护殖民地不受欧洲其他殖民国家及印第安人的攻击。由于英国政府开拓殖民地的动机是为了商业与财富,并非为了领土扩张,所以英国在政治上对殖民地的控制比较松弛,对北美殖民地事务干预甚少,使殖民地居民获得了很大的自主发展空间。殖民地在成立之日起便具有较强的自治倾向,殖民地人民拥有比英国人更广泛的政治参与的机会和权力,他们所享受到的自由甚至比在英国国内还要多;殖民地的政治精英逐渐找到了发挥政治影响的有效机制,在殖民地舞台上扮演主角。而为了商业及财富,英国严格控制着殖民地的商业及贸易,对殖民地的产业也进行一定的限制。政治上控制松

---

① John Bowle, *The Imperial Achievement: The Rise and Transformation of the British Empire*, London: Secker & Warburg, 1974, p.150.
② John C. Miller, *Origins of the American Revolution*, p.15.

弛与经济上严格限制构成了旧帝国统治体制的特征,这种体制之所以能存在一百多年,与殖民地所处的特定的历史环境分不开。

从第一英帝国的建立到1763年"七年战争"结束这一个半世纪里,尽管殖民地有诸多不满,但是英国与殖民地的关系相对融洽,旧帝国的统治体制相对比较稳定,变化也不是很大。其原因在于以下几点。

(1) 美洲殖民地是由英国私人冒险公司开拓的,它们把英国古老的自由传统移植到了殖民地,以英国的政治与法律理念为指导建立了殖民地,殖民地议会拥有很大权力,殖民地具有较强的自治倾向,英国议会对此没有干预。

由于各殖民地政府不是根据帝国的总政策,而是根据创建者和移民的不同目的,以独特的形式组织起来的,而且殖民地创立的早期,正值英国议会和国王斗争日趋激烈时期,因此,英国政府自然也顾不上制定一个总的帝国政策,有的殖民地议会甚至利用英国国内发生革命的机会,不断扩大自己的权力。当英国国王及议会通过17世纪五六十年代的航海条例把帝国政策实施于美洲时,发现其赖以执行这个条例的大部分殖民地政府机构,都不在自己的直接控制之下。[1] 在北美,每一个殖民地都仿照英国的法律制定了自己的宪法,当然也包括英国的地方自治传统。

对于北美殖民地的自治倾向,英国政府并没有反对,因为这些殖民地的自治行为并没有偏离英国的法律和传统,殖民地人民被英国人看成是自己的兄弟。英国国王在1629年给马塞诸萨殖民地的特许状中授权该殖民地议会制定"一切健全和合理的命令、法律、法

---

[1] J·布卢姆等:《美国的历程》,(上),第68页。

规、法令、指令、指示",但条件是"不能违背英格兰国家的法律"。①殖民地的各界人士都呼吁殖民地要遵守这一规定,而且殖民地的立法者由于知识范围的限制,除了一些次要的例外,实际上都是照搬英国的法律。他们处于殖民地地位,所以总是小心翼翼避免按自己的想法创建新的制度。②

1763年之前,英国政府对于殖民地的管理主要是局限在殖民地贸易政策方面,英国政府在政治方面对于殖民地的控制力较弱。而且在这150多年的时间里,英国一直在忙于与荷兰、法国等国家进行争霸战争,在这些战争中,英国一方面需要各殖民地人力、物力上的支持,另一方面也无暇顾及殖民地的自治倾向,对殖民地的自治行为也就半睁半闭。进而在1763年"七年战争"结束之前,英国政府为了同法国作战,必须利用北美殖民地人民来抵抗法国人。因此对于北美殖民地向西部扩张的行为,也有意识地采取默许态度,有时还鼓励北美殖民地的土地投机者向西部发展,并且将大量土地赐予殖民地人,以遏制法兰西商人在北美大陆西部的势力。"七年战争"期间,殖民地为英军提供大量的军需物资,又促进了殖民地经济的发展。政治上的宽松与经济上的灵活,消弭了殖民地人民对于英国的不满,维持了殖民地和平的局面。也正因为如此,英国旧的殖民统治体制才得以在150多年中相对平稳。

(2)作为第一英帝国的主体部分,北美殖民地自建立之日起,其居民一直处于印第安人和欧洲列强的威胁之中,殖民地需要英军的

---

① 丹尼尔·布尔斯廷:《美国人——开拓历程》,中国对外翻译出版公司译,读书·新知·生活三联书店1993年版,第22页。
② 丹尼尔·布尔斯廷:《美国人——开拓历程》,第23页。

保护。

北美殖民地开拓之初生活异常艰难,拓殖者一开始曾受到过印第安人的帮助,很快克服了困难。但不久,英国殖民者便挑起了对印第安人的战争,对印第安人进行无情掠夺、打击以致杀戮,印第安人也开始袭击英国殖民者。1622年,在弗吉尼亚殖民地爆发了英属北美殖民地第一场印第安人大起义,印第安人的袭击对于殖民地居民是个巨大的威胁,沿海各殖民地的每一地区都遭受过印第安人的袭击。对殖民地来说,也很难把孤立的农场和村庄组织起来进行抵抗,战斗对双方来说都是非常残酷的。① 1622年、1644年,弗吉尼亚殖民地两次遭到印第安人屠杀。印第安人的威胁始终是整个殖民时期各定居点边缘地区的心腹之患。②

印第安人并非殖民地的唯一威胁,英属美洲殖民地的一些地区还断断续续受到来自其他欧洲强国——法国、荷兰、西班牙的入侵威胁。在美洲殖民地的北方,有法国的殖民地魁北克。1684年,法国公司又取得了新斯科舍的特许状,立即颁布法令,禁止外国船只进入其海域。同年8月,有8艘马萨诸塞和新罕布什尔的渔船被法国抓捕。③ 在南方,西班牙人占领了佛罗里达。这两个欧洲强国一直虎视眈眈盯着美洲殖民地。弗吉尼亚殖民地早期定居者经常处在恐怖之中,他们担心西班牙人在佛罗里达的卡罗琳堡屠杀胡格诺新教徒的事件在他们那里重演。詹姆斯城的早期定居者不止一次

---

① Sir George Clark, *The Later Stuarts, 1660 - 1714*, Oxford: At the Claredon Press, 1976, p.346.
② 丹尼尔·布尔斯廷:《美国人——开拓历程》,第398页。
③ George Louis Beer, *The Old Colonial System, 1660 - 1754, Part I, The Establishment of the System, 1660 - 1688*, Vol. II, New York: Peter Smith, 1933, p.316.

发过警报,说西班牙舰艇正向他们驶来。他们焦虑不安地注视着每一艘驶近的船只,害怕它们会带来入侵者。1643年一艘载有钟楼的140吨法国船只驶进波士顿时,曾引起波士顿人惊恐万状。① 类似事件以后还发生过多次,而事件本身也说明当时美洲殖民地力量弱小,他们害怕来自欧洲的入侵。因此,需要英国的保护是阻止殖民地反抗宗主国控制的潜在因素。②

由于印第安人的袭击以及来自欧洲军队入侵的威胁,使得美洲殖民地感到他们需要强大的英国军队的保护。直到美国独立战争爆发之前,英国为保卫殖民地,在殖民地驻扎了大量军队,耗费了大量的人力、物力和财力。在这些外在的威胁解除之前,尽管英国在经济上对殖民地进行种种限制,但是殖民地为了自身的生存与安全,他们是不会与英国决裂的。

(3) 英国有关殖民地的立法,对殖民地并非有百害无一益。在1763年之前,因为北美殖民地要面临来自四面八方的威胁,需要强大的英国军队的保护,所以英国对殖民地所颁布的一系列法案通常都被殖民地接受,殖民地与母国之间并没有发生激烈的冲突。因为对它们来说,英国议会对殖民地的立法,主要限制在帝国贸易和航海领域,殖民地对于1660、1661、1663、1696年的航海和贸易法案也没有提出任何抗议。殖民地置身于英帝国有序的商业系统中,在许多方面都是有利可图的。③ 在首先满足英国根本利益的前提下,重

---

① 丹尼尔·布尔斯廷:《美国人——开拓历程》,第399页。
② George Louis Beer, *The Old Colonial System, 1660-1754, Part I, The Establishment of the System, 1660-1688, Vol. I*, New York: Peter Smith, 1933, p.316.
③ Ian R. Christie, *Crisis of Empire-Great Britain and the American Colonial, 1754-1783*, New York: Norton & Company Inc., 1966, p.13.

商主义殖民体制对殖民地经济的发展起到一定的促进作用。1769年4月15日乔治·马森在致乔治·华盛顿的信中写道:"我们向母国提供原材料,然后换回母国的制造品,这是把我们(指殖民地和母国)连接在一起的真正链条;这些就是纽带,如果不在高压下中断,就必须靠着保持一种经常的利益互惠把我们长期连接在一起。"①尽管马森是为殖民地抵制来自英国的进口商品寻找合理的依据,但"利益互惠"显然是把英国与殖民地长期联系在一起的关键因素。

实际上,在重商主义殖民体制下,母国在某些方面固然限制了殖民地的产业发展,但在另外一些方面却予以扶持和鼓励。殖民地在形成外向型经济的初期,由于受到英国《航海条例》的保护甚至鼓励,其居民在从事出口贸易上享有许多与英国人同样的优惠条件,至少使殖民地生产的对英国市场起补充作用的商品在英国主权所辖的范围内减少了与外部的竞争,这在一定程度上有利于殖民地经济的发展。根据《航海条例》,美洲殖民地居民获得了明显的利益,由于生产大量木材和海军补给品,他们在这一法令的保护下收到了一项垄断事业所独享的丰厚利润,而且他们的许多产品在英国市场上得到了优惠的待遇。此外,英国还对几种对于海军力量有用的殖民地商品如麻、桅杆和某些海军补给品支付津贴。②

正是在英国《航海条例》的保护之下,殖民地的造船业才得到极大发展。18世纪中期,英国船只吨位的1/3是北美殖民地制造的。

---

① Thad W. Tate, *The Coming of the Revolution in Virgina, Britain's Challenge to Virginia's Ruling class, 1763 – 1776*, In The William and Mary Quarterly, 3d series. Vol. XIX, No, 4, 1962, p. 335.

② 查尔斯·比尔德,玛丽·比尔德:《美国文明的兴起》,徐亚芬译,第一卷,《农业时代》,商务印书馆1991年版,第202页。

英国也大力鼓励许多种产品的生产,如烟草、帽、生丝、圆木、大麻、焦油、松腊等。英国为了鼓励殖民地生产上述列举产品,对其中一些在国内市场上急需的产品给予补贴,这在客观上有利于殖民地发展这些行业。英国对木材的需求对殖民地也极为有利。在殖民时期结束之时,北美13个殖民地从英国年均获得的补贴超过了6.5万英镑。① 此外,由于英国市场对来自非英国辖地的商品实行关税保护,北美殖民地的产品在英国市场上不存在与其他国家同类商品的竞争,可获得较高的垄断利润。所以,亚当·斯密在其《国富论》一书中就精辟地指出:"关于殖民地贸易,虽和其他各国一样,受重商主义精神支配,但总的来说,不像任何其他国家那么褊狭、那么令人难受。"②

所以,英国对于殖民地的经济管理政策对殖民地来说既有不平等的一面,又有有利的一面。殖民地的烟草种植园主被排斥在利润丰厚的欧洲市场之外,但蔗糖种植园主却从帝国特惠关税中大受裨益。③英国及殖民地的消费者都深受价格上涨之苦,而殖民地的商人却也和英国商人一样,因为贸易专营而大发横财。④英国对于美洲海军军事用品的输入,发给津贴,使美洲木材价格大大抬高。据统计,在18世纪70年代,英国从贸易垄断及对美洲转口贸易中所征收的

---

① Lawrence A. Harper, *Mercantilism and the American Revolution*. The Canadian Historical Review, Vol. XXIII, No.1. March, 1942, p.5.
② 亚当·斯密:《国民财富的性质和原因的研究》(下),郭大力、王亚南译,商务印书馆1997年版,第156页。
③ Martin Kitchen, *The British Empire and Commonwealth, A Short History*, p.3.
④ D.K. Fieldhouse, *The Colonial Empire-A Comparative Survey from the Eighteenth Century*, p.68.

小额税款在50万—70万英镑之间①,而英国每年不得不为殖民地的管理及防卫付出大量的人力、物力和财力。

殖民地人民对此有同样的认识,他们对《航海条例》本身很少抱怨,直到1774年,第一届大陆会议发表"美洲权力宣言"时还说:"我们欣然同意实施议会那些法案,因为这些法案对管理殖民地对外贸易是个善意的限制,其目的是母国及整个帝国获取共同的优势,对帝国每一个成员都有益处。"②

显然,英帝国内部广阔、繁荣的市场对殖民地是大有裨益的。大体上,英国旧的商业体系与西班牙及其他殖民大国的商业体系有相似之处,但是英国对其殖民地的损害比较小。旧殖民体系在理论上是严格的,实践上却是松弛的,整个体制都是为了支持英国商业及特权。③实际上,英国既未限制殖民地与英国贸易,也未将殖民地的商船征入英国的日常舰队。"七年战争"期间,英国由于忙于战争,同时也需要殖民地支持,对殖民地的控制更是松弛,美洲殖民地的经济也得以进一步繁荣。自1766年起,英国的政策进一步放松,它甚至允许外国船只进入加勒比海殖民地一些特定的"自由港"进行贸易。

而且,北美各殖民地的走私贸易十分猖獗,尽管英国议会也颁布一系列严峻的法令,禁止殖民地走私贸易,但在1763年英国结束对法战争之前,这些法令并未认真执行。殖民地的许多商人都在从

---

① D. K. Fieldhouse, *The Colonial Empire-A Comparative Survey from the Eighteenth Century*, p.68.

② Hugh Edward Egerton, A. P. Newton, *A Short History of British Colonial Policy*, London: Methuen & co., 1897. pp. 188-189,

③ W. S. Barker, *A General History of England, 1688-1852*, p.146.

事走私贸易,以弥补贸易逆差,其中许多是同英国的死对手法国进行贸易。殖民地一位总督向英国报告说:在费城,"绝大多数的主要商人正在公开的同西印度群岛的法国人进行交易"。在罗得岛,殖民地同敌人的交易甚至更加肆无忌惮。马萨诸塞总督在给贸易委员会的信中说:"除非罗得岛由英帝国直接管辖,这些行径是无法制止的。对帝国来说,现在的罗得岛和海盗聚居的巴哈马群岛差不了多少。"有确凿证据表明,在美洲,几乎每一个港口的船只都是在同敌人贸易。① 美国独立战争前夕,殖民地商人90%都是走私贸易者,以至于英国在殖民地的收入直线下降。原来英国预期每加仑3便士的蜜糖税收每年可以达到7.8万英镑,但是1764年只征收了5 200英镑,1765年又降为4 090英镑。②

这样,在多种因素作用下,1763年之前英国旧的帝国统治体制尚能平稳运行,殖民地人的反英情绪不大,殖民地局势也相对平静。1763年之后,英国想加强对殖民地的控制,而此时殖民地则拼命要保护已有的自由,双方冲突不断加剧。正是这些冲突,把13个相互猜忌的殖民地捏合起来,并结合成一个能够随时起来革命的单一社会,从而最终导致美国的独立和第一英帝国的解体。

二、旧殖民体制的危机

1763年"七年战争"结束时,英国在北美的殖民事业似乎欣欣向

---

① 查尔斯·比尔德,玛丽·比尔德:《美国文明的兴起》,第一卷,农业时代,第205页。
② Edited by Jack P. Green and J. R. Pole, *A Companion to the American Revolution*, Oxford: Blackwell Publishing Ltd, 2000, p.131.

荣、吉星高照。英国不但击败了法国这个长期的竞争对手,而且在美洲取得了全面的霸权。根据1763年2月的《巴黎和约》(Treaty of Paris, 1763),法国正式将法属加拿大殖民地割让给英国,西班牙将东、西佛罗里达让渡给英国,至此英国获得了密西西比河以东、墨西哥湾以北的整个地区。英属北美殖民地一下子扩大了一倍多。[①]法国在北美的殖民体系彻底崩溃,庞大的法兰西帝国消失了。

《巴黎和约》的签订象征着英国人所谓的"伟大战争"的胜利,美洲殖民地人民为自己能够分享英国胜利的权力,拥有一个国民拥戴的议会,一部古老而倍受尊敬的宪法以及由于战时消费刺激的经济繁荣局面而倍感骄傲。大多数美国人"对于英国王室政府,他们都心悦诚服"。他们骄傲地宣称:"我是英国人。"[②]"七年战争"扩大了英国在北美的统治范围,帝国似乎更加强大了。然而谁也没有想到,"七年战争"刚刚结束,蕴藏在英帝国内部的危机便全面爆发,顷刻间风云突变,英国与北美殖民地之间的矛盾不断加剧,双方最终反目成仇,兵戎相见,导致了北美13个殖民地独立建国,第一英帝国正式解体。这一重大变局的根源是什么?仅仅是英国对殖民地征收的几项税款么?如果回顾此前殖民地社会的发展历程,不难看出,1763年以后殖民地独立运动的兴起,乃是一系列长期变动的结果。北美社会经历了一百多年的演进,已经成熟到独立和自足的程度,正是这种社会的独立性,构成了殖民地政治独立的渊源和基础。

"七年战争"对英帝国的影响是巨大的,最重要的影响是它使大

[①] 塞缪尔·埃利奥特·莫里森等:《美利坚共和国的成长》(上),南开大学历史系美国史研究室译,天津人民出版社1980年版,第159页。

[②] 乔治·布朗·廷德尔,大卫·埃默里·施:《美国史》(第一卷),宫齐等译,南方日报出版社2012年版,第153页。

西洋两岸都充分认识到殖民地对英国在经济和战略上的巨大意义。① 七年战争使英国成为北美霸主,但是其殖民体系不但没有变得更加强大,反而陷入深重的危机,而这种危机的发生,和英国这次决定性的胜利有莫大关系。"七年战争"结束之前,在旧的殖民体制之下,殖民地与英国之间尽管已经潜伏着许多争吵的种子,但矛盾却没有爆发。当强敌尚在时,北美居民需要母国的保护,迫使他们对母国保持忠诚。而且英国由于一直在忙于进行一系列争霸战争,它对殖民地的管理并非十分有效,许多限制殖民地贸易的法律条文都只是死条文,并没有被严格执行。1763年《巴黎和约》签订之前的十几年,北美殖民地做为一个整体,在心理上仍认为他们与母国的监管机构有密切联系。② 殖民地的走私贸易使殖民地工业繁荣起来,当时殖民地所消费的十分之九的酒、水果、茶叶、蔗糖、蜂蜜都是靠走私而获得的。③

随着"七年战争"的结束,英国的竞争者被击败,法国和西班牙从北美大陆撤出,印第安人的威胁也大大减弱,这时北美殖民地的威胁已经解除,母国的保护不再具有关键意义。北美殖民地居民对自己的防卫能力也增添了信心,即便和母国分离,他们自信仍能保持自己的安全。1773年,马萨诸塞殖民地总督托马斯·哈钦森(Thomas Hutchinson)在目睹殖民地反英情绪日益高涨时不禁感叹:

---

① Peter Marshall and Glyn Williams, *The British Atlantic Empire before the American Revolution*, London: Frank Cass and Company Limited, 2005, p.87.
② Lawrence Henry Gipson, *The British Empire before the American Revolution, Vol. IX, The Triumphant Empire, New Responsibilities within the Enlarged Empire, 1763 – 1766*, New York: Alfred A. Knopf, 1956, p.4.
③ By Lord Elton, *Imperial Commonwealth*, New York, Reynal & Hitchcock, 1946, pp.184 – 185.

"和平来临之前,我对加拿大的割让并没有太多期望,而现在我坚信:如果加拿大继续由法国控制,北美就不会出现反对母国的情绪;因此,我认为取得加拿大的后果比法国和印第安人的威胁更可怕。"①战争结束不久,蕴藏于旧的殖民体制之中的危机便已爆发,英国与美洲殖民地发生了激烈的冲突。但是英国却在母国与殖民地关系恶化的情况下,逆势而为,执意推行整顿殖民地的政策,改变以往消极的政策,直接插手殖民地内部事务,压缩其自主空间,其结果必然是殖民地独立。

英国与殖民地的冲突主要表现在两个方面:(1)西部土地问题。就在美洲殖民地人民企盼能得到从法国手里夺得西部土地的时候,1763年,西部印第安人在酋长庞蒂亚克率领下发动了大规模的武装起义。为了避免日后与印第安人的战争,谢尔本伯爵提议将"大湖周围广大地区作为印第安人保留地,开放贸易,但禁止在此拓殖"。②因此,1763年10月7日,英王公布了"王室诏谕"(the Royal Proclamation),画出一条所谓的"诏谕线",宣布将位于阿巴拉契亚山以西,密西西比河以东,魁北克以南,西佛罗里达以北的广阔西部土地全部保留给印第安人,严厉禁止其臣民"进行任何购买或拓居"或者是"占有上述保留的任何土地",违者均属"非法占地"。"朕兹严禁所有有关之忠良臣民在该地区购买土地或者定居,违者将干朕怒",将被逮捕、处罚③,从而将13个殖民地限制在大西洋沿岸的狭

---

① Lawrence Henry Gipson, *The Coming of the Revolution, 1763 - 1775*, New York: Harper & Brothers Publishers, 1954, p.215.
② J. Holland Rose, A. P. Newton, E. A. Benjans. *The Cambridge History of British Empire, Vol(I), The Old Empire, From the Beginnings to 1783*, p.641.
③ Henry Steele Commager, *Documents of American history, Vol. I*, New York: Prentice Hall, 1963. p.49.

长地区,使殖民地不得进一步扩大。

英国征服法属北美殖民地——新法兰西——使每一位想拓殖新土地的殖民者或者土地投机者相信,向新的地区扩张只是个时间问题。但是英国政府却认为向西部扩张会埋下与印第安人战争的种子,而这些战争却要英国纳税人出大部分钱。① "七年战争"之后,英国在殖民地每年所耗费的 35 万英镑费用中,有 2/3 是用于防备印第安人,因而为了避免同印第安人的战争,英国政府禁止向西扩张,以安抚印第安人。1774 年英国又颁布《魁北克法》,重新划定了魁北克省的边界,按照 1763 年 "王室诏谕" 划定的界限,将阿巴拉契亚山以西俄亥俄河以北的广大领地划归魁北克,从而大大扩大了魁北克的面积。② 这项法令一是为了抚慰魁北克毛皮商人;二是要把俄亥俄地区划进 "安全" 的省份,阻止被 13 个殖民地分割。但这个政策却引起北美殖民地人的极大不满,使英国与美洲殖民地之间出现了裂痕。法案严重限制了殖民地向西发展的余地,打击了当时许多重要人物所热衷的土地投机活动。这项规定对殖民地来说是 "不可容忍的",他们一向认为西部土地是属于他们的:"七年战争"期间他们曾为之进行战斗,现在这些土地却落到了被击败的敌人手中,即从前的敌人法属天主教的加拿大人手中。

所以《魁北克法》对十三州殖民地人民来说是一个亲法、亲天主教的暴行,被北美殖民地人民视为英国最后的 "不可容忍的法案之一"。该法案不含惩罚之意,但是殖民地人民却认为它和其他法令

---

① T. O. Lloyd, *British Empire, 1758 – 1983*, Oxford: Oxford University Press, 1984, p. 87.
② General Editor David C. Douglas, *English Historical Documents, Vol. VII, 1714 – 1783*, London and New York: Routledge, 1996, pp. 787 – 788.

一样是强暴的。自从1763年加拿大被英国人占领后,就暂时由一名军人总督统治,《魁北克法》让这个地区成立一个没有代议制议会的永久性的政府,制定法国式的民法,并对天主教会予以特别保护。虽然加拿大以前作为法国殖民地不曾有过代议制议会,但现在它已经成为英国殖民地,而英国议会却不为它建立一个代议制议会,美洲人认为这是不祥之兆,令人感到不安。而且该法案竟不顾殖民地的领土权,任意把阿巴拉契亚山脉(the Appalachian Mountains)以西、俄亥俄河以北的整个地区并入魁北克,这使美洲人更为忐忑不安。现在,如果殖民地居民向西迁移,必须被迫生活在加拿大专制政府的统治之下。①《魁北克法》引起了美洲殖民地人民强烈不满。

(2)试图对殖民地征税。"七年战争"也使英国国债剧增,据估计到1762年底英国国债达到了1.4亿英镑,是10年前的两倍,国家的财政支出也由1757年的1 600万英镑上升到2 400万英镑。② 战后英国政府一项当务之急的任务是寻找舒缓财政困境的办法,而美洲殖民地对"七年战争"贡献极少,获利甚丰,对于为他们自身提供的保护和治理未付分文,这对于英国统治者来说是不可容忍的。"七年战争"之后上台的格伦维尔(George Grenvile)政府所关心的首要事情是英国国内的税收及经济③,除了节流,政府还要想办法开源。鉴于国内税收已经高达20%,英国政府便想从殖民地获取一定的收入。而且,由于北美殖民地走私活动猖獗,格伦维尔政府还面对这样一个怪现象:英国政府要为北美殖民地的海关职员每年支付

---

① R. C. 西蒙斯:《美国早期史——从殖民地建立到独立》,第160页。
② 同上书,第380页。
③ John C. Miller, *Origins of the American Revolution*, p.83.

7 000—8 000英镑的薪金,但是海关每年所收的关税却只有1 000—2 000英镑①,人人都知道北美殖民地居民从法属西印度群岛输入了大量的糖蜜。②

　　针对英国债台高筑、负担沉重这一局面,格伦维尔认为:从殖民地取得某些收入是必要而又正当的③,为此他决定将英国的部分税收制度延伸到北美及西印度殖民地。北美殖民地的内部税收向来很轻,人均不过3先令,只占人均收入的1.5%,而同期英国人的人均税收为12—18先令,占人均收入的5%—7%。故向殖民地征税以缓解英国财政负担的动议,得到了英国朝野许多人的拥护。④ 1764年格伦维尔向下院提出了一系列关于北美殖民地的法案,《印花税法》(The Stamp Act)便是其中最著名的法案。该法案规定北美殖民地一切印刷品、商业票据、法律文件乃至报纸、年历、扑克牌、大学毕业文凭等都要购买半便士至20先令的印花票附贴于其上,北美殖民地人民的绝大多数经济文化活动都要向英国缴纳税金,而且该法令还规定违抗者将受到不设陪审团的海军法庭审判。该项法令的目的在于取得必要的岁入以支付北美殖民地防卫费用,并对以往议会关于殖民地贸易和岁入的措施加以修正。印花在英国印刷,由专门的代销店在北美殖民地发售。为了使北美居民接受该税,格伦维尔政府特意选择当地较有地位的人士担任代销商。

---

① Hugh Edward Egerton, A. P. Newton, *A Short History of British Colonial Policy*, p.165.
② R. C. 西蒙斯:《美国早期史——从殖民地建立到独立》,第141页。
③ 塞缪尔·埃利奥特·莫里森等:《美利坚共和国的成长》,(上),天津人民出版社1980年版,第186页。
④ 刘绪贻、杨生茂总主编:《美国通史》,第一卷,李剑鸣著,《美国的奠基时代——1585—1775》,第530页。

《印花税法》在英国已实施多年,英国每年可征收的印花税达25万英镑。① 所以这项法案提出时在英国没有遭到多少反对。格伦维尔估计在殖民地征收这项税收,每年可增加6万—10万英镑的收入,其中的一半有可能由西印度殖民地交纳②,这项税收摊到北美殖民地,人均仅1先令,仅相当于当时人们每天劳动所得的1/3。③ 英国政府当初估计,这项税收应当不会在北美居民中引起强烈反对。

　　在此之前,英国曾为殖民地颁布过许多经济法令,但这些法令都是为了调控整个帝国的贸易,所征收的税也都属于关税。有关殖民地内部的税收都是由殖民地议会自己决定的。1764年英国颁布的《食糖法》(the Sugar Act)虽然也遭到殖民地的反对,但是这仍然是"关税",是外部税,是根据议会的命令在港口征收的,不是新发明,并没有打破惯例。而"印花税"却是英国政府对北美殖民地第一次征收的直接税,法案首次使英国的征税权渗透到殖民地内部税收领域,触及了北美殖民地在大英帝国内的宪法地位问题,从而超越了单纯的税收,而成为关乎殖民地地位和权利的重大政治问题。它涉及面广,直接触犯了北美殖民地各阶层利益,殖民地人民担心此例一开,他们的一切财产将受到英国的搜刮,因而印花税遭到了北美殖民地人民强烈反对。殖民地人民反对《印花税法》,既不是因为这一税收税额沉重,也不是由于法令带来了实际危害。他们所关注的是该项税收的原则和可能性问题:英国直接向殖民地征税,违背

---

① T. O. Lloyd, *British Empire, 1758－1983*, p.87.
② J. Holland Rose, A. P. Newton, E. A. Benjans, *The Cambridge History of British Empire, Vol. I, The Old Empire, From the Beginnings to 1783*, p.646.
③ John C. Miller, *Origins of the American Revolution*, p.113.

了英国宪法的基本原则，侵害了殖民地居民的自由和权利，因而可能造成严重的后果。

在北美殖民地，人们普遍认为，英国政府计划在帝国之内扑灭自由，印花税是将美洲降至奴役地位的第一步。[1]如果英国议会这种企图成功，它还会颁布其他法案，征收别的税种[2]，正如塞缪尔·亚当斯所担忧的："如果我们的贸易被征税……为什么我们的土地产品，以及我们所拥有或使用的一切不能被征税呢？"[3]在北美殖民地人民看来，印花税法令还剥夺了他们决定征税的权力，他们重申洛克关于财产与自由和生命不可分的论点。殖民地居民对待《印花税法》的态度，显示了反英独立运动的一个重要特点：人们并不是被动地反对某种"压迫"，而是主动地捍卫自己的权利和利益。

双方争论的核心问题是，英国议会中没有北美殖民地代表，它能否代表殖民地居民，是否有权力向殖民地征税？如果英国议会无权向北美殖民地征税，则《印花税法》就触犯了北美殖民地居民的自由和权利。

英国政府坚持帝国议会有向殖民地征税的正当权力，因为殖民地虽然在议会没有代表权，但是他们的利益仍然得到了"实质性的代表"。格伦维尔内阁的财政秘书托马斯·惠特利（Thomas Whately）更是认为殖民地作为不列颠帝国的一部分，有义务分担帝国的负担，他指出：母国在美洲殖民地收取税收不仅必要，而且合理，母国向殖民地征税的权力是不容置疑的，一个议员并非是选举

---

[1] John C. Miller, *Origins of the American Revolution*, p.121.
[2] Bernard Bailyn, *The Ideological Origins of the American Revolution*, Cambridge: Harvard University Press, 1976. p.101.
[3] 转引自王觉非主编《近代英国史》，第 306 页。

他的那群选民的代表,而是整个大不列颠平民的代表,在这个意义上,所有大不列颠的国民都在议会得到"实质性的代表"。因此,帝国议会完全有权向殖民地征税。① 这种"实质性的代表"的观点,得到英国朝野许多人士的赞同。

北美殖民地人民对"实质性的代表"进行了批判,北美殖民人民坚持这样的观点:殖民地的特许状是基本法的一种形式,他们的政治权利和特权直接来自英国国王。英国议会无权随心所欲地改变帝国的宪法结构。他们认为,殖民地人民遵守《航海条例》,已经对宗主国的财富做出了贡献,这是人所共知的常识,如果要他们做出更多贡献的话,则应由殖民地人民自己的代表来做出决定。根据英国宪法,税收必须得到人民的同意,因而只有民众代表参加的议会,才有征税的权力。这不仅是中世纪以来留下的惯例,也是经过光荣革命检验的原则。殖民地许多人根本不相信英国议员能够代表北美居民的利益:"他了解我们吗?我们了解他吗?不。我们能对他们的行为加以任何限制吗?不,他们非得有保护我们的自由和财产的义务和兴趣吗?不,他熟悉我们的情况、处境、需要之类的东西吗?不,那么我们还能从他那里期望得到什么呢?除了无止境的税收之外,什么也不会有。"②

美洲殖民地人民认为,除了他们自己选举的代表外,别人不得向他们征税,这是他们作为英国人的权利。英国议会不能代表北美人民的利益,因而只有殖民地居民自己选出来的议会才知道"人民

---

① Edmund S. Morgan, *Prologue to Revolution, Sources and Documents on the Stamp Act Crisis, 1764 - 1766*, Chapel Hill: The University of North Carolian Press, 1959, pp. 19 - 20.

② Bailyn Bernard, *The Ideological Origins of the American Revolution*, p. 169.

负担得起什么样的税或征收这些税的最容易的方法,而且他们本人也必须受到向人民征收每一项税的影响"①。总而言之,殖民地在英国议会没有代表乃是不争的事实,英国议会不能代表北美殖民地居民,也就无权对他们征税,他们反对《印花税法》实属捍卫自由和权力的正义之举。帕特里克·亨利在弗吉尼亚议会中疾呼只有殖民地议会才有权征税,"没有代表权的征税即是暴政"。② 1765 年 10 月,北美 9 个殖民地议会的代表在纽约举行会议,经过协商讨论,会议发布了题为"关于美洲居民的权利和不满的宣言"。与会代表认为,由于英国议会中没有殖民地代表,他们不应该纳税,"无代表,不纳税"的口号立即传遍了北美。而且从殖民地每征收一便士,就是从英国本土的人口袋里少收一便士。常识告诉人们,这种情况就意味着专制暴政。这次会议是对英国殖民统治的有力挑战,使殖民地与宗主国的矛盾明显地激化了。

所以,《印花税法》遭到北美殖民地人民的强烈反对。殖民地各界人士联合起来,成立了许多拒绝输入商品的联合会,抑制英货。民众喊出了"要自由,不要印花税"的口号,许多有声望的人士组成"自由之子社",以暴力手段进行反抗,他们迫使代销印花税的人辞职,焚毁印花税票,甚至把他们抓起来涂上柏油粘上羽毛去游行。一些支持印花税的王室官员的住宅也受到民众的冲击。据说波士顿民众一到晚上就举火为号,迅速聚集,高呼"自由和财产"的口号,然后就出发拆毁他们所痛恨的人的房屋。他们有时借着酒劲,闯入某个征税员的家里,将各种材料点火焚烧,或者将某人的地窖中的

---

① J. 布卢姆等:《美国的历程》(中译本),(上),第 147 页。
② 转引自王觉非主编《近代英国史》,第 306 页。

葡萄酒一饮而光。

11月1日,《印花税法》正式生效,北美居民把这一天当成哀悼日。从英国运来的印花存放在军队要塞或英国战船上,没有人敢出面销售。所有需要用印花的活动都停止了,法院不开庭,船只不离港,报纸也不出版。1765年底和1766年初,需要使用印花的各种活动逐步恢复了,但都未贴印花。与此同时,波士顿和费城等地的商人开始抵制英国进口货,使英国对北美的贸易急剧下降,严重影响了英国工商业的利益,这又造成大批英国工人失业。加上北美居民拒绝偿付总额达400万英镑的债务,更令英国工商界感到不安。小沃尔波尔抱怨:"来自北美的一切订货都停止了,美洲人既不再进货,也不再偿付任何已经采购的货物的款项。……诺丁汉有1 000工人失业,曼彻斯特每10个工人中就有3个被解雇,英国的北美贸易不仅停止了,而且有失掉的危险。"①这些和北美局势利害攸关的英国人,与殖民地驻伦敦的代理人一起,对英国政府施加压力。

北美殖民地人民的强烈反对,使《印花税法》无法实行。但是格伦维尔政府又于1765年5月通过了《驻军条例》(*the Quartering Act*, 1765),根据该条例,殖民地必须为驻北美的英军提供兵营和其他住所,供应指定的物资。② 这让殖民地居民怀疑英国为什么要在他们中间驻扎武装部队,是不是用来镇压殖民地居民,因为这时殖民地外在的威胁已经解除了。这些问题使殖民地人民疑心重重,他们对英国的举动更加警觉。尽管英国政府一再表白,驻军的目的在

---

① S. Macooby, *English Radicalism, 1762 – 1785, the Origins*, London: George Allen & Unwin Ltd, 1955, p.54.
② 刘绪贻、杨生茂总主编:《美国通史》,第一卷,李剑鸣著,《美国的奠基时代——1585—1775》,第530页。

于保障殖民地居民的安全,但殖民地人民始终未接受这种解释,到后来他们反而更坚定地相信,常备军就是英国实施暴政和毁灭自由的工具。

《印花税法》还造成了英国国内的激烈争论。1765年7月,推行印花税法的格伦维尔政府在内外交困中下台。继任的罗金厄姆辉格党人政府提出取消印花税法,但遭到议会中贵族地主势力的强烈反对。曼彻斯特、利物浦和布里斯托尔的成千上万名失业者扬言要进军伦敦,要求取消《印花税法》。1766年3月17日,当议会投票表决是否取消《印花税法》时,下院里挤满了来自各地的商人,他们向下院施加压力,要求取消印花税法。在种种压力下,英国议会被迫废除了《印花税法》,但同时又通过了《北美殖民地法》(The American Colonies Act, 1766),又称《公告令》(The Declaratory Act, 1766),声明殖民地必须服从和依赖英王和英国议会,议会过去、现在和将来在任何情况下都有权制定管理或约束殖民地的法令。① 实际上,这一《公告令》几乎逐字逐句照抄1719年使爱尔兰完全陷入悲惨境地的《爱尔兰公告令》,被北美人称为北美殖民地自由的"死亡证书"。

由于英国政府的让步,帝国的危机暂时得以缓解,但其根源却并未消除,英国议会并未放弃向北美征税的企图。反《印花税法》的斗争对北美殖民地和母国的关系具有转折性的意义,在这一事件中,英国在殖民地的权力机构的软弱和无能暴露无遗。殖民地居民开始思考北美在英国殖民体系中的地位,推敲英国议会权威的合理性及其限度。从此以后,殖民地对英国的任何政策都产生怀疑,对

---

① Edmund S. Morgan, *Prologue to Revolution: Sources and Document on the Stamp Act Crisis, 1764-1766*, New York: W. W. Norton & Compamy, 1973, pp.134-141.

殖民地居民来说,印花税危机直接冲击了当地的权力结构。

"七年战争"之后出现的新情况表明,旧的帝国统治体制越来越难以维持,已经解决不了帝国日益加深的危机了。导致这种局面出现的因素是多方面的。

首先,旧的殖民理论体系无法解决英国与殖民地的矛盾:第一英帝国是在重商主义殖民理论指导下发展壮大的,这个理论的目的是建立一个自给自足的帝国,所以第一英帝国实质是贸易帝国,18世纪历届辉格党政府的帝国政策实际上就是贸易扩张政策。① 按照重商主义理论,殖民地的作用在于为母国生产原材料,消费母国的工业品,促进母国航海业的发展。②

长期以来,在重商主义理论指导下,英国制定了一系列关于殖民地的政策与法令,以保护其对殖民地的掠夺和控制,限制殖民地工业的发展。1651年英国颁布了第一个《航海条例》,1660年又颁布了《列举商品法》,1663年颁布《主要产物法》,1669年颁布《毛织品法》,1733年颁布《糖蜜法令》,1750年颁布《制铁法令》等。这些法令只有极少数在客观上曾一度有利于美洲殖民地运输业和造船业的发展,如1651年的《航海条例》。但大多数法令旨在限制甚至扼杀美洲殖民地工商业的发展,使之成为英国商品销售市场和原料供应地,保证英国获取丰厚的利润。如1718年的一项法令禁止英国熟练工迁往殖民地,1750年的《制铁法令》虽鼓励美洲殖民地生产生铁块,但禁止生产铁制品,甚至不允许生产大头针。美国经济史学家罗伯特·托马斯对英国重商主义政策带给殖民地的纯负担进行了

---

① Frank O. Gorman, *The Long Eighteenth Century: British Political and Social History, 1688–1832*, p.177.

② John C. Miller, *Origins of the American Revolution*, p.8.

计算,从 1763 年到 1772 年,烟草、大米和其他产品的出口负担年均为 192 万美元,进口负担为 72 万美元,而从关税优惠和津贴上得到的好处仅为年均 37 万美元,两项相减纯负担为年均 226 万美元。①

对于英国在经济上的压榨,殖民地人民早有怨言,早在 17 世纪,殖民地人民便抱怨荷兰商人卖给他们的商品的价格仅及英国商人卖价的三分之一。②但直到"七年战争"结束之前,由于英国和北美殖民地之间相互都需要对方的支持,殖民地还需要母国军队的保护,英国大量军需物品的订单也使殖民地经济一片繁荣,因而尽管殖民地受到英国经济上的压榨,双方存在激烈的矛盾,但并未激化。

"七年战争"结束后,美洲殖民地的经济已有很大发展,冶铁业发展迅速,生铁的出口量 1745 年为 2 000 吨,1771 年即增长到 7 500 吨,木材业、酿酒业、制铁业和纺织业已经可以和英国一比高低。殖民地的人口也逐渐增加,据估计 1713 年,北美 12 个殖民地总人口为 36 万人;③独立战争爆发时,13 个殖民地人口已达到 250 万人,其中黑人有 50 万人。④美洲殖民地已成了英国对外贸易中仅次于欧洲的重要的贸易对象,在美国独立战争爆发之前,英帝国三分之一的船运从事美洲殖民地贸易⑤,纽约、波士顿、费城发展为殖民地的工业中心。

---

① See Robert Thomas, *A Quantitative Approach to the Study of the Effects of British Imperial Policy On Colonial Welfare, Journal of Economic History*, Vol. XXV, No. 4, December 1965, p. 626.

② John C. Miller, *Origins of the American Revolution*, p. 10.

③ H. C. Allen, *Great Britain and the United States, A History of Anglo-American Relations(1783 - 1952)*, p. 214.

④ Marshall Smelser, *American Colonial and Revolutionary History*, New York : Barnes & Noble, 1963, p. 143.

⑤ John C. Miller, *Origins of the American Revolution*, p. 8.

美洲殖民地的成长壮大使殖民地人民对于英国在经济上对殖民地的限制越来越不满,他们同英国在政治、经济上产生了越来越多的矛盾。同时,"七年战争"之后,英国从法国手里夺取了法属加拿大,从西班牙手里夺取了东、西佛罗里达,印第安人的威胁也大大减弱,殖民地的外在威胁基本消除,殖民地人民对于英军保护的依赖程度大大减弱。因而,殖民地对于英国在"七年战争"之后加强对殖民地控制的政策越来越不满,这样,随着殖民地经济的发展,它们强烈要求英国放松对殖民地经济上的限制。而重商主义者为了获取更多的利润,则需要加强对殖民地的控制,双方的矛盾已无法消除,重商主义殖民理论已无法解决帝国出现的巨大的矛盾。

其次,殖民地巨额的防卫费用也是重商主义殖民理论难以解决的问题。"七年战争"之后,英国在美洲殖民地巨额的防卫和管理费用成了困扰英国统治者的一个重要的问题,按照重商主义殖民理论的观点,美洲殖民地在和平时期应该分担防卫印第安人的费用,战时应帮助母国,母国不应完全负担帝国防卫费用。[1] 但是,现实的情况却截然相反,美洲殖民地人民对七年战争贡献极少,获利颇丰,而对于为他们自身提供的保护和治理费用分文未付。

"七年战争"的胜利固然使英国建立了一个空前庞大的殖民帝国,使英国在北美获得了绝对霸权,但战争也使英国债台高筑。1755年英国的国债总额是 72 289 673 英镑,到 1764 年增加到 129 586 789 英镑,每年仅偿付的利息就高达 500 万英镑。[2] 而且,为

---

[1] J. Holland Rose, A. P. Newton, E. A. Benjans, *The Cambridge History of British Empire, Vol. I, The Old Empire, From the Beginnings to 1783*, pp. 589 - 590.
[2] Jack P. Green and J. R. Pole, *A Companion to the American Recolution*, Oxford: Blackwell Publishing Ltd, 2004, p. 115.

了控制这些新占领的土地,英国还需派大批军队驻扎在北美。到1764年,单在北美维持各种行政管理及防卫方面每年的开支就由原来2万英镑增加到了35万英镑[1],当时英国每年需对北美殖民地驻军补助100万英镑军费,约占英国军费总开支的40%。[2] 在这种情况下,英国最紧迫的事是减轻在殖民地的负担,在英国的政治家们看来,要求英国纳税人偿还这些巨额债务,支付英国在美洲殖民地政府的费用是不公平的。[3]美洲殖民地对于整个帝国,尤其是皇家海军无分文贡献,英国政府要求殖民地为帝国防卫做出更多的贡献。

出于这些想法,格伦维尔政府陆续通过了以下法律:(1)1764年的《食糖条例》(The Sugar Act),该法旨在增加英国税收;为此,英国增派海军加强缉私并严格控制殖民地海关;(2)1764年的《通货条例》(The Currency Act),禁止北美殖民地发行纸币;(3)1765年的《印花税法》(The Stamp Act);(4)1765年的《驻军条例》(Quartering Act)。据当时某观察家的估计,这些条例如果不遭受殖民地人民的反对而能切实地执行,所征收的税款总数估计可达10.5万—14.5万英镑之多,几乎够供给英国在美洲殖民地驻军二分之一的费用。[4]

这些法律一方面是为了增加收入,减轻英国在殖民地的负担,另一方面英国政府"希望议会具有向英国领地的任何地区征收任何税的权力和主权不致受到怀疑"[5]。而且这项税款将由殖民地人征

---

[1] J. Holland Rose, A. P. Newton, E. A. Benjans, *The Cambridge History of British Empire, Vol. I, The Old Empire, From the Beginnings to 1783*, p.645.
[2] Jack P. Green and J. R. Pole, *A Commpanion to the American Recolution*, p.115.
[3] Marshall Smelser, *American Colonial and Revolutionary History*, New York: Barnes & Noble, 1963, p.117.
[4] 黄绍湘:《美国史纲,1492——1823》,重庆出版社,1987年版,第187页。
[5] R. C. 西蒙斯:《美国早期史——从殖民地建立到独立》,第385页。

收,全部收入将在英国议会指导下用于殖民地,并仅限于供殖民地之防卫、保护及安全之用。① 因而对于《印花税法》所引起的后果,英国政府也认识不够,印花税受到的指责主要是不明智,而且违宪。多数英国政治家认为《印花税法》及已经通过的《糖税法》很公允,从财政上讲也很宽厚。② 当时英国人口是北美殖民地的三四倍,但每年交付税款却是它的 100 倍。③他们认为既然美洲殖民地享有英国陆海军的保护,他们帮助支付该项服务的费用是公平合理的事。④但这些法令,特别是《印花税法》却遭到美洲殖民地人民的强烈反对。

殖民地居民认为,英国政府的代议制性质,是它继续保护人民的最重要的保证。在英国议会和美洲各议会中,人民选举产生的代表都保卫英国人的权利,而所保卫的权利中,最珍贵的是财产权。由于征税权就是拿走财产的权利,因此,如果未经本人或其代表同意就随意征税的话,任何人都不能说自己是自由的。在英国,只有代议制的下院,才可以征税;在殖民地,代议制议会也应拥有这样的权利。美洲殖民地在英国议会没有代表,而英国议会竟然通过了这样的法案,显然是荒谬的。

弗吉尼亚殖民地议会强烈谴责《印花税法》侵犯了英国人所享有的未经其同意不能向其征税的权利⑤,否认弗吉尼亚人有纳税的

---

① 塞缪尔·埃利奥特·莫里森等:《美利坚共和国的成长》(上),第 188 页。
② R. C. 西蒙斯:《美国早期史——从殖民地建立到独立》,第 386 页。
③ T. O. Lloyd, *The British Empire, 1558-1985*, Oxford: Oxford University Press, 1984, p. 88.
④ 查尔斯·比尔德,玛丽·比尔德:《美国文明的兴起》,第一卷,农业时代,第 214 页。
⑤ Marshall Smelser, *American Colonial and Revolutionary History*, New York: Barnes & Noble, 1963, p. 125.

义务。1765年10月,在马萨诸塞殖民地倡议下,九个殖民地的代表在纽约召开了反对印花税的大会。要求英王俯顺民意,废除印花税,并提出了"无代表权即不课税"的口号,殖民地人民也纷纷起来反对印花税。他们焚烧印花税票,攻击印花税吏,有的甚至捣毁总督的家。1767年,新英格兰报刊发表大量文章,指责英国议会侵犯了殖民地居民"生来就有的宪法权",因为它破坏了"我们宪法原则","致命地伤中了我们的要害",并且"引入了"可能导致奴隶制的"违法权力和专制权"。[①] 殖民地反对英国的浪潮逐渐高涨。

英国颁布这些新的法令以及严格执行以前的法令与殖民地人民既有的传统发生了激烈的冲突,英国想要认真执行重商主义的一系列法令,限制殖民地工业的发展,从殖民地征收税收以减轻英国在殖民地的负担。而美洲殖民地人民则想保住已有的自由,摆脱英国对他们的经济束缚,双方的冲突是必然的。在这种情况下,英国要么听任殖民地自由发展,坐视殖民地进行走私,继续承担巨额的殖民地防卫费用,这显然不符合英国的利益,也与重商主义殖民理论完全相悖,因为重商主义理论要求从殖民地取得贸易的好处;要么加强对殖民地的控制,对殖民地进行征税,严厉打击走私活动,减轻英国在殖民地的负担,然而这些行为又遭到美洲殖民地的强烈反对。旧的重商主义殖民理论显然无法解决帝国出现的危机,旧帝国的解体已无可挽回。

最后,美利坚民族意识的形成也使旧的殖民体制无法继续维持。18世纪中叶以前,美洲殖民地人不把自己看成是独特的民族。由于各殖民地建立的时间不同,所处地域不一,宗教上也五花八门,

---

[①] R. C. 西蒙斯:《美国早期史——从殖民地建立到独立》,第408页。

经济生活和政治体制各有特点，难免产生地域观念和本地意识，人们往往自称是马萨诸塞人、弗吉尼亚人、纽约人等，长期缺乏整体的认同。

北美殖民地移民中英格兰人最多，大约占移民总数的四分之三，因为他们是北美殖民地的创建者，英格兰文化便在这里深深地扎下了根。先是英国的地名被原封不动地移植到北美，如曼彻斯特、巴尔的摩、伯明翰等。还有将英国王室成员的名应用到地名上，如詹姆斯敦、纽约、查尔斯敦、伊丽莎白等城镇。殖民地时期的三所大学中，一所名为威廉—玛丽学院；哈佛大学所在地用英国大学城的名字"剑桥"。北美殖民地使用的是英国的习惯法，建立的是英国代议制政府。在政府的文牍和民间人民的交往中，人们普遍使用英语。英国的生活方式、英国的政治制度、英国的文化在 13 个殖民地中居绝对统治地位。

那时的殖民地也不存在一个所有殖民地都参加的政治机构来管理其共同的事务，除了少数偏执的人外，大家甚至连组成这种机构的愿望都没有。1754 年，英国政府在纽约的阿尔巴尼召集一次大会，希望各殖民地对即将到来的战争承担某些集体责任。大会通过了由本杰明·富兰克林起草的"阿尔巴尼联盟计划"，但是各殖民地立法机关担心会失去自己的独立性，拒绝接受该计划，处于政治上不成熟状态的各殖民地甘愿依仗英国来开展对法国的军事行动。对于住在这里的人来说，美洲仍然是个地理上的概念而不是精神上的概念，实际上，更多的时候，殖民地人民都认为自己是"英王臣民"或"英国人"。然而正是这种"英国人"的观念，促使各殖民地逐渐超越了地域意识，从差异纷繁的地方性中发现了共性，而这种共性意识的不断增强，又最终超越了"英国人"的观念，形成了共同体意识。

在热爱自由和追求权利的基础上,北美居民形成了共同的价值观念。而殖民地居民在政治制度、经济生活、社会习俗等方面所具有的越来越强的共同性,奠定了北美共同体意识更为坚实的基础。

18世纪60年代开始,美洲殖民地经历了一个文化转变的过程,美利坚民族意识逐渐形成,开始了从英国人到美洲人的文化认同。①正是在这一时期,北美殖民地出现了第一批本土诗歌、小说、音乐创作,建立了第一批永久性剧院。在语言上,欧洲裔居民逐渐以英语作为通用语言。17—18世纪的英国人说话有浓重的地方口音,第一代北美移民自然也带有这样的特点,彼此之间的交流有一定困难。后来他们逐渐摆脱地方口音,所说英语发音相当接近。而且由于居民来源众多,成分复杂,使殖民地的语言和标准英语逐渐有所不同,殖民地人民的语言中不知不觉地掺杂进了各种成分,印第安人、德意志人、荷兰人、法国人的词汇融入了英语当中,使殖民地的语言和"标准英语"渐渐有所不同。② 他们对自己生活的"美洲"有着与日俱增的认同和自豪感,赛拉斯·唐纳说,"在人类能够居住的世界上,没有任何地方拥有北美那么多的自然优势,"北美是一个"希望之乡""牛奶与蜂蜜之乡"。③ 约翰·皮克林在他所著的《美国创用语辞典》(1861年出版)里提到,"由于人们经常从我国的一个地区流动到另一个地区,美国的语言比英国的语言更为一致"。在18世纪结束之前,像约翰·威瑟斯庞牧师这样的语言大师就注意到了这一事

---

① Edited by Jack P. Green and J. R. Pole, *A Companion to the American Revolution*, Oxford: Blackwell Publishing Ltd, 2000, p.79.
② 刘绪贻、杨生茂总主编:《美国通史》,第一卷,李剑鸣著,《美国的奠基时代——1585—1775》,第517页。
③ 转引自刘绪贻、杨生茂总主编:《美国通史》,第一卷,李剑鸣著,《美国的奠基时代——1585—1775》,第519页。

实,他在《共济会》中说:"美国老百姓说英语比英国老百姓地道得多,其原因是明显的,即这里的人居住地点不固定,经常从一个地区流动到另一地区,因此他们无论是在发音还是在用词方面,都不那么容易染上地方色彩。"①而这种语言的同一性对于美利坚民族的形成发挥了关键性作用。

直到七年战争期间,北美13个殖民地还是一盘散沙。英国旅行家安德鲁·伯纳比曾评论说:"北美各殖民地简直是水火不容。他们在相互关系中彼此猜疑,达到无以复加的程度。"②正是英国的高压政策,促使13个殖民地联合起来。在反对英国的斗争中,北美殖民地走向了联合。印花税法通过后不久,马萨诸塞邀请各殖民地派代表举行会议,来考虑《印花税法》的威胁③,1765年10月,代表大会在纽约举行,这是第一次由美利坚人倡议召开的各殖民地之间的会议。而在此之前,都是各殖民地单独同英国议会打交道,彼此之间很少联系。④在这次大会上,南卡罗来纳殖民地代表克里斯托弗·戈兹登(Christopher Gadsden)讲道:"我们应当站在天赋权利这个共同的立场上。……这个大陆上不应当有人称为新英格兰人,纽约人等等,大家都是美洲人"。⑤这是美利坚民族意识形成的一个信号,殖民地人民对英国的认同感已经削弱。

在热爱自由和追求权利的基础上,北美居民形成了共同的价值观念。对此,埃德蒙·伯克说:"在美利坚人的性格中,热爱自由是

---

① 丹尼尔·布尔斯廷:《美国人——开拓历程》,第309—310页。
② George B. Tindall, *American, A Narative History*, Vol.1, New York: W. W. Norton, 1984, p.239.
③ 塞缪尔·埃利奥特·莫里森等:《美利坚共和国的成长》(上),第191页。
④ T. O. Lloyd, *The British Empire*, 1558-1983, p.89.
⑤ 塞缪尔·埃利奥特·莫里森等:《美利坚共和国的成长》(上),第191页。

其全体一个突出的特征。他们十分珍视自己这种炽热的情感。一旦察觉到别人对他们生活中唯一宝贵的东西有一点巧取豪夺的企图,殖民地人民就会顿起疑心,变得桀骜不驯。英属殖民地酷爱自由的精神甚于世界上其他任何民族。"①这种共同的价值观念,为殖民地居民提供了一个认同的基点和联合的基础。

美洲殖民地的居民大都是英国移民或英国人后裔,因而他们把英国人的自由传统完全继承过来。同时由于美洲殖民地从一开始就具有较强的自治倾向,所以他们对于英国的高压政策反抗尤为强烈。"七年战争"之前,英国也对殖民地颁布了许多法令,但这些法令被殖民地看成调控帝国贸易的必要措施;"七年战争"之后,英帝国的形势发生变化,殖民地人民对英国议会所颁布的法令开始反对。

之所以如此,这一方面是因为这些法令将加重殖民地人民的负担,同时也将打破先例,开创英国议会向殖民地内部征税的先例,英国政府严厉打击殖民地商人走私的政策也使殖民地经济遭受巨大的损害。另一方面,由于美利坚民族意识的形成,他们否认英国议会对他们的征税权,美洲殖民地居民还一致认为,征税权与立法权两者之间大有区别。②1764 年《食糖条例》颁布后,马萨诸塞群众运动的组织者与宣传家塞缪尔·亚当斯(Samuel Adams,1772—1803)对此坚决反对,他认为英国议会中并无殖民地的代表,任意征税,实系违反了英王特许状中允许马萨诸塞议会征税的原则。③《印花税

---

① The Works of the Right Honorable Edmund Burke, Vol. I, Boston: Little Brown and Company,1899, pp. 105 - 120.
② J. 布卢姆,S. 摩根等:《美国的历程》,上册,商务印书馆 1995 年版,第 146 页。
③ 转引自黄绍湘《美国史纲》,第 188 页。

法》颁布之后,"无代表权,不课税"的口号迅速在殖民地传开,并且成了殖民地人民强大的思想武器。

因此,到18世纪中叶,在英属北美殖民地上已经形成了一个新民族——美利坚民族。尽管如此,到1750年左右北美殖民地居民在思想上、感情上还是忠于英国的,之所以如此原因有三:(1)北美居民绝大多数是英国的移民,对英国怀有乡土之情;(2)北美需要英军的保护;(3)南方殖民地的种植园主与英国之间形成了密切的贸易关系,他们在英国出卖南方的产品——烟草,同时又从英国购买奢侈品。

由于美利坚民族意识的形成,北美殖民地人民无法再接受英国议会所颁布的法令,重商主义殖民政策已经成为殖民地发展的巨大障碍。在这种形势下,1763年以后,英国却不明智地颁布了一系列的税收法令,试图加强对殖民地的统治,并且采取了高压政策,结果遭到了殖民地人民强烈的反抗,最终导致第一英帝国的瓦解。

三、旧帝国的解体

《印花税法》引起的危机并没有使英国政府觉悟。《印花税法》撤销以后,英国政府并没有认真去研究是否能够采取其他办法,通过殖民地议会来筹集防务费用,没有派遣一个王室委员会到北美进行调查研究,提出报告。相反英国议会却又做出了向殖民地居民征税的新尝试,并且在没有同殖民地磋商的情况下就把一个改组帝国的计划付诸实施,从而招致殖民地人民强烈的反对,旧帝国陷入了空前的危机。可以说,正是英国政府在殖民地问题上一系列极不明智的强硬措施,才把北美殖民地一步步推向独立。

尽管《印花税法》因为殖民地人民的强烈反对而被迫取消,英国依然想从殖民地得到更多的收入,以减轻英国在殖民地沉重的负担。1767年,财政大臣唐森德(Charles Townshend)建议把英国的土地税从20%减至15%,由此产生的40万英镑差额,则依靠从殖民地取得收入来加以弥补。①为此,他利用殖民地的政治家关于议会可以征收关税调控帝国贸易的言辞②,提出了几项法案,并得以通过,这便是有名的《唐森德法》(Townshend Acts)。

《唐森德法》规定:对输进美洲殖民地的玻璃、茶叶、纸、颜料和铅等货物征收进口税,通过这几项税收,唐森德估计可以增加43万英镑的收入。③ 其收入不仅用来支付殖民地防务费用,也用于殖民地民政费用,这些收入将用以解决一批殖民地官员的薪俸,从而使那些皇家总督和法官不受殖民地议会的牵制。④实际上,这也是为了加强对殖民地的控制,使殖民地的总督能执行英国议会的法令。唐森德还批准执行一项缉私条例,规定英国税吏准许海关官员有权闯进英属殖民地或美洲新垦地区的任何民宅、仓库、商店、地下室或其他场所,以搜查和没收违禁品或走私物品。

为了保证这一法令的施行,英国政府还设立了新的海关事务委员会,负责殖民地海关官员的任命和管理,将北美划成四个海事司法区,设立海事法庭,不仅受理地方海事法院的上诉,而且还可以直

---

① 塞缪尔·埃利奥特·莫里森等:《美利坚共和国的成长》(上),第196页。
② T. O. Lloyd, *The British Empire, 1558-1995*, p.92.
③ J. Holland Rose, A. P. Newton, E. A. Benjans, *The Cambridge History of British Empire, Vol. I, The Old Empire, From the Beginnings to 1783*, p.663.
④ 塞缪尔·埃利奥特·莫里森等:《美利坚共和国的成长》,(上),第196页。

接受理有关案件。在下院一次演讲中,唐森德宣称:殖民地必须屈从英国的权威,因为如果我们丧失了对殖民地的监督权,这个国家就会彻底完蛋。①这些法令,都是加剧北美殖民地与帝国之间的矛盾尖锐化的因素。1768年,英国又设立了美洲事务大臣和美洲部,增派英军进驻北美殖民地。

《唐森德法》使各个殖民地人民左右为难,大伤脑筋。他们反对英国在殖民地以征关税来增加收入这一做法,但又找不到反驳英国的法律依据;他们希望能够否定英国议会对他们征税的权力,而又必须承认英国议会有权管理他们的商业。②不久约翰·狄金森(John Dickinson)解决了这一理论难题,1767年到1768年,他连续发表十二封《宾夕法尼亚农民来信》(Letters From a Farmer in Pennsylvania),产生了广泛的影响。农民来信于1767年12月2日首先在《宾夕法尼亚纪事报和通用广告》(Pennsylvania Chronicle and Universal Advertiser)上发表,其受欢迎的程度和发行量很快超过同时期所有出版物,北美的23家报纸中有19家对此进行了转载。③ 狄金森最大的贡献在于他阐明了以"外部税"形式出现的《唐森德法》同样损害了殖民地人民的利益,认为英国无权对殖民地征税。在信中,狄金森认为英国议会在北美洲殖民地拥有一切权力,但仅限于维系帝国必要联系的权力。他承认英国议会有权调控帝国经济,但否认英国议会有对殖民地征税的权力。④他还认为,英国

---

① 塞缪尔·埃利奥特·莫里森等:《美利坚共和国的成长》,(上),第196页。
② John C. Miller, *Origins of the American Revolution*, p.240.
③ Jack P. Green and J. R. Pole, *A Companion to the American Revolution*, Oxford: Blackwell Publishing Ltd, 2004, p.139.
④ Bernard Bailyn, *The Ideological Origins of the American Revolution*, p.216.

议会无权解散殖民地议会,如果对英国议会剥夺殖民地的权力熟视无睹,英国议会便慢慢可以剥夺殖民地其他的权利了。他在费城一次演讲中宣称美洲殖民地已形成一个政治实体,每个殖民地都是一个成员,强调"我们的力量依赖于联合,联合起来我们战不无胜,分裂会使我们死亡"。①

《农民来信》发表后,在13个殖民地广为传阅,引起激烈争论。波士顿一关税收税员约瑟夫·哈里森(Joseph Harrison)认为,来信是"危险且令人担心的","其传播的原则会引起人民的不满。"佐治亚的总督詹姆斯·怀特(James Wright)坚信,他们已经在这片"非常肥沃的土壤上""播种叛乱的种子。"②但大多数殖民地的公众舆论都接受了狄金森的观点,他们认为尽管英国议会可以用《航海条例》来控制殖民地贸易,但不能对殖民地征税。③

自此以后,殖民地人民反抗《唐森德法》的运动迅速高涨,联合抵制英货运动重新掀起。至1768年1月中旬,有24个城镇殖民地开始抵制英国商品,殖民地商人还签订了抵制英国贸易的协议:在1769年1月至1770年1月间,不向英国出口,也不进口英国货,不进口《唐森德法》征税范围的各种产品。④ 他们认为,《唐森德法》加剧了香料短缺,延误了贸易,致使商人债务增加,危及到了宪法。⑤ 各地纷纷响应这一号召,一时间波士顿、纽约和费城等港口的进出口量骤减。凡违反不进口协议者,即成众矢之的,双方冲突不断加

---

① J. Holland Rose, A. P. Newton, E. A. Benjans. *The Cambridge History of British Empire, Vol. I, The Old Empire, From the Beginnings to 1783*, p.665.
② Jack P. Green and J.R. Pole, *A Companion to the American Revolution*, p.139.
③ T. O. Lloyd, *The British Empire, 1558 – 1983*, pp.92 – 93.
④ Henry Steele Commager, *Documents of American history*, Vol. I, pp.67 – 68.
⑤ Jack P. Green and J.R. Pole, *A Companion to the American Revolution*, p.143.

剧,导致了一系列暴力事件。在这种紧张和猜疑的气氛中,各种捕风捉影的消息在各地迅速传播,加深了人们的不安心理,民众对驻防英军的敌视日趋强烈,正面冲突在所难免。终于导致了1770年3月的"波士顿惨案"(the Boston Massacre)。

1765年《驻军条例》颁布后,英国政府派遣军队驻扎北美,驻扎在波士顿的英军第14团和第29团胡作非为,引起当地人民的强烈反对,军队和当地人民的冲突不断发生。1770年3月5日,一群波士顿市居民用雪球袭击守卫一个关税征收所的英军士兵,士兵从征税所向外开枪还击,致使3人当场丧命,2人伤势过重,次日死去,另有6人轻伤。波士顿民众领袖将此事渲染为"波士顿惨案","波士顿惨案"的消息很快传遍了北美13个殖民地。"波士顿惨案"不仅激起了殖民地人民新的反英情绪,而且使激进主义分子得以进一步论证,在日益专制的英国统治下,人们可以预料会有什么结果。[1] 最后,卷入事件的英军官兵被告上法庭(最终无罪释放),英国驻军也如约撤走,波士顿民众取得了第一个回合的胜利。

这时英国政府再度陷入困境,若取消《唐森德法》,会被认为有损于大英帝国的殖民权力和威信;若不取消,又会面临更大的冲突。由于殖民地的强烈反对,1770年,新上台的诺思(Lord North)政府提出了一个折衷方案,取消了《唐森德法》,但仍保留茶税,其目的是为了"保住英国的权力"。[2] 实际上英国向殖民地征税,并非完全是为了向殖民地筹集资金,前首相乔治·格伦维尔就曾说过:"在权力

---

[1] R. C. 西蒙斯:《美国早期史——从殖民地建立到独立》,第412页。
[2] J. Holland Rose, A. P. Newton, E. A. Benjans, *The Cambridge History of British Empire, Vol. I, The Old Empire, From the Beginnings to 1783*, p.668.

上得到一丁点儿承认,要比没有这点承认而得到千百万英镑更有价值。"①这说明英国此举的目的也是为了行使英国议会对殖民地征税的权力。

《唐森德法》的取消,使英国与殖民地矛盾暂时得以缓和,保守派商人退出了抵制英货运动,英国与美洲殖民地贸易恢复了正常,殖民地到处都出现了繁荣景象。但是英国与北美殖民地的根本矛盾并未因此而消除,英国也并没有放弃控制殖民地的政策,没有从过去几年的失误中吸取教训。相反,更大的风暴正在酝酿之中。

1773年的"波士顿倾茶事件"使北美局势急转直下。当时,英国东印度公司因经营管理不善濒于破产,积压了大量货物,其中包括1 700万磅茶叶。1767年英国政府与东印度公司谈判,允许东印度公司在爱尔兰及美洲销售茶叶。做为回报,东印度公司每年给英国政府上交40万英镑的收入。这一措施会引起殖民地茶叶价格下降,有效打击殖民地走私及其他竞争者。② 因此1773年,英国会议又通过《茶叶法》(The Tea Act, 1773),该法允许东印度公司直接向美洲殖民地出口茶叶;它不向英国纳税,但是仍根据1770年没有取消的《唐森德法》确定的限额,必须向美洲殖民地支付税款,每磅茶叶只征收3便士的茶叶进口税。③ 英国统治阶级原指望如此廉价的茶叶"将完全压倒美洲人的爱国主义",从而使他们拥护英国。④

然而事与愿违。虽然殖民地居民可以借此享用比较廉价的茶

---

① 塞缪尔·埃利奥特·莫里森等:《美利坚共和国的成长》,(上),第202页。
② Jack P. Green and J. R. Pole, *A Companion to the American Revolution*, Oxford: Blackwell Publishing Ltd, 2004, pp. 134-135.
③ John C. Miller, *Origin of American Revolution*, p. 339.
④ Ibid.

叶,但英国的做法引起了殖民地人民普遍反感。东印度公司在波士顿、纽约、费城等地建立仓库,谋求茶叶垄断,这更激起了殖民地人们强烈的不满。因而《茶叶法》不仅遭到北美殖民地茶叶走私商的反对,也遭到北美其他商人的强烈反对,他们认为这是允许东印度公司控制所有或大部分美洲进口计划的第一步。① 反英人士利用东印度公司的茶叶贸易垄断权大做文章,声称其最终目的是要独占殖民地所有贸易。北美著名的走私大王和《独立宣言》的第一个签名者汉科克就宣称如执行《茶叶法》,就会使北美殖民地的贸易都落入英国手里。北美殖民地反对《茶叶法》的力量来自三个方面:职业的爱国者,他们指出用较低的茶叶价格同时维持殖民地的税收,是英国政府试图让殖民地接受税收的阴谋;另外两种反对力量是商人和走私者。② 这三种力量汇聚在一起,形成了强烈反对东印度公司倾销茶叶的运动。

北美殖民地人民在"通讯委员会"的领导下,以各种方式展开斗争。纽约、费城等地居民相继通过决议,表示要坚决抵制茶税,任何参与或协助运输、销售东印度公司茶叶的人,都被宣布为"自由的敌人"。③ 1773 年 12 月 16 日,一批"波士顿茶党"(The Boston Tea-Party)将三艘东印度公司船上价值百万英镑的茶叶倾入海中。这就是著名的"波士顿倾茶事件",它极大地鼓舞和推动了北美对英国的反抗斗争。

而诺思政府继续对殖民地实施高压政策,1774 年 5—6 月,英国

---

① John C. Miller, *Origin of American Revolution*, p.339.
② Jack P. Green and J. R. Pole, *A Companion to the American Revolution*, p.197.
③ 转引自刘绪贻、杨生茂总主编《美国通史》,第一卷,李剑鸣著,《美国的奠基时代——1585—1775》,第 560 页。

政府颁布了五项"强制法令",(1)封闭波士顿港,直至东印度公司所受损失得到赔偿;(2)改组马萨诸塞殖民地政府,停止其自治;(3)制定新的"驻军条例",条例规定,经总督同意,英军可以自由驻扎在殖民地的旅馆和公共建筑中;(4)在殖民地执行英国法律的官吏不受殖民地司法管辖,必须移交其他殖民地或英国审理;(5)将阿巴拉契亚山以西、俄亥俄河以北的土地划给魁北克,阻止北美殖民地向边疆扩展,允许保留原来法国民法,承认天主教徒的信仰自由和政治权力。这些法令本身并无不妥,问题在于出台时机不当,而且损害了13个殖民地的利益,加重了殖民地居民对天主教与"反自由阴谋"的疑心。这几项被殖民地称为最后的"不可容忍法",进一步激化了英国同北美殖民地人民间的矛盾。1774年北美殖民地人民为反抗英国的五项不可容忍法令,举行了各种抗议活动,表现了空前的团结。

在英国与美洲殖民地的斗争中,英国政府一直采取强硬的政策,一步步把美洲殖民地人民推出了帝国。1774年9—10月,殖民地代表们在费城召开第一届大陆会议。除佐治亚外,其他12个殖民地均有代表参加,到会者共55人,这是北美历史上第一次涉及如此之多的殖民地的联合会议。参加会议的代表们并没有意识到他们的举动将对北美的历史产生何种影响,他们的目的不过是要商讨对策,迫使英国放弃高压政策。会议致力于寻求一个缓解危机的稳妥办法,既能迫使英国政府放弃高压政策,还可以重新安排殖民地和母国的关系。

这时美洲殖民地仍没有决定独立。会议经过激烈辩论,通过了较温和的《权力和怨情宣言》及给英国国王的请愿书,由于请愿书的恳求语气,后来被称为《橄榄枝请愿书》(*the Olive Branch Petition*)。

请愿书申述北美居民的不满原因,声明他们并非谋求脱离英国而独立,只不过是要捍卫他们作为英国人所拥有的种种不可剥夺的权利①,表示希望恢复旧有的和睦关系,恳求英王在达成"愉快而持久的和解"之前不采取进一步的敌对行动。为了表示和解的愿望,代表们以个人名义而非以各殖民地代表的名义签字,并派宾夕法尼亚总督、效忠派分子理查德·佩恩(Richard Penn)向英王呈递请愿书。

实际上从列克星敦枪声到《独立宣言》的发表,期间经过了一年多的时间,大陆会议有好几个月在继续宣称它对国王的忠诚。多数代表像大多数殖民者一样,仍抱着并不一定非脱离英国不可的希望。他们倾向于相信:高压并不是国王的政策,而是出于一个"腐败的内阁",一直希望他们要求纠正错误的请求会得到一个和解性的答复。② 他们虽然选择了反抗的道路,但是又表示自己没有"脱离大英帝国,另建独立国家的野心计划",未公开提出独立要求。③ 英国一旦承认他们的权利,他们就会放下武器。

至此,如果英国政府能采取抚慰政策,撤销强制性法令,美洲殖民地同英国仍不会决裂。但是英国的决策者们大都没有到过北美,对殖民地的情况所知无多,他们获得信息的渠道,不外乎王家官员报告,殖民地驻伦敦代理人的证词以及英国人所写的旅行日记等。这些信息来源不仅渠道狭窄,且十分迟缓,因此英国决策者们不能准确把握殖民地居民的动向,致使他们有关决策捉襟见肘。而且他们还顽固坚持殖民地必须依赖于母国的观念,不承认殖民地特殊

---

① Henry S. Commager, *Documents of American history*, Vol. I, p.83.
② A. 古德温编:《新编剑桥世界近代史,美国革命与法国革命,1763—1793》,第八卷,中国社会科学院世界历史研究所译,中国社会科学出版社,1999年版,第626页。
③ R. C. 西蒙斯:《美国早期史——从殖民地建立到独立》,第167—168页。

利益。

　　佩恩于 8 月初抵达伦敦,但是英王拒绝接见他,甚至不屑一读《请愿书》。乔治三世国王在议会开幕式演说中嘲笑殖民地所表示的忠诚:"一个正在进行武装叛乱的集团所送来的《橄榄枝请愿书》是没有什么诚意的。"乔治三世不但没有接受它,反而一意孤行,决心实行武力镇压。并于 8 月 23 日颁布诏谕,宣布殖民地处于"公开的、直认不讳的叛乱之中"。他声称:"殖民地不是投降,就是胜利","必须用战斗来决定他们是服从于这个国家,还是独立"。[1]诺斯也曾扬言:"现在是坚持向他们挑战,并坚定不移和毫不畏惧地行动之时了。"[2]英国议会则以投票决定再派 2.5 万名军队去对付殖民地人,作为对请愿书的回答。1775 年 12 月 22 日议会通过的《美洲查禁法》宣称反叛的各殖民地不再受国王的保护,并宣布殖民地的一切贸易为非法,没收其船只及货物。英国议会还决定向北美派遣包括德意志雇佣军在内的 5 万军队去镇压,并断绝北美殖民地的对外联系和贸易,封闭其港口,捕捉其船只。英国政府错误地启用外国雇佣军来镇压美洲殖民地,这就使得双方的协调变得毫无希望,殖民地宣布独立已在所难免。同时也使许多立场摇摆的殖民地人相信必须脱离英国。外国雇佣军的出现使美洲殖民地人民感到他们被英国当作外敌看待[3],同时也断绝了殖民地与英国和解的希望。

　　英国政府的每一个行动都削弱了北美殖民地人民依恋英国的感情,当他们对英国议会的好感化为乌有的时候,就把最后的几缕

---

[1] 塞缪尔·埃利奥特·莫里森等:《美利坚共和国的成长》,(上),第 214—245 页。
[2] 转引自王觉非主编《近代英国史》,第 309 页。
[3] J. Holland Rose, A. P. Newton, E. A. Benjans, *The Cambridge History of British Empire, Vol. I, The Old Empire, From the Beginnings to 1783*, p. 682.

忠诚系在国王一个人身上。但是国王却热衷于支持英国议会来反对他们,并错误地启用外国雇佣军来镇压北美殖民地。既然所有英国当权者都想摧毁其臣民的权利,那么做一个英国人究竟值不值得,就很可怀疑了。

1776年1月,托马斯·潘恩(Thomas Paine)发表《常识》(*Common Sense*),这是北美殖民地划时代的事件。在此之前,尽管英国在北美殖民地的冲突已持续了十几年,尽管殖民地人民已拿起武器反抗英国,但是谁都没有想过独立,而潘恩的《常识》为殖民地指明了方向。

在《常识》一书中,潘恩从天赋人权思想出发,猛烈抨击英国政府的劣行和政体,批判保守派谋求妥协的立场。他以激昂的文字号召废除王权,建立共和制,启迪人们利用法国、西班牙与英国的矛盾,建立反英联盟,主张北美大陆同英国分离。他驳斥了想同英国和解的种种论调,指出,脱离英国而独立,会使整个欧洲成为北美的朋友:"我们的谷物将在欧洲任何市场上顺利出售,我们的进口货物一定要在我们愿意购买的地方成交",同英国的联合会遭致危害和损失,对大不列颠的任何屈从或依附,都会立即把这个大陆卷入欧洲的各种战争和争执。[①] 他认为,和解是个荒谬的梦想,号召北美人民拿起武器,通过革命战争实现独立:"北美独立的时代应该被认为是对它发射第一发子弹的时候便开始了,并且由这发子弹所宣布了。"[②]他大声疾呼:"现在是分手的时候了!""就让我们达到最后独

---

① 托马斯·潘恩:《潘恩选集》,马清槐等译,商务印书馆1982年版,第24页。
② 同上书,第56页。

立!"①《常识》在3个月里就发行12万册,广为传播,在北美,大多数成年白人都读过或了解这本小册子,《常识》在动员殖民地人民同英国实行彻底决裂方面起到了巨大作用,在理论上武装了北美人民,为美国正式宣告独立做了准备。

《常识》一书出版6个月后,殖民地赞成独立和建立共和政体的情绪迅猛高涨,许多人原来希望乔治三世国王能够拯救美洲,现在则对潘恩的看法深信不疑,认为任何国王都帮助不了他们。许多曾经认为不能独立的人,现在思想开始转变。

英国对殖民地进行武装镇压、招募德意志雇佣军来北美作战、《常识》的广泛传播,这些都进一步激起了北美殖民地人民的民族意识和民族感情。1776年7月,在独立战争爆发一年多以后,大陆会议通过了《独立宣言》,它开宗明义地阐述了殖民地人民独立的权利,即"一个民族解除他们同另一个民族之间的政治关系,并在世界各国之间,依照自然法和上帝意旨,采取独立和平等的地位"。《独立宣言》列举了乔治三世种种倒行逆施和专制暴行,列举了25种对英王的不满,如"他曾拒绝批准为公共福利所必需的法律","不得我们的同意,即向我们征税",等等。《独立宣言》庄严宣告根据天赋人权论和社会契约论建立自由独立的合众国,北美13个殖民地脱离英国成为"自由和独立的国家":"我们取消一切对英国王室的效忠义务,在我们和大不列颠国家之间的一切政治关系全部断绝,而且应该断绝。我们以自由独立国家的地位,有全部的权利来宣战、缔和、联盟、通商和采取独立国家有权采取的一切

---

① 托马斯·潘恩:《常识》,第42、46页。

行动。"①

《独立宣言》使北美殖民地的武装起义转变为一场独立战争,从此以后,独立便成了一股不可抗拒的潮流。

独立战争爆发后,总的来说是英强美弱。英国拥有900万人口,而北美殖民地不足300万,其中20%是黑奴;英国军队装备精良,训练有素,经验丰富,而北美新建立的大陆军则是"乌合之众,缺少纪律"。英国是世界上最大的殖民帝国,加拿大及西印度群岛殖民地都仍然效忠英国,可以作为英国进攻北美殖民地的据点;英国已经发生了工业革命,经济已经开始发生质的变化,而北美的制造业仍很落后。

然而英国在北美面临的是人民战争的汪洋大海,大陆军运用游击战、运动战等灵活机动的战术,利用有利的地理环境,不断重创英国军队。1777年10月17日,美军取得了萨拉托加战役的胜利,这是美国独立战争的转折点。萨拉托加大捷的消息使法国于1777年12月参战,随后西班牙与荷兰也分别对英国宣战。一场地方性的叛乱变成了世界性的战争,力量对比对英国日益不利。而在英国国内,由于失业人数增大,贫困现象严重,人民不满情绪增加,反对派力量增强,出现严重的政治危机,终至诺斯内阁下台。1781年,英军在约克镇投降,美国赢得了独立战争的胜利。在内外交困的局面下,1782年,英国议会以多数票建议结束对美国的战争。

1783年,英美在巴黎正式签订《巴黎条约》,根据条约,英国国王承认"美国"即从新罕布什尔至佐治亚的13个殖民地是"自由的、有

---

① Edited by Leonard Pitt, *Documenting America, A Reader in United States History, Volume One, Colonial Times to 1877*, Dubuque: Kendall/ Hunt Publishing Company, 1989, pp.57-59.

主权的和独立的"①,规定了美国的边界:新英格兰及纽约与加拿大的边界以圣克罗河与北纬45度为界;英国同意放弃美国西北部的一些防御工事,并同意以密西西比河为美国西部边界。通过五大湖及其连接水域划定一线,作为美国与英属加拿大之间的北部边界。条约还规定,美国有权在纽芬兰和新斯科舍海域捕鱼,同意把应偿还给两国债权人的全部债务作为有效债务,由大陆会议"恳切地劝告"各州议会发还充公了的托利党人的财产,释放战俘。② 至此,以美洲为中心的第一英帝国土崩瓦解。

综上所述,我们可以得出这样一个结论:"七年战争"是英帝国历史上的一个转折点。"七年战争"使第一英帝国达到了顶峰,但也为其解体埋下了隐患。"七年战争"结束后,英帝国出现了一些新的特点:版图扩大,竞争对手消失,内部矛盾开始出现并且日益激烈,最终导致旧帝国的解体。

"七年战争"之后,英国成了世界上最强大的殖民帝国,但战争使英国债台高筑。为减轻负担,英国关闭美洲西部领土,试图征收印花税,打击走私活动等,并且试图给殖民地总督薪俸,使之摆脱殖民地议会控制,从而改变过去那种理论上严格、实践上松弛的局面,并设立了美洲事务大臣一职,加强对殖民地的管理。

与此同时,由于欧洲竞争对手的消失,美洲殖民地也感到他们不再需要英国的保护了。他们赞成留在英帝国之内,但反对英国对殖民地征税,否认英国议会对殖民地的权威。从某种意义上说,美

---

① Henry Steele Commager, *Documents of American history*, Vol. I, pp.117-119.
② 转引自刘绪贻、杨生茂总主编《美国通史》,第二卷,张友伦著,《美国的独立和初步繁荣——1775—1860》,第39页。

国独立战争并不是为了获得自由而进行的，而是为了保持各殖民地业已享有的自由。

英国与美洲殖民地的冲突使英帝国处于危机之中。英国的各项法令均由于殖民地强烈反对而未能实行，最后被迫取消。重商主义殖民理论已经无法适应殖民地出现的新情况，已经无法解决殖民地出现的危机。但英国却固守旧的信条，力图保持对殖民地的权威，一次又一次地颁布新的法令，从而使矛盾激化。英国的高压措施促使殖民地走上了联合抗英之路，并且使殖民地人民一次又一次感到他们未被看成是英国的子民，从而使他们对英国的认同感消失，离心倾向日重。北美殖民地人也由"争取美利坚人所理解的自由，期望使帝国恢复到以前那种美满状态"[1]，转为争取独立。可以说，正是由于英国未能认真考虑殖民地的意见，一意孤行采用高压政策，才一步步将美洲殖民地推向了敌对立场，英国决策的失误葬送了第一英帝国。

---

[1] 塞缪尔·埃利潘特·莫利森等：《美利坚共和国的成长》（上），第 210 页。

第二章 帝国的重建

1783年9月《巴黎和约》签订,宣告了第一英帝国的瓦解。解体后的英帝国在美洲仅保留了加拿大、新斯科舍、纽芬兰、哈德逊湾;在加勒比海,除多巴哥外,英国仍保留原来的殖民地;在西非,英国保有几个奴隶贸易据点;在印度,英国仅占领着加尔各答、孟加拉、马德拉斯三个地区。[①] 这些地方构成了第二英帝国的基础。

一、工业革命与英帝国的发展

美国独立对英帝国来说是个沉重的打击,此时的帝国处于风雨飘摇之中。在印度,迈索尔的统治者海德·阿里(Hyder Ali, ruler of Mysor)率领军队在马德拉斯大败英军,烧毁村庄。一位观察家写道:"由于外部的攻击和内部重压,帝国正在四处崩溃。"[②]1781年11月25日,当英国首相诺思得知英军在约克镇投降的消息后,一改平

[①] W. D. Hussey, *The British Empire and Commonwealth 1500 – 1961*, Cambridge: Cambridge University Press, 1963, p.138.
[②] Piers Brendon, *The Decline and Fall of the British Empire, 1781 – 1997*, New York: Vintage Books, 2010, p.11.

日的沉着、稳重作风而挥臂狂呼:"哦,上帝,全完了!"① 许多外国观察家认为,失去美洲殖民地将会使英帝国终结,就像西班牙帝国与荷兰帝国一样,英国应该退居二流国家之列。② 1783年,奥地利皇帝约瑟夫二世(Joseph II)就曾明确宣布"英国已降为二流强国"。乔治三世国王本人赞同多米诺理论:如果英国失去了13个殖民地,"西印度一定会尾随它们",爱尔兰不久会变成独立的国家,帝国就会毁灭。③ 他认为英国永远不会从这一次失败中恢复元气,它将沦为欧洲一个微不足道的国家,他自己甚至想到了逊位。④ 在美洲殖民地重创帝国身躯之时,许多英国人都持这种观点。

那些在本国及其殖民地仍然实行重商主义体制的其他欧洲国家对此甚感庆幸,他们认为,一旦英帝国终结,他们可以在以前被禁止的美洲殖民地做买卖,就会减少英国的出口,最终会导致英国破产。⑤ 在英国,许多人对帝国也失去了兴趣,甚至不愿意再拥有帝国。他们认为"在经历了北美的事件后仍继续考虑殖民地事务是疯狂的"⑥。

然而,事实却与他们的设想相反,失去了美洲殖民地的英帝国并没有就此垮掉,相反在以后的一百年里却变得越来越大,成了世

---

① William Haunt, *The Political History of England*, Vol. *x*. New York: Longmans, 1969, p.226.
② Lord Elton, *Imperial Commonwealth*, New York: Reynal & Hitchcock, 1946, p.238.
③ Piers Brendon, *The Decline and Fall of the British Empire, 1781-1997*, p.11.
④ P. J Marshall, *The Cambridge Illustrated History of the British Empire*, Cambridge: Cambridge University Press, 1996, p.16.
⑤ John Clarke, *British Diplomacy and Foreign Policy, 1782-1865—The National Interest*, London 1989, p.57.
⑥ Vincent T. Harlow, *The Founding of The Second British Empire 1763-1793, Vol. 1, —Discovery and Revolution*, New York: Longman, 1952, p. 483.

界上最大的殖民帝国,成了"日不落帝国"。这个看似矛盾的现象的根本原因是工业革命的发展及其引起的英国政治、经济、社会、宗教的变化。

18世纪中期开始,英国开始了工业革命,工业革命对英国的政治、经济、社会造成了巨大影响,引起了英国社会的全面变革。在这场剧烈的变革中还产生了新的帝国思想,影响了政府的决策,英国政府及英国人对帝国的态度也发生了很大变化。

工业革命首先是一场经济变革,表现在工业革命使社会生产力有了惊人的发展。工业革命开始后,主要工业相继以机器生产代替手工生产,以工厂制取代作坊制和手工工场制,结果这些工业部门的生产量和劳动生产率均有较快的增长。以棉纺织业为例,1780—1800年,不列颠原棉消费由655万磅增加到5 160万磅,与原料投入的迅速增长相并行,英国棉纺织产量也迅速增长,由1785年的4 000万码增至至1850年的20亿码,增加49倍。到1812年,仅一个纺工生产的棉纱数量就相当于珍妮机发明之前200名纺工在同样时间里所生产的棉纱。[1] 英国的煤炭产量在1700年为250万吨,1750年为475万吨,1800年为1 000万吨,1829年为1 600万吨。[2] 尤其重要的是,英国经济的增长是和劳动生产率提高并行的,据估计,1827年,有一家棉纺厂750个工人利用机器生产了相当于20万个手纺工所生产的棉纱。[3]

---

[1] P. Deane and W. A. Cole, *British Economic Growth 1688 – 1959*, Cambridge: Cambridge University Press, 1969, pp.183 – 187.
[2] Leonard W. Cowie, *Hanoverian England, 1714 – 1837*, London: G. Bell and Sons Ltd., 1978, p.135.
[3] Harold Perkin, *The Origins of Modern English Society, 1780 – 1880*, London: Routledge & Kegan Paul, 1969, p.112.

英国的经济地位也发生了根本变化,它的工业不仅在欧洲,而且在全世界获得领先地位,成了"世界工厂"。1750年,英国铁的产量还比不上法国,1848年已经超过世界上所有国家的总和。至1820年,英国生产了全世界煤产量的75%,生铁产量的40%。它的工业总产值占全世界工业总产值的一半。[1] 1801—1851年,英国国民生产总值增长125.6%,1700—1780年,英国工业年均增长率是0.9%—1%,1780—1870年已超过3%。这个数字虽然不如20世纪有些国家发展速度那么快,但是在当时的世界上确实是惊人的。

英国工业的蓬勃发展,使英国迅速成为世界上最富有的国家,它一个国家的生产能力比世界上其他国家的总和还要多。英国已经深深地卷入了世界经济发展潮流,机器大工业不仅生产出可供世界市场的消费品,而且还产生了世界市场所需要的交通和通信工具。随着工业革命向欧美其他国家的扩散,建立在资本主义大工业基础上的近代世界市场开始形成。工业资本逐渐占据了统治地位。由此,英国工业革命开创了世界经济史上的新阶段。

作为"世界工厂",英国庞大的远洋船队把数不尽的工业品运往世界各地,再把原材料运回国,加工成工业品,然后再运出去。英国在原材料和生活资料供应以及产品的销售方面越来越严重地依赖于海外市场,1740年英国工业产值为2 420万英镑,其中出口额仅为630万英镑,1770年英国工业产值增为3 690万英镑,出口1 120万英镑。1800年英国工业产值增至6 820万英镑,出口额为2 350万英镑。[2] 由于工业革命的发展,1760—1810年,英国的进出口贸易都

---

[1] 王觉非主编:《近代英国史》,南京大学出版社1997年版,第256页。
[2] Roderick Floud and Dorlald Maccloskey, *The Economic History of Britain Since 1700, Vol.1, 1700-1860*, Cambridge: Cambridge University Press, 1981, p.40.

增长了3倍多(见表2-1),对外贸易成了英国经济迅速发展的生命线。总之,工业革命的发展,为英国的帝国扩张提供了强大的物质基础,同时对外贸易的发展又产生了帝国扩张的内在动力。

表2-1　1760—1819年英国对外贸易(单位:千英镑)

	进口	出口	再出口
1760—1819	10 719	10 043	4 790
1770—1819	12 104	9 287	5 136
1780—1819	13 820	10 200	4 262
1790—1819	21 797	17 380	9 350
1800—1819	28 740	17 520	12 150
1810—1819	31 640	35 050	11 680

资料来源:Chris Cook and John Stevenson: *British Historical Facts*, 1760-1830, The Macmillan Press Ltd, 1980, p.185.

工业革命也是一场深刻的社会与政治革命。工业革命使英国人口迅速增长,18世纪40年代以前,英国人口年均增长率只有0.25%,而18世纪80年代至19世纪20年代,英国人口年均增长率为1.45%。人口增长不仅是因为出生率提高,更主要的是工业革命为人口增长提供了物质条件,人口死亡率大大下降。

工业革命还改变了英国社会结构,原来的三层式社会结构逐渐被破坏。工厂制的发展使厂房、机器设备、原料及能源等一切生产资料集中到资本家手中,大机器工业的发展,在创造无产阶级的同时,也创造了一个工业资本家阶级。作为工业革命最重要的社会产物,工人阶级和资本家阶级形成并壮大起来。

英国社会经济巨大的变化自然会影响到英国社会生活的各个方面,影响到英国人的帝国观念。工业革命把尚处于世界市场之外的一切民族和国家统统卷入了世界贸易的漩涡。七年战争结束后,英国不但在北美和印度，而且在世界贸易的海洋线路上都取得了霸主地位。国内工业和科学技术的发展，经济实力的壮大以及英国在海上的绝对优势地位等，都使英国人更努力地去横跨大洋，寻找新市场。[1]迅速发展的工业化使英国能够大规模地调动资源，组织力量，发展先进的军事技术。而18世纪后半期，英国人开始在太平洋进行系统的探险活动，以期找到未知的南方大陆（Terra Australis Incognita），并使之成为英国原料的仓库和英国工业品的销售市场。[2]

相应的，英国帝国政策的目标也由开拓殖民地，垄断殖民地的贸易，转移到扩大在全世界的贸易，控制战略基地，以此来保卫帝国贸易，英帝国的利益已从美洲转向东方。[3] 工业革命中兴起的工业资产阶级迫切要求摈弃重商主义殖民体制，废除对殖民地的贸易垄断，实行自由贸易，以便使英国也可以到其他国家的殖民地进行贸易。

在这种形势下，旧的重商主义殖民理论的根基发生动摇，自由贸易的呼声越来越高。为了满足生产发展的需要，工业资产阶级迫切要求开放印度及东方市场，扩大英国工业产品的销售，废除对殖民地的贸易垄断。根除旧的重商主义殖民体系的弊端，实行自由贸易成了英国政府所要努力实现的目标。英国著名思想家埃德蒙·伯克关于帝国问题的一系列演讲，实际上代表了英国工业资产阶级

---

[1] Vincent T. Harlow, *The Founding of The Second British Empire 1763 – 1793, Vol. 1—Discovery And Revolution*, New York: Longmans, Green and Company, 1952, p.3.

[2] Vincent T. Harlow, *The Founding of The Second British Empire 1763 – 1793, Vol. 1—Discovery And Revolution*, New York: Longmans, Green and Company, 1952, p.62.

[3] W. D. Hussey, *The British Empire And Commonwealth, 1500 – 1961*, p.138.

的观点。

相应的,英国政府对于帝国的态度发生了转变。英国此时强调的是占据贸易货栈及战略基地而非像17世纪那样拓殖土地①,它们尽量避免拓殖那些可能会对母国造成竞争的殖民地,也就是说,英国开始对拓殖新的殖民地不感兴趣。第一英帝国解体后,英国所占领的殖民地大都对英国的贸易及战略起着极其重要的作用:印度是英国重要的原料产地和巨大的产品销售市场,也是对中国贸易的桥头堡,在东西方贸易中占有极其重要的地位;直布罗陀是地中海的门户,具有重要战略地位;西印度群岛殖民地盛产蔗糖等热带产品,且地理位置重要;英国保留加拿大,主要是把它作为英国对美洲中西部贸易的通道。②实际上,美国独立后,西印度殖民地的重要性日益增加,西印度生产的蔗糖产量激增,成为1815年前英国在殖民地利润的主要来源。③ 对于英国来说,对外贸易要比统治殖民地更为重要,对于获取新的殖民地,英国政府已经没有太大的兴趣,这与第一英帝国时期的殖民政策有很大不同。1782年谢尔本伯爵(the Earl of Shelburne)提出"我们的贸易优先于统治"的口号,便是对第二英帝国基本原则的最好阐述。④ 虽然第一英帝国解体之际,旧的重商主义殖民理论还没有彻底退出历史舞台,但是自由主义已经开始登上了历史舞台,并且逐渐占据了主导地位。英国政府的殖

---

① W. D. Hussey, *The British Empire and Commonwealth, 1500–1961*, p.138.
② Vincent T. Harlow, *The Founding of the Second British Empire, 1763–1793*, Vol. 1—Discovery And Revolution, p.4.
③ P. J. Marshall, Alaine Low, *The Oford History of The British Empire, Vol. II, The Eighteenth Century*, Oxford, New York: Oxford University Press, 1998, p.578.
④ Vincent T. Harlow, *The Founding of the Second British Empire, 1763–1793*, Vol. 1—Discovery And Revolution, p.6.

民政策也不可避免地受到这种趋势的影响。废除对殖民地的贸易垄断,实行自由贸易成了英国政府所要采取的殖民政策,成了英国政府努力实现的目标。

曾几何时,英国朝野还有人对帝国的解体悲观异常。1775年10月,谢尔本看到帝国的瓦解已无可挽回,他在给理查德·普赖斯(Richard Price)①的信中曾悲哀地说:"政府同意美洲独立之日,便是大不列颠太阳陨落之时,我们将不再是个大国和受尊敬的民族。"②但是美国独立之后,这种悲观的思想迅速改变。

其实,英国虽然在美洲遭到了失败,但在其他地方,英国的殖民地却在扩大。美国独立战争期间,由于英印殖民当局的努力,不但打击了法国妄图重返印度的企图,而且通过一系列战争,将英国在印度的统治范围不断扩大。在北美,受益于《魁北克法》的影响,魁北克法裔居民成了反对美国独立战争的主力,加上大量效忠派分子从美国涌入,英国对于加拿大和新斯科舍的拓殖范围进一步扩大,地位进一步巩固。在经济上,丢掉美洲殖民地并没有损害英国的海外贸易,英国仍是那些非欧洲产品如茶叶、蔗糖、丝绸、棉花等主要产品的经销商。尽管美国独立战争使英国损失惨重,但英国可以凭借其强大的经济实力,比其他国家更容易从失败中恢复过来。英国是所有参加这场战争的国家中受损失最小的国家。③

---

① 理查德·普赖斯(Richard Price)(1723—1791),英国道德哲学家、财政专家,美国革命和法国革命的热情支持者。
② Lord Fitzmaurice, *Life of William, Earl of Shelburne*, Vol. II, London: Macmillan, 1912, p.14.
③ J. H. Rose, A. P. Newton, E. A. Benians, *The Cambridge History of the British Empire, Vol. 2, The Growth of the New Empire, 1783 - 1870*, Cambridge: Cambridge University Press, 1961, p.3.

表 2-2 1763—1791 年英国对北美殖民地的进出口总额(千镑)

时间	对 13 个殖民地进口	对 13 个殖民地出口
1763—69	1510	2090
1770—74	1796	3061
1784—87	845	2416
1788—91	1115	3009

资料来源：P. J. Marshall, *The Oxford history of British Empire*, Volume II, The Eighteenth Century, p. 103.

从表 2-2 可以看出,美国独立后,英国对美国的出口仍然在快速增加。美国独立后最初几年英美之间的贸易额有所回落,但是 1787 年以后又开始迅速增长。从美国方面来看,与英国的贸易反而变得更为重要,1795、1798、1801 年美国出口到英格兰、苏格兰和爱尔兰的货物总额为 6 324 066 美元、11 978 870 美元和 30 892 300 美元。而同一年份美国出口到世界其他地区货物总额只是 47 855 556 美元、61 527 097 美元、93 020 513 美元。这些年美国从英国进口的货物总额分别为 23 296 591 美元、14 275 161 美元和 39 398 620 美元,占美国进口总额的 1/3。[①] 美国独立之后的和平年代,英国的国债减少到 1 000 万英镑,进出口总值从 1782 年的 2 000 万英镑激增到 1790 年的 4 000 万英镑。[②] 而英国的死对头法国虽然通过美国独立摘掉了"英王皇冠上的明珠",但却损失巨大,后果难以估量[③],它

---

① H. C. Allen, *Great Britain and the United States: A History of Anglo-American Relations (1783-1952)*, London: Odhams Press Limited, 1954, p. 56.
② J. H. Rose, A. P. Newton, E. A. Benians, *The Cambridge History of the British Empire, Vol. 2, The Growth of the New Empire, 1783-1870*, p. 7.
③ Jerald A. Combs, *The History of American Foreign Policy*, New York: M. E. Sharp, Inc. 1963, p. 13.

仅为参加北美独立战争就耗去20亿锂军费,为筹措这笔巨额款项,法国大举借债,利息高达10%—20%。据估计,1784年法国国债的年利息就高达1.25亿锂,到1789年这个数字提高了两倍。而在1788年法国的财政预算中,支出额为6.29亿锂,收入只有5.03亿锂,亏空1.26亿锂。开支项目中,仅国债利息就高达3.18亿锂。① 沉重的债务负担,迫使法国国王召开三级会议,以解决财政危机,进而导致了法国大革命的爆发。

所以,在英国国内,大多数人对于美洲殖民地的脱离并不悲观,经过一连串失败后,那种认为英国可以重新返回美洲殖民地的想法消失了,但失去美洲殖民地会毁掉英格兰的想法也烟消云散了。② 英国的政治家及普通民众把1783年帝国的消失看成是一个稳步发展、充满希望的事,有的人甚至主张放弃帝国。同时,美国独立战争时期乔治三世国王的权力正处于顶峰,因此英国有些政治家认为,乔治三世及其政府想在整个帝国范围内攻击自由派,他们因此对美国表示同情。著名的思想家埃德蒙·伯克(Edmund Burke)就认为:"英国应当用殖民地对她的感情纽带来保持殖民地。如果他们想独立,英国应允许它们独立。"③ 当美洲殖民地经过长期斗争并最终分离之时,英国人几乎有一种如释重负的感觉④,比如,几年后,谢尔本伯爵说:"在经历了北美所发生的事情后再来考虑殖民地似乎有

---

① 张芝联主编:《法国通史》,北京大学出版社1989年版,第130—131页,第139页。
② J. H. Rose, A. P. Newton, E. A. Benians, *The Cambridge History of the British Empire, Vol.2, The Growth of the New Empire, 1783-1870*, p.1.
③ T. O. Lloyd, *The British Empire*, 1558-1995, p.97.
④ Lord Elton, *Imperial Commonwealth*, London: Collins, 1946, p.38.

些发疯。"①有的英国人甚至认为,在美洲恢复英国的权威并无益处,他们害怕这会在英国加强国王的权威。②

在这种厌恶战争、同情美国、反对专制的政治氛围中,接替诺思政府的罗金厄姆(Lord Rockingham)政府不但接受了美国独立,而且欢迎它的独立。③英国在《巴黎和约》中对美国也十分慷慨,将阿巴拉契亚山以西大片土地给了美国,由此美国的边界大大扩展,北到大湖区及圣·劳伦斯河,西至密西西比河,南到北纬31度线,与东佛罗里达划界,美国人还保有在英属北美海域捕鱼的自由。④美国的领土由90万平方公里扩大到230万平方公里,版图增加近1.5倍。⑤

但是,美国独立之后,尽管英国政府对获取新的殖民地不感兴趣,并奉行"贸易优先于统治"的原则,这却并不表明英国政府不想再要帝国,不想再要殖民地。相反,对于英国残余的殖民地,英国依然牢牢守住,决不放弃。而且,在美国独立战争期间,英属印度殖民地的范围大大扩大,1783年2月17日小皮特(William Pitt, the Younger)在议会对《巴黎和约》条款进行辩论时无比激动地说:"我们要以勇敢、果断的勇气去审视我们剩下的殖民地,我们要加强力量,打击干涉我们的敌人,抚慰我们旧的朋友。业已发生、经过真正智慧检验过的英国及个人的灾难,大半已改正。"⑥小皮特在下院讲道:为避免帝国进一步

---

① J. H. Rose, A. P. Newton, E. A. Benians, *The Cambridge History of the British Empire*, Vol.2, *The Growth of the New Empire, 1783–1870*, p.1.
② T. O. Lloyd, *The British Empire*, 1558–1983, p.100.
③ Ibid.
④ Henry S. Commager (ed.), *Document of American History*, Vol.1, p.117.
⑤ 王绳祖主编:《国际关系史》,第一卷(1648—1814),世界知识出版社1995年版,第273页。
⑥ *The Speeches of the Right Honourable William Pitt in the House of Commons*, Vol.1, London: Longman, Hurst, Rees, Orme, and Brown, 1817, p.32.

肢解,散落的帝国应当"靠感情和互惠的纽带"团结在一起。① 英国在经历了"美洲失利这一耻辱"之后,他们所必须做的是正视现实,吸取教训,调整政策,治理好现有的殖民地。

英国之所以要保住残存的帝国,可以从两个方面来考虑。

首先,美国独立战争后英帝国所剩下的殖民地,大都具有重要战略地位,对英帝国的贸易有巨大的作用,英国自然不会再放弃它们。而且,随着英国工业革命的发展,英国生产力开始飞速发展,英国也需要这些殖民地来充当英国工业品的销售市场和原料产地。在英美进行和平谈判之时,英国负责内政及殖民事务的大臣谢尔本伯爵便已形成了和谈政策,保有加拿大殖民地是一个基本前提。他还把英国印度和加勒比殖民地看成是英国未来最珍贵的财富。②1782年7月9日,美国代表本杰明·富兰克林(Benjamin Franklin)在同英国代表理查德·奥斯沃德(Richard Osuald)谈判时突然提出撤走全部英军,承认美国独立,把英属加拿大疆界限制在圣劳伦斯河谷,保证美国在纽芬兰的捕鱼权作为实现和解的必要条件。同时,他还提出英国赔偿美国战争损失50万或者60万英镑;英国议会需公开承认给殖民地造成了苦难,犯了错误,美英应该达成贸易互惠协议,并"自愿将加拿大与新科新舍交给美国"③,其理由是如果英国将加拿大割让给美国可以避免来日重动干戈。但是接受美国的要

---

① Sir Reginald Coupland, *The American Revolution and the British Empire*, Longmans, Green and Co., 1930, p149.
② Helen Taft Manning, *British Colonial After the American Revolution, 1782 – 1820*, Hamden, Connecticut: Archon Books, 1966, p.5.
③ Vincent T. Harlow, *The Founding of the Second British Empire, 1763 –1793, Vol.1, Discovery and Revolution*, p.248. 比米斯:《美国外交史》第一分册,商务印书馆1985年版,第60页。

求、放弃加拿大殖民地对英国来说是极大的耻辱,英国国王及国内舆论也会反对。① 因而虽然英国政府对于美国独立这一要求慷慨应允,并将阿巴拉契亚山脉以西的广大地区交给了美国,使美国的领土扩大了一倍多。但是对于美国提出来的"要求英国自愿将加拿大、新斯科舍交给美国"这一要求则坚决不同意。② 这样,为了获得英国对独立事实的承认,在接下来的巴黎谈判中,美国不敢再继续坚持对加拿大殖民地的领土要求。

1782年7月4日上台的谢尔本政府执行与美国和谈的政策,这实际上是捍卫帝国未来的政策。③ 1782年8月9日英国内阁会议做出决定:1774年《魁北克法》扩大了的加拿大应该缩小,但不得小于1763年10月《王室诏谕》所规定的界线。④ 7月,加拿大总督盖伊·卡尔顿(Sir Guy Carleton)收到谢尔本的指示说:"法美将海陆并进,进攻加拿大的计划已传到了伦敦。"谢尔本写道:"我特别希望你尽一切可能注意新斯科舍以及加拿大的安全。你应该在你的职权范围内尽可能搜集一切情报,调动一切可以帮助的力量保护我们所占领的北方领土。"⑤

而且美国独立以后的英属北美殖民地尽管人口稀少,面积不大,自然条件十分恶劣,但对于英国来说仍然十分重要。1782年,曾任过马萨诸塞殖民地总督的托马斯·波纳尔(Thomas Pownall)在论

---

① Vincent T. Harlow, *The Founding of the Second British Empire, 1763-1793, Vol. 1,—Discovery and Revolution*, p.249.
② Ibid., p.233.
③ Ibid., p.234.
④ Ibid., p.299.
⑤ Vincent T. Harlow, *The Founding of the Second British Empire, 1763-1793, Vol.1, Discovery And Revolution*, pp.299-300.

及加拿大的重要性时说:"英国保有其西印度的种植园,占有魁北克及新斯科舍,对大不列颠来说是十分必要的,它可以为这些岛屿提供木材、鱼、生活用品等各种供应";"占有这些殖民地对英国海上霸权是必需的,没有它,英国在北美海域就没有海军基地,而且也不能提供足够的物品,以抵挡一些北欧国家曾经努力建立的反英垄断"。他还认为"魁北克省地域广阔,物产丰饶,可以变成一个很大的贸易源泉。占有新斯科舍省的海军基地,对保护北美的渔民也是必需的"。①因而他竭力主张英国保持对加拿大的占领。

其次,新成立的美国各自为政,内部混乱,前途不明,使得英国政府坚持保留北美殖民地。英国政府在1783年《巴黎条约》中慷慨允许美国独立,并将阿巴拉契亚山脉到密西西比河之间的大片土地给了美国,使其领土由90多万平方公里扩大到230万平方公里,版图增加了1.5倍,远远超过了它在战场上赢得的地区。给予如此优惠的条款,是因为刚上台的谢尔本政府希望摆脱国内反战运动造成的困境,急于从北美战场撤回英军。英国把阿巴拉契亚山脉以西、密西西比河以东的广袤领土慷慨赠予美国,一方面是因为急于拆散美法同盟,以便在欧洲大陆继续与法国竞争;另一方面则是防范法国②,同时还避免以后同印第安人进行战争。

这时,刚独立的美国的弱点也十分明显,它在外交上缺乏稳定的、有效的指导。由于没有一个强有力的中央政府,美国重新陷入各自为政的局面,各州政策不一,经济上没有前后一致的政策,它甚至有分裂的可能。这时英国无需做什么让步便可以恢复其在美国

---

① David C. Douaglas, *English Historical Documents (1711 – 1783)*, Vol. x. London, 1969, p.202.
② 王绳祖主编:《国际关系史》第一卷,第273页。

的市场,而占有北美殖民地原本就是希望保持"横跨大陆到太平洋、向南到中西部的巨大经济纽带"①。因此,《巴黎和约》签订后,英国并没有立即将这些土地完全交给美国,而是在边境地区占领了一些军事要塞。

最后,法国、西班牙各怀鬼胎,出于国际斗争的需要,英国也会保留残余的殖民地。1779 年 4 月 12 日,法国、西班牙两国在《阿兰惠斯条约》(*Treaty of Aranjuez*,1779)中提出"收复失地"的要求,西班牙要收复直布罗陀、梅诺卡、牙买加、佛罗里达等殖民地,将英国人从洪都拉斯赶出去,分享在纽芬兰的捕鱼权。法国想恢复其在印度的统治地位,把英国人从纽芬兰赶走,分享洪都拉斯的伐木场,收回塞内加尔和多米尼克岛。② 1783 年到 1790 年,英国人不再对殖民地的哲学命题进行争论,殖民地被英国人看成是理所当然的事情,英国人在西印度的投资也急剧增加。③ 英国虽然在北美大陆失利,但在印度及其他地方却取得了胜利。法国在印度的失败增加了英国在东方建立一个新帝国的希望,这让英国得到补偿。④英国占领热带殖民地与它对法国、西班牙的仇视相连结,允许美国独立,并不意味着英国会让波旁王朝从中渔利。⑤因此英国外交大臣福克斯(Charles James Fox)坚决反对法国外长韦尔热纳(Charles G.

---

① P. J. Marshall, *The Oxford History of the British Empire, The Eighteenth Century*, Oxford: Oxford University Press, 1998, p.579.
② Samuel F. Bemis, *The Diplomacy of the American Revolution*, Bloomington: Indiana University Press, 1985, p.85.
③ Helen Taft Manning, *British Colonial After the American Revolution, 1782 – 1820*, p.9.
④ John Clarke, *British Diplomacy and Foreign Policy*, p.61.
⑤ Ibid.

Vergennes)提出的要英国放弃七年战争中获取的大多数地方的要求。① 1781年11月法国派德·比西(De Bussy)率四艘战舰驶向印度,企图重新回到印度,恢复对印度的殖民统治。这一举动让英国人感到万分震惊,首相谢尔本认为,美洲殖民地的丢失使得英国保住其在印度洋的地位变得极其重要②,因为印度在东西方贸易中地位独特,通向印度的航线成了英国经济的生命线之一。在此后一个多世纪里,英国外交政策一个重要目标就是保护印度,保护通向印度的贸易航线。针对法国的行动,英属印度大总督沃伦·黑斯廷斯(Warren Hastings)进行了有效的抵制,扩大了英国在印度的势力范围,迫使法国放弃了在印度恢复其影响力的企图。因而在谈判中,英国对于法国提出的"在孟加拉国享有安全、自由、独立"的商业行动这一要求也予以拒绝。③

对于那些将来有可能使英国陷入与列强的纠纷,使英国再次背上沉重负担的殖民地,英国坚决放弃。这也是美国独立战争以后英国帝国政策的变化之一。在这种政策的指导下,在和平谈判中,英国对西班牙让步很大,将面积广阔的东西佛罗里达给了西班牙。佛罗里达原来由西班牙占领,1763年转交给英国后,英国将它分成东、西两个部分。西佛罗里达位于密西西比河与阿巴拉契亚河(The Apalachicola River)之间,那里人口稀少,几乎无防御,1781年西班牙参战后占领了西佛罗里达。在和谈时美国代表约翰·杰伊(John Jay)一再呼吁英国政府应重新占领西佛罗里达,并坦率地讲美国不

---

① John Clarke, *Britain Diplomacy and Foreign Policy*, p.61.
② Vincent T. Harlow, *The Founding of the Second British Empire, 1763-1793, Vol.1, Discovery and Revolution*, p.312.
③ Ibid., p.340.

喜欢西班牙控制这片广大地区。① 在杰伊看来，西班牙威胁了美国西进的希望，当务之急是尽快重建英国对西佛罗里达的占领。英国则认为，如果西佛罗里达无法恢复，东佛罗里达也就不值得再占领，因为它将耗费英国大量的防御费用。② 经过慎重考虑后英国放弃了佛罗里达，但作为交换，英国占领了具有重要战略地位的直布罗陀。

因此，对英国而言，1780—1783 年是帝国政策的转折点，旧帝国时期那种大量拓取殖民地、掠夺敌国所占领的殖民地并实行贸易垄断的重商主义殖民政策，被以拓展贸易为主、夺取战略要地以作为其海洋防卫系统的一部分的政策取代。帝国此时的首要目标是促进英国贸易，"贸易优先于统治"成了第二英帝国所赖以建立的总原则。在这种思想指导下，保卫欧洲与印度之间的海上交通成了英国政府考虑的首要问题，为了这一目的，英国首先将注意力集中到荷兰在锡兰（Ceylon，现斯里兰卡）和开普（Cape）的海军基地③，并且试图占有这两个通向印度的最重要的战略据点。到拿破仑战争时期，英国终于将这两块地方据为己有。正是在这种大背景下，英国放弃了北美大片土地，将它慷慨地交给美国和西班牙。

美国独立和第一英帝国解体是英帝国发展史上一件十分重大的事情，英国国内对此也议论纷纷，有些人失望、有些人悲观、有些人高兴，还有许多人对帝国的发展问题提出了有益的建议。

还在英国与美洲殖民地争吵之时，英国民众对大洋彼岸亲戚的反叛已感到失望。起初有人建议英国应该在美洲保留一些堡垒，还

---

① Vincent T. Harlow, *The Founding of the Second British Empire, 1763-1793, Vol.1, Discovery and Revolution*, p.305.
② Ibid., p.204.
③ Ibid., p.103.

有人提议建立一个帝国联盟,在这个联盟中,有一个共同的国王,美洲殖民地派代表参加英国议会,帝国内部实行自由贸易。① 但是形势的发展迫使他们不得不接受现实,尽管当时有一些失败主义的论调,如诺斯勋爵曾哀叹说:"如果没有发现新大陆,欧洲会过得更好一些"②,多数人还是接受了现实,他们对于美国独立并不感到懊悔。由于多年来英国在北美负担沉重,加上亚当·斯密自由贸易思想的影响,相当一部分英国人认为美国独立使英国扔掉了一个巨大的包袱,对英国是件好事。大多数英国人可能既不理解,也不希望再次变成殖民大国③,甚至几年过后,谢尔本伯爵仍说:"在经历了北美殖民地事件之后考虑殖民地有些疯狂。"④许多英国人甚至认为,整个帝国政策都是错误的,帝国对加强英国国力贡献甚少,几代政治家的辛苦工作毫无结果,只是一个金色的梦。⑤英国在美洲的失败表明,英国政治家无法胜任将殖民地团结在一起的使命,在付出了诸多努力,花费了巨额钱财仍遭到可耻的失败之后,很少有人希望重建一个帝国。⑥ 所以当时就有人说:"美洲十三个殖民地与英国政府分离未必是件坏事。"⑦

针对美国独立,英国许多学者发表文章表达自己的看法。有人认为美国独立使英国丢掉了一个相当大的财政负担,因此"摆脱统

---

① Klaus E. Knorr, *British Colonial Theories 1570–1850*, p.201.
② Ibid., p.205.
③ J. H. Rose, A. P. Newton, E. A. Benians, *The Cambridge History of the British Empire*, Vol.2, *The Growth of the New Empire, 1783–1870*, p.2.
④ Ibid., p.1.
⑤ Ibid., p.2.
⑥ Ibid.
⑦ Klaus E. Knorr, *British Colonial Theories, 1570–1850*, London: Frank Cass & Ltd., 1963, p.205.

治和保护殖民地的费用是美国独立的一个有益的后果"①。一位叫乔治·查尔莫斯(George Chalmers)的学者同样认为:"当这个国家每年节省了巨额的军事和内政管理的费用之时,很难说它们也丧失了商业利润。"②他还说:大不列颠由于解放殖民地获得了霸权:"我曾一直认为,现在也认为,从 1763 年到叛乱的前奏,这些殖民地对英国霸权是种平衡力量,而不是英国力量的支柱……如果这是真的,那么我们的资源、我们的力量就在于联合王国的人民,通过几项放弃殖民地的条例,我们损失了什么?我们损失了人口吗?没有。我们损失了财物吗?没有。和平时期他们将是代价昂贵的建设吗?是的。在战争期间他们仍将是虚弱的源泉吗?是的。"③

美国独立之后,英国国内由于工业革命的迅速发展,英国经济更加需要美国的原材料及广阔的市场,而独立的美国并没有退出英帝国贸易发展的轨道,英美之间传统的贸易关系也没有因为美国独立而中断。相反,美国独立以后英国与美国之间的贸易额急剧增长,英国向北美年均出口额由 1751—1755 年的 130 万英镑增至 1786—1790 年的 200 万英镑。④ 1763 年,英国与美国的贸易额为 200 万英镑,到 1793 年增为 300 万英镑,到 1800 年增为 700 万英镑。⑤ 由于工业革命的迅猛发展,英国国内对棉花的需求剧增,导致

---

① Klaus E. Knorr, *British Colonial Theories, 1570-1850*, London: Frank Cass & Ltd., 1963, p.207.
② Ibid., p.208.
③ Klaus E. Knorr, *British Colonial Theories, 1570-1850*, p.208.
④ Jeremy Black, *Trade, Empire and British Foreign Policy, 1689-1815, the Politics of a Commercial State*, London and New York: Routledge, 2007, p.184.
⑤ Leonard W. Cowie, *Hanvoverian England, 1714-1837*, New York, Humanities Press, 1967, p.158.

美国对英国的棉花出口,尤其是皮棉出口急剧增长,美国生产的皮棉可以满足英国兰开郡机器纺织所需的棉花。1784—1792年,英国进出口贸易额增加了70%,并且证明了美国是个在不断扩大的极好市场。而1788—1792年,英国对美国的出口额增加了两倍半,其中87%是制成品。① 18世纪90年代前,英国供应了美国4/5的进口货物,美国1/2的货物也是出口到英国。② 跨大西洋贸易的繁荣印证了亚当·斯密的贸易自由比贸易垄断优越的理论。

这种形势使得英国国内一些自由贸易的支持者认为:旧的殖民体系并不十分必要。③美国独立终止了英国对美国的贸易垄断,英国的工商界对此十分欢迎。谢尔本政府当初之所以对美国十分慷慨,将大片土地给了美国,一个很重要想法便是想把美国纳入英国贸易体系。谢尔本在他辞职时曾对他的朋友阿贝·莫莱特(Abbe Morellet)写道:"你将会在和平条约中看到伟大的自由贸易的原则,这个原则自始至终一直激励着他们。我会毫不犹豫地申明我的观点:从已承认的这个原则方面看,和平是件好事。"④

许多英国人认为,丢失美洲殖民地不会减少英国与殖民地之间的贸易,"无论战争何时停止,英国与它的美国兄弟之间老的双边贸易会重新开始";失去美国,大不列颠能够保持与美洲贸易的巨大利

---

① A. 古德温编:《新编剑桥世界近代史,美国革命与法国革命,1763—1793》,第八卷,第563页。

② Piers Brendon, *The Decline and Fall of the British Empire, 1781–1997*, New York: Vintage Books, 2010, p.13.

③ T. O Lloyd, *The British Empire, 1558–1983*, Oxford: Oxford University Press, 1984, p.102.

④ Vincent T. Harlow, *The Founding of the Second British Empire, 1763–1793, Vol. I, Discovery And Revolution*, p.448.

润,除了"贫瘠、苍白的主权外",母国毫无损失,因此丢掉美洲殖民地对英国是有益的。①

美国独立对英国工商业的一个好处是放开了对美贸易的桎梏,英国造船业也因此失去一个强劲的竞争对手,这对英国蓬勃发展的工业生产及对外贸易有一定的帮助。因而有人对英国失去美洲贸易垄断权,美国船只从帝国贸易中被清除出去而大为赞赏,他们认为:英国从美国独立所获得的"一个很重要的好处是恢复了有价值的造船贸易",而在过去,"英国各个港口的大部分船只都是在美洲制造的"。②乔治·查默斯也得出结论:丢失殖民地给英国带来了"真正的好处",他说:"我们很幸运,法国人真的瞎了眼,他们极其慷慨地援助英国殖民地独立,就像没有看清他们干涉的价值何许,没有看清他们的援助给英国带来的真正的好处。"③

在上述思想的基础上,对1783年之后英帝国所剩下的部分,有人提出更激进的想法,他们十分懊悔英国没有将加拿大也一起放弃。④ 例如有位叫约翰·尼克尔斯(John Nicholls)的人就坚持认为:"对于加拿大诸省,很难保护它们,使之免受美国的攻击。上加拿大可能希望加入美国,而下加拿大则没有英国的价值观念。"尼克尔斯强调:"加拿大的木材比挪威的木材质量差,其皮毛贸易可能对拥有该项贸易垄断的西北公司是有利的,它对英国的价值与占有殖民的花费根本不成比例。"最后,他大声发问:"我们已经在这些省花了多

---

① Vincent T. Harlow, *The Founding of the Second British Empire, 1763–1793*, Vol. I, *Discovery And Revolution*, p.448.
② Klaus E. Knorr, *British Colonial Theories 1570–1850*, p.208.
③ Ibid.
④ Ibid.

少钱？如果要保卫他们，我们还要浪费多少钱？"①詹姆斯·安德森（James Anderson）则从另一方面阐述了殖民地独立是不可避免的，他指出："审视强大、富裕的英帝国……我们必须认识到，英国本身作为重要的国家，美洲是其额外的附属物，与她没有必然的联系。因此，我们的目标应是保存目前母国的力量，使殖民地独立分开——它们从来不能与英国相连成一个紧密统一的帝国，它们迟早会与英国分离，英国必须为此早做准备。"②功利主义的代表人物边沁谈到殖民地时也明确地提出："放弃你们的殖民地，因为你们无权统治它们，因为它们也没有真正被你们统治，因为这违背它们的利益，因为你们不能从统治它们中获得任何利益。"③

美国独立标志着第一英帝国的瓦解，在帝国瓦解的过程中，英国损失了大量的人力、物力。那种认为殖民地对母国有益的重商主义理论受到质疑④，伴随着工业革命的发展，新的自由贸易理论已经产生。这些都将影响人们对殖民地附属国的认识，使人们对英国殖民统治进行反思。⑤但是那些认为殖民地对英国毫无益处，主张放弃所有殖民地的主张却并未被英国政府采纳，而顽固地坚持占有、掠夺残余殖民地的思想也从未消失，未被人说服。美国独立未导致人们对残余帝国的热情普遍冷淡，而担心所有殖民地最终都将取得

---

① John Nicholls, *Recollections and Reflections, Personal and Political as Connected with Public Affairs during the Reign of George III, Vol. 2*, London: Printed for Longman, 1822, pp. 86-87.
② Klaus E. Knorr, *British Colonial Theories 1570-1850*, p. 209.
③ Piers Brendon, *The Decline and Fall of the British Empire, 1781-1997*, New York: Vintage Books, 2008, p. 15.
④ Klaus E. Knorr, *British Colonial Theories 1570-1850*, p. 210.
⑤ Hugh Edward Egerton, A. P. Newton, *A Short History of British Colonial Policy*, p. 258.

独立的思想也未能广泛传播。①

因此,第一英帝国的坍塌是与第二英帝国的建立相伴而来的,从美国独立这一教训中英国政府也认识到,更明智地统治殖民地是一件紧迫的事。在此之后,改进帝国统治变得紧迫了,当13个殖民地反叛时,加拿大却表示效忠英国,因而英国统治阶级的多数人认为,太多的政治自由促进了民主精神,反过来引发革命,导致独立。②这种思想在一定程度上影响了英国新的帝国政策的制定,1782年8月康华利将军在约克镇投降时,英国在海上打败了法国舰队,英国人又恢复了在海上的霸主地位。在新的思想指导下,英国政府采取措施,捍卫英国仍然保留的殖民地。1784年英国颁布《皮特法案》,确立了英国在印度的双重统治,英王与东印度公司共同统治印度,之后英国在印度的统治区域急剧扩大。1791年《加拿大宪法》则调整了英国在加拿大的统治政策。澳大利亚殖民地、斯里兰卡、开普殖民地也相继建立。尽管这些殖民地并非是英国政府刻意而为,但是在旧帝国的废墟上,新的帝国已经开始建立并壮大。

二、新的帝国思想的产生

任何一次重大的社会、政治变革都会引发与之相适应的思想和理论,并影响着政府决策。18世纪下半叶是英国社会剧烈动荡的时期,工业革命迅猛发展,激进主义兴起,福音教派运动加强,都不可

---

① Klaus E. Knorr, *British Colonial Theories 1570 – 1850*, p.248.
② Ibid, p.212.

避免地影响了英国人的帝国观念,改变了人们对帝国的看法。实际上,七年战争结束之后,第二英帝国已经开始孕育,1773年的《印度法》及1774年的《魁北克法》都显示了新的帝国精神。在人们对旧帝国猛烈抨击的过程中,产生了新的帝国思想,其中最有影响的人物是亚当·斯密和埃德蒙·伯克。

亚当·斯密(Adam Smith,1723—1790年)是18世纪最杰出的经济学家,被誉为近代经济学的奠基人,英国古典经济学的伟大代表,是自由贸易理论的始祖;他的自由主义帝国思想对英帝国的发展产生了十分深远的影响。

斯密出生在苏格兰一个海军官吏家庭,曾先后在格拉斯哥大学和牛津大学学习,主要研究哲学。1776年他的代表作《国民财富的性质和原因的研究》出版,此书的中心思想是把看起来杂乱无章的市场看成是一个具有自行调节机制的系统,商品供求和价格都按照自由竞争的内在规律运行。若自由竞争受到阻碍,那么自行调解就会受影响,因此斯密反对高关税,反对政府对商业和市场的干涉。由于亚当·斯密的这本书正好适合当时英国资本主义经济发展的需要,因此受到英国资产阶级的重视和赞扬,连首相小皮特也宣称自己是斯密的学生,辉格党政治家福克斯更是在议会下院盛赞斯密的书是"杰出的著作",尽管他私下承认他并没有读过斯密的著作。[①]

斯密的理论包括了殖民地理论,其代表作《国民财富的性质和原因的研究》中有一章是专门讨论殖民地的,有一些其他文章也涉及殖民地问题。斯密的殖民地理论从内容上看,有纵向的,即历史的;也有横向的,即现实的。有时两者对照,目的是深入说明后者。

---

① Piers Brendon, *The Decline and Fall of the British Empire, 1781-1997*, p.13.

"历史的"涉及古希腊罗马奴隶社会的两种不同类型的殖民地,"现实的"指西印度和东印度为代表的殖民地,斯密更加重视现实的殖民地。

斯密理论的核心部分是殖民地自由贸易理论,即英国不应对殖民地实行独占政策,应该任其同所有国家进行自由贸易。斯密认为,由于没有一个选举产生的帝国议会,旧的垄断体制应当让位于"明显的、简单的、天然的自由体制"。① 这种理论的背景是英国当时在航运、外贸和工业生产上都处于领先地位,许多人认为与其耗费巨大的行政管理费用和军事占领费用来独占殖民地,倒不如放弃这种独占,省下这些费用,而用自由贸易的办法来取得更多的利润。亚当·斯密的殖民理论反映了这种想法,主要包括三个方面内容。

(1) 母国对殖民地的贸易垄断没有益处。在旧的殖民制度之下,由于受重商主义理论指导,各欧洲殖民国家大都对本国所拥有的殖民地实行贸易垄断,其他欧洲国家运往该国殖民地的货物,须经过该国商人之手。英国也不例外,英国在《航海条例》之下,对殖民地贸易实行垄断,严格限制别国商船进入英属殖民地。在印度,这里的贸易由东印度公司垄断。斯密对这种垄断进行批判,他认为母国对殖民地实行贸易垄断没有益处。斯密指出:"殖民地贸易的独占,像重商主义其他卑劣有害的方案一样,阻抑其他一切国家的产业,但主要是殖民地的产业,不但没有一点增加,反而减少那为本国利益而设立的产业。"② 按照重商主义理论,殖民地应当从事其最

---

① Piers Brendon, *The Decline and Fall of the British Empire, 1781-1997*, p.13.
② 亚当·斯密:《国民财富的性质和原因的研究》(下),郭大力、王亚南译,商务印书馆1974年版,第181页。

适合的工作,生产特定的产品,而母国则对这些产品进行专营。对此斯密批驳说:"母国专营的贸易,会减少母国特别是美洲殖民地的享乐用品和产业,至少加以阻抑,使不能照常发展。……这种专营贸易使殖民地产物在一切国家贵腾起来,这样就减少了殖民地产物的消费,因而缩减殖民地的和一切其他国家的享乐用品与产业。因为享乐用品须付较高价格,享乐用品需求便减少,生产所得的价格较低,生产便减少。……这就妨碍了一切其他国家的享乐用品与产业,而殖民地所受妨碍更大了。"①

当时欧洲国家把殖民地的贸易权交给特定的专营公司,有的则没有;斯密认为不论哪种形式,都对殖民地的产业不利。而在英国的殖民地,由于实行贸易垄断,殖民地的货物被迫转运到英国,然后再输往欧洲,其费用自然大大增加,而且由于英国所颁布的一系列限制殖民地工业发展的法令,严重阻碍殖民地经济的发展,加重了殖民地人民的负担。解决的办法只有一条:废除对殖民地的独占。

斯密认为,对殖民地的贸易垄断对母国也不利。按照重商主义理论,为了获取更多的利润,母国应独占其殖民地的贸易。然而在斯密看来,"自《航海条例》订立以来,英国财富虽然有了很大的增加,但这种增加,必定没有和殖民地贸易的增加保持同一比例"。这是因为,"一国的国外贸易,自然是按照它的财富增加的比例而增加的。也就是说,它用于对外贸易的剩余生产物又自然按其全生产物增加的比例而增加"②。具体地说,英国当时独占了殖民地的几乎所

---

① 亚当·斯密:《国民财富的性质和原因的研究》(下),郭大力、王亚南译,商务印书馆 1974年版,第163页。
② 同上书,第167页。

有的贸易,它所需的资本,只能从其他贸易部门中吸引过来,这样一来,英国对殖民地的贸易虽然增加了,但对于欧洲其他国家的贸易却减少了,这只是贸易方向的改变,而贸易量并不因有殖民地贸易而增加。这种贸易方向的改变,只不过使英国以外销为目的制造品,"不适合于有许多竞争者的市场,而适合于享有独占权的市场"①,换句话说,这种贸易垄断措施是不利于英国的产业和贸易的发展的,更不利于殖民地产业的发展。他说"殖民地贸易的独占,迫使大部分的英国资本违反了自然趋势。……这似乎就完全破坏了英国一切产业部门间的自然均衡。英国的产业,不和多数小的市场相适应,而却主要和一个大市场适应,英国的贸易,不在多数小的商业系统中进行,而却主要被放到一个大的商业系统上去。这样,整个商业系统,亦变得比较不安全了,其政治组织的全部状态,也变得比较不健康了"②。

斯密还看到了对殖民地独占的其他一些不利因素。他认为,任何垄断,都不易改革,"这是重商主义一切法规不幸的结果,这一法规不仅给政治和组织造成了危险性很大的紊乱,而且这种紊乱,即使不引起更大紊乱,往往难于矫正"③。

实际上,由于工业的发展,重商主义的经济基础已经开始动摇,英国资产阶级迫切要求进一步扩大产品销售市场,而欧洲各国对本国殖民地的贸易垄断,对英国的工业和贸易极为不利。英国资产者强烈要求废除各国对殖民地的贸易垄断,以便使英国资产阶级既能

---

① 亚当·斯密:《国民财富的性质和原因的研究》(下),第167页。
② 同上书,第175页。
③ 同上书,第176页。

够同英国的殖民地自由贸易,又能够同其他国家的殖民地进行自由贸易。这就是斯密的殖民理论的根本出发点。

(2)殖民地对母国毫无益处,是母国的负担。通过对欧洲国家从殖民地所获益处的历史考察,斯密认为欧洲的殖民地对母国毫无贡献。他说:"欧洲在美洲的殖民地,从来不曾提供任何兵力来保卫母国。它们的兵力,不足以保卫它们自己,在母国加入战争时,它们不但不能助以兵力,而且往往使母国要大大分散兵力,来保护所属殖民地。所以,在这一点上,一切欧属殖民地,与其说使母国强大,毋宁说使母国削弱,一切都如此,没有一个例外。"①

殖民地的防卫问题是重商主义殖民理论未曾预料的问题,这个问题到了七年战争以后尤其严重。通过颁布《航海条例》等一系列法令,英国对殖民地征收了一些关税,除此之外,英国实际上未能从殖民地获取更多的收入。然而英国"对殖民地所征的税,能与平时所付的费用相等,已属罕见,若要支付战时殖民地所增加的费用,那就无论如何也是不够的"②。由于殖民地走私盛行,英国在北美殖民地征收的关税也寥寥无几。但是英国却要为保卫殖民地而付出巨额的防卫费用。七年战争结束之后,英国每年用于北美殖民地高达35万英镑的费用中,有一大部分是用于殖民地的防卫,殖民地巨额的防卫及行政管理费用成了英国沉重的负担。这与重商主义殖民理论的初衷完全相左。因为按照重商主义殖民理论,占有殖民地应该获益,而不应该成为负担。英国政府为了解决这一难题,曾尝试对殖民地征税,但却遭到殖民地人民的强烈反对,引起英国与北美

---

① 亚当·斯密:《国民财富的性质和原因的研究》(下),第164页。
② 同上。

殖民地的剧烈的冲突。因而斯密指出:"英国移民,对于母国的国防和行政费用,从来没有什么贡献。反之,迄今维护他们所需的费用,几乎全部由母国支付。"①因此,斯密认为,这样的殖民地,对其母国,只是负担,不是财源。

从维持帝国所需经费来讲,斯密认为母国统治、保卫殖民地,使母国的财政受到损害。他说:"在现今经营管理下,英国从殖民地毫无所得,只有损失。"②在他看来,"英国统治殖民地的主要目的,或更确切地说唯一的目的,一向就是维持独占,殖民地不曾提供任何收入,来维持母国的内政,亦不曾提供任何兵力,来维持母国的国防;其主要利益,据说就是这种专营的贸易"。③

斯密还详细分析了英国用于殖民地的防卫费用:在英国与美洲殖民地冲突之前,英军在13个殖民地按平时编制的一般军费,为20个联队步兵的给养,以及炮兵队、海军所需的军需品的费用。斯密认为,"这平时编制的军费全部,是英国收入上一个负担,但同时也只是殖民地统治所费于母国的极小部分。如果我们要知道费用全部数,我们必须在这平时编制每年军事费用之外,加上英国在各个时期为防卫殖民地所花费的款项利息"。不但如此,还应加上为殖民地而进行的战争所用的费用。上次战争纯粹属于殖民战争,其全部费用,无论是用在什么地方,用在德意志,或用在东印度,都应算在殖民地账上,总数达9 000万英镑以上。④这些费用显然远远大于英国从殖民地所获得的利益,显然有违于重商主义殖民理论。因而

---

① 亚当·斯密:《国民财富的性质和原因的研究》(下),第145页。
② 同上书,第186页。
③ 同上书,第185页。
④ 同上书,第186页。

亚当·斯密得出结论：欧洲各国占有的殖民地，对母国是一种负担。①

（3）主张改革英国对殖民地的统治政策，实行自由贸易。在论述了旧的重商主义殖民政策的种种弊端之后，斯密提出了自己的殖民地改革方案，他主张对殖民地进行改革，"逐渐放松殖民地贸易"，进而实行自由贸易。这是其殖民理论的精华所在。

斯密认为，开放殖民地贸易是解决帝国难题的唯一方案。他说："将来无论什么时候，要把英国从这种危险中拯救出来，……唯一的政策方案，似乎就是适度地、逐渐地放宽那给英国以殖民地贸易独占权的法律，一直到很大自由为止。立即开放殖民地贸易，使一切国家都可以进行经营，那不仅会引起一些暂时的困难，而且现今以劳动与资本经营这种贸易的人，有大部分蒙受大的永久损失。……这一切法规，不仅给政治组织造成了危险性很大的紊乱，而且这种紊乱，即使不引起（至少短时间内不引起）更大的紊乱，也往往难于矫正。所以殖民地贸易应逐渐分开，什么限制应首先撤除，什么限制应最后撤除，这些问题，留给未来的政治家和立法者用智慧去解决吧。"②

从这段文字中我们可以看出，作者的最终目的是建立殖民地自由贸易。长期以来重商主义殖民理论认为，一个国家的繁荣依赖于与其他国家的贸易，因此国家政策的目标应是最大限度地打击其贸易对手③，而扩大出口，限制进口，对殖民地进行贸易垄断就是重商

---

① 亚当·斯密：《国民财富的性质和原因的研究》（下），第186页。
② 同上书，第176—177页。
③ Ramsay Muir, *A Short History of The British Commonwealth Vol. 2, The Modern Commonwealth (1763-1919)*, London: George Philip and Son, 1927, p.127.

主义殖民政策的核心。亚当·斯密对这种观点进行了猛烈的抨击。斯密认为:"财富的传播越广泛,对所有的国家好处越大,贸易交换对双边都有好处。因此,国家的政策应该是尽可能消除障碍,允许国与国之间的贸易按照自然的渠道,自由地进行。"①也就是说要实行自由贸易。这是一个革命性的思想,是对欧洲各国长期以来所奉行的重商主义理论的致命的打击。

对于对殖民地实行自由贸易的好处,亚当·斯密也作了一些阐述,提出了自己的方案。针对北美殖民地的动乱,亚当·斯密写道:"建议英国自动放弃它对殖民地的一切统治权,让它们自己选举地方长官,自己制定法律,自己决定对外媾和宣战,就等于提出一个从来不曾为世界上任何国家采纳亦永远不会为世界上任何国家采纳的议案。没有一个国家自动放弃过任何地方的统治权。"②但是,这些建议"若真的被采纳,那么英国不仅能立即摆脱掉殖民地平时每年全部军事费用,而且可与殖民地订立商约,使英国能够有效地确保自由贸易。这样,殖民地与母国,就像好朋友的分离,那么几乎为近来的不和所消灭的殖民地对母国的自然感情,就会很快地恢复,他们不仅会长此尊重和我们分离时所决定商约,而且将在战争上、贸易上赞助我们,不再做搔扰捣乱的人民,都将成为我们最忠实、最亲切、最宽宏的同盟"。③

实际上斯密本人并不主张放弃帝国,不主张北美殖民地与母国分离。他所期望的殖民地与母国的关系是"古希腊与其所从出的城

---

① Ramsay Muir, *A Short History of The British Commonwealth Vol. 2, The Modern Commonwealth (1763-1919)*, London: George Philip and Son, 1927, p.127.
② 亚当·斯密:《国民财富的性质和原因的研究》(下),第186页。
③ 同上书,第187页。

市,一方面有一种父母之爱、一方面有一种孝敬之心"。①他认为,母国和附属国只要能够互相谅解,愿意结合在一起,就没有理由一定要分开,并且在帝国范围内实行自由贸易,但他十分清楚,英国不会自动放弃对殖民地的统治,也就是说,亚当·斯密希望在自由贸易基础以及联邦的基础上重建帝国。因而有人认为亚当·斯密是"自由帝国主义者"②。

最后,亚当·斯密提出了自己的关于英帝国改革方案,这种改革方案实际上是他为避免帝国分裂而提出的补救方案。斯密认为,为使殖民地的真正优势发挥出来,在和平时期殖民地不但应当支付其全部的建设费用,而且还应当按比例分摊整个帝国政府的费用。但是由于英国议会对殖民地缺乏足够的权威,英国未能从殖民地获得税款,为此斯密提出了按纳税比例来确定殖民地代表在英国议会中的人数的方案。针对殖民地所提出的"无代表、不纳税"的口号,他说:"英国的国会主张对殖民地课税,而殖民地则拒绝这种课税,因为他们未曾派代表出席国会。设若对要脱离联盟的各殖民地,英国都许其按所纳国税的比例,选举代表,而且由于纳税,允其自由贸易,使与他们本国同胞相等——其代表人数,随其纳税的增加而比例增加——那么各殖民地领导人物,就有了一种夺取重要地位的新方法,一个新的更迷人的野心对象了。"③

从这段话可以看出,斯密关于帝国改革的方案实际上就是让殖民地按比例选举出自己的代表,参加英国议会,这样,殖民地所谓的

---

① 亚当·斯密:《国民财富的性质和原因的研究》(下),第187页。
② C. R. Fay, *Great Britain from Adam Smith to the Present Day*, London, New York: Longmans, Green and Co,1928, p.3.
③ 亚当·斯密:《国民财富的性质和原因的研究》(下),第192页。

"无代表,即不纳税"的口号便没有理论根据了。这个方案的目的无非是为了使北美殖民地能够自愿地承担殖民地的防务及管理费用。① 但是,斯密的划时代巨著发表之时,英美双方已经兵戎相见了,"代表权"问题成了过时的论调,因此这个方案不可能被英国政府采纳。

斯密的思想击中了旧的殖民制度的要害,因为旧的殖民制度最显著的特征便是贸易垄断及经济功能的互补性。②他的帝国思想,尤其是殖民地是母国的负担的思想,在美国独立战争之后将近100年的时间内,对英国社会产生巨大影响,保留殖民地还是放弃殖民地成了英国国内长盛不衰的争论话题。然而,尽管斯密不懈地努力,急切地想改革帝国,但不管是英国的统治者,还是英国的人民,都未从这种金色的梦想中清醒过来。③自由贸易原则虽然是资产阶级梦寐以求的目标,但这时在英国,占主导地位的仍然是重商主义。在贵族寡头仍占据国家政治、经济、文化主导地位的情况下,英国不可能很快实行自由贸易,也不可能自动放弃对殖民地的统治。因为这不符合统治阶级的私利,如果放弃对殖民地的统治,他们对许多有责任、有利益的位置的处理权会因此而被剥夺,许多获取财富与荣誉的机会亦将因此被剥夺。

亚当·斯密的殖民理论是新帝国的理论指导思想,这倒不是说他所提出的帝国改革方案对当时英国政府的决策有多大影响,而是说斯密提出的自由贸易的原则已经成为历史发展的趋势。自由主义代替重商主义已经成为不可阻挡的历史潮流,重商主义殖民理论

---

① Klaus E. Knorr, *British Colonial Theories*, p.193.
② Ibid, p.128.
③ Ibid., p.197.

的基础已经彻底动摇,这必然深深影响到英国政府的殖民政策,影响英国人对于殖民地的看法,进而影响英帝国的发展。《国民财富的性质和原因的研究》发表45年之后,曼彻斯特学派(The Manchester School)不遗余力地为在英帝国范围内实现自由贸易而努力,英帝国的发展进入到一个新的历史阶段。

对英国新的殖民政策产生重大影响的另一个理论家是英国的保守主义集大成者埃德蒙·伯克(Edmund Burke),他提出"殖民地托管"(colonial trusteeship)论,这一理论也是其政治思想的重要内容之一。18世纪末,伯克对北美、印度等殖民地问题发表了大量的演说,并发起弹劾印度前大总督黑斯廷斯的运动。伯克的帝国思想体现在他发表的一系列有关殖民地的演讲之中,其核心内容有两个方面:(1)制订"帝国宪法",对殖民地采取抚慰政策,以感情、挚爱为纽带统治帝国;(2)以"人道和正义"统治印度,对土著殖民地承担更多的道义责任。伯克所阐述的帝国统治思想,成了新帝国乃至后来英联邦的统治原则,对英帝国的发展产生了巨大的影响。

对未来帝国政治体制的构想是伯克帝国思想的重要内容之一,这个思想主要在伯克关于北美殖民地的演说与通信中表达出来。和当时许多人一样,伯克相信帝国对于英国的财富和霸权贡献巨大,在"论与殖民地和解"的演讲中,伯克盛赞美洲殖民地对于英国国家财富的增长做出了巨大贡献;他相信印度同样对"大不列颠如此广阔的地区的繁荣"负有责任。①

伯克对于帝国问题有独到的见解,有超前意识。在旧的殖民制

---

① Stephen Taylor, *Hanoverian Britain and Empire*, Woodbridge: The Boydell Press, 1998, p. 296.

度下,英国议会对殖民地的管理仅限于控制帝国贸易,英国议会从未颁布过向殖民地征税的法令,殖民地也不承认英国议会对殖民地有征税权,而七年战争后英国与美洲殖民地的冲突却主要是由征税问题引起的,伯克对此十分重视。他当选为下院议员后第一次在下院演说,就对北美殖民地问题发表意见,他反对诺思政府对北美殖民地征税,主张取消印花税。不久他又提出了关于未来帝国政治体制的构想,提出了"帝国宪法"的概念。

伯克认为,英国与殖民地的关系应该保持原来的水平。1766年2月,罗金厄姆政府决定取消印花税,针对这一政策,伯克建议,应在前边加一个《关系法》,"申明议会对各殖民地的最高立法权"。[1]为此他在下院发表了题为"论关系法"的演说,旨在表明议会只需维护其对殖民地的最高立法权,避免在任何具体问题上立法或征税来扩大立法权,从而改变宗主国同殖民地的关系。

伯克认为,除了抽象的权力观点,每个国家的理想和具体的典章制度都会有所不同,而随着时间和具体情况的变化,许多清清楚楚的权力变得不太可行了,它们会有失公平,会和帝国宪法的精髓相冲突。因此,不顾及时间、观念、局势以及风俗习惯等具体情况的那些人,他们的统治将是不明智的。同样的道理,对于北美殖民地,"他们的宪法的法则必出自他们的具体情况,不能用一个沉重的、垂死的躯体去压迫他们"[2]。

由此可见,虽然伯克反对对殖民地实施高压政策,但却主张维持英国议会对北美殖民地的最高立法权,他并不赞同北美殖民地和

---

[1] 转引自陈志瑞博士论文《自由与保守——埃德蒙·伯克的政治思想》,第40页。
[2] 同上。

英国分离。实际上,伯克是坚定维护大英帝国的利益的,1779年11月6日,伯克在给海军上将奥古斯塔斯·凯佩尔(Admiral Augustus Keppel, 1st Viscount)的信中谈及了英国与海洋的关系:"的确,我完全相信,'英国人'和'航海的人'是必须生死与共的。"①

伯克在批评英国的殖民地政策的同时,提出了其改革意见,即"帝国宪法"的概念。伯克认为"就整个帝国而言,英国也只是其中一部分,在最高立法权之下,帝国的任何一部分都有自主权,而假如某个部分篡取了帝国的权力,那就破坏了整个帝国的美妙安排"②。"帝国宪法"的精髓就是自由的原则,违背这一原则,只从英国利益和法律出发,对北美殖民地进行征税,就破坏了整个帝国的美妙安排,就变成了横征暴敛,是不合公理的。

美国独立战争爆发后,伯克反对英国政府的镇压政策,呼吁和解,寻求妥协。他仍希望把北美殖民地留在大英帝国内,但他越来越清楚地看到最后的胜利将属于美洲殖民地,因为"美利坚的精神是不可思议的"③,所以他一再敦促与北美殖民地和解。波士顿倾茶事件后,伯克在下院痛斥诺斯政府的高压政策:"你们本应派出和平天使,但你们正在派出毁灭之神,而这两种精神冲突的结果正是我不敢说出口的。"④另一方面,他又提醒政府注意,在美洲殖民地人

---

① *To Admiral Augustus Keppel, November 1779, Correspondence of Edmund Burke*, Vol. IV, Cambridge: Cambridge University Press, 1958, p.196.
② *To Sir Charles Bingham, October, 1773, Correspondence of Edmund Burke*, Vol. VI, p.475.
③ To Charles O'Hara 17 August, 1775, Correspondence of Edmund Burke, Vol. IV, p.187.
④ H. Weiner(ed), *Great Britain: Foreign Policy*, Vol.3, p.2110. 转引自王觉非《近代英国史》第311页。

民的性格中,"热爱自由是压倒一切的特征,是美洲人的整体性格的标志",并且超越地球上的其他任何民族。①

美国宣布独立后,伯克又主张采取谨慎的步骤承认美国,这样虽然领土的自然纽带中断了,但还可以继续维持在血缘和传统友情之上的和平友好关系,不给英国的宿敌法国以可乘之机。②

在此期间,伯克关于帝国未来政治体制的设想也日臻成熟。1775年3月,伯克在下院作了"论与殖民地和解"的演讲。他反对诺斯政府对北美殖民地征收印花税,认为这会使北美人民对英国的最高立法权提出质疑,危及英国对北美的统治。接着他提出了未来帝国的政治安排,他说:"在我看来,一个帝国和一个单一国家是有区别的。帝国是许多国家在一个共同首脑下的集合,不管这个首脑是君主,还是共和国总统。""在这个宪法体制下,附属国常常有许多本国特权和豁免权,这些特权与它的共同的最高权威之间的联系极其微妙。当然,彼此的纠纷,甚至非常严重的纠纷以及敌意也会经常出现,但是,虽说每一项特权都是对正常行使最高权威的豁免,却不是对这个权威的否定。"③

伯克认为在这样的体制之下,"英国是首脑,但她又非首脑,也只是其中的一员"。在帝国各组成部分与最高权威之间常有激烈争吵,但它们与共同的最高权威彼此只要权限明确,就不会发生矛盾冲突。言下之意,帝国体制须有普遍的自由精神来保证,用他的话

---

① *The Works of the Right Honorable Edmund Burke*, Vol. II, Boston: Little Brown and Company. 1899, pp. 89 – 120.
② Ibid., pp. 89 – 120.
③ Edited by George Bennete, *The Concept of Empire-Burke to Attlee, 1774 – 1947*, p. 40.

来说:"没有附属国,就不称其为帝国;而没有自由,就不称其为英帝国。"①

在伯克看来,维系帝国统一的纽带是那共同的称谓,血肉之情,相似的特权,平等贸易保护制度。"这些纽带,尽管轻如空气,但却坚如钢铁。"②也就是说,伯克主张用殖民地对母国的感情和挚爱的信念作为帝国联系的纽带,如果他们想独立,就应该让他们独立。他反对对殖民地实行高压政策,主张在宪法中承认殖民地人民的利益。他说:"别梦想你们的官方文书、你们的指令、你们的悬而未决的案件能把这个神奇的整体聚合在一起"③,在行为良好的帝国里,英国的自由与帝国的权力,英国人的利益和帝国其他臣民的利益会得到协调。④

关于殖民地政府形式,伯克认为应在自由的原则上,由殖民地人民根据他们的性格和实际情况予以决定:"只要你们有智慧使你们统治的这个国家成为自由的庇护所,成为汇集共同信念的圣殿,无论何处,崇拜自由的种族及英国之子,就会聚向你们。他们越热爱自由,他们就越会表示忠诚。"⑤伯克认为僵硬的指示只是被动的工具,正是英国人共有的精神给了他们生气和功效,"正是英国宪法的精神贯注给广大群众,熏陶、哺育、团结、激励并活跃了英帝国的各个部分,以至眷顾最细末的成员"。⑥

伯克的帝国自由思想,实际上是一种以联邦分权为特点的思

---

① Edited by Stephen Taylor, *Hanoverian Britain and Empire*, p.290.
② Edited by George Bennete, *The Concept of Empire-Burke to Attlee, 1774-1947*, p.41.
③ Ibid., p.42.
④ Edited by Stephen Taylor, *Hanoverian Britain and Empire*, p.291.
⑤ Edited by George Bennete, *The Concept of Empire-Burke to Attlee, 1774-1947*, p.42.
⑥ Ibid.

想,这是与当时重商主义的殖民理论背道而驰的,也与乔治三世的个人统治格格不入,因此有悖于当时英国的主流舆论。当时的英国,上至国王和多数议员,下至普通老百姓,其帝国观点基本一致,指导他们的仍然是重商主义的殖民理论,他们仍然把北美殖民地当作一个在议会里没有代表权的英国公司来统治,而"无代表,不纳税",北美殖民地人民正是在这一点上找到了脱离英国统治的法理依据。但是伯克等人的声音不足以动员英国民众,更不能改变乔治三世的顽固立场,其结果便是英国顽固坚持强硬政策,拒绝同北美殖民地和解,英国与北美殖民地的矛盾愈演愈烈,最终走向战争以及第一英帝国解体。

伯克也把"自由"的思想应用到爱尔兰,用帝国的术语来解释爱尔兰问题。伯克出生于爱尔兰,对那里的风土人情极为熟悉,他十分清楚爱尔兰与不列颠之间的民族和宗教矛盾,17 世纪以来,爱尔兰人倍受英格兰的经济压迫,受英格兰的统治,承受宗教歧视。伯克呼吁改善爱尔兰的行政和法律体制,他知道爱尔兰和英国之间的巨大差异,同时也看到了二者之间的相同点,他主张宗教宽容,反对宗教上的强行统一,也反对把天主教徒排除在公众生活之外。他一直坚持天主教徒的呼声应该被人们所听到,其利益受到保护。他意识到爱尔兰历史与文化的独特性,但仍然反对爱尔兰像美洲殖民地那样独立,因为英国贵族和乡绅在爱尔兰有大量土地,倘若丧失爱尔兰这块殖民地,大批土地需要转手,造成经济利益的巨大损失,伯克的立场实际上和爱尔兰民族主义者有很大差距。出于对英帝国利益的关心,伯克也不愿意对英帝国的躯体做伤筋动骨的手术,所以他主张爱尔兰与英国联合,在他看来,"爱尔兰置身于帝国之外对爱尔兰是个灾难",爱尔兰的独立并不能使其自由得到保障。相反,

"在帝国之内,爱尔兰应当保持自治",应当抵制来自英国的不适当的干涉。①

所以,伯克的帝国思想是一种帝国自由的思想,伯克关心"帝国的安宁与繁荣",也关心它的自由,保障宪法的福祉恩泽于所有臣民。他既对维护大英帝国感兴趣,也愿意维护殖民地的利益。伯克的目的是建立一个松散的帝国联邦,在这个联邦中,英王是大英帝国的共同首脑,英国是帝国中的一个成员。这个帝国是建立在正义的基础上的,为了各成员的共同利益而存在。任何以损害英国的附属国为代价,为英国谋取单方面利益的行为都是错误的。② 这种思想当时未被英国政府接受,但对未来的英帝国还是产生了巨大影响。19世纪70年代殖民地自治政府的建立以及20世纪英联邦的出现,可以看作是伯克思想的体现。

"殖民地托管"理论是伯克帝国思想的中心,对新帝国的形成产生重大影响。所谓"托管"即在法律上持有某物,辉格党人将这个概念应用到帝国的统治上。第一帝国的本质是商业帝国,它主要关心利润,为此不惜采用一切手段,而很少考虑英国能为殖民地做些什么。③ 这种情况在18世纪末因"福音运动"而发生了变化。"福音运动"的理论基础是基督教"上帝面前人人平等"的信念,既然如此,那么所有的人都必须对不幸的兄弟表示同情,而不论他们的人种、肤色如何。这种思想渐渐由以伯克为代表的辉格党人发展成"殖民地托管"理论。

按照这种理论,母国应对殖民地臣民负责,因此,给殖民地一个

---

① Edited by Stephen Taylor, *Hanoverian Britain and Empire*, p.295.
② Ibid, p.296.
③ W. D. Hussey, *The British Empire and Commonwealth, 1500 - 1960*, p.146.

好政府是大不列颠的道德责任。帝国的统治应当公正,永远不出现暴政。①早在1767年伯克就因东印度公司的腐败而愤懑,1773年他要求调查东印度公司的种种劣迹,对其约束管理,将其改变成一个"纯粹的贸易公司"。在伯克关于印度事务的一系列演讲中,在伯克不遗余力所发起的弹劾前印度大总督黑斯廷斯的运动中,都体现了这样一个原则。正如伯克在弹劾黑斯廷斯的一次演讲中宣称:"我们呼吁平等精神,正义精神,保护精神,慈悲精神,这些应当成为每一个英国统治的地方的特征。"伯克从政不久,便注意到了印度问题。美国独立之后,他认为国内主要问题来自"在印度的阴谋和错误行径的持续混乱"②,他把几乎全部精力投入到英印当局的改革中。关于印度事务,伯克主要做了两件事情:(1)1783年,和福克斯③共同提出《印度法》,发起对英属印度当局特别是对东印度公司的改革;(2)1786—1795年,在英国议会中发起长达10年之久的弹劾英国前印度大总督沃伦·黑斯廷斯的运动。

伯克的"殖民地托管"理论就是在对英印政府的猛烈抨击中形成的。18世纪80年代,伯克在议会内外对英属印度政府及东印度公司进行了广泛、深入的调查,他坚信英国在印度的统治是腐败的,必须通过议会立法来对它进行全面、彻底的改革。1781年,伯克出任英国议会关于印度事务的专门委员会(A Select Committee)主席,并准备了一系列报告,在这些报告中不断提倡责任意识,从而深深

---

① W. D. Hussey, *The British Empire and Commonwealth, 1500 - 1960*, p.147.
② Edited by George Bennete, *The Concept of Empire-Burke to Attlee, 1774 - 1947*, p.50.
③ 查尔斯·詹姆斯·福克斯(Fox, Charles James 1749—1806),英国政治家,辉格党下院领袖。在第一届罗金厄姆政府中出任英国历史上第一个外交大臣,主张无条件承认美洲殖民地的独立,1783年出任波特兰公爵政府国务大臣,提出改革东印度公司的"福克斯法案",法国革命期间,他反对英国对法国的革命政权开战。

影响了英国同非欧裔殖民地的关系。①

1783年12月,伯克在下院发表"关于福克斯先生的东印度法"的演说,这是他关于印度问题的一个重要文献。在这篇演说中,伯克列举了大量事实和证据,说明以黑斯廷斯总督为首的英印当局和东印度公司的横暴统治给印度人民造成了深重的灾难,力主对印度进行改革。伯克声称如果无止境地勒索殖民地只会导致冲突,他说:

> 20年之后,我们在印度的征服像当初一样残酷,土著人很少了解他们所看到的灰头发的英国人,一帮年轻人(几乎是小男孩)统治着那里,他们之间没有友谊、他们对土著人毫不同情。……英国没有修建教堂、医院、学校、宫殿;英国没有修筑桥梁、公路、灌渠、水库——假如我们今天被赶出印度。那么我们留在印度的东西将说明,在我们统治的这一不光彩的时期自己的所作所为不亚于一只猩猩或老虎。②

针对东印度公司在印度滥用职权、营私舞弊、腐败暴虐给印度人民带来巨大灾难这一现象,伯克认为,英国在印度滥用权力,臭名昭著,已到了非常严重的地步。③伯克有关印度的演讲,让人明显感到他深信:在帝国政府中,英国应当关注它的声望和名誉,而不应只关心其利益和权力。利益只是暂时的,"只增加其商业利益而没有

---

① Vincent T. Harlow, *The Founding of the Second British Empire, 1763-1793*, Vol.1, *Discovery And Revolution*, p.113.
② D. D. Hom, May Ransome, *English Historical Documents*, (1714-1783), Vol. X, London and New York: Routledge, 1969, p.821.
③ Edited by George Bennete, *The Concept of Empire-Burke to Attlee, 1774-1947*, p.50.

相应的声望和名誉"对英国来说是一个不好的交易。① 东印度公司的特许状是垄断、特权的特许状②，如果滥用职权，契约就被破坏。他认为，东印度公司已经背离了它的真正目的，"已经完全不可改正，而因为他们在行为和体制上是不可改正的就应该把权力从他们手中拿掉"③。如果说东印度公司的权威是托管的分支，那么我们的权威就是托管的源头。④

对殖民地实行托管，就要在殖民地实行法制，以此来根除腐败。伯克讲道："在你们面前的这个法案要剪除这种影响之源。其设想和主要的目的是要在法律的诸原则上规定对印度的管理。"⑤1786年之后，伯克持久不懈地在议会下院发起弹劾印度大总督黑斯廷斯的运动，伯克认为，黑斯廷斯是腐败的代表。⑥ 他在弹劾黑斯廷斯开场演说中讲道：

> 今天的事情不是这个人的事情，它不单单是要在法庭上确认这个被告有罪与否，而是数百万人将沦为悲苦或得到幸福的问题。这个决定不仅关系到现在作为大英帝国最大部分的印度的利益，而且将决定英国本身的信誉，我们要通过这一审判决定个人犯罪是否会被转变成公共的罪行和民族的耻辱，或者这个国家是否将把给其政府投上短暂阴影的这类罪犯改造成

---

① Edited by Stephen Taylor, *Hanoverian Britain and Empire*, p.297.
② Edited by George Bennete, *The Concept of Empire-Burke to Attlee, 1774 – 1947*, p.51.
③ Iain Hampsher-Monk, *The Political Philosophy of Edmund Burke* (Documents in Political Ideas), London；New York: Longman, 1987, p.153.
④ Edited by George Bennete, *The Concept of Empire-Burke to Attlee*, 1774 – 1947, p.53.
⑤ Iain Hampsher-Monk, *The Political Philosophy of Edmund Burke*, p.155.
⑥ J. Steven Watson, *The Reign of George 1760 – 1815*, p.311.

反映这个王国的荣誉、正义和人道的永恒光辉的东西。①

对黑斯廷斯的弹劾不仅是对黑斯廷斯个人的弹劾,而是对英国腐败的殖民制度的弹劾,是对"人道和正义"原则的呼唤。纵观伯克所有的关于殖民地问题的演讲,我们可以看出,伯克并不反对英国的殖民统治,更无意把英国的权威从印度完全撤出,而只是希望改变英国对印度的腐败统治。但不能否认,伯克确实想以"正义和人道"为原则对英国的殖民政策进行改革,他对印度人民的深重苦难抱以同情。遍览伯克关于印度的演说和书信,他对以黑斯廷斯为首的英印当局和东印度公司在印度的专横统治及肆意掠夺无比义愤,同时也表达出对印度人民的怜悯。

伯克在批评黑斯廷斯的同时,也提出了自己的意见。他认为"黑斯廷斯作为英国派去的一名总督,应该用英国的原则,而非英国的形式去统治印度"②。所谓英国的原则就是"人道和正义",这个原则体现在光荣革命以来的宪政制度之中,体现在英国的自由传统之中。当时曾有人认为不能用欧洲的道德标准来衡量黑斯廷斯等人在印度的所作所为,伯克驳斥道:

> 我们反对地理道德论……道德的法则到处都是相同的,没有什么在英国视为折磨、掠夺、贿赂以及压迫的行为,在欧洲、亚洲、非洲和整个世界就不是这样了。③

1788年,此案的审理和辩论进入高潮,伯克在议会和调查委员会的发言总是慷慨激昂,他说道:

---

① 转自陈志瑞博士论文《自由与保守——埃德蒙·伯克的政治思想》,第45页。
② Edited by George Bennete, *Concept of Empire-Burke to Attlee, 1774–1947*, p.54.
③ Ibid., p.55.

我控告沃伦·黑斯廷斯先生犯有重罪和轻罪。

我以大不列颠议会下院的名义在议会会议上控告他有负议会的信任。

我以大不列颠全体下议院议员的名义控告他玷污了国家的名声。

我以印度人民的名义控告他破坏了印度的法律、权力和自由;他毁掉了印度的财产;使印度的土地变成荒漠。

我以他所违背的永恒的正义的法律的名义,并根据这些法律控告他。

我以人性的名义控告他,他肆意践踏人性,不管男女老少、地位高低和景况好坏都遭他中伤和迫害。

最后,以人类本身的名义,以每一个时代每一个阶段名义,我弹劾共同的敌人及所有的压迫者。①

最后,当英国议会宣布对黑斯廷斯所有的指责不成立时,伯克写道:"我们来这里不是解决问题,而是呼唤正义。"②他还说:"为人制定的政治权力,必须最大限度为人谋利。"③

这样看来,"殖民地托管"理论的原则就是"人道和正义"的原则,英国在殖民地的统治也应用英国的原则去统治。英国应当关心印度人民的疾苦。

---

① "Speeches in the Impeachment of Warren Hastings, Esquire, February 19", 1788, From the Works of the Right Honorable Edmund Burke, Vol. X, Boston: Little Brown and Company, 1899, pp.144 – 145.
② H. H. Dodwell, *The Cambridge History of The British Empire, Vol. IV, British India, 1497 –1856*, Cambridge : At the University Press, 1929, p.312.
③ W. D. Hussey, *The British Empire and Commonwealth*, p.147.

为保证"人道和正义"的原则能在印度实行,伯克还为东印度公司设计一套制度,使东印度公司对其在印度的政府负责。为此他起草了一系列印度法,目的是要将其改变成一个类似现代公共机构的组织——一个独立于政府但受章程约束的为公众利益服务的组织。①

"殖民地托管"理论也是对重商主义只关心利润的旧殖民政策的否定,第一英帝国是由私人冒险公司拓殖的,英国政府对冒险公司在海外的活动很少过问。在白人殖民地,由于其居民大都是英国移民,他们把英国的法治传统也移植到了殖民地,但在印度这样的土著人殖民地,东印度公司为了获取更多的利润,在那里不断挑起战争,大肆抢劫财富,给殖民地带来深重的灾难。"殖民地托管"理论试图改变这种不关心土著人生死的非人道做法,通过为殖民地建立一个"良好的"政府,缓和英国与殖民地的矛盾,以利于英国在印度的持久统治。此后,英国人也开始关心殖民地人民的生活、教育等事务了,他们开始在印度修筑道路,兴办学校,革除落后的习俗,为殖民地做一些实实在在的事情。

伯克的托管理论在19世纪有很大影响,第一英帝国解体后,第二英帝国之所以能迅速扩大,最终形成了遍及全世界的"日不落帝国",并能稳固统治达150多年之久,与托管理论有很大的联系。这种思想与旧的重商主义殖民理论有很大不同,它是对重商主义只关心利润的否定,希望给殖民地带来公正、稳定的政府,而不是过去那种赤裸裸的掠夺。②

---

① 布赖恩·拉平:《帝国斜阳》,钱乘旦等译,上海人民出版社1996年版,第29页。
② W. D. Hussey, *The British Empire And Commonwealth*, p.147.

伯克的思想与亚当·斯密的殖民理论有所不同，斯密理论的核心是殖民地自由贸易，即英国对殖民地不实行独占政策，任其同所有国家自由进行贸易。斯密认为与其耗费巨大的行政管理和军事占领费用来独占殖民地，倒不如放弃这种独占，省下这笔钱，用自由贸易的办法来取得更多的利润。他主张给北美殖民地以议会代表权，使之自动服从于英国。[①] 伯克的帝国思想着重于政治方面，主张用联邦的方式对帝国进行统治，用感情、挚爱的纽带来维系帝国的统一。同时，英国应改变统治方法，用人道的方法统治殖民地。当然，他们二人的帝国思想本质上都是自由主义，代表了英国的思想潮流。

三、帝国的新形势与帝国政策的调整

1783年9月英美签订《巴黎和约》，英国正式承认美国独立，第一英帝国解体。美国独立迫使英国重新思考对帝国的态度，而对法国的战争又使英国取得了大片殖民地，并在印度逐渐取得优势。从1783年美国独立到1793年英国对法宣战这十年间，英国政府面对支离破碎的帝国，及时调整帝国政策，逐渐放弃了旧的重商主义的殖民政策，加强了对殖民地政治上的控制，承担起对殖民地的"道德义务"，逐步将第一帝国时期名分各异，管理混乱的殖民地置于英国政府的控制之下，由原来的多元管理，转变为一元管理，从而奠定了新帝国的基础。

---

① 亚当·斯密:《国民财富的性质和原因的研究》，下卷，第192页。

帝国政策的调整是在旧帝国土崩瓦解、帝国形势万分危急的情况下进行的。1783年12月,小威廉·皮特(William Pitt, the Younger)出任英国首相,组成新的内阁。上任时他面临的局势是十分严峻的,北美独立战争耗费了英国1亿英镑的军费,此时英国国库空虚,甚至连王室的拨款都得拖欠。①由于美国独立,英帝国的形势变得十分危急,英帝国的前景难以预料。然而,在小皮特当政的头十年内,他恢复了英国"在欧洲曾有过的重要地位"②,新的英帝国开始形成。在这十年内,英国议会制定了1784年《印度法》和1791年《加拿大宪法》,加强了对殖民地的政治控制,英国政府改变了旧的重商主义殖民政策,从掠夺殖民地并实行贸易垄断,转为占领战略基地和促进帝国贸易,逐渐向自由主义殖民帝国过渡。

促使皮特政府进行改革的因素有以下几个:

(1) 美国独立战争的教训。美国独立战争对于英帝国的发展影响深远,美国独立战争前,在重商主义殖民体制下,英国政府在政治上对殖民地的管理十分混乱,控制相当松弛,而殖民者则把英国自由的传统移植到了美洲,因而殖民地享有极大的自由。加上北美殖民地创建、发展时期正是英国政治上动荡时期,殖民地与英国议会的关系并没有处理好,殖民地承认英王的主权,但并不意味着它们对英国议会负责。③英国对殖民地的统治主要体现在经济方面,帝国的政治家在寻求国家财富时,完全将自己限制在商业这方面,并未

---

① Ieonand W. Cowie, *Hanoverian England, 1714 - 1873*, London, 1978, p. 365.
② A. W. Ward, G. P. Gooch, *The Cambridge History of British Foreign Policy, 1783 - 1919*, Cambridge: Cambridge University Press, 1922, Vol. I, p. 143.
③ A. B. Keith, *Constitutional History of the First British Empire*, Oxford: Oxford University Press, 1930, p. 136.

将帝国各部分都纳入到一个总的渠道里,结果殖民地不喜欢英国政府在经济方面的限制,这在很大程度上引发了美国独立战争。①

美国独立后,英国政府对其殖民政策进行了深刻的反思,人们认为必须牢牢控制住英国剩下的海外领地,对其内部事务严加整肃。② 他们认为美国独立战争最根本的原因是给了殖民地太多的自由,对殖民地的控制过于软弱:"我们曾经让旧的殖民地按照自己的方式去发展,让他们力所能及地去成长,结果却失去了他们。那么我们是否可以通过对殖民机构更多的控制来纠正给予殖民地太多自由的旧的殖民政策,从而发展壮大殖民地?"③所以,美国独立战争之后,英国对殖民地政策的一个基本原则就是抑制殖民地的自由,对此大法官爱德华·瑟洛(Edward Thurlow)做了精辟的论述。他认为殖民地在政治形式上对母国缺少依赖是英国在旧殖民地失败的根源,"我们给了他们政治自由,这些自由必然包括主权,其结果便是独立"。因而他希望英国"在(殖民地)政府行政部门最大限度地存在和施加影响"④。在英国人看来,应当在殖民地培育一批"受人尊敬的"贵族阶层,而宪法结构中的上院在立法方面的作用应该加强。在瑟洛看来:"一个世袭贵族阶层可以在殖民地创建一个独立的利益阶层",而殖民地按照自己的方式独立于母国的想法正是

---

① A. P. Newton, P&J Ewing, *The British Empire Since 1783, Its Political and Economic Development*, London: Methuen, 1929, p.3.
② A. P. Thornton, *The Imperial Idea and Its Enemies, A Study in British Power*, New York: Palgrave Macmillan, 1985, p.7.
③ J. H. Rose, A. P. Newton, E. A. Benians, *The Cambridge History of the British Empire, Vol.2, The Growth of the New Empire, 1783–1870*, p.22.
④ Ibid., p.23.

英国失败的根源。①

英国政府感觉如果不是给了殖民地太多权力,美国独立战争也许不会发生,因此决意紧紧抓住他们的权力。英国政府认为:"正是因为美洲殖民地被无意中授予太多的自由,最终转变成了导致发生巨大灾难的许可证",所以,"平息骚动的殖民者的方法是少一点自由而不是多一些。他们必须明白,服从国王的旨意是一个臣民的首要职责"②。美国独立战争之后,英国政府开始执行抑制殖民地自由的政策,以防止再次发生类似灾难,正如一个官员所说的那样:"如果殖民地不能帮助加强帝国的海军霸权,给大不列颠带来商业利润,还不如根本没有殖民地。"③

基于这种思想,英国政府在美国独立之后便开始调整帝国政策,为防止民主思潮泛滥和激进主义加强,最好的办法便是加强英国的直接控制力,限制殖民地议会的权力。因此,加强控制、抑制民主,成了美国独立之后皮特政府调整其殖民政策的出发点。

(2) 帝国效忠派的出现迫使英国调整其帝国政策。美国独立后,英帝国境内出现了一些新的情况,其中突出的问题便是出现了帝国效忠派,这成为英国认真考虑调整帝国政策的原因之一。帝国效忠派起源于英国与美洲殖民地之间的纷争,英国颁布《印花税法》,加深了北美殖民地支持英国的"托利派"与站在对立面上的"辉

---

① J. H. Rose, A. P. Newton, E. A. Benians, *The Cambridge History of the British Empire, Vol.2, The Growth of the New Empire, 1783－1870*, p.22.
② A. P. Thornton, *The Imperial Idea and Its Enemies, A Study in British Power*, p.7.
③ Martin Kitchen, *The British Empire Commonwealth, A Short History*, London: Macmillan Press Ltd, 1996, p.13.

格派"之间的矛盾;《独立宣言》发表之后,那些希望通过谈判来解决纷争的人同主张用革命方式来解决问题的人便分道扬镳,效忠英王的人在美国成了叛徒,被称为"托利党",是"头在英国、身体在美国、脖子应该扭断的人"。① 英国人则称其为"效忠派",这些人不但包括参加英国军队、进行亲英宣传的积极活动分子,还包括试图保持中立的人,托马斯·潘恩就说过:"一个人如果不是各州独立的支持者……就是美国人所谓的托利党人,当他将托利主义思想转化为实际行动时,他就成了一个叛徒。"②效忠派的出发点甚多,一部分人是对英国怀有真正的感情,一部分人是出于对自身利益的考虑,一部分人是惧怕英军的强大,还有的人只是对大陆会议的措施或掌权者不满。帝国效忠派的确切人数并没定论,H. 史密斯认为在 50 万人左右,占殖民地总人口的 16%,由于当时有色人种在殖民地的比例比较小,效忠派占白人人口的比例为 19.8%。③

美国独立以后,效忠派受到围攻、迫害,直至死亡威胁,其财产被没收,并且被剥夺了选举权。有的人甚至被涂上柏油,沾上羽毛游街示众,受尽了屈辱。1776 年 7 月 16 日,制宪大会规定所有居住在纽约的人应遵守革命政权颁布的法律,并成为新政权的公民;到访、途经或短期居留的人也必须在宣誓效忠的前提下才能获得法律的保护;效忠于英王或为本州敌人提供帮助的人被认定犯有叛国

---

① Wallace Brown, *The Good Americans —The Loyalists in the American Revolution*, New York: William Morrow And Company, Inc. , 1969, p.226.

② Leslie F. S. Upton (ed.), *Revolutionary versus Loyalist: The First American Civil War 1774 -1784*, London: Blaisdell Pubilshing Company, 1968, p.65.

③ Paul H. Smith, "The American Loyalists: Notes on Their Organization and Numerical strength,"*The William and Mary Quarterly*, Third Series, Vol. 25, No. 2, pp.259 - 277.

罪,当判处死刑。① 曾经参加第一次大陆会议的宾夕法尼亚代表,效忠派精英约瑟夫·盖洛韦(Joseph Galloway)由于力主美利坚与英国和解,遭到了与会代表的暴力威胁甚至死亡威胁(一根绞索被留在他房间的门上),以至于他出走会议,返回他在宾夕法尼亚的农场。②

使效忠派感到沮丧和愤怒的不仅仅是英国政府的背叛和抛弃,还来自于他们仍称之为"叛乱分子"的强大对手的威胁。1779年10月,纽约通过了"没收法令",许多"效忠派"分子全家老小都被赶出家门。虽然1783年签订的英美《巴黎和约》的第五、六条明文规定:禁止对"效忠派"分子进一步迫害,由美国政府恳劝各州发还他们在战争中被没收的财物;③但根据《邦联条例》的规定,邦联国会对于各州仅有"建议"的权力。因此,即使是"强烈建议"也只能表示国会的一种姿态,实际的执行权仍掌握在各州立法机构手中。在革命派与效忠派对抗最激烈的纽约州,《巴黎和约》的规定无从谈起,其他多数州都没有采取实际行动,纽约立法机构则坚称自己没有义务恢复效忠派的财产,接受他们为本州公民;英国不准备为其财产提供赔偿,因此被没收的效忠派财产也不应予以归还。在深感绝望之时,很多效忠派精神错乱,还有一些人投河、饮弹或上吊来结束生命。④

---

① Peter Force ed, *American Archives, Fifth Serise, From the Declaration of Independence, July, 4, 1776, to the Definitive Treaty of Peace with Great Britain, September 3, 1783*, Vol. 1, Washington, D. C.: St. Clair & force, 1848—1853. p.1410.
② William H. Nelson, *The American Tory*, Boston:Beacon Press, 1968, p.68.
③ Henry S. Commuger, *Documents of American History*, Vol.I, p.119.
④ Robert Ernst, *A Tory-eye View of the Evacuation of New York*, New York History, Vol.64, No.4.1983, p.382.

为了逃避迫害,早在 1774 年,纽约的一些温和派便选择移居他处以躲避危机。随着革命的发展,更多的反对派离开殖民地躲避战火。这种行动在美国独立战争期间一直持续,1783 年则达到高潮,1778 年魁北克政府就接纳了 1 000 名效忠派分子。[1] 英国承认美国独立后,效忠派断绝了一切希望,于是便大规模逃亡。流亡者可以分为两类:主动流亡和被迫流亡,在主动流亡的人群中有很多社会地位较高的人,他们的主要去向是英国。还有一些普通人,如小农场主、技工、劳工和小商人,从 1776 年开始,他们的目的地主要是新斯科舍和加拿大等地。被动流亡的效忠派并非自愿出走他乡,当革命形势越来越严峻的时候,他们的命运已经不再掌握在自己手上。

流亡的效忠派有三个去处:英国、加拿大和西印度群岛。英国本土是很多效忠派梦想的地方,但是由于英国距北美大陆路途遥远,航行不便,费用也比较高,因此真正逃到英国去的人比较少。有学者统计:4.5 万名效忠派定居新斯科舍和上加拿大,9 000 名前往英国,8 000 人前往牙买加,7 000 人前往巴哈马群岛,1.2 万人前往塞拉利昂,另外分别有 400 名前往圣·卢西亚和安提瓜岛。[2] 在逃往加拿大的人口中,约有 2.5 万人逃到英属北美沿海殖民地,他们帮助建立了新不伦瑞克省,并在 1784 年建立了代议制机构。约有 1 万人逃到圣·劳伦斯河谷(St. · Lawrence)[3],从而使这里的英裔人口扩大了 2—3 倍;约有 1 万—1.2 万名效忠派分子逃到了英属魁北

---

[1] J. Holland. Rose, A. P. Newton, E. A. Benians, *The Cambridge History of The British Empire*, Vol. VI, *Canada and Newfoundland*, Cambridge: Cambridge University Press, 1930, p.187.

[2] Ian Barnes, *The Historical Atlas of the American Revolution*, New York: Routledge, 2000, p.252.

[3] William Hunt, *The Political History of England*, Vol. X, New York, 1969, p.242.

克殖民地。

　　大量效忠派分子逃入英属北美殖民地，尤其是逃入魁北克省，使英属北美殖民地人口结构发生了很大的变化。在美国独立战争爆发之前，加拿大仍是一个法裔居民占绝大多数的殖民地。在魁北克和蒙特利尔之间的圣·劳伦斯河谷，大约有10万名法裔居民。而新斯科舍和新不伦瑞克只有1.4万名英裔居民，魁北克省只有2 000名英裔居民。①到了1791年魁北克的英国人口已经激增至2万人，其中一个主要原因就是效忠派涌入。②移居到魁北克的效忠派大多数都在法裔居民尚未到达的地区定居下来，主要在圣劳伦斯河上游沿岸，以及安大略湖（Lake Ontario）和伊利湖（Lake Erie）沿岸。③ 效忠派的移入增加了英裔居民的数量，为适应新的形势，英国政府于1784年从新斯科舍省中分出两个新省：新不伦瑞克和布列顿角，英国人在加拿大的影响大大增加。效忠派还带来了浓厚的英格兰及爱尔兰情结，加强了英国殖民地的基础。因此，从某种意义上说，美国独立战争在北美大陆创建了美利坚合众国，同时也为现代加拿大奠定了基础。

　　大量效忠派分子移居魁北克引发了严重的政治问题，效忠派对于1774年通过的《魁北克法》强烈不满，要求取消该法案，实行英国法律，并提出与法裔魁北克省分离，建立一个以英裔居民为主的新省的要求。1784年秋，该省英裔居民向英国国王请愿，呼吁建立代

---

① Lord Elton, *Imperial Commonwealth*, p.281.
② Alexander Clarenee Flick, *Loyalist in New York During the American Revolution*, Honolulu, Hawaii: University Press of the Pacific, 2002, (reprinted from the 1901, Edition) pp.177-179.
③ J. Holland. Rose, A. P. Newton, E. A. Benians, *The Cambridge History of The British Empire*, Vol.Ⅵ, *Canada and Newfoundland*, 930, p.192.

议制政府,选举议会,该议会有权征税。① 1785 年,定居在蒙特利尔的效忠派向英国议会请愿,要求与魁北克省分离。②

大量英裔和非英裔居民混居在同一个殖民地,这在第一英帝国时期是没有的,因而英国政府需要针对这一复杂的情况,制定出新的帝国政策,以适应帝国发展的需要。1774 年英国议会曾颁布《魁北克法》,允许魁北克的法裔居民保留其宗教、文化与法律,不实行英国式的代议制政府。这一法案虽然在一定程度上满足了法裔居民,特别是法裔上层人士的要求,但许多法裔居民仍期望补弊救偏,有所改革。法裔居民中还出现了一个代表中产阶级如小店主、律师等利益的新兴集团,他们赞成实行议会制,希望获得对政府的影响力。③所以魁北克法实施后不久,要求变革的呼声便日渐高涨;再加上美国独立后效忠派分子大量移入加拿大,英裔居民与法裔居民的矛盾日益突出,就使改革变得更为迫切了。

美国独立之后,加拿大的重要性也大大增强,英国希望加拿大在帝国经济中取代美国,希望把加拿大作为一条走廊,英国制造商可以通过它迅速扩张到密西西比河流域。④ 为了保住加拿大这一重要的殖民地,英国政府必须认真对待新局势,为它建立合适的政府。因而,调整旧的帝国政策也成为必然。

---

① A. Shortt & A. G. Doughty, *Documents Relating to the Constitutional History of Canadian, 1759 - 1791*, Vol. I, Ottuwa:Canadian Archivees, 1918, p.742.
② J. Holland Rose, A. P. Newton, E. A. Benians, *The Cambridge History of The British Empire*, Vol. VI, Canada and Newfoundland, p.196.
③ 宋家衍:《枫叶国度——加拿大的过去与现状》,山东大学出版社 1989 年版,第 56 页.
④ Vincent T. Harlow, *The Founding of the Second British Empire, 1763 - 1793*, Vol. II, New Continents and Changing Values. pp. 724 - 725.

(3) 英帝国重心转向东方,迫使英国政府承担起对殖民地的管理权。18 世纪中期之后,英国对海外销售市场和原料产地的依赖程度进一步加深,英帝国的利益也由美洲转到了东方。美国独立敲响了重商主义殖民制度的警钟,尽管作为重商主义象征的《航海条例》许多年后才被废除,但其影响已经开始减小,贸易互惠取代贸易垄断的历史趋势已无可挽回,自由主义帝国政策将登上历史舞台。这种政策背后的动机是英国对出口市场的需求,工业革命的发展使英国渴望得到更多的海外市场,在那里他们可以出售其商品,同时购进国外产品和原料,以在欧洲销售。

在这种政策指导之下,英国重视的是贸易货栈和战略基地,而非 17 世纪那样的殖民拓殖。[1]基于这种政策,美国独立以后,英国政府尽量避免建立新的殖民地,在当时的英国人看来,与那些新的、陌生的民族建立商业上的关系而避免那种会发生摩擦的殖民地征服,会产生愉快的"对双方都有利的友好通商"。[2]谢尔本伯爵 1782 年所说的"贸易优先于统治",实际上反映了这一时期英国政府所奉行的原则。

与此同时,随着与东方贸易的发展,英国同中国及印度的贸易在英国贸易中的地位越来越重要,而印度连结了中国及欧洲大市场,这使得印度在英帝国中的地位越来越重要。然而东印度公司的腐败以及自美国独立战争以来印度殖民地日益严重的局势,迫使英国政府调整对印度政策。

为改善东印度公司在印度的统治,1773 年英国议会颁布了《调

---

[1] W. D. Hussy, *The British Empire and Commonwealth*, 1500 - 1961, p. 138.
[2] Vincent T. Harlow, *The Founding of the Second British Empire 1763 - 1793*, Vol. I, Discovery and Revolution, p. 62.

整法案》,这是由英国政府控制印度的第一步,在此之前,英国议会和政府是不过问东印度公司的印度政策的。但《调整法案》本身存在许多缺陷,英国在印度的政府仍不能有效地运转。美国独立战争爆发后,法国企图联合土著王公,恢复其在印度的统治。为应付这一危急的局面,英属印度大总督黑斯廷斯发动了一系列战争,结果使东印度公司的债务激增。到美国独立战争结束之时,东印度公司的债务已高达 2 000 万英镑,是当时英国国债的十分之一,远远超过任何私人债务。①

而美国独立战争后印度的重要性以及印度内外局势的紧迫性,迫使英国政府去认真考虑对印度的殖民政策,《调整法案》显然已不适应印度局势发展的需要。1779 年,英国议会任命两个专门委员会,一个由伯克主持,负责审核印度司法管理问题,另一个由亨利·邓达斯(Henry Dundas)主持,负责调查公司与卡纳蒂克(Carnatic)战争问题。印度问题也首次成了英国政治中重要的话题。②

(4) 福音教派(Evangelicalism)的影响。18 世纪下半叶,在宗教文化领域,兴起了福音教派以及随之而来的人道主义运动,人们的思想观念开始发生变化,人们对帝国的理解也发生了变化。如何对待附属国人民,这已不再是无关紧要的事了,在克莱武时代能容忍的事情,现在已变得无法容忍。③这种观念的变化,影响了帝国政策的制定。

---

① Percival Spear, *The Oxford History of Modern India*, Oxford: Oxford University Press, 1978, p.77.
② Percival Spear, *The Oxford History of Modern India*, p.77.
③ 肯尼迪·O.摩根主编:《牛津英国通史》,王觉非等译,商务印书馆 1993 年版,第 435 页。

1780—1840年代,工业革命席卷英伦三岛,不列颠实现了期待已久的经济起飞。然而经济的飞速增长和社会财富的增加并没有给大多数英国人带来好处,正如历史学家哈孟德夫妇所说:"工业革命带来了物质力量的极大发展,也带来了物质力量相伴着的无穷机遇。……然而这次变革并没有建立起一个更幸福、更合理、更富有自尊心的社会,相反,工业革命使千百万群众身价倍落,迅速发展出一种一切为利润牺牲的都市生活方式。"[①]在悲惨的社会现实面前,"经济发展能带来一切"的论调像纸房子一样倒塌下来,知识分子开始思考发展的意义和人的价值,统治者也试图寻找某种有利于社会整合的纽带。于是,从18世纪60年代起,福音主义开始在英国社会流传。

1787年,在首相小皮特的密友、下院议员威廉·威尔伯福斯(William Wilberforce)的推动下,国教会内部的福音派迅速成长起来,1815年取得第一个主教管区,到19世纪中叶已在国教会中占有优势。与此同时,福音派思想在中下层民众中也迅速扩散,像公理会、浸礼会这些教派也纷纷接受福音主义的影响,出现了传道热情和社会责任感的复兴。

福音主义的传播促使一批出身于社会中上层的信徒,遵循其以个人献身精神来改造社会的原则,进而推动了公众舆论和社会力量对监狱、学校、工厂、医院等社会机构以至整个社会风尚的变革,形成了一场与工业革命同步的社会改良运动。福音教派的复兴,极大地刺激了人道主义活动的发展,而开始于这时期的人道主义运动又极大地影响了人们对殖民地的态度,影响着英国的殖民政策。

[①] 转引自钱乘旦《工业革命与英国工人阶级》,南京出版社1992年版,第35页。

首先,由于福音主义的传播,英国掀起了废除奴隶贸易运动。与欧洲其他国家相比,英国从事奴隶贸易的历史相对较晚,大约开始于 1650 年,但发展很快。出于加勒比海殖民地及美洲殖民地的拓殖,英国政府鼓励奴隶贸易,英国也成了世界上最大的奴隶贸易国,获利最多。1672 年颁发的英国皇家非洲公司(the Royal African Company)特许状就把奴隶同黄金、象牙及蜜蜡归类在一起交由公司贸易①,从 1680 年到 1686 年,非洲公司平均每年运输 5 000 名黑人到美洲。1760 年,抵达非洲港口的贩奴船有 146 艘,可装载奴隶 3.6 万人;1761 年贩奴船增至 190 艘,装载的奴隶也增至 4.7 万人。牙买加殖民地在 86 年内输入 6.1 万名黑人,年均约 7 003 人,加上其他英属殖民地的输入量,总数超越 200 万人,其中不包括死者。②

18 世纪末英国奴隶贸易达到顶峰,每年活着运到美洲的黑人至少有 7.5 万人,他们的市场价值大约为 400 万英镑;而为了在非洲购买奴隶,欧洲大约每年向非洲运送 200 万英镑的货物。③ 利物浦(Liverpool)、布列斯托尔(Bristol)等变成欧洲最大的奴隶贸易港,许多从事奴隶贸易的船只都是从这里启航的。据统计,1783 年—1793 年,利物浦有 878 艘船,共运载奴隶 303 737 名,价值高达 1 500 多万英镑,扣除佣金、杂费和其他费用之后,年利润在 30% 以上。④ 英国

---

① Piers Brendon, *The Decline and Fall of the British Empire, 1781-1997*, p.19.
② Eric Williams, *Capitalism & Slavery*, London: Lowe and Brydone Ltd, 1964, pp.32-33.
③ C. W. 克劳利等编:《新编剑桥世界近代史,动乱年代的战争与和平,1793—1830》,第 9 卷,中国社会科学院世界历史研究所组译,中国社会科学出版社 1999 年版,第 769 页。
④ Eric Williams, *Capitalism & Slavery*, London: Lowe and Brydone Ltd. 1964, pp.34, 36-37.

奴隶贸易在18世纪末占世界的最大份额,美洲奴隶至少有一半是由英国船只运送的。①

七年战争后,英国在西非的奴隶贸易地位巩固。根据英国外交部的数字,在18世纪末,英国每年贩运的奴隶达10万人之多,到1810年,运往英国殖民地的奴隶总数多达175万人。② 美国独立之后的几十年中,英国每年运往西印度殖民地的黑人奴隶达到4万人。所有从事三角奴隶贸易的商人都发了财,例如1783年,船主罗伯·博斯托克(Rober Bostock)的"风暴"号(Bloom)在非洲装了307名奴隶,到达安提瓜(Antigua)后,以每个奴隶35—45英镑的价格拍卖,然后装上大麻、烟草返回英国,船主获得的利润高达9 365英镑9先令7便士。5年后,博斯托克船长成了一位"相当富有的非洲贸易商",单趟利润可达6万英镑。③

奴隶贸易给非洲带来巨大灾难,奴隶贩子为了追求最大利润,不顾一切往船上装人,黑奴在运送途中的惨状不堪目睹。在海船上,每个黑人奴隶所占空间只有5.5英尺长,1.3英尺宽,不到一个棺材的面积。"他们一个挤一个,就像书架上排列的书本一样"。大量的黑奴死在运输途中,其尸体随即被抛入大海喂了鲨鱼。1774年一艘贩奴船一次就把132个患病的奴隶抛入大海。如果航行途中遇到风暴延误航期,致使船上淡水、食物不够时,奴隶贩子也会把部分

---

① C. W. 克劳利等编:《新编剑桥世界近代史,动乱年代的战争与和平,1793—1830》,第9卷,第770页。
② James Walvin, *Slavery and British Society, 1776-1846*, London: The Macmillan Press Ltd., 1982, p.3.
③ Christopher Lloyd, *The Navy and the Slave Trade: The Suppression of The African Slave Trade In the Nineteen Century*, London: Frank Cass and Company Limited, 1968, p.5.

奴隶抛入大海,其中可能有1/4的人死于航程上。18世纪末期,每生产2吨加勒比蔗糖就要耗费一个奴隶的生命①。据威尔伯福斯调查,平均每一船黑人奴隶在押送上船之前,死亡率为8%,在黑奴上岸后到出售之前的一两周内,其死亡率为25%;总的来讲,所贩运的黑奴的死亡率为50%。②

如此血腥的奴隶贸易引起了人道主义者的愤慨和抗议,教友会(Society of Friends)教徒是批评奴隶贸易的先驱。1671年,该教派创始人乔治·福克斯(George Fox)就呼吁人们要敬畏上帝,善待黑人,不可暴虐相加。"役使若干年以后,应该给他们自由。"③福克斯的观念影响深远,1727年,教友会教友大会通过决议,谴责奴隶贸易和奴隶占有。18世纪20年代,英国国教的一些权威人士也开始谴责奴隶主,因为奴隶主忽略了奴隶的精神信仰。30年代,英国海军医生约翰第一次到访非洲海岸和西印度群岛,回英国后断言奴隶贸易是极大的罪恶。④ 1735年,一个匿名评论家对牙买加的奴隶深表同情,于是对殖民当局进行抨击。1740年,《绅士》杂志刊登了一封指责奴隶主的信,说奴隶主是黑人和受压迫者的敌人及专横的压迫者。福音主义认为,奴隶制度不仅使奴隶主的道德堕落,而且使奴隶处于野蛮状态,奴隶主对奴隶的绝对权力及其拒绝给予奴隶道德

---

① Piers Brendon, *The Decline and Fall of the British Empire, 1781-1997*, pp.16-17.
② Debates in the House of Commons on the salve trade, 12 and 21 May 1789, from Edited by A. Aspinall and E. Anthony Symith, *English Historical Documents, 1783-1832*, London and New York: Routledge, 1959, pp.795-801.
③ Frank J. Klingberg, *The Anti—Slavery Movement in England: A Study in English Humanitarianism*, New Haven: Yale University Press, 1926, p.31.
④ Chritoopher Leslie Brown, *Moral Capital: Foundations of British Abolitionism*, The University of North Carolina Press, 2006, p.64.

关怀,必然成为腐败与罪孽的源泉。因此,奴隶制有碍于人类的道德进步,不符合"上帝确定的自然法则"。①

工业革命推动了废奴运动的发展,18世纪50年代以前,在英国,大多数受过教育的英国人对于奴隶制是接受的。许多欧洲人接受废除奴隶贸易运动开始也是出于道德上的原因。而在美国独立战争之前,也没有人会预测到英国议会能在19世纪初期颁布废除奴隶贸易法案。② 资产阶级有识之士看到,技术革新有助于获取更多的财富,而西印度在向母国提供热带产品(主要是蔗糖)方面享有的贸易优先权和垄断权,阻碍着其他国家和地区用它们的糖换取英国的工业品,从而限制了新兴工业资产阶级拓展工业品市场。不仅如此,西印度蔗糖在国内市场的垄断,还使更多廉价、优质的蔗糖被排斥于英国市场之外,这既有损消费者的利益,又使工业资产阶级日益不满,因此奴隶劳动已经成为资本主义自由竞争的障碍。亚当·斯密在倡导自由劳动制度的同时,也谴责了奴隶制度的低效和靡费,他指出:"我相信,一切时代,一切国民的经验,都证明了一件事,即,奴隶劳动虽表面上看来只需维持他们生活的费用,但彻底通盘计算起来,其代价是任何劳动中最高的。"③由于奴隶制度瓦解了奴隶个人的牟利动机,奴隶的劳动效率必然是低下的,因此从长远来看,使用奴隶劳动得不偿失。

18世纪70年代以后,英国到非洲和美洲游历或考察的人逐步

---

① Thomas C. H., *The Problem of Freedom, Race, Labor, and Politics in Jamaica and Britain, 1832 - 1938*, Baltimore and London: The Johns Hopkins University Press, 1992, p.24.
② Kenneth Morgan, *Slavery and The British Empire—From Africa to America*, Oxford: Oxford University Press, 2007, p.148.
③ 亚当·斯密:《国民财富的性质和原因的研究》(上卷),第354页。

增加，关于黑人的著作大量地涌现，而黑人也在英国本土随时可见。这样一来，"人权不是以肤色为条件的，普天之下皆为兄弟姐妹"的思想渐渐地为英国大众所接受，英国的废奴主义者就是在这样的环境里出现的。教会中的人道主义者、世俗的革命者和稳健的改革者逐渐汇合到一起，形成对奴隶制度的强大政治压力。

废除奴隶贸易运动开始于1787年，当年5月，"废除奴隶贸易协会"(Society for the Abolition of the Slave Trade)正式成立，总部设在伦敦。英国各个城镇都有它的分支或代理人，威廉·威尔伯福斯是运动在下院的代言人。为了能在枢密院、议会委员会和选民面前拿出准确的材料，协会成员走遍全国，测量船只，查阅档案，并询问了大量海员，他们竭力证明一旦废除奴隶贸易，非洲就可以为增长中的欧洲贸易提供各种产品；而且，由于西印度殖民地的人口已经可以正常增长，因此不需要再进口奴隶了。据威尔伯福斯调查，牙买加(Jamaica)的人口由1761年的14.7万人增长至1787年的25.6万人，这26年中，牙买加进口了16.5万名奴隶，26年中岛上奴隶平均每年死亡2150人，减少率为11%—15%。这里有战争的原因，另有1.5万人死于后来的饥荒和飓风。1782年后，这里的出生率超过了死亡率，大约每年为1000人到1100人。巴巴多斯(Barbadoes)的情况和牙买加差不多；在圣·克里斯托弗岛(St. Christopher's)，约有9600名妇女，1.03万名男子，如果不是受到非人待遇，其自然增长也是可以预期的。[①] 成千上万的传单和小册子到处流传，在全国出现了许多次大规模的群众废奴请愿和签名募捐活动。1787年，

---

① Edited by A. Aspinall, E. Anthony Smith, *English Historical Documents*, Vol. VIII, *1783-1832*, London and New York, Routledge, 1996, pp.795-801.

在曼彻斯特的第一次反对奴隶贸易的签名活动中,签名人数达1.1万人,占当时该市人口的20%。①

首相小皮特也同情这个运动。1788年2月11日,枢密院成立委员会,专门调查"目前非洲的贸易情况,特别是与非洲海岸奴隶买卖相关的贸易情况",要求评估奴隶贸易在非洲以及殖民地引起的后果。② 小皮特同意威尔伯福斯的观点,认为奴隶贸易使非洲荒芜凋零,是"人类的罪行","有史以来我们民族特征上最大的耻辱"。1792年,小皮特在下院呼吁立即废除奴隶贸易。③ 反对奴隶贸易运动标志着对旧帝国那种只关心利润,为获取利润而不择手段的做法的否定,它极大地影响了英国对土著殖民地的政策。

由于福音教派和人道主义运动的传播,人们开始考虑帝国责任问题,在这方面,埃德蒙·伯克是先锋。伯克在1783年指出:"政治统治的每一个个体,商业权利的每一个方面,都是一种托管。"④这就是"殖民地托管"理论,这种理论认为帝国应该对它所统治的人民负责,为殖民地建立好政府是大不列颠的道德责任。⑤ 公众对于"那波布"⑥的谴

---

① Seymour Drescher, *Capitalism and Antislavery, British Mobilization in Comparative Perspective*, New York: Oxford University Press, 1987, p.70.
② George R. Mellor, *British Imperial Trusteeship, 1783 - 1850*, London: Faber and Faber Limited, 1951, p.46.
③ Piers Brendon, *The Decline and Fall of the British Empire, 1781-1997*, p.28.
④ George R. Mellor, *British Imperial Trusteeship, 1783 - 1850*, London: Faber and Faber Limited, 1951, p.7.
⑤ W. D. Hussy, *The British Empire and Commonwealth*, p.147.
⑥ "那波布":Nabobs,即英印富翁、暴发户,又叫"东方财主",专指那些在印度发财后回到英国的东印度公司职员。

责,议会对克莱武的审判①,对前印度大总督黑斯廷斯的弹劾都表明一种帝国"道德感"的出现,这对于英国调整土著殖民地政策起了很大作用。

所有这些错综复杂原因综合在一起,促使英国政府对于其旧的帝国政策进行了大规模的调整,以适应帝国发展的新需要。

---

① 克莱武(Robert Clive),英国殖民主义者,为抢夺印度殖民地曾立下汗马功劳。他在1757—1760、1765—1767年出任英属孟加拉总督,任间收受贿赂,强取豪夺,给印度人民带来深重的灾难。1773年他在英国议会被控犯有滥用职权罪,但被宣布无罪。

第三章 第二帝国的形成

第一英帝国解体后,英国很快又恢复了它的殖民帝国,并且使新的帝国比旧帝国更大、更强盛。英国何以能够做到这一点?这归功于它对殖民政策的及时调整,也归功于剧烈变动的欧洲政局。内外因素的共同力量造就了巨大的"日不落帝国",本章将分别讲述这个帝国中最重要的几个殖民地的变化情况。

一、印度殖民地的调整

英国对印度统治政策的调整,是第一英帝国解体之后英国政府为拯救帝国所采取的第一个措施。这个调整是通过1784年《印度法》及其补充法案来实现的,通过这些法案,英国将印度的统治权从东印度公司手中转到英国政府手中,确立了英国政府在印度的统治,开始用所谓的"法律、正义、人道"的原则来统治印度及其他土著人殖民地,并规定对东印度公司职员的贪污、受贿、诈骗、掠夺等行为进行惩罚。

印度殖民地是东印度公司的殖民地,该公司于1600年按照伊丽莎白女王授予的特许状建立。公司最初是约章性质,无固定资本,每次航行由公司成员自行出资准备货船,谁出资谁受益。1612 年起公司改为股份公司,有固定资本,后来公司又建立了股东大会和董事会,开始具备近代商业的组织形式。公司对印度的入侵是从印度西海岸开始的,大致经过两个阶段:第一,在军事上打破葡萄牙人对印度的海上控制;第二,派遣代表以武力为后盾,用"卑词厚礼"的办法从莫卧儿皇帝那里取得贸易特权。1612 年,两艘东印度公司的船只打败了由四艘大型帆船组成的葡萄牙舰队,这场决定性的胜利使英国得以在阿格拉(Agra)派驻代表,并于 1613 年在印度西部的苏特拉设立商馆。① 这是英国人在莫卧儿帝国境内设立的第一个永久性的商馆,也是英国和印度之间经常性贸易的开始。② 不久,公司又在印度东南部的马德拉斯建立商馆。1640 年,从印度南部统治者手里得到了一块独立的土地,位于印度东海岸,这是英国在印度得到的第一块土地,英国人在这里建立了一个商栈圣乔治堡。到 1670 年,这里已经发展成一个城镇,拥有 300 名英国人,3 000 名葡萄牙人。③

起初,东印度公司只是做生意,慢慢地,发展成一个商业、政治、军事、司法四合一的组织,其特权比荷兰东印度公司还要多,成了英国侵略印度的工具。光荣革命后国王的特许状失效,需要议会的法令。1689 年议会通过法案,允许能向政府贷款 200 万英镑的个人或团体成立新的东方贸易公司。一批商人答应贷款,成立新的"英国

---

① Supplement Note and Appendices Sir George Birdwood, Report on *The Old Records of the India Office*, London: W. H. Allen & Co., Limited, 1891, p.209.
② Edited by Patrick Tuck, *The East India Company: 1600 - 1858*, Volume II, P. J. Marshall, *Probles of Empire, Britain and Inida, 1757 - 1813*, London and New York: Routledge, 1999, p.16.
③ Brian Gardner, *The East India Company, A History*, p.41.

对东印度贸易公司"。议会规定老公司需于三年后解散,但后来新老公司合并,成立"英商东印度贸易联合公司"(The United Company of Merchants of England Trading to the East Indies),简称"联合东印度公司"。新公司根据1689年特许状成立,先前由国王授予的各种特权都被保留,后来在印度扩张、征服和统治的就是这个联合公司。1709年到1711年,公司每年偿付9%的分红。①

东印度公司实力越来越强,逐渐占领了马德拉斯、苏拉特和孟买。东印度公司在这些地方设立了三个管区,各辖一批商馆,把这些地方变成了进一步侵占印度的根据地。1647年,公司有23个商馆;1698年,公司向莫卧儿王朝政府买下了位于孟加拉海湾恒河口岸的加尔各答。加尔各答虽小,作用却非常大,其周围盛产大米和黄麻,河流纵横交错,平原一望无边。东印度公司在这里设立了贸易总部,把印度的粮食和工业原料源源不断地运回英国。到1750年,加尔各答已经由一个小村庄发展成一个有12万名居民的城市,在莫卧儿皇帝准许下,英国人还修建了威廉堡。②

东印度公司设一个24位董事组成的董事会,在董事中选出主席和他的代表。董事是由股东大会选举出来的,股东大会则是由投资额在500英镑以上的股东组成的。股东对东印度公司的业绩总的来说是满意的,在17世纪晚期,东印度公司的红利平均是22个百分点,即使在18世纪中期时下降了8个百分点,用当时的标准来看也是特别可观的回报。

但东印度公司不是普通的商业公司,除了贸易垄断权,它在成

---

① H. T. Dickinson, *A Companion to Eighteenth-century Britain*, Oxford: Blackwell Publishing Ltd, 2006, p.461.
② Ibid., p.465.

立后的数十年中还逐步从国王和议会那里得到贸易以外的特权,而且范围越来越宽。这些权力包括:(1)对公司职员行使立法和司法权;(2)建立要塞、武装防卫、任命官员;(3)建立军队;(4)建立铸币厂铸造印度货币;(5)对非基督教国家宣战、媾和,即发动侵略战争;(6)有权自行处理由战争得到的领土,包括占有及其他处置,但国王保留对公司所占领土的最高领有权;(7)建立政府和法院,行使统治权。① 这样,东印度公司就成了一个融商业、政治、军事、司法为一体的组织了。

东印度公司最初的目标是获取亚洲商品以及销售英国制造品,但是到 17 世纪中期就开始谋求贸易特权。1632 年高康达(Golconda)的苏丹发给公司一个"黄金诏谕"(Golden Firman),允准公司每年缴纳 500 帕戈达(南印度金币)即可在该国所属各港自由贸易,不需交税。② 1651 年,公司又在孟加拉国取得贸易特权。在谋取商业利益的同时,公司还开始在印度建立设防据点,作为日后扩大侵略的基地。17 世纪中期后,公司先后取得马德拉斯、孟买两块小型殖民地,附近许多印度人,包括商人,为避免战乱迁居此地,使两地人口不断增加,税收也随之增加。这充分展示了在印度建立殖民帝国的前景,大大刺激了东印度公司决策者们占领领土的贪欲。17 世纪 80 年代起,东印度公司在指导思想上已经明确把占领土地、建立殖民帝国作为与贸易同等重要的任务。1688 年,东印度公司董事会通过决议,要其在印度的代理人努力在印度建立行政和军事体

---

① 林承节:《殖民统治时期的印度史》,北京大学出版社 2004 年版,第 20 页。
② Ramkrishna Mukherjee, *The Rise and Fall of the East India Company*, A Sociological Appraisal, pp. 226-227.

制,并设法获取税收。①

18世纪中叶,入侵印度的西方殖民主义势力中,葡萄牙人已经衰落,只保有果阿(Goa)、第乌(Diu)、达曼(Ad Damān)等少数据点;荷兰人一直在与英国人进行激烈的商业竞争,但显然处于下风,因为英国人已经在印度取得了商业特权,而荷兰人却没有,在军事力量和外交能力方面,他们也不是英国人的对手。18世纪40年代只有法国可以和英国进行竞争,这时候列强在印度的角逐已经由商业竞争发展到在印度争霸。

法国商人在17世纪初期来过印度,但没有站稳脚跟;1664年法国东印度公司成立后,才真正在印度发展法国商业势力。法国东印度公司与英国、荷兰的公司不同,它是专制制度的产物,公司由国家控制,贷给资金,主要人员由法国政府任命,来自巴黎的事无巨细的指挥和监督,妨碍了法国公司发挥主动性和灵活性,所以其早期的活动进展迟缓,直到18世纪40年代,法国东印度公司在印度的角逐中一直不显眼。经过三次卡尔纳提克战争,英国东印度公司彻底击败了法国,根据七年战争结束时签订的《巴黎条约》,法国只保留五个商业据点,不能设防,从此,法国在印度不再成为英国的竞争对手。

此后英国东印度公司就发展迅速,尤其是普拉西战役以后,英国开始了全面征服印度的步伐,公司也由商人变成了统治者。正如印度代理总督约翰·肖尔(John Shore)于1789年所说:"东印度公司既是印度统治者,又是商人。以商人的身份出现,他们就垄断贸

---

① Ramkrishna Mukherjee, *The Rise and Fall of the East India Company*, A Sociological Appraisal, pp. 226 - 227, p.119.

易;以统治者的身份出现,他们就攫取赋税。东印度公司通过以赋税购买印度货物的方式把赋税汇往英国。"①

孟加拉是印度最富裕的地区之一,英国在此设立许多商馆,并建立了加尔各答殖民地。1756年,孟加拉的那瓦布(Nawab,即莫卧儿帝国的地方行政长官)阿拉瓦迪汗因无子,其两个女儿欲争夺王位。东印度公司想见机插手,阿拉瓦迪汗意识到英国人的阴谋,决定予以打击。1757年6月23日,东印度公司的3 000名军队(其中1 000名欧洲人,2 000名印度土兵)与那瓦布率领的5万训练有素的军队在普拉西相遇,战争结果出人预料,罗伯特·克莱武(Robert Clive)率领的3 000军队以微小代价大败5万名孟加拉军。② 这场战役使英国东印度公司实际控制了孟加拉国,用武力征服印度的图谋也由此开始。

东印度公司征服孟加拉后,由一个贸易公司变成了一个地方政府,它在印度建立了强大的组织机构,拥有成百万英镑的资金。伦敦的东印度公司董事会成了英国在印度的最高权力机构,从方针政策的制定到殖民地政府官员的任命,都由它行使权力,而在印度的殖民政府只是它的执行机构。不过英国颁布的公司特许状也规定:如果公司行为违背国家利益,可给予两年的警示期,直至收回特许状。③这就意味着英国政府可以干预对印度的管理,可以将东印度公司的殖民地收归国家管理。

---

① 罗梅什·杜特:《英属印度经济史·从1757年的起始至1837年维多利亚女登位》,(上册),陈洪进译,生活·读书·新知三联书店1965年版,第73页。
② Marguerite Eyer Wilbur, *The East Inida Company, and the British Empire in the Far East*, New York: Richard R. Smith, 1945, pp.266-267.
③ James Alexander Williamson, *A Short History of British Expansion*, London: Macmillan and Co., Limited, 1927, p.215.

18世纪初只有1 500名英国人住在印度,其中包括他们的妻子儿女以及一些暂留在印度的水手。按照克莱武所说,1766年在印度,每231个欧洲人中,只有129名是"英国人",即英格兰人、威尔士人和苏格兰人,另有20个爱尔兰人,20个德国人,剩余的是欧洲其他国家的人。① 英国人势单力薄,住在贸易货栈中,主要是做生意。印度的王公时常袭击他们,因而英国商人小心翼翼,埋头发展贸易、谋取利润。18世纪中叶,随着东印度公司在印度的经济利益逐步加深,建立一支常备军来保护和拓展这些利益就显得很有必要,而兵源严重不足迫使公司官员把目光转向他们在印度的同盟者,这样印度士兵就被编入了东印度公司的军队,统称"土兵",英国军官用欧洲军队的方式来武装和训练印度士兵。

七年战争也是英国侵略印度的转折点,战争结束后,法国被完全赶出了印度,至1765年,东印度公司已清除了其他欧洲国家在印度的势力。1765年8月,克莱武得到莫卧儿皇帝的命令,授予东印度公司为孟加拉、比哈尔和奥里萨(Bangal, Bihar and Orissa)三个省的"第瓦尼"(Diwani,即财政管理权)②,作为回报,由东印度公司每年付给莫卧儿皇帝260万卢比,或者按照当时比价,缴纳30万英镑作为贡赋。③ 东印度公司由此而成了孟加拉的收税者,利用这一权力,进而又享有了这里的内政管理权。孟加拉名义上的统治者仍然

---

① Maya Jasanoff, *Edge of Empire, Lives, Culture, and Conquest in the East, 1750－1850*, New York: Vintage Books, 2005, p.49.
② Edited by Anil Chandra Banerjee, *Indian Constitutional Documents, 1757－1947*, In Four Volumes, Volume I: 1757－1858, Calcutta: A. Mukherjee & CO, Private, 1961, pp.8－10.
③ J. Talboys Wheeler, *Early Records of British India: A History of the English Settlements in India*, London: Trübner and Company, 1878, pp.333－334.

存在，东印度公司只是付给他们象征性的补贴。① 这样，孟加拉的"纳瓦布"沦为只领年金的人②，而东印度公司取得了孟加拉地区的"第瓦尼"，就变成了政府。③ 克莱武认为，东印度公司借莫卧儿王朝的权威进行统治是很有价值的，"皇帝也许缺乏权力，但是他仍能博得尊重并能够让人获得社会地位。而且，皇帝的批准……不仅有助于得到公司中印度职员的效忠，而且也有助于防止它的欧洲敌手的妒忌"④。很显然，克莱武是利用莫卧儿皇帝这个空有其名的权威，为自己占领孟加拉披上合法的外衣。

征服孟加拉使英国人在印度有了稳固的基地，为进一步征服印度打下了基础。但当时没有多少人对这件事给予特别的注意，印度王公依然在那里你争我夺、互相厮杀。当王公们觉醒，意识到问题的严重性时，英国人已经巩固了自己的地位，又向既定的目标迈出了第二步、第三步。王公们已经没有回天之力了，他们一个个被打垮，庞大的印度终于被蚕食。

孟加拉的胜利来得如此迅速，连英国人自己也没有预料到，他们还没有做好统治这样一大块领土的思想和组织准备，加上胜利来自阴谋，不能一下子剥夺那些合作者的权力，所以最初他们只能满足于做太上皇，而把直接的统治权留给他们扶植的傀儡。克莱武的占领政策实际上是一次试验，克莱武本人和其他商人或军官对他们

---

① Sir Francis Younghusband, *Dawn in India*, London: John Murray, 1930, p.65.
② 恩·克·辛哈，阿·克·班纳吉：《印度通史》，张若达、冯金辛、王伟译，商务印书馆1964年版，第517页。
③ J. Steven Watson, *The Reign of George III*, 1760-1815, p.162.
④ A. 古德温编：《新编剑桥世界近代史，美国革命与法国革命，1763—1793》，第八卷，第281页。

统治的土著居民没有任何了解，也从不关心他们的事。① 东印度公司在商业机构外建立了一套政治统治体制，到1772年，东印度公司最终接管了孟加拉的全部统治权，把首府从穆希达巴德迁至加尔各答，给那瓦布160万卢比的津贴养老，东印度公司也停止向莫卧儿皇帝缴纳贡赋，并把科拉、阿拉哈巴德两地收回，还给奥德，代价为500万卢比。②

由于东印度公司在征服过程中采用的是军事征服和建立藩属两种形式，征服后自然产生了两种统治形式：直接统治的殖民地和间接统治的殖民地。在征服印度的过程中，由于不断遇到人民起义和封建主反叛，英国人认识到，将所有地区都由公司兼并和实行直接统治并非万全之策，不如保留王公体制，让王公们在英国的监督下继续统治，既利于控制民众，又能缓和封建主的敌对情绪。况且，分而治之可以使众多王公相互掣肘，难以形成统一的抗英力量。在这种藩属体制中，王公的军事、外交要受到东印度公司的监督，连王位继承也要经公司批准。于是，英国在印度的统治区域就分成两部分，一部分由公司直接统治，叫英属印度，另一部分是附属国，叫印度土邦，公司通过驻扎官实行间接统治。

直到1769年，英国政府只关心如何扩大在印度的统治范围，其他的就留给东印度公司去处理。③ 东印度公司一旦政权在手，便迫不及待地利用它来实现掠夺，在这方面，它的贪婪性、残暴性使当年

---

① J. Talboys Wheeler, *A History of the English Settlements in India*, London: Curzon Press, 1972, p.354.
② 林承节：《殖民统治时期的印度史》，第30页。
③ Lucy S. Sutherland, *The East India Company in Eighteenth Century Politics*, Oxford: At the Clarendon Press, 1952, p.177.

曾经在马拉巴尔海岸胡作非为的葡萄牙人也相形见绌。马克思在论述商业资本剥削的特点时说:"商业资本,在优势的统治地位中,到处都代表一种掠夺制度。"①英国东印度公司在印度的早期掠夺典型地体现了原始积累时期商业资本在殖民地掠夺的劣迹,其中包括以下一些。

(1)掠夺国库、收受贿赂、敲诈勒索,这是东印度公司聚敛财富的常用手段。公司每征服一地,最方便、最现成的办法莫过于掠夺国库、敲诈王公贵族。公司职员贪得无厌,四处敲榨,积聚了大量的钱财。普拉西战役后,英国人把米尔·贾拉法(Mir Jafar)扶上孟加拉纳瓦布的宝座,但要他支付150万英镑战争赔款,并向公司职员进献123.8万英镑献礼。② 普拉西战役结束一年半时间内,克莱武从皇帝手中收取价值2.7万英镑的礼物③,而孟加拉的米尔·贾拉法则在1757年到1766年间向克莱武缴纳总数为23.4万英镑的钱,同期给其他军官5000—11.7万英镑④,而这还只是表面的数字。后来米尔·贾拉法不能及时付款而被废黜,克莱武却恬不知耻地说:"这些东方王公最著名、最常见的办法是慷慨地给那些提供过帮助的人许多礼物。"⑤

东印度公司职员在战争中大肆抢劫,除了上交公司外,大都落入自己的腰包。公司职员还利用放高利贷向一些王公敲诈勒索,

---

① 马克思:《资本论》,第3卷,人民出版社1956年版,第408页。
② 林承节主编:《殖民主义史——南亚卷》,北京大学出版社1999年版,第96页。
③ Karl de Schweinitz Jr, *The Rise and Fall of the British Empire India, Imperialism as Inequality*, London, New York: Methuen, 1983, p.103.
④ Lawrence James, *The Rise and Fall of the British Empire*, London: Little Brown and Company, 2011, p.129.
⑤ Ibid.

连一年收入200英镑的小职员也可借给纳瓦布数千英镑。这些债主连蒙带骗,利上滚利,一转眼就可以翻好几倍,许多人因此而成为巨富。东印度公司的职员每个人都腰缠万贯,搜刮大量钱财。1744—1753年,克莱武在担任相对低级的职务时便已获得4万英镑的钱财。① 第四次英迈战争中英军攻占迈索尔首都后,上自英军总司令,下至普通士兵,都成了无法无天的劫匪,迈索尔王宫的珍宝及显贵们的宅邸被洗劫一空。英国总督的弟弟阿瑟·威尔斯莱就抢到了7 000英镑的现金,他在给总督的信中得意洋洋地说:"这个城市几乎没有一座房屋未遭抢劫,据我所知,在兵营中,我们的士兵和随从人员售出价值连城的珠宝和首饰。"②英国议会的一项报告表明,1757—1766年,东印度公司职员收受的礼物高达2 169 665英镑。③

印度的纳瓦布们却债台高筑,仅支付利息,最高时一年就达623 000英镑④,比东印度公司每年支付的红利总额还多两倍。据公司的调查,19世纪初期东印度公司职员向王公索取的2 200余万英镑债务中,只有30余万是真实欠债,其余纯属欺诈。⑤ 东印度公司职员的薪水,总督年薪为300英镑,委员会委员年薪为40—100英镑,高级商人年薪为40英镑,文书的年薪为5英镑。但这些只是固

---

① Lawrence James, *The Rise and Fall of the British Empire*, London: Little Brown and Company, 2011, p.130.
② 转引自林承节《殖民主义史—南亚卷》,第97页。
③ Percival Spear, *The Oxford History of Modern India, 1740 - 1975*, Oxford: Oxford University Press, 1978, p.75.
④ 林承节主编:《殖民主义史——南亚卷》,第97页。
⑤ 同上书,第98页。

定薪水,因为公司允许职员进行私人贸易,其收益就相当可观了。①到 18 世纪末,让子女到东印度公司工作成了英国许多中等家庭的追求②,约翰·马尔科姆(John Malcolm)1781 年进入东印度公司,23 年后,他已经积累了 1.3 万英镑财富,还可以每年资助其父母和姐妹 400 英镑。据他计算,1806 年他退休时,其津贴和积蓄每年可达到 1 500 英镑,他认为这足够使他跻身于上层阶级行列。③ 难怪克莱武在英国议会中说:"请想想由于普拉西战役的胜利给予我的地位吧。一个伟大的王公要巴结我,一个富裕的城市受我的支持,它的富裕和人口稠密超过伦敦。其中最富有的银行家为了博得我的一笑而竞相出价。我出入于莫卧儿敞开的金库,两手抓满了黄金珠宝。主席先生,此刻,我对我自己那时的节制真是大为吃惊。"④更可怕的是,腐败在加尔各答和马德拉斯已经造成一个庞大的利益集团,马德拉斯的省督皮古伯爵(the Earl of Pigot)曾试图结束那里的腐败,结果被自己的官员囚禁起来。他在狱中饱受折磨,于 1776 年死在那里。⑤

(2) 英印富翁在国内收买议席,拉帮结派,影响国内政治。东印度公司职员在印度的腐败行为严重威胁和腐蚀了英国的本土政治,在 18 世纪,一个新的词进入英语,那就是"那波布"。东印度公司职员回国时大都变成富翁,单单从印度运回的钻石价值就达 1 800 万

---

① Colonel G. B. Malleson, G. S. L., *Life of Warren Hastings*, London: Chapman & Hall LD. 1894, p.27.
② Lawrence James, *The Rise and Fall of the British Empire*, p.130.
③ Ibid., p.131.
④ 恩·克·辛哈、阿·克·班纳吉:《印度通史》,第 512 页。
⑤ [德] 赫尔曼·库尔克、迪特玛尔·罗特蒙特:《印度史》,王立新、周红江译,中国青年出版社 2008 年版,第 277 页。

英镑。英印富翁与其在国内的亲友形成了印度利益集团,克莱武就是最大的"那波布",他回国时,已经是一位百万富翁。他贿买了英国下院议席,并被英王赐予普拉西男爵爵位。英印富翁回到英国后通常购买大量地产,并用自己在印度掠夺的不义之财来贿买议会席位,由此加强印度利益集团在国内政治中的发言权。①

在当时的议会制度下,下院议席常常被那些有钱有势的人占据。克莱武第一次政治冒险开始于1754年,普拉西战役后,克莱武开始用从印度掠夺来的财富在英国议会建立自己的小集团,或者"党派"。1761年,克莱武当选为什鲁斯伯里(Shrewsbury)的议员,他还设法为他的父亲理查德和他的挚友约翰·沃尔什(John Walsh)谋取议会议席。两年后,他的堂兄弟乔治·克莱武(George Clive)通过补选返回议会。1768年,他又资助3个亲信竞选议员,从而使他在议会中的团伙达到7人。② 一位叫保罗·宾菲尔德的公司职员在印度成为暴发户,回国后不仅自己在议会中买到席位,还通过贿赂把另外的9人送进了下院。③ 英国议会中为东印度公司说话的议员人数不断上升,从1761年的6名,上升到1774年的22名,1784年更是升至36名。④ 正如老皮特(Pitt the Elder)所言:"在亚洲发财的富人源源涌入,不仅带来了亚洲的奢华,恐怕也带来了亚洲式的政治模式……从国外携带黄金归来的人已经挤入了议会,世袭的地位和

---

① J. Steven Watson, *The Reign of George III*, 1760 – 1815, p. 163.
② Maya Jasanoff, *Edge of Empire, Lives, Culture, and Conquest in the East*, NewYork: Vintage Books, 2005, pp. 33 – 34.
③ 林承节主编:《殖民主义史——南亚卷》,第97页。
④ Edited by Patrick Tuck, *The East India Company: 1600 – 1858*, Vol. II, P. J. Marshall, *Probles of Empire, Britain and Inida, 1757 – 1813*, p. 37.

财富哪里经得住这种私人腐败风潮的冲击?"①这样,在18世纪六七十年代,英国政府对东印度公司的政策便受到错综复杂利益的牵制。一方面,东印度公司的股东们想尽办法得到分红,这就意味着必须改变东印度公司的体制,以阻止钱财流入东印度公司职员的口袋。另一方面,那些仍旧有朋友、亲戚在印度做事的董事,则允许旧制度继续存在,因而反对东印度公司的改革。1783年,东印度公司的一名捍卫者在英国下院警告道:如果东印度公司的特许状被侵犯,那么英格兰银行就会紧随其后,那样,"个人财产还有什么安全?"②"那波布"成了议会中臭名昭著、不得人心的角色,人们对他们的厌恶之情日益加重。③

(3)连年征战,债务累累。在多种因素驱使下,东印度公司为了获取更多的利润,不断进行扩张战争,通过一系列的扩张战争,英国在印度的统治地区不断扩大,地位也进一步巩固。东印度公司的职员也掠夺了大量钱财,而东印度公司却为此背上了沉重的债务。1744年,东印度公司曾经贷给英国政府100万英镑资金。而由于连年征战,公司财政状况大大恶化。28年之后,公司被迫向英国财政部借款,金额达140万英镑。普拉西战役后,东印度公司在孟加拉的军费开支由1756年的37.5万英镑激增到1766年的88.5万英镑。1772年,东印度公司濒临破产,被迫向英国政府贷款145万英镑。④18世纪70年代末期,东印度公司的军费开支已经是公司其他事务

---

① 尼尔·弗格森著,雨珂译:《帝国》,第38页。
② Edited by Patrick Tuck, *The East India Company: 1600 – 1858*, Vol. II, P. J. Marshall, *Probles of Empire, Britain and Inida, 1757 – 1813*, p.22.
③ W. E. Hartpole Lecky, *A History of England in Eighteen Century*, Vol. IV, New York, pp.266 – 267.
④ H. T. Dickinson, *A Companion to Eighteenth-Century Britain*, p.468.

的两倍,18世纪60年代末公司投资所赚取的财政盈余已被消耗一空。① 1815年,东印度公司的债务更是达到了4 000万英镑。每年的预算中,有3/4是用于军事活动。② 东印度公司连年征战,公司职员巧取豪夺,这些不但影响了公司的分红,而且也影响了国内政治稳定。东印度公司在印度如何统治的问题很快又成了议会辩论的热门话题。英国政府对于东印度公司严重的财政危机的担心,导致政府直接干涉公司事务。③

(4) 肆意掠夺,给印度人民带来巨大的灾难。东印度公司大肆掠夺,使原本富饶的印度变得一片凋零。东印度公司既转变成国家政权,就在商业之外获得了"税收"这种新的榨取手段。从占领孟加拉起,它就把榨取土地税作为头等大事,对它的重视程度远远超过了贸易本身,其征税的能力也大大超过印度原来的统治者。孟加拉最后一位伊斯兰统治者在1764年度征集上来的土地收入为817 553英镑,而英国统治30年,在该省征收的土地税增长到268万英镑。④ 东印度公司不但以国家身份收税,还以土地最高所有者的身份征收地租,手段极其残暴,结果农民成群结队地逃亡,18世纪末孟加拉有大量耕地变成野兽出没的草莽。1769—1770年,孟加拉严重的大饥荒,饿死1 000万人,占该省总人数的1/3;另外有1/3的耕地荒芜。⑤

---

① Jan R. Christie, *Wars and Revolutions, Britain, 1760 – 1815*, Cambridge: Harvard University Press, 1982, p.125.
② Lawrence James, *The Rise and Fall of the British Empire*, p.134.
③ Percival Spear, *The Oxford History of Modern India*, p.58.
④ Romesh Dutt, C. L. E., *The Economic History of India under Early British Rule. From The Rise of British Power in 1757 to the Accession of Queen Victorian in 1837*, London: Kegan Paul, Trench, Trubener & CO. Ltd., 1908, p.ix.
⑤ Percival Spear, *The Oxford History of Modern India*, p.57.

这次饥荒使孟加拉成为"一个无声无息的,荒凉的省份"。19世纪的研究者这样描写这场饥荒:"在整个1770年令人窒息的夏天里,人们奄奄一息。农夫卖掉了他们的家畜,卖掉了农具;他们狼吞虎咽地把粮食种子都吃掉了;他们卖掉了自己的儿子和女儿,直到最后都找不到买孩子的人了;他们吃树叶和田地的草;在1770年6月,杜巴(Durbar)的居民报告说已经有活人吃死人了。"①尽管如此,东印度公司对印度的掠夺却并未减轻,用政府的话来说:"虽然本省居民至少减少了1/3以及庄稼相应地减少,可是1771年的净税收还保持1768年的水平,……其所以如此,是由于用暴力强行保持以前水平的结果。"②这次大饥荒起于干旱,但是政府救济不力也是一个重要原因。在这次可怕的饥荒中,政府的救济工作是"在三千万人中间共发放九千英镑,官方承认,每十六个人中有六个人饿死"③。这件事对英国人震动很大,他们认为英国在印度的作为是残忍的,不人道的,甚至于连公司董事会也觉得唯一有效的办法是英国政府直接统治。④同时,大饥荒还使印度工匠及农夫减少,东印度公司利润下降,进而影响了东印度公司的分红,这又引起英国国内股东们的不满。

一家公司取得一个帝国是一件奇怪的事,即便在当时,也有许多人迷惑不解。东印度公司依据的皇家特许状规定,国王拥有公司征服的所有领土的主权,但议会却一直设法阻挠这一条款的实施。

---

① 威廉·冯·申德尔:《孟加拉国史》,李腾译,中国出版集团东方出版中心2011年版,第60—61页。
② 罗梅什·杜特:《英属印度经济史·从1757年的起始至1837年维多利亚女登位》,(上册),陈洪进译,第46页。
③ 恩·克·辛哈,阿·克·班纳吉:《印度通史》,第520页。
④ 同上。

每隔20年,这张特许状就要交给议会决定是否延长公司的特权,人们越来越感到这些特权应当予以废除。贸易垄断是一个时代错误,而领土统治则不是一家商业公司的事。

对于东印度公司在印度腐败的统治,英国国内早就有人猛烈批判。1701年《对东印度贸易的思考》(Consideration upon the East India Trade)一书的匿名作者就建议取消特许状,同印度进行完全自由的贸易。该书作者宣称,公司的商栈应由英国政府接管,依靠关税提供资金。东印度公司在印度的一系列殖民扩张战争中,大量的钱财落到了东印度公司职员个人手里,而公司却为此背上了巨额债务。公司职员的滥用职权,导致公司几近破产。韦斯利总督发动的一系列战争,成了东印度公司主席查尔斯·格兰特(Charles Grant)坚决反对东印度公司的原因。[1] 东印度公司残暴的殖民统治成了旧殖民制度的标志,要改变这些腐败现象,必须改变原有的殖民政策,限制东印度公司的行动,由英国政府承担起对印度的统治,用英国的法律,来惩治东印度公司的腐败。

英国政府最初并不想对印度事务承担责任。1759年2月7日,克莱武致信英国首相老威廉·皮特(William Pitt, the elder),曾提议由英王接管东印度公司在印度的领地。克莱武表示:"英国在印度面临的任务如此巨大,东印度公司作为一个商业机构,恐怕无法行使管理和统治权力,因而需要政府的支持。他建议政府考虑把孟加拉的统治权接收过来,……这样做并不损耗英国的国力,因为英国只需派遣少数军队,而大部分的士兵可以在印度招募土著来充任……"[2] 克莱武

---

[1] H. T. Dickinson, *A Companion to Eighteenth-century Britain*, p.470.
[2] A. Berriedale Keith, *Speeches and Documents on Indian Policy, 1750-1921*, Vol. I, London: Oxford University Press, 1922, p.14.

还指出:除关税之外,孟加拉的税收也可以用于政府财政。① 老皮特可能是因为无暇顾及,所以对于克莱武的建议未置可否。②

十几年之后,鉴于东印度公司的领地不断扩大,印度事务日益繁杂,英国政府于是不得不插手印度事务。1767 年,英国议会通过《唐森德法案》(Townshend Acts),规定东印度公司的分红限制在10%,公司每年需向财政部缴纳 40 万英镑。③ 这表明英国政府开始分享东印度公司在印度的赃款,并开始把权力渗入到东印度公司控制的印度统治区。④ 1772 年东印度公司发生财政危机,8 月公司董事会主席向首相诺斯勋爵表示需要向政府请求贷款,这使议会有充分理由插手印度事务,对公司进行控制。

此后几年是英属印度殖民地历史上最重要的时期,1772—1786年,英国政府对印度殖民地的统治政策进行了大规模调整,议会颁布一系列法令,将东印度公司置于国王和议会的控制之下,印度变成了半国家性质的殖民地。⑤

全面接管印度的统治,实现国家对东印度公司的控制,是个很复杂的问题,而且没有先例,就必须先进行实验。在 18 世纪,摆在英

---

① [德]赫尔曼·库克尔,迪特玛尔·罗特蒙特:《印度史》(中译本),王立新,周红江译,中国青年出版社 2008 年 7 月版,第 289 页。

② H. H. Dodwell, *The Cambridge History of The British Empire, Vol. IV, British India (1497 - 1858)*, Cambridge: Cambridge University Press, 1929, p.184.

③ Edited by Anil Chandra Banerjee, *Indian Constitutional Documents, 1757 - 1947*, In Four Volumes, Volume I: 1757 - 1858, Calcutta: A. Mukherjee & CO. Private, 1961, p.20.

④ Sir Courtenay Ilbert, K. C. S. I, *The Government of India, Being a Digest of the Statute Law Relating Thereto*, London and New York: At the Clarendon Press, 1898, p.41.

⑤ H. H. Dodwell, *The Cambridge History of The British Empire, Vol. IV, British India (1497 - 1858)*, p.180.

国政治家面前的问题是:把东印度公司在东方半主权性质的政府转变成英国议会的附属部分。当时,英国在印度没有中央政府,孟加拉、孟买、马德拉斯三个殖民区相互独立,各自追求自己的利益。这种体制最初没显示出什么缺陷,但七年战争期间其缺陷就显示了出来,当时马德拉斯总督曾说,这种体制最大的弊端是三个地区总督相互独立,"每位总督时刻装作对自己处境十分忧虑,但却从不管别的地区的安危"。① 所以,统合英国在印度的统治也是一项重要任务。

为实现国家对印度的控制,可以采取三种做法,一是保留东印度公司在印度的特权,不触及其基本权力,而制定一种妥协方案。但多数英国人包括公司中有远见的职员都认为这种方案不可行,因为东印度公司在印度的错误及腐败行为不可能被抑制,而且有可能使印度利益集团运用腐败的影响力在英国国内事务中获得不合适的权力。②

二是由国家全面接管在印度的主权,将公司职员转变成国家官员。这个变化显然太大了,而且有悖于18世纪盛行的私有财产神圣不可侵犯的意识。它还涉及非常复杂的法律、政治问题,并且,当时公司直接占领的地区也不大,公司的三个管辖区只作为莫卧儿帝国的"第瓦尼"存在,如果英国政府完全接管东印度公司的占领区,看起来好像是对莫卧儿帝国赤裸裸的侵略,会由此卷入与其他欧洲国

---

① A. P. Dasgupta, *The Central Authority in British India, 1774 - 1784, A Study of the Relations of the Supreme Council with the Madras Government under the Regulation Act of 1773*, Calcutta: Calcutta University, 1930, p. 2.
② H. H. Dodwell, *The Cambridge History of The British Empire, Vol. IV, British India (1497 - 1858)*, p. 183.

家的纠纷之中。

第三种做法是把东印度公司当成伙伴,国家将涉及殖民地治理的重大事务置于议会控制之下,印度仍旧由东印度公司管理,公司仍保留其贸易垄断及其他一些特权,但已经处于英国政府监管之下。这是当时英国政府所能选择的最好的方法。

针对1773年东印度公司出现的财政危机以及向英国政府提出救济请求,英国议会于该年通过了两项法案:第一项法案是授予东印度公司140万英镑的贷款,年利息4%。① 第二项法案就是著名的《调整法案》(the Regulating Act),这是英国议会插手印度事务的第一个行动。《调整法案》作了以下规定。

(1) 改变东印度公司内部机构,限制股东会议中股东的投票资格,把股东投票资格从500英镑提高到了1000英镑,而且其持股时间必须达到12个月。② 法案规定,董事会每四年选举一次,董事人数为24人,其中每年有1/4要退职。关于投票资格,拥有1000英镑股票的股东在选举中有1票,3000英镑有2票,6000英镑有3票,1万英镑有4票。③ 同时"公司董事会此后要向财政部交出印度寄来的有关税收的一切信件,并把有关民政或军政的一切函件上交国务大臣"④。这就是说,印度事务要向英国内阁备案,供内阁审查,英国内阁第一次获得了控制印度事务的权力。

---

① Percival Spear, *The Oxford History of Modern India*, 1740–1975, p.58.
② Sir Courtenay Ilbert, K. C. S. I, *The Government of India, Being a Digest of the Statute Law Relating Thereto*, p.46.
③ H. V. Bowen, *The Business of Empire: The East India Company and Imperial Britain, 1756–1833*, Cambridge: Cambridge University Press, 2006, p.70.
④ D. D. Horn & May Rammsome, *English Historical, Documents, Vol. VII, 1714–1783*, London and New York, Routledge, 1969, p.813.

(2) 改革印度的管理机构，此前，公司在印度的三个管区是平行的，《调整法案》规定，把孟加拉管区总督升格为全印度总督(仍称孟加拉总督)，马德拉斯、孟买两个辖区附属于他，目的是限制这两个辖区私自与当地土著王公签订协约的权力，并控制公司在印度的对外关系。印度大总督由一个有四人组成的最高委员会(Supreme Council)辅佐，除了管理孟加拉管区事务外，还拥有孟买、马德拉斯管区宣战、媾和和批准条约的权力。①大总督和委员会接受东印度公司董事会指令，由英王任命，人选不限于公司成员，任期五年。

(3) 改革印度殖民地的司法体制，在孟加拉设立最高法院，它是国王法庭，由一名首席法官和三名法官组成，都由国王任命，负责审理在印度的东印度公司职员和英国臣民案件。② 这就意味着英国国王在司法上也建立了对公司成员的监督，这是英国政府控制东印度政权的又一个手段。

第一任大总督是沃伦·黑斯廷斯(Warren Hastings)。法案还很慷慨地分别授予大总督和委员会每位委员 2.5 万英镑和 1 万英镑的年薪。③ 根据这项法案，英国实际上在印度设立了中央机构，虽然它的权力是不完全的，但是，既然总督及其委员会的任命权归英国国王，英国政府就可以借此影响公司的统治。

《调整法案》使英国首次为印度殖民地建立了以加尔各答为中心

---

① D. D. Hom & May Rammsome, *English Historical, Documents, Vol. VII, 1714 - 1783*, London and New York, Routledge, 1714 - 1783, p.812.
② Ibid., pp. 815 - 816.
③ Sir Penderel Moon, *The British Conquest and Dominion of Inida*, London: Gerald Duckworth & co. Ltd, 1989, p.165.

的,由大总督和委员会组成的中央管理机构①,其重要性在于它首次将东印度公司置于英国议会的控制之下,将印度事务由公司行为变成英国政府行为。法案标志着东印度公司的商业委员会转变成了政府的政治机构,奠定了中央管理和议会控制机构的基础。② 英国议会获得了任命印度大总督和委员会的权力。《调整法案》规定设立孟加拉最高法院,目的是取代腐败的、效率低下的加尔各答法庭,防止东印度公司职员滥用法律。③ 它标志着英国议会对印度人的利益首次加以关照,至少在法律文字上是如此。

但是《调整法案》存在很大缺陷。首先,该法案"关于印度总督及其委员会所行使的权力的性质和范围是不明确的,关于高等法院的审判权以及关于孟加拉政府和法院之间的关系等方面是不明确的,而且有缺点"④。法案规定总督和委员会之间的分歧最终须由多数决定,如果出现赞同票和反对票票数相同的情况,总督才可再投一票。⑤对此英国学者多萝西·马歇尔(Dorthy Marshall)指出:调整法案的弱点在于条款使大总督必须服从委员会的多数派。⑥印度大总督的行动处处受到委员会的牵制,他的行动处处受到委员会中以

---

① Maya Jasanoff, *Edge of Empire, Lives, Culture, and Conquest in the East, 1750 – 1850*, New York: Vintage Books, 2005, p.40.
② B. B. Misra, *The Central Administration of the East India Company, 1773 – 1834*, Manchester: Manchester University Press, 1959, p.20.
③ Vincent T. Harlow, *The Founding of the Second British Empire, 1763 – 1793*, Vol. II, *New Continents and Changing Values*, p.65.
④ 恩·克·辛哈,阿·克·班纳吉:《印度通史》,第545页。
⑤ Ramsay Muir, *The Making of British India, 1756 – 1858, Described in A Series of Dispatches, Treaties, Statutes And Other Documents*, London, Manchester: University of Manchester Press1923, p.134.
⑥ Dorthy Marshall, *Eighteen Century England*, London: Longman, 1982, p.525.

菲利普·弗兰克(Philip Franic)为首的多数派反对,所以《调整法案》实施后,黑斯廷斯很大一部分精力都用在同委员会的斗争中。1779年他谈及此事时说:"我无法再继续享用国王陛下给予我的华丽的酬劳及荣耀,我并非总督,我的办法是阻止统治权落入比我还要糟糕的人手中"。①

其次,孟加拉辖区控制孟买和马德拉斯两个附属管区,这一条款未能很好实行,这两个选区长期以来是独立的,而法案中所注明的例外情况给他们提供了回避条例的可能。② 例如,美国独立战争期间,法国试图重返印度,孟加拉的最高委员会曾要求马德拉斯派送一支军事力量,但遭到了拒绝。后来孟买殖民区要求马德拉斯军事援助,也遭到了拒绝。③

最后,成立最高法院的初衷是为了听取对公司职员和一般英国臣民的指控,但是并没有十分清楚地规定它的司法权限范围,于是它很快卷入了与孟加拉行政当局的冲突。④

实践表明,《调整法案》只是使英国政府限制了东印度公司,并没有控制公司。《调整法案》既未使东印度公司董事会有效地控制公司职员,也未使印度大总督控制他的委员会,加尔各答管区也未能控制马德拉斯、孟买两个管区。马德拉斯和孟买的殖民政府被禁

---

① H. H. Dodwell, *The Cambridge History of The British Empire, Vol. IV, British India (1497–1858)* , p.190.
② 恩·克·辛哈、阿·克·班纳吉:《印度通史》,第 545 页。
③ A. P. Dasgupta, *The Central Authority in British India, 1774–1784, A Study of the Relations of the Supreme Council with the Madras Government under the Regulation Act of 1773* , p.48.
④ A. 古德温编:《新编剑桥世界近代史,美国革命与法国革命,1763—1793》,第八卷,第 283 页。

止在未得到总督和委员会同意的情况下宣战和缔约,但是在"紧急情况"下允许例外,这就给争吵留下了余地。① 东印度公司职员的种种腐败行为并没有得以清除,"公司董事们和强大的业主群体处于持续的敌对状态"②。《调整法案》没有提供控制东印度公司的手段,英国内阁有权审阅来自印度的函件,1781年又获得了否决董事会决议的权力。但要贯彻它自己的政策,只能依靠非正式手段来影响董事会,而这往往难以奏效。③ 因而到70年代末,改革英属印度殖民地政府管理体制问题再次纳入英国议会日程,并成为英国国内政治斗争的焦点之一。

  美国独立战争的胜利使英帝国的重心转移到了印度,这样"把印度作为对可能丢失的美洲殖民地的补偿"就成了英国统治者的愿望。④ 为此,英国政府必须处理好英国政府与东印度公司的关系,处理好孟加拉与其他两个管区的关系。1780年东印度公司的特许状到期,因而必须制订出新的方案。当时诺思政府正处美洲失败的梦魇之中,直到1781年,才由查尔斯·詹金森(Charles Jenkinson, 1st Baron)向英国政府提交一份改革方案,并被政府接受。1781年的修正案规定:印度总督和委员会并不连带受最高法院的管辖,最高法院在有关税收的事务中也不行使审判权。⑤ 随后亨利·邓达斯

---

① H. H. Dodwell, *The Cambridge History of The British Empire*, Vol. IV, *British India (1497-1858)*, p.194.

② H. V. Bowen, *The Business of Empire: The East India Company and Imperial Britain, 1756-1833*, p.67.

③ A. 古德温编:《新编剑桥世界近代史,美国革命与法国革命,1763—1793》,第八卷,第287页。

④ Vincent T. Harlow, *The Founding of the Second British Empire, 1763-1793*, Vol. II *New Continents and Changing Values*, p.112.

⑤ 恩·克·辛哈、阿·克·班纳吉:《印度通史》,第546页。

(Henry Dundas, 1st Viscount)受命与詹金森一起来起草法案,以后,邓达斯就把主要精力都用在制订英国在印度及远东的殖民政策上,成了精通印度事务的人,为新帝国的建立立下汗马功劳。

1782—1786年,印度问题与国内政治斗争紧密地交织在一起,印度事务成了英国政府每年都必须考虑的事,它与当时的宪政危机错综交织,甚至使福克斯—诺斯联合政府倒台。尽管如此,要求国家控制印度事务的呼声仍旧日益高涨,对此伯克曾讲道:

> 东印度公司不仅仅扩展了英国的商业,它实际上由英国派到印度,其所有的权力都由英国政府授予。……在将这些巨大的权力授予东印度公司时,英国并未放弃主权,相反在授予这些巨大、神圣的权力时,英国的责任增加了。①

英国的政治家们希望在印度建立一种新的机制,真正实现国家对东印度公司的控制。曾和詹金森一道制订改革方案的约翰·鲁滨逊(John Robinson)强烈呼吁:"如果一种体制不能尽快确定、建立并且不懈地追求,我担心我们会失掉那个最有价值的国家。"②为此,1781年,英国议会成立了两个委员会,一个是秘密委员会(Secret Committee),由邓达斯领导,负责调查卡纳蒂克战争的起因。一个是专门委员会(Select Committee),由伯克领导,负责检查司法管理问题。在1781—1782年,当诺思政府四分五裂,政治团体一片混乱之际,这两个委员会实际确定了英国在印度未来的政治方向。

---

① H. H. Dodwell, *The Cambridge History of The British Empire*, Vol. IV, *British India (1497-1858)*, p.182.
② Vincent T. Harlow, *The Founding of the Second British Empire, 1763-1793*, Vol. II, *New Continents and Changing Values*, p.113.

美国独立战争也极大地影响了英国对印度的统治政策。美国独立战争期间，法国试图恢复其在印度的势力范围。1782年一支法国舰队到达印度水域，有3 000名法国部队在印度登陆，这引起了马德拉斯殖民当局的极大不安。在法国的纵容下，印度两个敌对邦国的军队已联合起来反对英国，印度殖民地局势岌岌可危。英国在印度的统治成了头等大事，英国政府必须采取行动。而且秘密委员会和专门委员会提供的大量证据表明，东印度公司在印度的敲诈勒索行为引起了广泛不满，人道主义者及帝国主义者联合起来要求采取果断措施①，制止东印度公司的贪污腐败。因而美国独立之后，英国两党都同意改变英属印度的政府体制②，而东印度公司的财政困难为英国改革再次提供了契机。

1783年，东印度公司又发生一次债务危机，这迫使英国政府尽快采取行动。伯克提出"援助和改革必须同步进行"，大体上被英国政府接受。③在这种情况下，1783年12月，福克斯(Charles Fox)提出了两项印度法，一项是"将东印度公司的事务控制在一个委员会手中"，另一个是"在印度占领区及附属地建立好政府"。福克斯计划建立一个"七人委员会"来控制公司事务，该委员会可以任免在印度的殖民官员，并解散公司董事会。④

---

① Vincent T. Harlow, *The Founding of the Second British Empire, 1763 - 1793*, Vol. II, New Continents and Changing Values, p.124.
② Ramsay Muir, *A Short of History of the British Commonwealth*, Vol. II, *The Modern Commonwealth (1763 - 1919)*, p.86.
③ H. H. Dodwell, *The Cambridge History of The British Empire*, Vol. IV, *British India (1497 - 1858)*, p.194.
④ S. V. Desika Char, *Reading in The Constitutional History of India, 1757 - 1947*, Oxford: Oxford University Press, 1983, p.49.

《福克斯法案》是英国政府控制印度事务的又一次尝试。法案的制订者希望通过打破业已形成的习俗，解决前所未有的帝国问题。但是法案完全取消东印度公司特权，撤销董事会，显然有些激进，因而遭到许多人强烈反对。他们反对将公司所有的特权都交给七人委员会，因为这些人对印度一无所知，由于其受政府任命，还会屈从于政治压力，用政治上的庇护权代替董事的营私舞弊，可能会导致更大的腐败。①国王乔治三世甚至对上院威胁道："谁投票赞成福克斯，谁就是国王的敌人。"②结果《福克斯法案》虽在下院通过，但却被上院否决，福克斯—诺思联合政府也因此而倒台。

英国政府对印度事务进行控制，是通过1784年的《印度法》来实现的，它也是继1773年《印度法》后，英国政府采取的第二个行动。由于此时印度问题已成为英国政治生活中的重要话题，是两党斗争的内容之一，所以小皮特出任首相之后不久，便提出了一个《印度法》，并且被议会通过，成为英国统治印度事务的最重要法案之一。

小皮特有关印度改革的思想在他上台前已形成，1783年12月他在下院就福克斯法案发表演说时就说：

> 如果议会考虑抛弃这个法案——我相信他们会的——我发誓我将提出新的法案来调整印度事务。我将不屈从于这些反对，将不会受到猛烈的指责。新法案在我的脑海里虽未成熟，但已形成。③

---

① Percival Spear, *The Oxford History of Modern India*, p.78.
② Asa Briggs, *The Age of Improvement, 1783 – 1867*, London: Longmans, 1984. p.78.
③ Vincent T. Harlow, *The Founding of the Second British Empire, 1763 – 1793*, Vol. II, *New Continents and Changing Values*, p.140.

实际上,小皮特的印度法保留了福克斯法案的核心,但不及福克斯法案激进,比较稳妥,既避免了福克斯的不得人心,又在实际上剥夺了公司的行政权力。小皮特的目标是实现国家对印度事务的控制,他认为印度是帝国最重要的地方,1784年1月14日小皮特在下院论及他的"东印度公司法案"时说,他的计划基于三个原则。

(1)"印度政府的内政、军事及税收不能再保留在公司商人手中,但必须置于'有效控制的'政府之下";(2)"公司的商业活动应尽量由公司自己监督";(3)"授予印度文官充分的自由裁决权,以保证在印度建立良好的安全政府"。[①]

在小皮特那里,所谓国家控制印度事务,实际上就是用英国式的法律来限制东印度公司的行为,根除东印度公司职员在印度的腐败,制止不必要的战争,改变英国在印度的统治形象,使英国在印度的统治更加稳固,更加长久,保证英国获取更多的利润。在小皮特看来,"东印度公司扮演商业及政府的角色已经多年了,请记住,东印度公司不是新的公司,而是根据议会的特许状建立的,对它的控制也应该用宪政代替所有权力。其官职任免权应该同政府分离开来,……首要的、基本的目标是阻止公司政府进一步征服的野心和热情"[②]。尽管这种政策仍是为加强英国的殖民统治,但它毕竟在客观上有利于改善印度人民的处境,是一种崭新的殖民政策。它有助于用英国政府的力量,约束东印度公司职员在印度的行为,从而巩

[①] S. V. Desika Char, *Reading in The Constitutional History of India, 1757-1947*, p.142. Vincent T. Harlow, *The Founding Of the Second British Empire*, Vol. II, pp.52-53.

[②] A. Aspinall, E. Anthony Smith, *English Historical Documents, Vol. VIII, 1783-1832*, London and New York: Routledge, 1996, pp.825-826.

固英国在印度的统治。

1784年英国议会通过《印度法》(India's Act),又称"皮特法案"。这个法案主要涉及东印度公司在伦敦的管理机构,法案作了如下规定。

(1) 由国王任命一个印度事务委员会(Commissioners for the Affair of India)来监督、指导、控制英印政府以及东印度公司的民政和军政事务。委员会由六名人员构成:财政大臣、一名国务大臣、四名由国王指定的枢密顾问。

(2) 东印度公司董事会下达的一切信件、指示、命令都必须首先向印度事务委员会报告,不取得同意不能下达。委员会接到这些文件的14天内必须将他们的意见反馈给公司董事会,它有权提出意见,要求董事会修改,也可以就宣战和媾和问题直接下达指令,由公司董事组成一个不超过三人的机密委员会传送。

(3) 法案特别提出惩处公司雇员在印度的敲诈勒索、收礼受贿等行为。英属印度总督、省督及各级委员会由议会任命,公司继续保有文武官员的任命权,但必须由董事会造册呈报,由下院批准。这意味着虽然统治印度的具体政策由东印度公司提出,但有关军事、政治的最高决策权已转到英国议会手中。

(4) 法案还加强了总督的权力,规定总督有权在战时和军务、税务问题上对其他两个管区起监督作用。其它附属地区的外交、战争和赋税问题都得服从孟加拉政府的管辖。

(5) 法案还明确反对东印度公司在印度的扩张,规定:"从事征服和扩大统治权的计划是违反这个国家的意愿、名誉和政策的措施。"[①]

[①] Frederick Madder, *Imperial Constitutional Document, 1765 – 1965*, A Supplement, Oxford: Oxford University Press, 1966, pp. 6 – 12.

1793 年公司特许状进一步限制了总督的权力,在伦敦设立了议会印度管理委员会(India Board of Control)来处理印度事务。① 印度管理委员会并非独立的行政主体,它与当时的印度殖民地政府相联系,而且印度管理委员会的权力是隐性的,它没有官职任命权,不能任命、解雇东印度公司在印度的职员。

《印度法》使东印度公司的民政和军政服从于英国政府,但东印度公司董事们对此法案仍然比较满意,因为董事会保留了官职任命权及解雇职员的权力。这样一个体制在印度实行了 70 多年。② 小皮特的聪明之处在于,他既避免授予国王官职任命权,又似乎根本上改变了公司的宪法,小皮特本人也宣称:"给予国王指导印度政治的权力,而尽可能减少腐败的影响,这正是有关印度计划的真谛,也正是这个法案的灵魂所在。"③小皮特指出:对于那些不遵守法案的职员,应当将其遣送回国,应当视其为犯罪,应当对其进行惩罚。④ 该法案的制订显示出小皮特高超的政治技巧,就连埃德蒙·伯克也承认它是"为实现自己的目标而进行的娴熟、灵巧的操作"⑤。

1786 年,英国议会通过《补充法案》,对 1784 年《印度法》作了补充。其中最重要一条是授予印度总督更大的权力,在紧急情况下,

---

① C. A. Bayly, *The New Cambridge History of India*, Vol. II, *Indian Society and the Making of the British Empire*, Cambridge: Cambridge University Press, 2006, p.76.
② C. H. Philips, *The East India Company, 1784 – 1834*, Manchester: Manchester University Press, 1961, p.5.
③ H. H. Dodwell, *The Cambridge History of The British Empire*, Vol. IV, *British India (1497 –1858)*, p.202.
④ Edited by Anil Chandra Banerjee, *Indian Constitutional Documents, 1757 – 1947*, In Four Volumes, Volume I: 1757 – 1858, p.107.
⑤ H. H. Dodwell, *The Cambridge History of The British Empire*, Vol. IV, *British India (1497 –1858)*, p.202.

总督可以凌驾于委员会之上,可以就任军队总司令。1786年法案只是1784年法案的逻辑发展,通过这两个法案,英国政府对印度的统治牢牢确立下来了。皮特法案使英国建立了有效地控制、引导和监督印度殖民地的机制,直到1858年这种机制才有新的改变。① 由于法案保留了公司的官职任命权,所以伦敦及东印度公司的大部分人也支持小皮特。在小皮特解散议会后的大选中,东印度公司获得20个席位,其中至少有14个议员支持小皮特,而且在印度管理委员会中,国务大臣邓达斯排斥其他成员,管理权完全落入了他的手中,他事实上成了印度事务大臣,印度事务就此成了英国内阁的事情了。

这样,通过1773年《调整法案》和1784年《印度法》及以后的补充法案,英国形成了对印度事务的双重统治中心,印度管理委员会制定大政方针,东印度公司董事会负责日常管理和任命官员,第一个中心高于第二个中心,但只能通过第二个中心起作用。这是东印度公司和英国议会共同管理的体制,从此以后,东印度公司在印度的一切行为都在英国议会的控制之下,改变了旧体制下东印度公司为所欲为的局面。而且该法案禁止东印度公司主动发起战争,规定严惩公司职员的腐败行为。它试图给印度一个"好"政府,英国也打起了"关心印度人民利益"的旗号,这是旧殖民统治所没有的。这种体制一直到1858年东印度公司统治被取消才告终止。

英国议会宁愿采取双重管理体制而不愿意全面接管印度殖民地,主要出于以下几个方面的考虑:首先,在征服整个印度的大目标未完成前,发挥东印度公司殖民扩张的积极性是非常重要的,任何

---

① B. B. Misra, *The Central Administration of the East India Company, 1773 – 1834*, Manchester: Manchester University Press, 1959, pp. 30 – 31.

过早接管都会挫伤东印度公司的热情,妨碍其完成下一步征服任务。其次,18世纪后半期19世纪初期,北美独立战争和拿破仑战争使英国耗费了很大财力军力,且精力也受牵制,英国政府没有力量也顾不上在印度进行扩张,建立殖民政府。最后,在英国,工业资产阶级与垄断商人和大土地所有者的斗争中,后者还有力量,东印度公司是托利党的盟友,托利党为了加强自己的阵地,积极维护公司的特权,反对在统治印度的体制上过激地改变。东印度公司统治问题成了英国党争的内容之一,增加了解决问题的难度。[1]

二、加拿大殖民地的调整

从某些方面看,第一英帝国解体之后,北美13个殖民地退出帝国,使英帝国问题简化。离开英帝国大家庭的一般都是经济发达地区,政治上咄咄逼人;而留在帝国大家庭的经济上都比较落后,政治上虚弱,无力独立于母国,不会给英国政府制造麻烦。美国独立后,英国政府通过1784年《印度法》及其后来的补充法案,确立了英国政府对印度的殖民统治体制,初步完成了对东方及土著人地区殖民地的政策调整。而在帝国另一个最重要的殖民地加拿大,英国政策的调整则直到1791年才完成。

加拿大早期历史发展受到地理环境的很大影响。加拿大位于美洲大陆北端,南与美国接壤,北至北冰洋,地域辽阔,地貌、气候条件复杂多样。在欧洲人到北美后的很长时期内,这一地区尚不为人知晓,对探险家来说乃是一个神秘而诱人的地方。欧洲人到来时,

---

[1] 林承节:《殖民统治时期的印度史》,第42页。

加拿大仍处于原始社会状态，社会以家族为基础，家族组合成氏族。最大单位是部落。殖民者的到来改变了加拿大的发展方向。

真正开始对加拿大地区进行探查的是法国人，法国长期以来一直与西班牙存在矛盾，在对美洲的探查和殖民方面也是如此。1523年法王弗朗西斯一世曾派维拉扎鲁航行到北美海岸，目的是寻找通向亚洲的水道，但未成功。真正开始对加拿大内陆进行探险的是法国人雅克·卡蒂埃（Jacques Cartier，1491—1557），他是著名的航海家，抱着寻找金银财宝的心愿，决定对圣劳伦斯河谷地区进行探查。他于1534年率领船队航抵纽芬兰，穿过贝尔伊斯尔海峡（Strait Belle-Isle）进入加拿大内地，发现了一个过去欧洲人未曾知晓的地区，为法国取得了对这个地区的领有权。他此行的最大收获，就是发现圣劳伦斯河是一条河流，而不是通向太平洋的海峡。

1603年，法王亨利四世授予德蒙（de Monts）在大西洋地区10年的贸易垄断权。1604年，德蒙带领78名殖民者来到现在美国缅因州和加拿大新不伦瑞克省交界处的圣克鲁河口的一个岛屿上过冬，次年春天，他们越过芬迪湾（Bay of Fundy），来到安纳波利斯河谷，然后招来新移民，建立罗伊尔港殖民地。后来，法国人在加拿大东部沿海定居，这里被称为"阿卡迪亚"。1618—1648年英法处于交战之中，阿卡迪亚多次遭到英军袭击，因为阿卡迪亚丰富的渔业资源和战略地位，英国人对此格外感兴趣。1621年，苏格兰人威廉·亚历山大爵士（Sir William Alexander）劝说詹姆士一世国王把阿卡迪亚赐给他，以便建立新斯科舍殖民地。[①]

[①] Roger Riendeau, *A Brief History of Canada*, New York: Facts On File, Inc. 2007, pp. 44-45.

与此同时,法国人尚普兰在魁北克的殖民活动获得了成功。1608 年,萨米埃尔·德·尚普兰(Samuel de Champlain)率领一支探险队在五年前曾经来过的河边定居下来,这就是后来的魁北克,后来他被称为"新法兰西之父"。在以后的一个多世纪里,这里一直是新法兰西的中心。① 尽管如此,在 17 世纪 20 年代中期之前,在魁北克永久定居的居民不超过 80 人,其开垦的土地不超过 20 英亩。②

17 世纪 50—60 年代,法国的专制统治趋于强盛,出于争夺欧洲霸权的需要,法国开始注意营建其海外殖民体系。在新法兰西,法国政府逐步取消了殖民统治机构中的代表制因素,居民选举的理事不再参加议事会,民众集会被禁止。1663 年,法国政府按照国内的统治模式为新法兰西规定了新的政府模式,把权力授予主权委员会(Sovereign Council),其成员包括总督、主教、5 名任命的参事以及 1 名书记官、1 名司法官。起初参事的任命权由总督和主教掌握,后来则落入法国国王手中。主权委员会后来改称最高委员会(Superior Council),该机构名义上集立法、行政、司法权于一体,但实际上殖民地的一切法律均由巴黎制定,它只负责执行国王的谕令和条文,并处理各种民事和刑事案件,重大事务的最后决定权在法国政府。稍后省督一职越来越重要,逐步掌握殖民地的管理权。1726 年以后,省督和总督完全控制新法兰西的统治权,委员会也形同虚设。通过这几次政治上的改组,新法兰西融入法王高度控制的体制之中。

新法兰西经济和社会生活的基础是领主制(Seigniorial

---

① [加]格莱兹布鲁克:《加拿大简史》,山东大学翻译组译,山东人民出版 1972 年版,第 24—25 页。
② Roger Riendeau, *A Brief History of Canada*, pp. 43-44.

System），这种土地制度也是从法国移植过来的。根据这一制度，领主从国王那里获取土地，以承担多种义务为代价；领主再把土地划分成小块，分封给低一级的领主，或交给佃农耕种，而佃户又对领主承担义务，交租纳税。领主制是一种典型的封建关系，当然，它也提供了殖民地土地问题的解决办法。大片土地授予领主，其条件是他们必须招徕佃农成为土地的定居者，开垦和种植这些土地。这样，通过领主制，新法兰西将一片片土地有序地开发出来。而且在新法兰西，领主庄园还起到了管理地方的作用。

新法兰西另外一个重要特征是罗马天主教会的地位突出。16世纪后期和17世纪前期，不少胡格诺教徒来到圣劳伦斯流域从事皮毛贸易。由于法国国家和私人企业无力也不愿意鼓励在此地拓殖，尚普兰只好求助于法国天主教会。而这时法国天主教会正急切地想在新世界扩大影响，1615年，4名天主教传教士来到魁北克。从此以后，天主教会在加拿大拓殖史上发挥了举足轻重的作用，它在法国宣传新法兰西的情况，鼓动人们移居新大陆，声称"生活在新法兰西，实际上就是生活在上帝的怀抱"①。尚普兰是一个虔诚的天主教徒，他主张新开拓的北美殖民地应该排斥胡格诺教徒，这个建议被法国首相黎塞留采纳。后来法国颁布命令，殖民地只准接受天主教徒，此后新法兰西成为法国天主教的禁区，天主教是新法兰西唯一的宗教，没有异教徒，也不存在对天主教信仰的怀疑。天主教会不但牢牢控制着殖民地的宗教事务，而且还承担着教育、医疗、慈善的功能，控制着圣劳伦斯河谷1/4的土地。18世纪50年代之前，大约有1/3

---

① Edger McInnis, *Canada, A Political and Social History*, Rinehar & Company, 1959, p.71.

的人口居住在教会的领地上。①

新法兰西人口增长比较快。1666年第一次官方统计,新法兰西人口为3 215人,1673年人口已经翻倍;17世纪末期,这里的移民已经超过1.5万人。② 他们在这里生产、繁衍,推动了殖民地的发展。新法兰西经过不断探查和扩张,其地域变得十分广阔,从圣劳伦斯湾经密西西比河直达墨西哥湾。法国殖民地逐渐扩大,到1760年加拿大陷落时,法属加拿大的人口大约是6.5万人。③ 就地域之广大而言,新法兰西并不逊于英属北美殖民地;但由于地广人稀,开发程度较低,所以在综合实力方面与后者还有很大的距离,这一差距对英、法两国在北美的殖民争夺产生了明显的影响。

17、18世纪在北美进行殖民活动的欧洲国家有英国、法国、荷兰和西班牙。荷兰在哈德逊河(Hudson River)流域的新阿姆斯特丹殖民地于17世纪中叶落入英国之手;西班牙把主要精力放在南部美洲,在北美的势力限于佛罗里达。这样,英、法就成了北美的主要争夺者,双方在土地、毛皮贸易、纽芬兰捕鱼权等一系列问题上存在矛盾。英国试图向北发展,而法国则一心往南扩大自己的地盘,由此引发多次殖民战争。

英国殖民者对加拿大的觊觎由来已久。在尚普兰时代,英国人对魁北克发起长时间围攻,几乎使法国在北美的基业毁于一旦。1628年英国人戴维·克尔克及其两个兄弟带领一支队伍包围魁北克达数月之久,次年7月城中断粮,尚普兰不得不投降,把30个人留

---

① R. Douglas Francis, Richard Jones, Donald B. Smith, *Origins: Canadian History to Confederation*, Toronto Montreal Harcourt Brace & Company, 1996, p.94.
② Mark Naidis, *The Second British Empire, 1783–1965*, A Short History, p.21.
③ [加]格莱兹布鲁克:《加拿大简史》,第27页。

在魁北克,率其余人撤回法国。1632年英、法经过谈判,魁北克重新回到法国手中,殖民地始得以重建。但此后英国人并没有放弃对加拿大的野心。

一般说来,北美的殖民争夺是英、法争夺欧洲霸权的一种延伸,殖民地的命运与其宗主国在欧洲的胜败息息相关。1689年欧洲发生奥格斯堡同盟战争,在北美称为威廉王之战,新法兰西和英属北美之间也有所交锋。1702年欧洲爆发西班牙王位继承战争,殖民地人称之为安妮女王之战,新法兰西对新英格兰进行袭扰,新英格兰人则对阿卡迪亚进行反袭击,占领了罗伊尔港。根据1713年的《乌特勒支条约》(Treaty of Utrecht),英国取得阿卡迪亚、纽芬兰和哈德逊湾,法国在北美的殖民利益第一次受到沉重打击,北美东部沿海的控制权几乎完全落入英国手中。

1756年"七年战争"爆发,英国和法国在北美的军事行动也跟着升级。但在北美,此前双方已经展开了激烈的战斗,1755年,为了准备殖民大战,两国均向北美增派大批军队。法军在加拿大采取严密防御、以静制动的方针,使英军在1756、1757年发起的几次进攻均遭失败。从1758年开始,战局发生重大转折,英方占据了主动。在老皮特首相的领导下,英国招募军队,扩大造船厂规模。到1759年,英国舰队规模已经比法国大一倍,英国的海运和商业旺盛起来,而法国经济却面临萧条。① 英国政府决定彻底摧毁法国在加拿大的势力,夺取新法兰西。英军先攻下弗朗特纳克要塞,切断杜魁松的补给线,迫使法国人放弃这个据点。不久,路易斯堡也落入英军手中,

---

① [美]克莱顿·罗伯茨、戴维·罗伯茨,道格拉斯·R.比松:《英国史》下册,潘兴明等译,1688年—现在,商务印书馆2013年版,第55页。

此时魁北克已暴露在英军的枪口之下。法军向法国本土求援，而法国在欧战中自身难保，无力顾及北美。与之相对照，英国向北美大举增兵，其兵力几乎相当于整个加拿大的人口。1759 年英军兵分三路，从圣劳伦斯河、大湖区和尚普兰湖直取加拿大。法军放弃泰孔德罗加，集中绝大部分兵力死守魁北克。英国凭借海军优势，水陆两路夹击，并封锁新法兰西的所有通道，断绝它和外界的一切联系，魁北克变成一座孤城。英军在 9 月间发动偷袭，迫使法军与英军决战。英军取得决定性胜利，攻下魁北克城。1760 年 9 月 8 日，在英军水陆两路夹攻之下，蒙特利尔也易主英国，新法兰西总督沃德勒伊（Pierre de Rigaud de Vaudreuil）向英军投降。至此，整个加拿大全部为英国所占领，加拿大成了英属殖民地。

1763 年 2 月 10 日英法签订《巴黎和约》，确认了这一变化，法国在北美的殖民体系基本崩溃。关于殖民地问题，《巴黎和约》作了如下规定。

（1）加拿大、新斯科舍、布雷顿角及其附近岛屿以及密西西比河以东的全部土地（新奥尔良除外），都由法国转让给英国。西班牙将佛罗里达转给英国，但从法国手中获得路易斯安那西部和一笔金钱作为补偿。法国保留在圣劳伦斯河和纽芬兰沿岸的捕鱼权。

（2）在西印度群岛，法国将多米尼克、格林纳达、圣文森特岛、多米尼加岛和多巴哥岛割让给英国，法国收回瓜德罗普岛、马提尼克岛、圣卢西亚岛和玛丽加特郎诸岛。

（3）在印度，英国获得所占领的一切土地，法国可保留五个城市，但必须撤除工事，不得设防，只做通商之用。①

---

① 王绳祖主编：《国际关系史》，第一卷，世界知识出版社 1995 年版，第 224—225 页。

七年战争中英国大获全胜,加拿大等殖民地被移交给英国,这种结局是不可避免的。英国当时国势兴隆,特别是光荣革命后确立了君主立宪制,日益显示出其政治优势。而法国正处于专制王权日渐衰落的时期,以落后的封建农业为立国之本。英法在北美殖民地的实力对比也大大有利于英国,英属殖民地此时已经建立了合理的经济体系,其基本生活用品能够在北美生产。殖民地人口已经达到150万,殖民地社会呈现繁荣景象。而新法兰西根本无法与英国殖民地抗衡,战争开始后,新法兰西既不能征集一支强大的民兵,也不能在殖民地内获得充足的物资供应,法国国力式微,应付欧洲事务已经力不从心。对法国来说,北美殖民地无论在军事上,还是财政上都是一个负担,放弃新法兰西的议论早已流行于朝野。这就使新法兰西得不到宗主国的重视,一旦需要付出重大代价,法国就会激流勇退。事实上,在谈判中,法国对于收复加拿大毫无兴致。甚至连哲学家伏尔泰也把魁北克称为"几英亩冰雪连天的地方"。法国甚至期待着,由于北美大陆的威胁消除,英国和13个殖民地会爆发全面冲突。①

　　新法兰西划归英国之后,加拿大开始转入英国统治的轨道,英国人控制所有的政治机器,并很快取代法国人在贸易经济中的位置。英国征服魁北克后,一些法国的官员、教士、商人、领主和军官回到了法国,但是大部分殖民地居民却留了下来,这些人才是真正的加拿大人。对这些加拿大人,法国本身并没有充分理解,英国对他们的特点更是一无所知。1760—1763年是加拿大历史上所谓的

---

① Margaret Conrad, *History of the Canadian Peoples, Beginnings to 1867*, Toronto: Copp Clark Pitman Ltd, 1993, p.244.

"军事管制"时期,新来的英国统治者对这块土地实行了四年的军事管制,但为了不激化与占人口多数的法裔居民的矛盾,根据《巴黎条约》,英国政府允许当地居民信奉天主教①,给加拿大居民信仰天主教的自由,而且还允许当地人使用法语。总督詹姆士·默里(James Murray)也认识到天主教会在殖民地社会生活中的重要作用,他对教会予以支持,给教士提供资金,依靠教会来进行社会管理。殖民当局并没有引入英国法律,也未打乱以农业为主的经济结构,魁北克社会没有发生太大的变化,从加拿大割让到美国独立的二十多年,是加拿大历史上最有决定意义的时代。②

征服加拿大给英国提出了一个新问题。以前,英属北美殖民地主要靠英国移民拓殖建立,在那里英裔居民占绝大多数。而英国从法国手中夺取了魁北克之后,英帝国版图迅速扩大,但随之也带来另一个棘手的问题。由于这块殖民地原来是由其他欧洲人主要是法国人拓殖的,这里法国人的后裔占绝大多数,他们在语言、宗教和文化方面与英国人有很大差异。殖民地的多样性使英国统治者无法在同一殖民地中实行统一的政策,英国当局给定居的英国军人分发土地,目的是吸引英国移民。但是由于这里条件恶劣,吸收移民的政策收效甚微,英国移民并没有增加多少。语言以及政治、经济、宗教的差异,使法裔居民和英裔居民间的矛盾不断增加。所以如何对这些新征服的殖民地进行统治,成了英国政府面临的一个难题。

最初,英国政府希望在魁北克实行"英国化"政策,企图按照王家殖民地的既定形式建立统一的殖民体系。负责殖民地事务的英

---

① Joel H. Wiener, *Great Britain: Foreign Policy and The Span of Empire, 1689-1971, A Documentary History,* Vol. I, New York: Chelsea House Publishers, 1972, p.118.
② [加]格莱兹布鲁克:《加拿大简史》,第121页。

国南方事务部和商务部对这种意见最为热心,他们希望引入传统的英国殖民制度,也就是说,殖民地应该由一个总督、一个委派的参议院和一个按选举方式选出来的众议院来治理。1763年12月7日,英国南方事务部大臣埃格拉蒙特(The Earl Egremont)在给加拿大总督詹姆斯·默里的指示中说:一旦环境和条件允许,应该尽快召开参事会,包括四名官员和八名由总督任命的成员;并召开由自由持有农组成的议会。①

为此,英国政府于1763年10月颁布了一个《王室诏谕》(The Proclamation),其主要内容有:(1)在新殖民地迅速召集议会,实行英国式的代议制政府;(2)以英国法律取代法国法律;(3)鼓励英国人和英属北美殖民地居民向新区移民,在允许信仰天主教的同时,大力促进英国国教的传播;(4)加拿大分成四个省,即魁北克、新斯科舍、纽芬兰和鲁珀特斯兰;(5)划一条所谓的"诏谕线",将位于阿巴拉契亚山与佛罗里达、密西西比河及魁北克之间的广阔土地,全部保留给印第安人。②

英国政府原想以这个"诏谕"吸引讲英语的人移向魁北克,以便像在新斯科舍一样,冲淡法语居民的影响,实行逐步同化的政策;同时缓和印第安人反抗白人的斗争,以便来日改用条约形式夺取他们的土地。虽然王室诏谕答应在魁北克建立英国式的代议制,但操英语的新英格兰人很少移入魁北克,因为他们所向往的是越过阿巴拉

---

① Frederick Madden with David Fieldhouse, eds, *Select Documents on the Constitutional History of the British Empire and Commonwealth*, Vol. III, *Imperial Recontruction, 1763 - 1840, The Evolution of Alternative Systems of Colonial Government*, London: Westport Conn, 1987, p. 394.

② David C. Douglas, *English Historical Documents*, Vol. IX, *American Colonial Document to 1776*, Oxford: Oxford University Press, 1963, pp. 640 - 643.

契亚山,移入气候温和、土地肥沃的西部地带。① 事与愿违,这个诏谕不仅没有达到将魁北克人同化的目的,反而引起北美殖民地居民的强烈不满,终于成为北美13个殖民地发动独立战争的原因之一。

《王室诏谕》的目的很明显,即要推行"英国化"政策,以便尽快地按照英属北美殖民地的模式来改造这块新征服的地区,将法裔加拿大人"同化"到英国制度之内。然而"英国化"政策在新殖民地的主要省份魁北克却遭遇失败。首先是因为,魁北克殖民地悬殊的民族力量对比使得"英国化"政策很难推行。魁北克的英裔居民人数稀少,《巴黎和约》签订时,法裔居民已超过6万,1760年之后大约有2 000—3 000名法国官吏、商人、高级教士从殖民地撤回法国,而6万多在加拿大生活的居民中大多数出生于此,有的已经在此居住好几代了,对这些人来说他们别无选择,只好留下来宣誓效忠英王。② 法裔人口的自然增长率很高,5.5%的高出生率使魁北克法裔人口增长很快。③ 每经过一代,总人口就增加一倍。

法裔加拿大人的背景和文化是欧洲的,但长期居住在新世界已经把他们的特点改变了,他们意识到自己是加拿大人,同法国断绝关系虽说痛苦,但法国政府对他们的忽视和行政效率低下,以及英国新殖民当局没有对他们压迫,使他们的痛苦有所减轻。对英国的统治,他们既不反抗,也不拥护,而且准备在一定条件下加以接受。

---

① R. Douglas Francis, Richard Jones, Donald B. Smth, *Origins: Canadian History to Confederation*, p.146.
② Margaret Conrad, *History of the Canadian Peoples, Beginnings to 1867*, p.249.
③ R. Douglas Francis, Richard Jones, Donald B. Smth, *Origins: Canadian History to Confederation*, p.146.

不久，法裔居民向英国国王提交了请愿书，要求：(1)在同殖民地一般规则不冲突的范围内，保留法国的法律和习惯；(2)允许法官讲法语；(3)保障陪审权；(4)用法语公布新法律；(5)废除为宗教原因设置的法律，取消政治放逐。① 请愿的实质是保留他们的语言和宗教，在涉及他们日常事务的范围内不改变民法。他们并不要求选举产生议会，因为议会从来没有成为他们事务中的一部分；同时，他们还担心宗教宣誓将把天主教徒排除于外，因此他们反对在魁北克设立议会。② 从1760—1763年，统治加拿大的英国军管政府做了很大努力来建立统治当局与居民之间的良好关系，这一时期士兵和居民间和平相处，相互赢得了好感。③ 在军管体制下，加拿大实际上分为三个地区：魁北克、三条大河区、蒙特利尔。三个地区相互独立，直接受驻在纽约的英军总司令管辖。④ 军管当局事实上保存了新法兰西的现状，地方事务也大多依靠法裔居民来管理，他们在英国军官的协助下，按法国法律及风俗来处理争端。

英国殖民当局曾寄希望于英国移民到来，但收效甚微。13个殖民地的居民对魁北克了无兴趣，在他们看来，那里路途遥远、气候寒冷，一切都很陌生，而阿巴拉契亚山脉以西的俄亥俄河谷更适合他们的生存与发展。因此直到1764年秋天，移居魁北克地区的英国新教徒只有154人。据总督默里估计，当时在魁北克的新教徒最多只

---

① [加] 杰拉尔德·高尔：《加拿大法律制度》，刘艺工、杨士虎译，兰州大学出版社1997年版，第61页。
② Margaret Conrad, *History of the Canadian Peoples, Beginnings to 1867*, p.249.
③ Hugh Edward Egerton, A. P. Newton, *A Short History of Colonial Policy*, p.235.
④ J. Holland Rose, A. P. Newton, E. A. Benians, *The Cambridge History of The British Empire, Vol. VI, Canada and Newfoundland*, p.148.

有200人，1766年有600人，直到1773年也只有3 000人。①这些人尽管数目不多，但是都保留着英国古老的传统，他们由衷地欢迎英国政府关于实行英国制度的许诺，希望能像其他殖民地一样，在魁北克殖民地实施英国法律，并建立由选举产生的代议制政府。他们甚至用政治资金在伦敦寻找代言人，如果他们的要求得到满足的话，将会出现由几百名新教徒为8万名天主教徒制定法律的局面。但是，先后担任魁北克总督的詹姆士·默里和盖伊·卡尔顿（Guy Carleton）都很快认识到：英国的制度并不适合于新征服的殖民地。加拿大人抱怨英国的法律制度费钱又复杂，同时也抱怨因为微小犯罪而遭到严厉惩罚。②默里反对英国当局的"英国化"政策，对英国政府要求建立代议制政府的指示，他也采取拖延政策，因此王室诏谕不但没有将魁北克英国化，反而因为阻挡13个殖民地的居民西进内地，成为殖民地人民发动反抗的重要原因。

两位总督都认为：法裔加拿大人古老的法律和习俗应该得到保护。詹姆士·默里认为："地方（指魁北克）行政长官由微不足道的450名居民及商人产生，这是一个多么狭隘的想法。"③盖伊·卡尔顿认为：立即实行"王室诏谕"是不可行的，他还认为如果不求助于法裔上层的支持，对魁北克殖民地的统治是不可能的。因此，他提议重建法国民法，认为加拿大不需要建立民选议会，所有立法权应保留在总督及其委员会手中。在卡尔顿看来，重要的是建立加拿大人

---

① Gipson, Lawrence Henry, *The British Empire before the American Revolution*, Vol. IX, *The Triumphant Empire, New Responsibilities within the Enlarged Empire, 1763–1766*, p.166.
② Margaret Conrad, *History of the Canadian Peoples, Beginnings to 1867*, p.252.
③ Hugh Edward Egerton, A. P. Newton, *A Short History of Colonial Policy*, p.239.

与英国政权之间的信任。① 而且由于现行的英国规定是把法裔天主教徒排除于政治权力之外,在这种情况下召集议会无疑会把魁北克交到占人口极少数的英裔新教徒手中,所以他拒绝召集议会,认为这会将 6.5 万名加拿大人置于一小撮讲英语的人的统治之下。② 由极少数英裔人去统治绝大多数的法裔居民,这在当时显然不现实。

由于这两位总督的拖延,1763 年之后,在英属魁北克殖民地,法国式的政治制度、法律、宗教、文化得以保存。总督默里在占领军中维持严格的纪律,对占领区人民则采取比较宽厚的政策,因而受到了法裔加拿大人的拥戴,他们把他当成仁慈的保护者。英国占领当局还引入了硬通货,限制进口价格,调节必需品供应,帮助法裔商人渡过了难关。由于军官都可以讲法语,法国的法律又受到尊重,因而政权转移到英国手中就比较容易。1764 年之后,英国在魁北克建立了文职政府,它按照王室诏谕进行统治。英国商人并不喜欢该诏谕对魁北克边界的限制,因为这使他们无法渗透到大陆西部,但他们又衷心拥护在魁北克实行英国制度。总督默里却一直反对在魁北克建立代议制议会,因为这将导致殖民地混乱。尤其是当 13 个殖民地与英国的冲突愈演愈之际,默里越来越倾向于维护好加拿大的秩序。

英国与殖民地之间的冲突迫使英国政府放弃了"英国化"政策。1763 年以后,格伦维尔政府和罗金汉政府的注意力集中在与北美殖民地的冲突上,议会也没有对加拿大问题做更多的指示。对于加拿

---

① R. Douglas Francis, Donald Smith, *Reading in Canadian History-Pre-Confederation*, Toronto: Holt, Rinehart and Winston of Canada, Limited, 1986, p.209.
② J. Holland. Rose, A. P. Newton, E. A. Benians, *The Cambridge History of The British Empire*, Vol. Ⅵ, Canada and Newfoundland, p.156.

大应该保留何种机构、在加拿大如何进行改革等问题,英国政府内部的争论也很大。

随着美洲革命日益临近,反英情绪不断升温,加拿大总督卡尔顿开始把魁北克看作是对付美洲革命的一个有用的基地,他指出:革命风暴即将来临之际强行实施"王室诏谕"是不明智的,它只能激起法裔居民的背离和反抗,而英国需要的是安定、服从和忠诚。他力主改变英国的政策,以巩固英国在北美的这个新立足点。他甚至试把加拿大看成对付不安分的殖民地的武器[1],在北美战争不可避免的情况下,保持在北美大陆的战略位置。[2] 他抛弃了把加拿大改造成英国式殖民地的计划,当英国政府日益难以对付13个殖民地的麻烦时,卡尔顿的观点得到了英国政府的支持。在他的建议下,英国政府决定对加拿大的殖民政策进行调整。

1774年5月英国议会通过《魁北克法》,宣告了"英国化政策"的终结。该法案取消了《王室诏谕》,魁北克殖民地政府将由总督和一个英王任命的委员会组成;给予罗马天主教完全的自由,允许教士征收什一税;魁北克同时实行英国的刑法和法国的民法,英语与法语同为官方语言。[3]此法案还重新划定了魁北克的疆界,将原来划给印第安人的领地交给魁北克管辖,大幅度扩大了该省的版图,包括向北直抵鲁珀特斯兰领地边界,向西南深入到俄亥俄河(Ohio River)和密西西比河(The Mississippi River)上游之间的广阔土地。

到1774年,英国在魁北克地区建立了不同于北美其他殖民地的

---

[1] J. Holland. Rose, A. P. Newton, E. A. Benians, *The Cambridge History of The British Empire, Vol. VI*, Canada and Newfoundland, p.159.
[2] Margaret Conrad, *History of the Canadian Peoples, Beginnings to 1867*, p.254.
[3] Ibid., p.259.

殖民统治体制。《魁北克法》的目的是加强对加拿大的统治,以避免出现13个殖民地那样的局面。扩大西南边界是为了安抚魁北克的商人,并将俄亥俄河流域划入"安全的"加拿大。《魁北克法》没有在魁北克实行代议制,而由总督及英王任命的委员会组成,这表明英国政府已事实上放弃了政治控制松弛的传统殖民政策,大大加强了对殖民地的控制力。法案允许法裔魁北克居民保留其原有的宗教、文化、语言,并保留了法国民法,也显示出英国政府的灵活性。这个法案加强了英国在加拿大的统治能力,正如一位历史学家所言,假如英国对待魁北克的不公平程度只及对待新英格兰的不公平程度的一半,那么美国的领土就已经延伸到北极圈了。①

《魁北克法》在安抚法裔加拿大人方面起了一定的作用。1774年10月24日,第一届大陆会议曾起草一封致"魁北克省居民"的信,其中夸大了《魁北克法》的不公平性,邀请加拿大人"加入我们的邦联",派代表参加五月份召开的会议。② 美国独立战争爆发之后,大陆会议试图将魁北克和新斯科舍等殖民地纳入反英斗争队伍之中,许多人相信,只要给予适当的鼓动,魁北克会加入到反英阵营。③ 1775年5月29日,第二届大陆会议发表了《致加拿大人民呼吁书》,呼吁书说:"自上次战争(指七年战争)结束以来,我们欣然认为你们是我们的同胞,自当今(英国)政府的大陆计划开始实施以来,我们就把你们视作我们一起受苦难的人";"我们邀请你们加入为争取自

---

① Agnes C. Lant, Canada, *The Empire of the North*, Toronto, 1924, p.281.
② J. Holland. Rose, A. P. Newton, E. A. Benians, *The Cambridge History of The British Empire*, Vol. VI, Canada and Newfoundland, p.176.
③ Jack P. Green and J. R. Pole, *A Companion to the American Revolution*, p.504.

由的奋斗,以鄙视的态度摒弃那些奴隶桎梏"。① 1776年2月,《独立宣言》发表前夕,大陆会议还派本杰明·富兰克林等四人越过冰天雪地的荒原,去劝说加拿大加入大陆会议,投入到反英行列。但加拿大人始终没有反应。

美国军队把英军赶出波士顿后,曾计划入侵魁北克,目的是使加拿大成为殖民地联邦的第14个成员,并防止英国把该省作为军事行动的跳板。在入侵加拿大之前,美国方面还派人在加拿大进行了大量的宣传,以说服加拿大人加入反英事业。大陆军于1775年秋天发动了进攻加拿大的行动,前英军指挥官理查德·蒙哥马利(Richard Montgomery)率领2 000名士兵沿张伯伦湖(Lake Champlain)和黎塞留河(Richelieu River)北进,本尼迪克特·阿诺德(Benedict Arnold)率领1 000名士兵从缅因出发沿肯尼贝克河(Kennebec River)入侵加拿大。② 英国只有600多名正规军可以用来防守加拿大,当美军占领提康德罗加(Ticonderoga)和克朗波因特(Crown Point)后,从尚普兰湖攻入加拿大已经毫无障碍,他们相信也会得到法裔加拿大人的援助。

但是实际情况并非如此,尽管加拿大殖民地对英国统治也有不满,但那里反对革命的势力却更强大;加拿大人没有响应大陆会议的号召,而是作壁上观。《魁北克法》在很大程度上平息了法裔加拿大人的不满,而新英格兰地区爆发的反天主教活动对加拿大舆论起了反作用,尤其是在贵族和天主教集团中更是如此。因此,美国人

---

① 《美国大陆会议致加拿大人民书》,引自杨令侠《加拿大与美国关系史纲》,天津社会科学出版社1995年版,第165—164页。
② Jack P. Green, and J.R. Pole, *A Companion to the American Revolution*, p.504.

发现法裔加拿大人不支持他们。① 新斯科舍殖民地的多数居民来自新英格兰，虽然他们中有许多人同情殖民地的革命运动，如1776年考伯兰县曾发生一次短暂的起义，但一般来说，这里的居民多数倾向中立，因为13个殖民地对英国的不满根源在新斯科舍并不存在。例如，《王室诏谕》中关于关闭西部土地的规定对他们未发生任何影响，新斯科舍本身还有许多未开垦的土地。更重要的是，他们从英国航海条例中非但未遭受损失，而且还得到好处。他们的经济力量单薄，需要不列颠的市场，也需要不列颠重商主义条例的保护。作为英国在北美的海军基地，战争期间新斯科舍为英军提供军需品，这是有利可图的生意。并且英国海军还控制着新斯科舍及其附近水域，所以不可能举行成功的起义。

这样，当本尼迪克特·阿诺德指挥的军队通过缅因荒原袭击魁北克时，理查德·蒙哥马利指挥的军队沿尚普兰水道溯水而上。但蒙哥马利的军队在黎塞留河畔的圣约翰堡遭到英军顽强防守达两个月之久，直到11月13日才攻陷了蒙特利尔。此时魁北克已经是隆冬季节，加拿大总督盖伊·卡尔顿利用寒冬来临这一机会，加强了要塞防御，而攻城的美国士兵则缺乏所需的重炮来摧毁结实的城墙。由于蒙哥马利的大部分军队预定在年底遣散，因此他不得不试图以强攻夺取魁北克。在12月30日暴风雪之夜，美军发起进攻，但遭到惨败，蒙哥马利阵亡，阿诺德受伤，损失惨重。后来虽然阿诺德继续包围要塞达数月之久，但已不可能取得胜利。美军士兵则不断开小差，疾病又流行，许多士兵死亡，战斗力大大削弱。1776年春，

---

① A. 古德温编：《新编剑桥世界近代史，美国革命与法国革命，1763—1793》，第八卷，第625页。

英国海军1万人溯河进入魁北克,美军自知力量不敌,不得不从加拿大撤退。这次战争后,加拿大人更不信赖美国人了。

加拿大之所以没有站到美军一方来反对英国统治,主要有两个因素在起作用。首先,加拿大本身不具备爆发革命的条件。加拿大与13个殖民地存在政治、经济、宗教等方面的巨大差异,法裔上层人士充分意识到《魁北克法》给他们带来的利益,他们赞成在魁北克实行集权统治而反对建立代议制政府。《魁北克法》为法裔加拿大人保留了语言、宗教的风俗习惯,他们对美国独立战争的惧怕,远甚于为数不多的英国人。庄园主和牧师也十分清楚,在美国的统治下,他们的天主教信仰将得不到保护。在美军侵略的9个月时间里,他们支持卡尔顿在居民中征召民兵,主教布莱恩甚至威胁:不给那些不愿拿起武器保卫家园的人行弥撒。[1] 卡尔顿总督发现很难对庄园主和教士的行为进行挑剔。因而,在魁北克出现了这种怪事:法国政府与美国站在一起反对英国;但魁北克的天主教会和上层贵族集团却站在英国一边抵制美国。魁北克留在英帝国内,在某种程度上是因为这里的居民大多是法裔人,法裔的加拿大不愿意成为美国的组成部分。相反,一些英国商人却为蒙哥马利提供情报;而濒临大西洋的英属殖民地,如新斯科舍,面向大海,背倚大陆,慑于英国海军的威力,不敢轻举妄动。何况他们经济力量很单薄,需要英国市场,这决定了他们不会加入反英联盟。法裔加拿大人虽然未能应征入伍,但也未支持美军。由于卡尔顿的组织,美军被击败。1776年春天,英国援军赶到魁北克,美军不得不撤退。

其次,在美军统治下的艰苦生活,以及被迫接受几乎是一文不

---

[1] Margaret Conrad, *History of the Canadian Peoples, Beginnings to 1867*, p.257.

值的美国纸币,加深了魁北克居民的反美意识。由于后勤供应不足,大陆军命令魁北克居民提供给养;而且大陆军对天主教采取敌视态度,当地的教会被破坏,结果很少有魁北克居民把美军当作解放者。美军入侵之后,魁北克居民更加坚决地站到了美国的对立面,天主教教士和领主们更是牢牢地站在英国殖民当局这一边,美国人所期待的反英起义始终没有发生。这以后,美国再也没有做进一步努力,来把加拿大拉进自己的联盟。

但《魁北克法》并未彻底解决魁北克问题。法案将魁北克省置于一个特殊的地位,原来的法国社会基本上被保留,这使得加拿大后来的发展复杂化,两大语言集团之间的合作变得更加困难。由于大批效忠派在美国独立后涌入,加拿大的局势更加复杂,英国被迫再次调整对加拿大的政策,开始执行分而治之。

1783年《巴黎和约》中,英国为了尽早从战争中解脱出来,做出了许多让步。首先是在13个殖民地渔民捕鱼权上的让步。在美国独立战争之前,13个殖民地的渔民常年前往英属加拿大海域捕鱼,或者登上加拿大陆地晾晒海鲜,补充给养。随着美国独立的到来,其渔民势必要丧失这些权力,但英国最后做出让步,承认了美国人在加拿大大西洋沿岸的捕鱼权,并且只要不是定居,他们可以在某些地区登陆。

另外一个让步是确定美加边界。对于圣劳伦斯河以东的英属加拿大,英美双方均接受新斯科舍与新英格兰原有的分界线。问题是阿巴拉契亚山脉和密西西比河之间的地区归属,美国人要求获得整个地区,法国并不想占有,但也想阻止美国拥有,遂竭力鼓动英国继续持有。英国为了避免同印第安人的战争,在边界问题上做出了巨大让步,最后双方同意沿圣劳伦斯河和大湖划线。

这一划界对加拿大未来的发展十分重要,它的南部是一个已经独立,实力强于加拿大且潜力无穷的美国。独立战争使这个新的国家对英国心怀敌意,和约也未能完全消除美国的这种态度。况且美国也一直想把加拿大纳入美利坚合众国版图,因而美加边界的划分符合加拿大的利益。

美国独立战争改变了加拿大的命运,一方面,英国正式承认美国为主权国家,改变了加拿大在北美大陆以及在英帝国中的地位,加拿大作为在帝国经济中替代美国的殖民地,其重要性增强,加拿大沿海各省在英国海外政策中占据了新位置。① 另一方面,由于帝国效忠派的大量涌入改变了加拿大民族成分的对比,给英国在魁北克的管理带来巨大压力。②

1775 年,当北美武装冲突开始时,大约有 12 万欧洲居民居住在加拿大地区,其中 9 万人在魁北克,1.5 万人在新斯科舍(包括现在的新不伦瑞克),1 500 人在圣约翰岛(Island St. John),1.2 万人居住在纽芬兰,还有几百名毛皮商人散居在加拿大西部。③

美国独立战争前后,至少有 10 万名效忠派移民离开美国,其中约有 1/3 返回不列颠,另一些人移往西印度群岛或西属佛罗里达,其余的都逃往加拿大。逃至加拿大滨海省份的约有 3 万人,逃至魁北克东部、多伦多以及金斯敦和尼亚加拉一带的约 2 万人。大规模移民对加拿大的影响巨大,据估计,逃到布雷顿角(Cape Breton)和圣

---

① Vincent T. Harlow, *The Founding of the Second British Empire, 1763 - 1793*, Vol. II, *New Continents and Changing Values*, p.724.
② J. Holland Rose, A. P. Newton, E. A. Benians, *The Cambridge History of The British Empire*, Vol. VI, Canada and Newfoundland, p.194.
③ Jack P. Green and J.R. Pole, *A Companion to the American Revolution*, p.503.

约翰岛的效忠派各1 000人,逃到新斯科舍的效忠派达到3.5万人(包括5 000名黑人)。① 逃往新斯科舍的人主要是从纽约出发的,出逃的效忠派移民大都得到英国军方的支持。1783年春季,占领纽约的英军统帅盖伊·卡尔顿爵士组织大批难民外逃,海军船舰挤满出逃的人。当时在新斯科舍人家庭中常见的核桃木和红木家具都是这些移民带去的。移民们来自海滨各地,其中不少是殷商富贾。后来新斯科舍的许多望族同马萨诸塞或纽约的有钱人家大都同姓。约有一半的效忠派沿圣约翰河谷定居,其他的则在新斯科舍定居下来。而移往人烟稀少的内地或森林地带的移民的生活则比较艰苦。新斯科舍原有居民1.7万人,1782—1783年有3.5万名效忠派居民移居到这里②,压倒了在革命中保持中立的原有的英裔殖民者。效忠派很多受过专业技术教育,促使新斯科舍从一个文盲占多数的边疆殖民地迅速转变为具有较高文化水准的地区。

与此同时,许多效忠派迁往芬迪湾北岸,此地离新斯科舍首府哈里法克斯很远,生活环境更为艰苦。为适应这一新的形势,移民登岸后,砍树伐木,开辟农田。1784年英国政府将这里与新斯科舍省分开,另建新不伦瑞克省,圣约翰为其主要港口,弗雷德里克顿为其首府。还有几百名效忠派移居到爱德华太子岛,这样,新斯科舍、新不伦瑞克、爱德华太子岛的人口都大为增长,法裔和英裔人口的比例完全倒了过来。但是效忠派分子和原来居民之间的关系却十分紧张,一些效忠派抱怨先来的居民占据了较好的地点,而以前在

---

① Phillip Buckner, *Canada and The British Empire*, Oxford: Oxford University Press, 2008, p.44.
② Jack P. Green and J.R. Pole, *A Companion to the American Revolution*, p.508.

老殖民地担任官职的效忠派也要求在新斯科舍政府担任一官半职。①

迁徙到魁北克的"效忠派"人数相对来说要少得多。早在 1774 年就有一些效忠派来到魁北克,1778 年约有 3 000 名效忠派分子来到这里。大规模向魁北克移民是在 1778 年后,由卡尔顿总督的继任者弗雷德里克·哈尔迪曼德(Sir Fredrick Haldimand)总督组织下进行的。② 有 1 万—1.2 万名效忠派分子来到魁北克,增加了该地英国人的影响。这些移民主要来自新英格兰、纽约和宾夕法尼亚西部边疆地区的落后的乡村③,他们多半是从陆路向北徒步迁徙,携带小孩和物品,有的还带着黑奴。有些人沿着尚普兰湖和黎塞留河,通过印第安易洛魁人聚居区,到圣劳伦斯河上游地带或安大略湖区定居下来。移民得到英国殖民当局的鼓励,也得到生活必需品和土地分配。

定居到魁北克殖民地的效忠派分为三类,即效忠派士兵、受战争迫害或被驱逐的人、自愿流亡者。1776 年 7 月 4 日之前前往魁北克的几乎都属于第一类人,在此之后,后两种人也逐渐多了起来。随着美洲殖民地惩治"叛徒"的法律日益严苛,许多效忠派分子逃往加拿大,另一些人流亡到魁北克,到 1778 年为止,前往魁北克的效忠派人数不少于 3 000 人。英美《巴黎和约》签订后出现了向北方移民的热潮,1783 年 6 月 4 日盖伊·卡尔顿将军写信给哈尔迪曼德将军说:"有 200 户家庭希望前往魁北克。"大量效忠派分子写信给在美国

---

① Roger Riendeau, *A Brief History of Canada*, p.103.
② J. Holland Rose, A. P. Newton, E. A. Benians, *The Cambridge History of The British Empire*, Vol.VI, Canada and Newfoundland, p.191.
③ Margaret Conrad, *History of the Canadian Peoples, Beginnings to 1867*, p.295.

的朋友和亲戚,讲述他们如何在宣誓效忠乔治三世之后就获得土地,于是那些在美国独立战争中表现不积极的殖民者也来到魁北克,以期获得土地。这样,大量的英语人口从美国移居到魁北克,使这里的英语人口大大增加。[1] 1791年,魁北克的英国人口已经激增至2万人。[2]

英裔人口的到来鼓舞了魁北克的英国管理者,当时,魁北克殖民地所实行的政治制度仍然是原来为法裔加拿大人所设计的那套政治制度。效忠派的到来加强了英国式的自由和宪政思想,原有的政治制度不再适应新情况。[3] 效忠派分子刚刚安顿下来,他们便和魁北克原有的英国人一道,要求实行英国制度如选举议会、建立代议制政府等,要求废除《魁北克法》。这些人尽管仅占殖民地人口的10%,但是他们给魁北克的政府造成了很大的压力,1783年和1784年效忠派分子两次向英王请愿,要求制定宪法,建立真正的英属殖民地,这引起了伦敦的注意。[4]

成千上万的效忠派分子涌入英国占领区,使这里的社会结构发生了变化。美国独立之后的几年内,英国政府主要的工作是妥善安置效忠派,补偿他们的损失。1783年7月,英国议会任命了一个五人委员会来处理效忠派的善后问题,计算他们在财产和职务上的损失,并根据他们在革命中的表现来进行经济补偿。赔偿委

---

[1] Roger Riendeau, *A Brief History of Canada*, p.105.
[2] Alexander Clarenee Flick, *Loyalism in New York during the American Revolution*, Hawaii: University Press of the Pacific, 2002 (Reprinted from the 1901 Edition), pp.177-179.
[3] Phillip Buckner, *Canada and The British Empire*, p.44.
[4] R. Douglas Francis, *Reading in Canadian History-Pre-Confederation*, Toronto: Holt, Rinehart and Winston of Canada, Limited, 1986, p.213.

员会于 10 月开始工作,他们将效忠派分成六类:为英国效劳做出贡献的人,武装抵制革命的人,服兵役的效忠派,居住在英国的效忠派,曾宣誓效忠革命政权但后来加入英国一方的人,以及曾武装反英但后来加入英国军队的人。

赔偿委员会的工作至 1789 年 5 月才结束,除了在伦敦办公,他们还派了两个委员分别到加拿大和纽约调查取证。他们总共收到 5 072 名效忠派提出的赔偿申请,申请总额高达 5 000 万美元。英国政府对此补偿十分慷慨,1788 年 6 月,英国议会讨论了对效忠派的补偿问题,首相小皮特认为:不能要求绝对公平,应对那些损失严重,对国家有强烈感情的人进行补偿。小皮特把效忠派分为四类,(1) 居住在美国,在那儿失掉财产;(2) 住在英国,在美国失掉财产;(3) 住在美国,在那儿失去收入;(4) 从割让给西班牙的西佛罗里达来的债权人。他认为,损失小的人应当得到全面补偿,但应当对其夸大的要求按比例缩减;他希望看到一个"开明、慷慨的补偿"。[1]

1783 年 7 月,英国政府指示哈尔迪曼德对逃到加拿大的前官员授予 200 英亩土地,授予户主 100 英亩,每户其他成员每人 50 英亩;[2]皇家士兵可得到 100 英亩土地,中、少尉军官可得到 500 英亩土地,战地军官可得到 1 000 英亩土地。[3] 1788 年 6 月,英国议会决定拨款 200 万英镑用于补偿效忠派,加上业已补偿的款项,总数达

---

[1] J. Holland Rose, A. P. Newton, E. A. Benians, *The Cambridge History of the British Empire*, Vol. II, *The Growth of The New Empire, 1783 - 1870*, p.18.

[2] J. Holland. Rose, A. P. Newton, E. A. Benians, *The Cambridge History of The British Empire*, Vol. VI, Canada and Newfoundland, p. 192.

[3] 张崇鼎主编:《加拿大经济史》,第 131 页。

300万英镑。① 1786年底之前,政府免费供应定量食品,外加衣物、种子和农具,政府还出钱为定居者加工粮食。政府的帮助加上效忠派的拓荒经验,多数效忠派人士在1786年秋季就使其农场投入运营。美国独立战争期间以及之后英国用于补偿和安置效忠派的支出总算起来不少于3 000万美元,其中至少1/3给了纽约效忠派。这一数字对于英国政府而言也许已经相当可观,然而对于失去了一切的效忠派来说,似乎又是微不足道的。

英国政府如此慷慨地补助效忠派,说明它对加拿大的重视。成千上万的英语居民移入英属北美殖民地成了英国政治生活中的重要事情。②当美国独立变成事实后,英国急需在加拿大建立一种平衡力量。在他们看来,除非加拿大殖民地能够对法裔人和英国商人及其他拓殖者提供更大的吸引力,否则它就会被美国吞并。③这就需要执行一种双方都能接受的新政策。因此,对于移居到加拿大的效忠派,英国政府不但授予其土地,补偿其损失,还为其提供食物、住所及必要的设备,帮助他们度过最艰难的岁月。1783年哈尔迪曼德总督甚至说:"效忠派可能是美洲拓殖者中最幸福的人了。"④

但效忠派不满足于物质上的要求,他们在生活安定之后便开始提出政治要求。在魁北克,尽管效忠派只占魁北克总人数的10%,但是对魁北克及伦敦政府当局施加了巨大影响。他们一到魁北克,

---

① J. Holland Rose, A. P. Newton, E. A. Benians, *The Cambridge History of the British Empire, Vol. II, The Growth of The New Empire, 1783–1870*, p.18.
② J J. Holland. Rose, A. P. Newton, E. A. Benians, *The Cambridge History of The British Empire, Vol. VI*, Canada and Newfoundland, p.193.
③ Vincent T. Harlow, *The Founding of the Second British Empire, 1763–1793, Vol. II, New Continents and Changing Values*, p.724.
④ Margaret Conrad, *History of the Canadian Peoples, Beginnings to 1867*, p.299.

马上便要求进行政治改革。他们长途跋涉、远离故土来到加拿大，是因为他们对英国忠诚，因此希望享受英国臣民应享受的宪政、法律和权利。

相对于议会制度，他们更关心《魁北克法》对经济利益造成的威胁，他们希望能得到自己的土地，而不愿意在封建土地所有制下生活——根据《魁北克法》，农民没有完整的土地权，他们仅有使用权，因此新移民进行请愿，强烈要求完全的土地保有权。

魁北克法裔居民中的中产阶级也认识到"自由"的价值，只要允许他们保留天主教的权力，他们中许多人也愿意在殖民地建立民选议会。因为自英国征服魁北克后这里的法裔人口翻了一番，在下加拿大1791年人口总数的16万人中，英语人口仅为1万人[①]，所以如果建立议会，法裔可以轻而易举地获胜。但庄园主及教士则担心失去他们的特权，主张保留魁北克法所授权的由任命产生的委员会。[②]法裔普通居民虽然也批评过《魁北克法》，现在却变成了法案的主要捍卫者。[③]在伦敦，请愿与反请愿的活动连绵不断，使局势更加复杂，增加了英国议会处理这一问题的难度。

英国政府起初并没有一套完整的方案，当它所面临的国内外问题稍缓解之后，小皮特开始考虑魁北克问题。1785年春天，效忠派请愿要求将蒙特利尔以北的地区从魁北克分离出去，由一个副总督及委员会管理，从属于魁北克总督。[④]这个请愿为英国政府处理加拿

---

① P. J. Marshall, *The Oxford history of British Empire*, Vol. II, *The Eighteenth Century*, p.386.
② Margaret Conrad, *History of the Canadian Peoples, Beginnings to 1867*, p.302.
③ J. Holland. Rose, A. P. Newton, E. A. Benians, *The Cambridge History of The British Empire*, Vol. VI, Canada and Newfoundland, p.194.
④ Ibid., p.196.

大事务指出了另一种可能。1786年,卡尔顿被任命为英属北美殖民地总督,表明英国政府希望通过强有力的行政机构来维持英属领地的团结。

卡尔顿曾经出任魁北克总督,对北美殖民地事务非常熟悉。小皮特让卡尔顿出任英属北美殖民地总督,是想通过他了解第一手情况,他要求在收到卡尔顿关于殖民地形势的报告之前不采取任何行动。① 英国大臣也觉得不能强求效忠派移民接受他们所不熟悉的土地制度。② 在魁北克这样一个由两个不同的政治文化传统、语言、宗教、法律的民族混居的殖民地,英国政府的决策稍有失误,就可能导致局势失控。

英国政府显然吸取了美国独立战争的教训,对于魁北克各方的要求,英国没有采取高压政策,而是尽量听取各方面的意见,并派精通加拿大事务的卡尔顿到加拿大收集第一手资料,再为殖民地制订方案,从而化解可能发生的冲突。关于这一点,1789年10月20日英国国务大臣格伦维尔(William Wyndham Grenville)在给卡尔顿总督的一封秘密信中说:"我们政策的真谛是在他们赞同接受我们的方案时作出让步,应当在我们仍掌握政权时调整并指导他们实施,而不是等到他们逼近我们,既不给我们在政府形式上的处理权,又不能显示我们所能够供予的看得见的优越性时才不得不去进行改革。"③

---

① J. Holland. Rose, A. P. Newton, E. A. Benians, *The Cambridge History of The British Empire*, Vol. VI, Canada and Newfoundland, p.196.
② Ibid., p.196.
③ A. Shortt & A. G. Doughty, *Documents Relating to the Constitutional History of Canadian, 1759–1791*, Vol. I, Ottawa, 1918, p.969.

在小皮特主持下，英国议会进行了激烈的辩论。伯克宣称："考虑殖民地政府的首要原则，是它不能是美国制度的翻版，也不给加拿大一条人权的航船。"① 这是后来英国政府所遵循的原则。1789年法国大革命爆发后，英国主管殖民地事务的官员便急切地希望建立一个介于民主和暴政之间的安全的政府。② 英国政府既不愿在加拿大实现法国式的自由平等，也不愿让加拿大效忠派成为主宰，更无意执行亚当·斯密的理论，让殖民地在英国议会拥有代表，按比例分担帝国的负担。在这种情况下，英国政府必须为加拿大制订一部英国式宪法，按英国的传统授予殖民地民选的议会，满足英国商人及效忠派的愿望。

当时，魁北克实际上已分为两个部分，在下加拿大，居民大都是法裔人，而上加拿大居民则几乎全是英裔效忠派。③虽说授予议会机制将满足英国商人及效忠派居民的愿望，但也必须考虑法裔居民的要求。面对这种局面，最好的办法是分而治之，让双方都满足。小皮特在辩论中说："分省而治是法案最重要的措施，加拿大居民应该在英国宪法和英国法律指导下联合起来。但是，如果不分省而治，加拿大就只有一个议会，在议会中有两个派别，如果一个派别过于强大，另一个派别就会抱怨说他们受到压迫。"④对此，格伦维尔在一

---

① J. Holland Rose, A. P. Newton, E. A. Benians, *The Cambridge History of the British Empire*, Vol. II, *The Growth of The New Empire, 1783 – 1870*, p. 20.
② Margaret Conrad, *History of the Canadian Peoples, Beginnings to 1867*, p. 302.
③ Vincent T. Harlow, *Frederic Madden, British Colonial Developments, Select Documents*, Oxford, 1953, p. 201.
④ Madden Frederick, *Imperial Recontruction, 1763 – 1840, The Evolution of Alternative Systems of Colonial Government. Select Documents on the Constitutional History of the British Empire and Commonwealth*, Vol. III, pp. 452 – 453.

份秘密备忘录中作了精辟的解释,使之成为法案的原则。他说:

> 在决定在加拿大各民族之间选择建立省级立法机构时,制订政策必须考虑全面,要使在上加拿大占优势的国王的旧臣民的愿望,以及在下加拿大地区占优势的法裔居民的愿望都能发挥影响,并各自独立操作立法机构,而不是使两个民族的人混杂在一起,形成新的宪法。①

格伦维尔在这里揭示了美国独立战争的教训,即,要给加拿大一个代议制政府。他认为"民主"是件邪恶的事,它给北美带来了灾难,现在正在法国流传肆虐。而英国的制度在国王、贵族和下院之间保持平衡,因此在殖民地,须保持一个强大的行政权力,有效地行使否决权及其他皇家特权,同时在立法机构中设立上议院,一方面检查、平衡总督的权力,另一方面监督选举。如果这样的话,美洲各省所存在的缺陷,就能得到最大限度的纠正。②

综合各方面意见,英国政府决定将魁北克分成两个部分。对此小皮特解释说:"政府政策的目标是消除舆论的分歧,消除在加拿大已生活若干年的旧居民和从英、美来的新居民在重要问题上的争执。只要情况允许,就尽可能为该省政府制定出英国式的宪法。"

为了实现这一目标,小皮特建议将魁北克省分为两个部分,建立各自的立法机构,法语省的法律可以不变,除非他们要求改变:"绝大多数人可以划入自己相应的部分,各省所建立的立法机构,将

---

① A. Shortt & A. G. Doughty, *Documents Relating to the Constitutional History of Canadian, 1759-1791*, Vol. I, p.986.
② J. Holland Rose, A. P. Newton, E. A. Benians, *The Cambridge History of the British Empire, Vol. II, The Growth of The New Empire, 1783-1870*, p.137.

包括一个小型的民选议会及一个由一些终身世袭成员组成的委员会。法裔省份的法律可以不改变，两个省的天主教会以及僧侣应保有一定的土地。"① 1791 年 4 月，小皮特在辩论中称将魁北克分割是"法案最重要、最基本的部分"②。分省而治、建立代议机构、抑制民主，这些是英国对加拿大政策的三个核心。

美国独立战争以后，英国殖民政策的一个重要出发点是如何在剩余的殖民地防止类似的革命，为此英国决定为加拿大引入英国式的宪法，以抑制日益增长的民主思潮。在英国人看来，美洲殖民地之所以丢失，是因为英国曾允许不加约束的民主到处蔓延，宪法的平衡被破坏。而在英国，上院抑制过度的民主，世袭贵族及教会支持着国王的权威，英国宪法最大的优点在于它完善的平衡，并将贵族和民主两大因素结合在一起。美洲 13 个殖民地缺少保守机构，给英国以致命的伤害，类似的错误在加拿大不能重演。③英国的制度必须在君主制、贵族制和民主制之间寻找平衡。④对此，格伦维尔说："法案条款的目的是使双方上层立法机关所起的作用比在旧的殖民政府中议会所起的作用更大些。……此法案是用来阻止共和独立精神的增长，因为这种共和精神引起 13 个殖民地极端的民主宪法。"⑤

---

① J. Holland Rose, A. P. Newton, E. A. Benians, *The Cambridge History of the British Empire*, Vol. II, *The Growth of The New Empire, 1783 – 1870*, pp. 20 – 21.
② Ibid. , p. 22.
③ J. Holland. Rose, A. P. Newton, E. A. Benians, *The Cambridge History of The British Empire*, Vol. VI, Canada and Newfoundland, p. 198.
④ Margaret Conrad, *History of the Canadian Peoples, Beginnings to 1867*, p. 303.
⑤ J. Holland Rose, A. P. Newton, E. A. Benians, *The Cambridge History of the British Empire*, Vol. II, *The Growth of The New Empire, 1783 – 1870*, p. 23.

英国大法官瑟罗（Edward Thurlow）甚至认为世袭贵族会在殖民地创造一个独立的利益集团，他认为：殖民地在政府形式上对母国缺乏依赖，是我们在旧殖民地失败的原因，我们给了他们太多的自由，这些自由包括主权，其结果便是独立，因而，他"希望政府的行政部门能保持最大限度的习惯性的影响"①。

关于殖民地管理，英国政府及议会也进行了许多争论，涉及的问题也很多，大都是关于未来帝国的统治原则问题。如对于税收，小皮特认为："应该避免出现类似以前发生的那样的误解，没有税收即意味着议会不再强行征收有关加拿大的税收，但有关诸如商业调控的措施仍是必须的。在这种情况下，税款的征收应该由他们自己的立法机关决定。"也就是说，他所做的让步并不比议会已经做的多。关于帝国防卫问题，负责起草有关条款的格伦维尔认为：殖民地应当承担其政府的开支及帝国防卫费用，这实际上呼应了亚当·斯密的主张。但"由于我们在这方面并没有采用一个普遍的制度"，因此"不可能把这种思想应用到我们与加拿大的关系中"。②

关于圣劳伦斯河谷各殖民地的团结，大法官史密斯的讲话最富智慧，他建议应"将北美大陆所剩余的大英帝国的领地置于一个普遍的原则指导之下"，应该在大陆创建一种权力机构，来抑制柔弱的共和倾向。应该在帝国立法机构中建立一种伙伴关系，以便对自身的安全及商业问题进行咨询。③

---

① J. Holland Rose, A. P. Newton, E. A. Benians, *The Cambridge History of the British Empire, Vol. II, The Growth of The New Empire, 1783 – 1870*, p. 23.
② Ibid.
③ A. Shortt & A. G. Doughty, *Documents Relating to the Constitutional History of Canadian, 1759 – 1791*, Vol. I, pp. 1018 – 1020.

1791年,英国议会终于通过了《1791年宪法》(*Constitutional Act of 1791*)。该宪法主要有以下几个内容。

(1)将魁北克省划分为英裔居民为主的上加拿大和法裔居民为主的下加拿大,两省以渥太华河为界。(2)各省建立代议制政府,其最高行政首脑是总督(在上加拿大称副总督),代表英王;总督之下设行政委员会和立法委员会,两个委员会的成员由英王指定,另设立一个由选举产生的议会。法案对选民资格,议会人数和议员宣誓等问题作了具体规定。(3)各省可自行决定实行何种法律。(4)魁北克省可以保留庄园制度,其他各省均建立自耕农土地占有制。(5)重申《魁北克法》中天主教会的权力,但同时鼓励传播英国国教;现有的大部分公有土地不许授予私人,只能授予新教教士。①

可以看出1791年加拿大宪法是煞费苦心的,它把魁北克省一分为二,一方面满足了英裔居民对代议制政府、英国法律、自耕农土地占有制等方面的要求,另一方面也保留了魁北克法中对法裔居民作出的让步。这既符合分而治之的原则,又缓和了英裔居民与法裔居民的矛盾。

值得注意的是,在政治制度方面,英国政府虽然基本沿用了旧的代议制政府的形式,但与之有很大不同,英国政府对殖民地的控制大大加强。根据法案,总督的权力大为增强,他可以控制议会的活动,可以否决殖民地立法机关通过的法律,可以解散不合总督口味的议会,从而使殖民地议会的权力受到很大的限制。总督直接向英国主管殖民事务的部门负责,还有权任命行政委员会成员。行政

---

① A. Aspinall, E. Anthony Smith, *English Historical Documents*, Vol. VII, 1783 - 1832, pp. 820 - 823.

委员会名义上是总督的咨询机构，但其成员都终身居于高位，对殖民政策有很大影响。立法委员会成员也是由总督任命，且为终身任职，没有立法委员会的赞同，任何法案均不得通过。[1] 两个委员会的成员都将获得大量土地，成为大地主，很明显他们会变成殖民地贵族力量的核心，会形成一种寡头政治。[2] 英国政府可以通过总督及两个委员会来影响殖民地，这和第一帝国时期有很大不同，与旧的殖民体制相比，这是一种全新的政治制度。宪法法案还规定，每个城镇授地的七分之一必须留给新教僧侣，即英国国教，这一规定显然是旨在加强君主的势力，其结果便是英国圣公会成为寡头政治的一部分。[3] 政教寡头的专断和立法议会所受的种种限制，为加拿大政治经济的发展带来很多后遗症，尤其在法裔居民占多数的下加拿大，大地主和天主教教士不纳税，将大部分税务推给了英国商人。这些都是引发未来不安定局势的因素。

《1791年宪法》是英国政府几十年来为加拿大制定的第三个宪法。1763年的《王室诏谕》反映了英国把法国文化和社会纳入到英属加拿大的急切想法；1774年的《魁北克法》反映了英国出于战略需要，放弃了同化法国文化的政策。《1791年宪法》确认了在英国议会政府体制下，两个种族、两种语言、两种文化、两套机构共存的局面。[4]

通过《1791年宪法》，英帝国完成了对其残存在北美的殖民地进

---

[1] Margaret Conrad, *History of the Canadian Peoples, Beginnings to 1867*, p.302.
[2] Ibid., p.304.
[3] A. Aspinall, E. Anthony Smith, *English Historical Documents*, Vol. VII, 1783-1832, p.822.
[4] Roger Riendeau, *A Brief History of Canada*, p.110.

行整顿和重组，它包括六个省，即，上加拿大、下加拿大、新斯科舍、新不伦瑞克、爱德华太子岛和布雷顿角。这些殖民地和英属印度殖民地一起，构成了第二英帝国的核心。将北美殖民地分成六个省，也体现了英国政府建立小型殖民地、实行分而治之的原则。在殖民地建立议会，表明英国无意阻止代议制政府，但同时议会的作用又很小，总督及委员会的权力大大增强。这表明英国政府在美国独立战争之后希望加强对殖民地的控制，改变旧帝国时期殖民地各自为政，与英国分庭抗礼的局面。

改革在英属北美各省没有遇到什么反对，至少这一代人对这种政府形式是满意的。当时加拿大各省，特别是各省的效忠派都认为民主权力过大的自治政府是危险的，民主对效忠派来说，意味着起义和暴乱的恐怖记忆。这些殖民地都期待英国的指导，同时由于经济不发达，它们也依赖母国，接受帝国政府的控制。新体制一直延续续到1837年加拿大骚乱之后才开始改变。《1791年宪法》是在法国革命战争即将爆发之时颁布的，这对于稳定英国在加拿大的统治很有益处。

1791年宪法允许建立民选的议会，这就为加拿大人提供了一个表达其意愿的场所。尽管其作用在初期并不十分有效，但它促进了人们对公众事务的讨论，对提升加拿大人的政治觉悟，培养加拿大人处理自己事务及表达自己思想的能力都起了很大作用，同时也为加拿大自治政府的建立奠定了基础。正是在这样一种政治体制下，加拿大人的民族意识逐渐产生，在共同反对殖民统治的斗争中，法裔居民和英裔居民的隔阂逐渐减小，最终形成了加拿大民族。

三、澳大利亚殖民地的建立

澳大利亚是一个四面环海的陆地,它东、北、南三面濒临太平洋及其附属海域,西面濒临印度洋,陆地面积达 768.23 万平方公里,是大不列颠和爱尔兰总面积的 25 倍。1788 年它成为英国殖民地,曾经是英国最大的领地之一。当时,英国政府对于扩张新的领土并不感兴趣,澳大利亚成为英国殖民地并非刻意为之。

17 世纪初欧洲人已发现澳大利亚。在 16 世纪,欧洲殖民主义者做着黄金梦,掀起了寻找"黄金岛"和"未知的南方大陆"的探险热潮,他们到达了太平洋。据葡萄牙史家记载,他们的探险家在航程中发现了"南方大陆",但没有提出到达澳大利亚的直接证据。不过有一些间接证据,证明葡萄牙人可能远远地看到过"南方大陆"。当葡萄牙人寻找"未知的南方大陆"时,他们的对手西班牙人也在行动。1567 年 11 月 19 日,西班牙派出了第一支寻找"未知南方大陆"的探险队。探险队由西班牙航海家阿·迪·门达纳(lvaro de Mendaa)率领。门达纳从秘鲁出航一直向西航行,在大洋上漂流了几个月,到达了他称之为圣伊萨伯尔岛的一个小岛。在这里,他花了 6 个月进行勘察,发现这不是一块大陆,而是由许多小岛组成的一个群岛。他认为这些岛屿很像神话传说中所罗门国王的奥费尔金矿,故命名该群岛为"所罗门群岛"。1595 年,秘鲁总督门德萨派门达纳再次率探险船远航,目标是在所罗门群岛建立永久殖民地。但这次探险失败了,四艘船中损失了两艘,唯一的成就是在太平洋上发现了马克萨斯群岛。

继葡萄牙、西班牙之后,荷兰也在寻找"南方大陆"。1602年,荷兰东印度公司成立。该公司对寻找黄金极感兴趣,而当时传说南方大陆盛产黄金,就于1605年11月派遣探险船"杜夫根号"(DugfKen)去新几内亚。1606年,荷兰航海家威廉·杨茨(William Yansz)乘坐"杜夫根号"到达澳大利亚北端约克角半岛的西部海岸,当时他并不知道这儿就是澳大利亚,便将登陆的地方命名为基尔威尔角(Caps Keerweer)。他发现这里既无黄金,也无香料,是一个"一无可取"的地方,于是未作进一步的探索便返航了。公正地说,威廉·杨茨是第一个发现澳大利亚大陆的欧洲人。①

1642年,荷兰航海家埃贝尔·塔斯曼(Abel Janszoon Tesman)受荷兰东印度公司的委托,再去寻找"南方大陆"。11月底,他在南太平洋发现了一块陆地,就以荷属东印度群岛总督范·迪门的名字,将它命名为范·迪门地区(Van Diemen's Land)。② 在返航途中,他又发现了新西兰。第二年,塔斯曼再次奉命出航,他在澳大利亚北部沿约克角半岛向西航行,到达澳大利亚西海岸中部的威廉斯河一带,并把这一带的海岸都绘入了海图。不久人们开始用"新荷兰"来称呼澳大利亚的西北部,以后这一名称又用来泛指整个大陆。但是由于他们在那里看到的是一片荒凉、贫瘠之地,既没有金银,更没有财宝,所以荷兰人未对澳大利亚作进一步的考察。

对于南方大陆的最终发现是由英国人完成的,但英国人对于南方大陆的探险活动较晚,是在荷兰人放弃了对南方大陆的探险以后才开始的。第一个访问"新荷兰"的英国人是威廉·丹皮尔(William

---

① C. M. H. Clark, *A History of Australia, Vol. I, From The Earliest Times to The Age of Macquarice*, Melbourne: Melbourne University Press, 1962, p.24.
② 今塔斯马尼亚(Tasmania)。

Dampier),1688年1月,丹皮尔和一小伙海盗在东南亚为了躲避荷兰和英国的军舰,向菲律宾东、印度尼西亚南方向航行,抵达帝汶(Timor)后向南,在澳大利亚的西海岸上岸,并在此居住了三个月。①他把他观察到的情况记录在《航海日志》上。1699年,在英国海军与皇家学会资助下,丹皮尔率领"罗巴克号"(Roebuck)考察船到澳大利亚北部考察,回国后,他在伦敦发表《新荷兰航行记》,很快成了当时最畅销的书之一。书中再次渲染了"新荷兰"的荒凉、贫瘠,并把当地的土著人描述为"世界上最悲惨的人"。这本书在当时被认为是最权威的著作,因此这本书关于澳大利亚荒凉不毛的叙述不仅影响了英国,而且影响了整个欧洲。

18世纪中叶,带着对控制这个区域的憧憬,英法两国重新对这里发生兴趣。两国派往这个海区的许多船只的名称就表明了其目的,例如:地理号(Le Geographe)、自然号(Le Naturalise)、努力号(Endeavou)、发现号(Discovery)、调查号(Investigator)。这些远航的发起者都是两国政府及科学院,随行的有自然史学家、天文学家、地貌画家、生物画师,等等,他们用新的航海仪器进行测试,提供新的制图,对植物区系和动物区系进行描述、收集和分类,寻找那些可以培植利用的植物。

七年战争法国被打败,失去了加拿大等大片殖民地。为了弥补这一损失,法国政府加紧寻找"南方大陆",并多次派遣考察队到太平洋活动。这些活动引起了英国人的担忧,为抢在法国人之前找到"南方大陆",保卫和谋求英国在太平洋及印度洋的利益,英国也加

---

① Barbara A. Weat, *A Brief History of Australia*, New York: Facts On File, 2010, p.34.

紧了探险活动。1767年初，英国海军部和皇家学会决定派一个探险队去南大洋寻找"南方大陆"，海军上尉詹姆士·库克(James Cook)有幸被选中。库克本人不仅是一位杰出的航海家和探险家，而且还是成就卓著的天文学家、海图测绘家和航海营养学家。1758年他曾随英国皇家海军参加夺取魁北克的战斗，此后几年，他一直在北美东北部海岸航行，考察了新斯科舍、纽芬兰、诺森伯兰(Norhumberland)等地，为顺利完成这次探险奠定了基础。1768年，库克携同一队由海军军人、水手和科学家组成的探险队，乘坐"努力号"探险船于1768年8月26日从普利茅斯港启航，离开英国。库克还约请植物学家、后来出任皇家植物园园长的约瑟夫·班克斯(Joseph Banks)以及生物学家丹尼尔·索兰德同行。

1769年10月7日，探险队终于见到了陆地，这就是新西兰。库克率探险队花了近半年的时间环航新西兰，并进行了考查，证明它是由南北两个岛组成的，并宣布新西兰为英国领土。此后探险队沿澳大利亚东海岸北上，穿过托雷斯海峡(Torres Strait)。

1770年4月19日，他们到达澳大利亚东南海岸的巴斯海峡入口，然后沿海岸向北航行。他们发现澳洲大陆十分贫瘠，如同"瘦弱的母牛"，其"瘦骨嶙峋的胯骨"从杂草中凸起。① 4月28日，"努力号"驶入一个宽阔的海湾，岸边满是"从未见过的优良草场"。海湾可以为各种船只提供避风场所。② 随行的植物学家约瑟夫·班克斯等花了一个星期时间采集那些欧洲科学界闻所未闻的植物、鸟类和动物标本，他们发现这里并不像其他人所描写的那样荒凉凄惨，因

---

① Slected and edited by Philip Edwards, James Cook, *The Journals*, London: Penguin Books, 2003, p.120.
② Ibid., p.123.

而库克把这一海湾命名为"植物湾"(Botany Bay)。在此后的四个月里他们向北航行,期间多次登上海岸,在树上刻上标记。最终,在大陆东北端走完了东海岸2 000公里的全部航程,并绘制了海图,以英王乔治三世的名义宣布英国占有从南纬38度到南纬10度的全部海岸区,并将其命名为"新南威尔士"(New South Wales)。库克写道:澳大利亚的东边并不像别人所描写的那样荒凉,"在这块广阔的地方,毫无疑义,大多数谷类、各种果类和根茎等等,都一定能够生长茂盛……而且一年四季都有充足的饲料,足以饲养能够运入的所有牲口"[①]。同时,他对土著人也作了一系列详实的描述。在这次航行中,他总共测绘了8 000公里的海岸线,确定了岛屿和大陆的界限,解开了"南方大陆"之谜。可以说,库克是澳大利亚之父。

"南方大陆"的发现预示着澳大利亚土著社会的结束和西方资本主义的进入,澳大利亚将一步从原始社会跨入近代资本主义社会。

虽然库克把澳大利亚描绘成一个土肥草茂的地方,但是库克发现澳大利亚后,既未受到英国政府的重视,也没有任何其他英国人到那里去拓殖。直到美国独立战争爆发后,为了找到合适的地方来安置英国国内日益增多的罪犯,这块古老的大陆才引起英国人的注意。

向海外流放犯人是英国解决国内罪犯问题的一种做法。1679年《人身保护法》(Habeas Corpus Amendment Act,1679)第14条就曾规定:任何犯重罪的人均可在法庭上提出去海外服流刑以代替其

---

① 曼宁·克拉克:《澳大利亚简史》(上册),中山大学《澳大利亚简史》翻译组译,广东人民出版社,1974年版,第15页。

他刑罚，法庭可予以核准。① 1717年英国议会又通过法案，将这项法律系统化。1717年英国开始向北美殖民地遣送流放犯人，而此时美洲殖民地以及种植园异常需要劳动力。人口贩子从政府手中以每人5英镑的价格把犯人接收过来，然后再以每一犯人20英镑的价格卖给北美南部的种植园主。通常，处以流刑的盗窃犯被送到殖民地服刑7年，窝藏赃物者要被判处14年流刑，如果有人在服刑期满前回国，他就会被处以死刑。②

北美各殖民地人民对这种流犯体制早已深恶痛绝，北部的一些殖民地政府曾多次提出抗议，有些殖民地的立法机构还通过法律严禁把北美变成英国的犯人安置地，但英国凭借母国地位否决这类法案，所以向北美殖民地流放犯人的做法得以维系下来。1750—1775年，平均每年有1 000名流放犯被遣送到英属北美殖民地，主要是送到弗吉尼亚和马里兰。③ 到1776年美国宣布独立，英国共向北美殖民地输送了大约4.9万名罪犯，他们是18世纪白人奴隶的主要来源之一。④

北美独立战争爆发后，英国向殖民地输送罪犯的进程受阻，作为权宜之计，英国政府把判处流刑的罪犯临时关押在停在泰晤士河上的废船上。1783年美国取得战争胜利，推翻了英国对北美殖民地的统治，也结束了英国向北美运送罪犯的行动。然而，此时的罪犯

---

① J. Holland Rose, A. P. Newton, E. A. Benians, *The Cambridge History of the British Empire, Vol. II, The Growth of the New Empire, 1783-1870*, p.415.

② Ibid.

③ Frank Crowley, *A New History of Australia*, Melbourne: William Heinemann, 1974, p.1.

④ P. J. Marshall, *The Oxford History of The British Empire, The Eighteen Century*, Oxford: Oxford University Press, 1998, p.34.

却增多了,监狱和囚船中的犯人拥挤不堪,关押罪犯的废船已成了罪恶的渊薮,肮脏混乱,瘟疫蔓延,犯人因为不堪忍受而频频发生暴动,直接危及社会安全,引起了社会的广泛关注。埃德蒙·伯克于1786年在议会里发表演说,呼吁下院关注"被判处流刑的那些不幸的人的悲惨处境"①。在伦敦著名的纽盖特监狱(Newgate Prison),有一处牢房里拥挤了558名犯人,这个数目恰好与英国下议院的人数相等。②而且伯克认为,流放制度使"窃贼和穷凶极恶的匪徒没有区别,所有的罪犯都会遭受同样的命运",因此"整个刑罚制度有巨大缺陷"③。

美国独立战争之后,如何处理这些罪犯也像处理效忠派一样,成了英国政府的棘手问题,为此英国朝野展开了激烈争论,英国政府也想了许多办法,但都没有成功。有人建议在西南非洲海岸建立一个流放殖民地,英国政府曾派人到那里考察和选择安置地点。1787年,英国政府把几百名犯人流放到非洲的冈比亚(Gambia),但是这里的气候以及地方疾病很不适宜人们生存,他们所选择的地方先发生饥荒,又发生瘟疫,犯人死亡率很高,这意味着,将罪犯送到冈比亚等于将犯人处以死缓,到1791年,这些人中只剩下64人了。④朝野上下大为不满,伯克曾在议会里大发议论,批评政府对流

---

① Ernest Scott, *Australia, A Reissue of Volume VII, Part I of the Cambridge History of the British Empire*, Cambridge: Cambridge University Press, Reprinted and a new introduction 1988, pp.55-56.
② Brian Fitzpatrick, *British Imperialism and Australia, 1783-1833, An Economic History of Australia*, London: G. Allen & Unwin Ltd, 1939, p.72.
③ J. Holland Rose, A. P. Newton, E. A. Benians, *The Cambridge History of the British Empire, Vol. II, The Growth of The New Empire, 1783-1870*, p.416.
④ 古德温编,中国社会科学院世界历史研究所译:《新编剑桥世界近代史,美国革命与法国革命,1763—1793》,第八卷,第322页。

放犯处置不当,把犯人送到了一个无法活下去的地方,并说:"地狱之门日夜向这些罪犯敞开着。"①

第一个提出在澳大利亚安置流放罪犯的人是英国皇家学会主席约瑟夫·班克斯,1779 年他向英国下院的一个委员会建议把植物湾辟为流放地,他认为那里是流放犯人最好的地方,他说:"植物湾距英国有 7 个月航程,土著居民可能不会反抗。尽管那里大部分土地比较贫瘠,但足以养活相当一批人。由于该地距欧洲人所居住的地球上任何一个地方都相当遥远,罪犯逃跑将十分困难。"他认为,到那里拓殖的人,每人可以得到一年的粮食及必需品,这块殖民地不久就会变成英国的市场。②但是他的建议没有受到英国政府重视,而且在此后几年中英国政府未采取任何措施。

美国独立战争结束后,英国政府面临的问题越来越严重,流放犯的问题没有解决,效忠派问题又使英国政府头痛。伯克在下院强烈呼吁要注意那些被判处流刑的不幸的人的悲惨处境。③ 1783 年 8 月,曾随库克航行的詹姆士·玛丽亚·马特拉(James Maria Matra)致函国务大臣悉尼(Lord Sydney),主张让效忠派移民到新南威尔士。他认为那里没有白人移民,处于荒芜状态,在那里效忠派可以找到一块避难处。此外,还可发展与东方的贸易,战时可威胁西班

---

① J. Holland Rose, A. P. Newton, E. A. Benians, *The Cambridge History of the British Empire, Vol. II, The Growth of The New Empire, 1783–1870*, p.25.
② Vincent T. Harlow, Frederic Madden, *British Colonial Developments, Select Documents*, pp. 426–428.
③ J. Holland Rose, A. P. Newton, E. A. Benians, *The Cambridge History of the British Empire, Vol. II, The Growth of The New Empire, 1783–1870*, p.25.

牙、荷兰的殖民地①,他认为这可以"弥补丢失美洲殖民地的损失"。悉尼十分重视他的建议,但他认为犯人问题要比效忠派问题更严重,因此倾向于把犯人而不是把效忠派分子送到那里。②

马特拉的建议引起英国政府的重视,国务大臣悉尼接见了他,并同他讨论这个建议。马特拉表示愿意修改他的计划,因而在他的计划里加上一个附件,着重论证在"新荷兰"收容犯人的可能性。英国政府最终采纳了这个建议,1784年英国议会通过一个新的法案,授权政府可根据枢密院令在任何地方流放罪犯。③但此时英国政府还无暇顾及此事,所以迟迟没有采取行动。1785年皮特宣称:"由于迫在眉睫的公众事务,此项解决仍未作出。"④1783—1784年,英国政府曾试图劝说美国南方种植园主购买罪犯,但没有成功⑤,后来在非洲西南部设立流放地的试验也遭到失败。以后,英国政府曾考虑将罪犯送到新斯科舍、纽芬兰,或洪都拉斯,但都受到抵制,对此格内维尔说:"我们没有法律,也无权强迫殖民地或纽芬兰接受流放犯。"⑥而考虑到流放地既要与世隔绝,又要容易看管罪犯,还必须很快能获得生存物资,这在英国所控制的殖民地中甚少。最终,英国大臣们不得不接受班克斯等人的计划。

1785年海军将领乔治·杨格(Sir George Young)向政府呈交了

---

① Vincent T. Harlow, Frederic Madden, *British Colonial Developments, Select Documents*, pp. 428-430.
② C. M. H. Clark, *A History of Australia*, p.64.
③ J. Holland Rose, A. P. Newton, E. A. Benians, *The Cambridge History of the British Empire, Vol. II, The Growth of The New Empire, 1783-1870*, p.25.
④ Ibid., p.26.
⑤ C. M. H. Clark, *A History of Australia*, p.64.
⑥ J. Holland Rose, A. P. Newton, E. A. Benians, *The Cambridge History of the British Empire, Vol. II, The Growth of The New Empire, 1783-1870*, p.417.

一个在新南威尔士建立效忠派和流放犯的移民殖民地的详细方案,他认为,这块拓殖地会成为与中国贸易的一个港口,必然会引起国内的注意,而且为了海军的利益,可以在新西兰种植亚麻。①有了杨格将军的促进,再加上在非洲西南海岸建立流放地以失败告终,英国政府才下决心在东澳大利亚建立流放殖民地。

1786年8月,主管殖民地事务的国务大臣悉尼向议会提交《计划要点》(Heads of a Plan),正式提出把东澳大利亚的植物湾作为政治犯和刑事犯的流放地;他指示海军部、财政部供应相当数量的船只,把750名罪犯连同他们所需要的粮食、必需品和农具运往植物湾。② 同年12月6日,英国议会听证会正式确定在新南威尔士建立流放地,枢密院也颁布了同样的命令。国王乔治三世为此颁布了特许状,授权在新南威尔士建立刑事法院。阿瑟·菲利普(Arthur Philip)上尉被任命为新南威尔士殖民地第一任总督及驻地司令官,在任命的同时还划出新南威尔士的领土管辖范围:北迄约克角,南到塔斯马尼亚南端,西至东经135度线,东到大海。这片领土有现在澳大利亚的一半大,但不包括"新荷兰"。这说明英国当时还没有吞并整个澳大利亚的计划。1787年5月13日,菲利普上尉率领一支舰队从英国直奔澳大利亚,澳大利亚历史就进入了流放殖民地时期。

值得指出的是,英国人进入澳大利亚拓殖,从形式和内容上看,

---

① J. Holland Rose, A. P. Newton, E. A. Benians, *The Cambridge History of the British Empire, Vol. II, The Growth of The New Empire, 1783–1870*, p.26.

② *Lord Sydney to the Lord Commissioners of the Treasury, 18 Aug. 1786, on the Decision to Establish a Convict Settlement at Botany Bay*, A. Aspirall, E. Anthony Smith, *English Historical Document, Vol. VII, (1783–1832)*, p.781.

确实有殖民的色彩。澳大利亚虽然是由英国政府直接派人组建的殖民地,但其最初的目的却并不是要在澳大利亚建立北美式的自由移民殖民地,也不是为了商业目的而扩张帝国,而仅仅是把它作为羁押英国罪犯的流放地。有人认为这样做是为了解决国内罪犯"安全问题",所以离得越远越好。在英国人的眼里,新南威尔士的作用与英伦岛上的监狱相同,因而,澳大利亚拓殖的动机与第一英帝国有很大的不同。

北美独立战争结束之后,英国朝野对于殖民地的态度有很大变化。受亚当·斯密等人帝国思想影响,当时英国许多人都认为殖民地是母国的负担,他们对于建立新的殖民地的热情大大减少。何况当时澳大利亚路途遥远,荒无人烟,这对于"贸易优先于统治"的英国人来说,自然没有多大的吸引力,所以库克发现澳大利亚之后,英国政府对之并不重视。后来有人多次提议到澳大利亚开辟殖民地,英国政府的动作仍十分迟缓,这说明英国政府对于在澳州开辟殖民地并不热心。如果不是令人头痛的流放犯问题,英国政府在当时是不会到这么一个贫瘠、荒凉的地方建立殖民地的。前往新南威尔士的各种英国人也根本不把自己当作殖民者,而分别视己为前来新南威尔士任职的官员、服役的军人,或服刑的罪犯。英国政府关心的也不是经济发展或地域扩大,而是如何使这里的官员和罪犯能生活下去。所以,新南威尔士流放殖民地是英国本土监狱容量的延伸与扩大,其性质不同于英属印度殖民地和加拿大殖民地。①

英国选中澳大利亚为流放殖民地,主要是由于澳大利亚与世隔

---

① 王宇博:《澳大利亚——在移植中再造》,四川人民出版社 2000 年版,第 22 页。

绝,十分封闭,囚犯很难逃跑,看管犯人的费用也会很少。①当然,这只是他们最初的考虑,实际上,在澳大利亚殖民地创建的初期,由于条件恶劣,这里看管犯人的成本比在国内监狱还要大,这是决策者当初所没有预料到的。

这期间有人提议在英国本土建立流放地,使罪犯在国内改造自新,但是英国政府认为这个建议行不通,而且当时在英国也无法找到廉价的看管犯人的场所。对于议会下院委员会所认为的"罪犯殖民地费用巨大,必须证明确实有政治、商业利益补偿"的观点,皮特也不同意。② 费用问题是英国政府设立新的流放地所考虑的主要因素,所以,直到1791年英国首相小皮特还在下议院说道:"没有人会对将不可救药的罪犯遭送出国而质疑",而且,"再也找不到比这种遭送犯人更为便宜的方法"。③

从本质上讲,流放是绞死小偷或者在英国修建监狱拘禁他们之外的另一种方式。因为罪犯需要看管,所以政府就派了四个连的水兵一同前往。既然当地没有政府,那就建立军事管制。小皮特等人关心的是解决紧迫的流放问题,他们并未预见到将来的后果。当时即使有人高瞻远瞩,意识到澳洲最终会有美好的未来,但建立这个殖民地的初衷确实不是国家战略。后来,随着澳大利亚养羊业的发展以及矿藏的发现,澳大利亚出现了"淘金热",大量的移民涌入澳大利亚,澳大利亚的经济得以发展,为一个新国家奠定了基础。可以说,英国为了安置令人头痛的流放犯而设置了澳大利亚殖民地,但无意中却缔造了一个新的国家。

---

① Frank Crowley, *A New History of Australia*, p.5.
② C. M. H. Clark, *Sources of Australia History*, London, 1957, pp. 49 – 50.
③ Frank K. Crowley, *A New History of Australia*, p.5.

在政府各个部门的支持下,菲利普很快就组织了一支押送犯人的船队,1787年5月13日该船队离开英国普茨茅斯港,历时8个多月,于1788年1月20日到达植物湾,从此开始了澳大利亚殖民地的历史。这支船队被命名为"第一舰队"(First Fleet),由11艘帆船组成,其中巡洋舰1艘,护卫舰1艘,运粮船3艘,运输船6艘,运载着种子、秧苗、耕犁、马牛羊、禽类,以及可供食用两年的食物。船队共有千余人,包括水兵160人,军官51人,随行妻子27人,儿童19人,菲利普上尉的助手9人,水手443人。其余的是犯人,共759名,其中男性568人,女性及儿童191人。[①] 囚犯中年纪最小的是扫烟囱的9岁小男孩约翰·赫德森,他因偷了一块布料和一把手枪而入狱;最老的是82岁的布贩多萝茜·汉德兰德,她因作伪证而入狱。[②]

英国政府并不重视这次远航,随行的51名官员大都没有受过法律及政务训练,总督菲利普、副总督罗斯(Lieutenant Major Rose)等都是海军军官。士兵中没有人会耕作,随行人员中没有木匠,没有人会监督罪犯。菲利普费了好大劲,才多买了一些药品、食物、衣服等,并又找了一条船,稍稍缓解舰队的拥挤状况。他甚至没有得到手下人员的详细名录,船队中也没有律师。[③] 英国报纸对此事只是简短报道,都未作评论。《伦敦记事》(London Chronicle)5月15日发表一则消息,宣布在5月13日运送流放犯的船队将离港驶向植物湾。[④] 可见这件事在当时没有影响。

经过八个月的航行,1788年1月20日第一舰队抵达植物湾,菲

---

① Frank K. Crowley, *A New History of Australia*, p.41.
② [英]尼尔·弗格森著,雨珂译:《帝国》,第88页。
③ Frank K. Crowley, *A New History of Australia*, pp.6-7.
④ C. M. H. Clark, *A History of Australia*, p.82.

利普对植物湾进行了全面考察,发现这里并不如班克斯所说的那样美好。由于正值盛夏,这里草木枯黄,土地呈现干燥、贫瘠的面貌,而且海湾太宽阔,缺乏淡水,没有可以避风的地方,海湾内水位较浅,不适宜大船进出。第一次栽种的菜秧很快就枯萎了,斧子砍在弯曲的树根和树枝上时,随即就变钝。铁锹一触到薄土层下边的砂岩就断掉。牲畜要么走失,要么死掉。于是他们决定另觅去处,他率领一个小队调头北上,在大约10公里处发现一个比植物湾略小的海湾,能同时停泊1 000艘主力舰,是个天然良港。岸上淡水充沛,适合人类居住。菲利普决定把流放地转移到这里,并以国务大臣悉尼的名字命名,这就是今天的悉尼港。1月26日菲利普率全体人员在悉尼湾举行升旗仪式,这样,一个新的殖民地就出现了。

菲利普面临的首要问题是生存,他将犯人编为若干队,指挥军民和犯人展开了殖民地的建设工作。首先要解决住处:清理地面,建造掩蔽所;砍伐树木,张搭帐篷。官员、军人和犯人都住在用旧帆布搭制的帐篷里,总督亦住在帐篷中。总督的办公室是用木、石建造的小房子。解决住处花了几个星期的时间,这以后,就把船上的各种物资和牲畜搬到陆地上来。同时,遵照政府指示,菲利普派海军中尉金(Phillip Gidley King)率一批犯人东渡大海去诺福克岛(Norfolk Island),亦把那里辟为犯人移民据点。

在创建流犯殖民地的初期遇到了许多困难,第一个困难是粮食不能长期自给。刚到澳大利亚时那里还是一片荒凉,而且流放犯大都不善于劳动,也不会种庄稼。官员曾经尝试种植蔬菜,但没有成功,结果只剩下日益减少的咸肉。[①] 由于粮食主要从母国运来,一旦

---

① Frank K. Crowley, *A New History of Australia*, p.10.

补给延误,殖民地就会出现饥荒。1789年庄稼长势不好,播下的谷种又为蚂蚁和田鼠吃掉。1789年11月英国派出的运输船"监护人号"(the Guardian)在好望角失事,两年多的时间内英国没有再向澳大利亚运送补给品①,1790年3月,运粮船"赛里乌斯号"在诺福克岛附近水域触礁沉没,使新南威尔士已出现的饥馑更为严重。

殖民地居民遭受到严重的饥饿威胁,被迫采取了粮食定量制度,1790年,每人每周所分到的食品仅有2磅不新鲜的咸肉,2.5磅面粉,2磅大米,可见食品短缺的程度了。此时,一律平等分配,不分男女老少,连总督也没有特权,他甚至把自己仅有的半袋面粉也上交给了公共仓库。在这个饥馑年代,人们争夺食物,连懒汉也拼死力争。食物严重短缺,导致坏血病、痢疾流行,犯人死亡率很高。在最饥馑的年代,"男人卖掉他们的囚衣——蓝色的粗绒布夹克、黑亮的裤子,以购买一点面包,而他们则像土著人一样赤身裸体工作;女人为生存也被迫去卖淫,一些重罪犯就死于饥饿"②。据1790年菲利普总督的报告:930名男犯中已有311人死亡,450人生病。③ 所以,许多军官都非常沮丧,一名殖民地军官这样写道:"将来会发生什么事,只有上帝知道。"难怪菲利普曾哀叹:"世界上恐怕没有一个国家的拓殖地的首批拓殖者会像这里那样孤立无助。"④殖民地的外科医生写道:"这是令人生畏的地方,唯有诅咒之声大行其道。"⑤

---

① Frank K. Crowley, *A New History of Australia*, p.10.
② Piers Brendon, *The Decline and Fall of the British Empire, 1781-1997*, p.67.
③ J. Holland Rose, A. P. Newton, E. A. Benians, *The Cambridge History of The British Empire, VOL.(VII)*, Cambridge: Cambridge University Press, 1933, p.68.
④ Frank K. Crowly, *A Documentary History of Australia, Vol (I), Colonial Australia, 1788-1840*, West Melbourne: Nelson, 1900, p.9.
⑤ Stuart Macintyre, *A Concise History of Australia*, p.31.

为了减轻悉尼的粮食压力,三周后,菲利普总督又指示中尉菲利普·金把200名犯人送往诺福克岛。但后来由于开往那里的运粮船沉没,该岛也出现了大饥馑,幸而殖民者在该岛发现了大量的海鸥,人们靠捕杀海鸥才得以渡过难关。第三批舰队抵达之后,危机才得以缓解。对悉尼湾内陆的玛拉塔肥沃土地的开垦,保证了殖民地的生存。到1792年底菲利普因病返回英国时,新南威尔士殖民地种植谷物、蔬菜和水果的面积已经达到600公顷,一片郁郁葱葱。此外,海湾内可以捕鱼,昆布兰平原可以放牧。到1792年,这里的生存条件已经大大改善。这一年到任的新南威尔士保安团(New South Wales security corps)司令官发现:"令我异常震惊的是,我原以为随处可见的岩石不见所踪,环顾四周皆是硕果累累的果园。"[1]

流放殖民地建立初期所面临的另一个困难是缺乏工匠及有农业生产经验的劳动力。这里的犯人多为无业游民,其中不少人无劳动习惯,更不用说有生产经验和技术了,只有靠皮鞭的压力,他们才肯干活。最早到达殖民地的一批犯人中,只有12名工匠。所以直到严冬到来时他们才造好两座仓库以存放货物。很长一段时间里殖民地都没有像样的住所,1792年9月才开始建造永久营地,但18个月之后仍未建好。那些毫无技术的第一批殖民者种植的农作物都未长成,经总督再三向英国政府请示,政府才派来50名有生产经验的农民,在他们的指导下,犯人们在悉尼附近开荒种田,后又在巴腊马特河(Parramatta River)西岸辟出大约2 000英亩农田。这里土地肥沃,灌溉方便,所以庄稼长势良好,加之政府鼓励农民移居该地,还把一批勤劳的释放犯人迁移到这里耕作,这样到18世纪末19世

---

[1] Stuart Macintyre, *A Concise History of Australia*, p.31.

纪初,犯人殖民地基本做到粮食自给,为殖民地的巩固起了重要作用。

犯人逃亡和土著居民的袭击也给殖民地带来巨大困难。政府有关方面曾指示:"开启与土著人的相互关系,理解他们的情感,乐见我国臣民与他们和睦、友好相处。"①殖民地初期,对于土著人,菲利普总督起初执行友善政策,向土著人赠送礼品以表达善意,对手下骚扰土著人的行为予以惩处。但效果并不明显,土著人经常来袭击,甚至连菲利普本人也曾被土人的长矛刺伤。白人殖民者遂借机大肆屠杀土著居民,大约有3 000名土著人四处逃散。一名海军军官写道:"我们与他们之间的交往,既不频繁,也不友好。"另一名军官写道:只要土著人"认为我们剥夺了他们的居住地,他们必定视我们为敌"②。

随着流放犯人不断被送到澳大利亚,以及自由移民逐渐增加,澳大利亚的人口也不断增加。1790年6月3日"朱利安尼夫人"号(Laddy Juliana)运来221名女囚犯。1790年第二舰队装载1017名犯人开往新南威尔士,但在途中死去1/4。③ 1791年又运来200名犯人。从1792年到1813年,除了1794—1796年、1804年以外,英国每年都要向澳大利亚运送300—700名流放犯;1788年1月26日到1824年,共有37 606名流放犯到达澳大利亚。④ 1792年新南威尔士的人口已经增长到3 108人,诺福克岛的人口也有1 115人。⑤ 尽管

---

① Stuart Macintyre, *A Concise History of Australia*, p.31.
② Ibid., p.32.
③ Frank K. Crowley, *A New History of Australia*, p.11.
④ C. M. H. Clark, *A History of Australia*, p.90.
⑤ Ibid., p.130.

此时英国政府不断向澳大利亚运送供给品,但流放殖民地的困难局面仍未彻底改变。

与北美殖民地不同的是,澳大利亚殖民地纯粹是英国政府为安置流放犯而设立的,因而在殖民地建立的最初一段时间,这里的统治方式带有军事性质。总督以英国议会通过的有关法案和英国政府颁布的特许状为依据,掌握军政大权,他负责维持法律和秩序,有权授予土地、控制商业、赦免罪犯、招募兵员;有权统率军队、保护移民、惩处罪犯、发布命令和法规。新南威尔士没有议会来限制总督①,总督既是军队首长,又是行政、立法、司法首脑,他仅对英国政府负责。

英国议会并未赋予流放地殖民者任何制定法律的权力,但是1787年的特许状曾授权总督发布旨在有效地治理移民区的命令,这样总督就实际上行使了立法权。1823年英国议会颁布《司法条例》,决定在新南威尔士成立行政委员会和立法委员会,协助总督处理政务和立法工作,立法委员会成员由英国殖民大臣任命。条例还规定建立新南威尔士殖民区,这以后澳大利亚殖民地才开始从罪犯流放地转向正常殖民地,而在此之前澳大利亚纯粹是作为大英帝国的"海外监狱"而存在。

流放制度的首要内容是强制劳动。最初,犯人被迫从事繁重的体力劳动,罪犯们被安排伐木、修筑道路、建造房屋、营房、垦荒等。那些受过较好教育的罪犯被派往自由移民的农场干活,劳动条件十分艰苦。澳大利亚的开发就是从罪犯的劳动开始的。鞭刑是对罪犯进行管训的最主要的方法,通常是当众鞭打几十下乃至上千下,

---

① Frank K. Crowley, *A New History of Australia*, p.9.

其场面惨不忍睹,可能会使"任何一个到澳大利亚殖民地参观的人都会认为,英国建立这些殖民地的目的,并不是为了改造犯人,而是要制造犯人"①。但殖民地的官员认为:"最能说服人去工作和遵守秩序的办法便是鞭挞。"②

尽管澳大利亚有充足的地方可以满足英国安置犯人的需要,但没有英国的支持,它很难生存。③ 殖民地创建初期,大约一半的男人,3/4的女犯及所有的儿童都需要政府支持,投向殖民地的经费好像是个无底洞。经济问题成了殖民地管理的主要问题,殖民地建立最初五年已耗费英国4万英镑,平均每个罪犯花费13—14英镑,到1798年这个数字增加了一倍。④ 1800—1804年,英国政府大量的钱花在建造码头,修筑道路之上。而此时在澳大利亚的英国犯人共4 930人,如果把这些人关在英国,花费会少得多。⑤ 因此在1800年,英国政府曾考虑放弃这块殖民地。

菲利普总督不久就认识到一个成功的殖民地不能只靠罪犯来做先锋,他一直希望引入家庭及自由民拓殖者,他曾说:"我不希望用罪犯来奠定帝国的基础。"⑥1789—1792年的大饥馑使菲利普相信,如果殖民地只是依靠犯人在政府农场、公路和公共建筑物上编队劳动,它就不能发展。他认为,只靠流放犯的劳动和母国的供给

---

① B. Fitzpatrick, *British Imperialism and Australia, 1783 - 1833: an Economic History of Australia*, Sydney: Sydney University Press, 1971, p.83.
② 格林纳达:《澳大利亚政治社会史》,北京编译社译,商务印书馆1960年版,第33页。
③ T. O. Lloyd, *British Empire, 1758 - 1983*, p.120.
④ Frank K. Crowley, *A New History of Australia*, p.25.
⑤ Ibid.
⑥ J. Holland Rose, A. P. Newton, E. A. Benians, *The Cambridge History of the British Empire, Vol. II, The Growth of The New Empire, 1783 - 1870*, p.26.

是不可能使该殖民地存在下去的,因而新南威尔士殖民政府应大力鼓励居民结婚。女犯如果被求婚,就应给其自由,已婚男犯如果申请将其妻子家庭接来新南威尔士,也应鼓励并不收取任何费用。①他还制定了维持和发展流放殖民地的新方针:吸引自由民到新南威尔士来,把罪犯指派给他们当工人;把土地授予官员,由罪犯来耕种;把土地赐给那些勤奋劳动,愿意接受这种恩惠的已释犯人。②

这些政策中影响比较大的是土地授予,即把土地授予军政官员和从母国来的自由移民,并以犯人作为他们的劳动力。1792年,新南威尔士保安队的官员被授予了土地。1795年,零零星星来了一些自由拓殖者。到1819年,有1/3的军人决定留在新南威尔士,不再返回母国,他们大都已经拥有大片的牧场或农场。此外,也把土地授予刑满释放的犯人,通常为30—50英亩,军官和文职官员都有权征调流放犯到自己的农场干活。这一方针的推行,促成了以农牧业为内容和以土地恩赐制以及犯人劳动指派制为特征的经济体制的形成,到1800年,新南威尔士已经有350个小农场,开垦耕种了7 000英亩的土地。③

流放制度的另一个内容是对犯人的释放政策,主要是提前释放、赦免和假释等。布里斯班总督执政时期制定了一个有关提前释放犯人的具体规定,根据这一规定,凡被判处七年流刑者,有四年表现良好,就可以获得释放证;凡被判处14年流刑者,有六年表现良好就可以获取释放证;凡被判处终身流放者,有八年表现良好就可以获得释放证。不愿返英或不能立即返英的释放犯,一般会赐给土

---

① Barbara A. Weat, *A Brief History of Australia*, p.43.
② 曼宁·克拉克:《澳大利亚简史》,第31页。
③ Frank K. Crowley, *A New History of Australia*, p.15.

地。大部分释放犯被安置到豪克斯布里河流域,那里土地肥美,宜于发展农牧业。对于那些一贯表现良好但又不够发给赦免证的犯人,政府发给假释证,免除他们的强制性劳役,允许他们在所属警区内出卖劳动力,政府不再提供生活费和住宿,但他们没有公民权。对犯人的这些宽厚政策在流放犯殖民地时期起了巨大作用,使澳大利亚殖民地克服了困难,发展了经济。同令人毛骨悚然的惩罚制度相比,这种宽大的释放政策对罪犯的改造以及日后澳大利亚社会经济的发展都产生了积极作用,不少刑满释放的流放犯后来成了澳大利亚的富商巨贾,在促进澳大利亚殖民地经济发展和政治演进中发挥了不少作用。

陆续从英国运去澳大利亚的成千上万的犯人,是一支巨大的劳动大军。如何安置他们以及安排他们做什么活,是殖民当局首先要解决的问题。为了安置,政府从一开始就建立了许多农场,例如在悉尼附近,在巴腊马塔、纽卡斯尔、温莎、巴瑟斯特和范迪门等地,都兴办了农场。政府利用犯人的劳力发展农业,把安置犯人同解决吃饭问题结合起来,由此收到了显著的效果。

经过拓殖者艰苦的努力,新南威尔士逐渐克服了经济困难,殖民地也逐渐稳固。随着农业经济的发展,其他经济部门也建立起来,如纽卡斯尔的煤矿以及各地的面粉厂、木材厂、屠宰场、采石场、制砖厂、石灰窑、造船厂,等等。这样既为安置犯人开辟了新天地,又发展了殖民地的工矿企业。1791—1792年,新南威尔士殖民地的经济发展已经粗具规模,殖民地的对外贸易也已开始。需要指出的是,由于澳大利亚殖民地属于新开辟的殖民地,贸易垄断现象在这里并不存在,许多人都加入澳大利亚的贸易中来。1792—1800年,澳大利亚贸易额超过50 000英镑。① 1792年6月"大西洋号"军需船从加尔各答驶来，10月，第一艘东印度公司的商船也来到澳大利亚，11月，从英格兰来的商船带来了银币，此后，澳大利亚同英国、加尔各答、爱尔兰、美国的贸易逐渐开始。1792年开始，以政府为主导的零售商店计划就已经提出。1797年国务秘书接受了这项计划，开始在殖民地建立零售商店，一些小规模的私人冒险者也出现在市场上。②

奠定澳大利亚在英帝国中重要地位的是1802年开始大规模养殖绵羊。澳大利亚养羊业是与英国工业革命相联系的，由于英国工业革命的发展，纺织业成了英国经济的先导部门，英国对羊毛的需求量激增，而欧洲大陆由于本身工业的需要，对英国羊毛输出量下降。1797年，曾任新南威尔士保安队上尉的约翰·麦克阿瑟（John Macarthur）引进了一些西班牙种的美利奴羊，这是澳大利亚养羊业的开始。

约翰·麦克阿瑟（1766—1834）1766年生于英格兰，1789年任新南威尔士保安团上尉，1793年他和其他军官一样被授予土地，在巴拉马塔创办农场。因与总督不和，他于1804年退役，1805年被赐5 000英亩土地，因经营牧羊场而发财。他早在1792年就意识到，澳大利亚殖民地需要各种物品，为此，就必须在殖民地生产可供出口的物品，作为进口的交换。他写道："在距离地球其他文明地区如此遥远的这个小小居民点，是不会有最终成功的希望的，除非它能生产一种用于出口的原料。这种原料必须用最少的人就能生产出来，而需求量却很大，并且还要能够经得起长距离海运。"③他预见到澳

---

① Frank K. Crowley, *A New History of Australia*, p.17.
② Ibid, pp.17-18.
③ 张天：《澳洲史》，社会科学文献出版社1996年版，第85页。

大利亚将从英国不断扩大的羊毛市场获利，并对母国的繁荣做出贡献。① 他认为这种出口产品应该是羊毛，因此从1795年起便常年雇佣30—40人饲养家畜。1797年，他设法从好望角购买几只西班牙种绵羊，获得成功。

麦克阿瑟夫妇居住在巴拉马塔附近的伊丽莎白农场，农场以麦克阿瑟夫人的名字"伊丽莎白"命名，主要种植小麦和水果等植物。伊丽莎白·麦克阿瑟将这里比作"英国花园"。到1800年，有1 500名定居者住在巴拉马塔附近地区，这里大部分土地适合放养牛羊，而不太适合种植庄稼。1801年，麦克阿瑟积聚了1 000英亩以上的土地和1 000只以上的绵羊。② 1802年11月他回到伦敦向工厂主展示他的种羊，此时，拿破仑战争正严重地阻碍欧洲羊毛的供给。1804年，班克斯建议在新南威尔士授予麦克阿瑟100万英亩土地，以便让他成立公司生产高质量羊毛，即使失败了，对殖民地也有好处。③ 枢密院委员会审查了班克斯的建议后，同意麦克阿瑟在澳大利亚发展养羊业，但授予的土地的规模有所缩减。澳大利亚总督根据伦敦方面的指示，赐给麦克阿瑟5 000英亩土地饲养美利奴细毛羊，1805年，麦克阿瑟又从英格兰的克尤皇家繁殖场搞来7只美利奴公羊和3只母羊，进行饲养试验，取得了优良品种。经过长期努力，到1822年，麦克阿瑟已经能往英国输送68吨上等羊毛，其质量可与欧洲产的最好羊毛相比，这在英国引起了轰动，因为当时英国特别需要优质羊毛。④ 从这以后，澳大利亚兴起了大规模的养羊业，

---

① Frank K. Crowley, *A New History of Australia*, p.29.
② Stuart Macintyre, *A Concise History of Australia*, p.38.
③ Frank K. Crowley, *A New History of Australia*, p.29.
④ 张天：《澳洲史》，第86页。

并获得巨大成功。

澳大利亚东部地区适宜进行大规模的养羊业,在南纬35—25度之间有一片长以千公里计的大牧场,这里降雨量适中,气候温和,既没酷热,也没有欧亚大陆上的严寒。这些优越的条件使澳大利亚的养羊业迅速发展起来,到19世纪30年代,大批的羊群出现在东澳大利亚和范迪门。

养羊业作为澳大利亚的一个主要经济部门出现,引起英国的重视,改变了人们对流放殖民地的观念。人们意识到澳大利亚不仅是一个流放犯人的殖民地,而且有可能成为一个提供原料、进行投资和销售工业品的场所。英国的政策不知不觉中也发生了变化,他们把大批资本投资于这里的细羊毛生产,不少拥有巨额资本的资本家也移民到这里,经营牧场,政府也开始鼓励小资本家向澳大利亚移民。这样出现了"牧羊业大跃进"(the Great Sguatting),牧羊人随着日益增多的羊群向内陆推进,距离东海岸越来越远。19世纪20年代,牧场主从昆布兰平原迁移出来,所延伸的范围已经距离悉尼250公里。① 所以说,养羊业在很大程度上推动了澳大利亚社会的发展。

此后,规模巨大的牧羊公司和牧场像雨后春笋般相继出现,牧羊业开始迅速发展。这与澳大利亚羊毛出口逐年迅速增长有很大关系。1810年开始羊毛出口,仅为167英镑,第二年就猛增了1 000余倍,出口了17.5万英镑。② 澳大利亚羊毛在英国市场的占有率持续增加,从1830年的10%,增加到1840年的25%,再增加到1850年的50%。这个时候,澳大利亚羊毛的销售额达到每年200万英

---

① Stuart Macintyre, *A Concise History of Australia*, p.58.
② 张天:《澳洲史》,第87页。

镑，占其出口总额的 90% 以上。羊毛是维持澳大利亚一个世纪繁荣和增长的主要产品。① 随着澳洲羊毛走俏国际市场，牧羊业日趋繁荣。1821 年，澳大利亚已经有 21 万只绵羊，30 年代增加到 100 万只，到 1840 年拥有 1 600 万只羊，人均 40 只。澳大利亚成了真正的"骑在羊背上的国家"。正如澳大利亚著名学者汉考克教授所说："羊毛使澳大利亚成为有偿付能力的国家，并最后成为一个自由国家。"②

澳大利亚也引起了法国的注意，18 世纪末法国经常派探险船来澳大利亚。为了防止法国的渗透，1788 年英国宣布占领东经 135 度以东至沿海的地区，其中包括塔斯马尼亚。19 世纪初期，澳大利亚总督派了一个由犯人、士兵和移民组成的小规模探险队到达塔斯马尼亚岛南端，并在那里建立了第一个殖民点。1804 年，金总督派人在该岛北端建立了殖民区。这两块殖民区的移民主要是澳大利亚的犯人。后来又在塔斯马尼亚西海岸发现了麦夸里港，并把重要的流放犯移往那里。这样，澳大利亚又出现了第二个流放犯殖民区即塔斯马尼亚，起名叫范迪门殖民区（Vandiemen'Land）。1825 年英国议会通过法案，将范迪门殖民区从新南威尔士分离出来，建立单独政府和七人组成的立法会议，议员由英王指定。殖民区的第一任总督是乔治·阿瑟上校。同时还建立一个行政委员会作为总督的参谋机构，以及司法机构高等法院。

塔斯马尼亚殖民区建立与巩固之后，英国殖民者随即将视线转向澳洲大陆的西部地区。在拉伦克·麦夸里（Lachlan Macquarie）出

---

① Stuart Macintyre, *A Concise History of Australia*, p.58.
② 张天：《澳洲史》，第 87 页。

任总督三年后,欧洲移民发现了一条跨越山脉沿东海岸而下的道路,便纷纷踏上了这条道路。从海岸上看去,这条山脉就像昆布兰平原天际边的一条深蓝色的长线,于是被命名为蓝山山脉。1814年罪犯们修筑一条横越蓝山的公路,打开了蓝山西部大平原的大门。19世纪20年代之后,澳大利亚开始向内陆腹地发展,殖民者的注意力也投向澳大利亚西部。

在澳大利亚殖民地建立的最初30年时间里(1788—1821),人口逐渐增加,经济迅速发展。据总督麦夸里报告,1810年,新南威尔士的人口为11590人,绵羊25888只,开垦种植土地7615英亩。1821年10月,澳大利亚人口已经达到38778人,绵羊290158只,开垦种植土地32267英亩。① 在1819年全澳大利亚白人人口中,犯人及其后裔占3/4以上②。近30年时间里,澳大利亚的拓殖者们在这个极端落后的地区建立起崭新的殖民地,新南威尔士殖民地从无到有,从小到大,已经巩固。悉尼的城市建设也粗具规模,已经有"第二罗马"之称。阿诺德博士(Dr. Arnold)这样评论道:30年前,这里完全是森林,但是到了1810年,一个人走进悉尼街头,好像走在大城市;在海滨,人们可以看到一切豪华、优美的英国式的最好的餐桌。政府大厦装修精美,窗明几净,大厅悬挂着镶嵌鲜花的彩旗,就好像在英国那样。③ 1817年,麦夸里总督建议采用"澳大利亚"这一名称来命名澳洲大陆,取代以前使用的"新荷兰"。1818年1月26日,为庆祝殖民地创立30周年,麦夸里宣布这一天为公共假日,还举行了庆

---

① Selected and Edited by Manning Clark, *Sources of Australian History*, p.127.
② 张天:《澳洲史》,第71页。
③ Frank Crowley, *A New History of Australia*, p.43.

祝舞会。此后,周年庆祝日成为每年一次的节庆日。①

在新南威尔士流放犯殖民地创建的最初30年内,与流放制度以及单一的经济体制相适应的社会管理体制是严格的军人管制,总督长期由海军军官担任,总督以英国议会通过的有关法案和英国政府颁布的特许状为依据,掌握了政治、军事、行政、立法、司法等方面的绝对大权。总督之下设立副总督,负责殖民地行政工作的是行政秘书。司法机构有军事法庭、刑事法庭和民事裁判法庭。由于总督的权力由英国议会决定,再由殖民大臣转授,因此总督对英国政府负责,受母国政府的遥控。英国议会对殖民地有完全的立法权,并通过内阁中的殖民大臣把权力转给总督。所有这些决定了总督必须唯母国政府之命是从,这与旧帝国时期有很大不同。在英国眼里,澳大利亚总督既不是一级政府官员,也不是它的代表,而是一个"严厉的监工"。但随着新南威尔士和范迪门地区的经济发展,资本主义经济逐渐产生,资产阶级、农民阶级、工人阶级也开始形成。犯人人数减少,自由移民增多,澳大利亚已经向移民殖民地发展了。这些因素促使人们开始反对总督的专制统治,要求对原来的统治体制进行改革。反对专制的斗争和自治运动有着紧密的联系,一般说来,在1823年以前主要是反对总督专制,此后主要是争取自治。

政治斗争最初集中在罗姆酒贸易和对待犯人的政策这两大问题上。罗姆酒是一种烈性甜酒,菲利普总督在职时禁止销售这种酒,认为酒是导致犯人第二次犯罪的根源之一,也是导致殖民地动乱的根源之一。1792年菲利普总督因病去职,新任总督迟迟未能到来,结果几年之中政权落到了保安团军官格罗斯等人手中,他们利

---

① Stuart Macintyre, *A Concise History of Australia*, p.51.

用手中的特权大搞商业活动,搞罗姆酒贸易,贱买贵卖,发了大财。1807年,约翰·麦克阿瑟就曾经购买378加仑罗姆酒,加入水后变成447加仑,出售后获得的利润是154％。① 罗姆酒在殖民地销路极广,饮酒风气给殖民地社会带来极大的灾害,许多人的劳动所得大部分消耗在罗姆酒上,以至把劳动工具、衣物、家产都作为买酒的抵押。

1806年8月,威廉·布莱(William Bligh)出任澳大利亚总督。布莱曾随库克到过澳大利亚,也曾在威尔逊海军大将手下作战,立有战功。但是布莱为人呆板固执,好争辩,脾气暴躁,语言粗野,态度骄横。他一上任便用强硬的手法严厉禁止用烈性酒交换钱物,并将麦克阿瑟等一批违法军官逮捕入狱。布莱总督的做法引起了许多军官、士兵和市民的不满,他们走上街头议论布莱的专横。1808年1月,在新南威尔士保安团司令乔治·约翰斯通(George Johnston)带领下军官发动政变,逮捕了布莱总督,释放了麦克阿瑟。总督被逮捕后,政权便落到了以约翰斯通为首的一批军官手中,麦克阿瑟任新南威尔士秘书官。这就是澳大利亚历史上有名的"一月政变",又称罗姆酒暴动(Rum Rebellion)。"一月政变"是澳大利亚第一次公开的,大规模地在广大群众支持下向以总督为首的专制制度展开的斗争,通过这次斗争,总督的权力开始削弱,为后来的自治运动开辟了道路。

英国政府得知"一月政变"的消息后大为震惊,急忙召回约翰斯通,给以革职处分。后来约翰斯通以平民身份返回悉尼,靠办农场为生,受到当地人民的尊重。布莱再也未被授予公职。"布莱事件"

---

① Frank K. Crowley, *A New History of Australia*, p.37.

使英国政府感到,必须选择一个为人宽厚的陆军军官担任总督,并率领一支陆军前往澳大利亚,以取代由海军组成的新南威尔士保安团,否则不可能控制局面。这样便任命陆军上校麦夸里为新南威尔士新总督。麦夸里原为第 73 团团长,在军界服役达 30 年之久,名望高,资历深,为人"仁慈而坚定"。1809 年 12 月,麦夸里率领 700 名士兵到达悉尼,1810 年 1 月,新总督麦夸里宣誓就职。新总督上任后解散了保安团,很快把大权掌握在自己手里。300 名原保安团官兵被吸收到 73 团,400 名被遣送回国。

麦夸里采取大量吸收移民和全面开发殖民地的政策,在越过蓝山后,他大力开发大平原。因而在他执政期间,社会经济迅速发展,新南威尔士人口增长了 3 倍,达到了 4 万人。他遵照英国政府的指示,对犯人采取宽厚政策,并给予那些有技能的释放犯以较高的社会地位,对那些普通的释放犯予以适当安置。他说:"当一个人获得自由之后,他以前的身份应当被忘却,不要对他本人产生不利影响"。① 麦夸里总督动用专断权力,赦免表现良好的罪犯,一些受过良好教育、事业有成的刑释人员被任命担任公职,并在总督府受到招待。他认为:"这个地方应当成为每一个合格的刑释人员的家园,并且是幸福家园。"②

但是麦夸里总督依然采取总督专制政策,独断专行。1815 年后,殖民地繁荣对自由移民产生很大吸引力,但麦夸里并不鼓励他们移居该地,这种做法使自由移民很不满。加上他对自由移民违法者严厉制裁,因而引起一部分自由移民的不满。这种局面使英国政

---

① Stuart Macintyre, *A Concise History of Australia*, p.47.
② Ibid., p.48.

府感到,不能再用原来的统治方法来治理澳大利亚,必须建立一个咨议性的立法机构,才能避免殖民地再次发生不测事件。

因此,1823年英国议会颁布《新南威尔士法案》(The New Wales Act, 1823),这个法案赋予新南威尔士制定法律的权力,法案规定成立立法会议,成员5—7人,由英王任命。决定在新南威尔士成立行政委员会和立法委员会,协助总督处理政务和立法,立法委员会成员由英国殖民大臣任命。条例还规定建立新南威尔士殖民区,在新南威尔士设立高等法院,采用陪审团制来审判案件;范迪门殖民区从新南威尔士分离出来,建立单独殖民区,设副总督,受新南威尔士总督控制。法案虽然保留了总督的权力,但是他毕竟要受这一法案条文的约束。因此,1823年《新南威尔士法案》是澳大利亚政治转型的开始。澳大利亚本土化是随着这一社会的变化而发展的,并逐渐形成了澳大利亚现代发展的基本特征。①

四、拿破仑战争时期英帝国的发展

法国大革命(French Revolution)和拿破仑战争(The Napoleonic Wars)时期是英帝国发展史上最为重要的时期之一,从1793年到1815年英国同法国进行了长达12年的战争。拿破仑战争对于英帝国产生了极大的影响,战争期间,由于英国把很大一部分精力用在同法国争夺法国海外殖民地上,英帝国的版图大大扩张,英国政府

---

① 王宇博:《澳大利亚——在移植中再造》,第27页。

新的帝国政策逐步成熟,基本上完成了从旧帝国向新帝国的转变。①

1789年7月14日巴黎人民攻陷了巴士底狱,从此开始了轰轰烈烈的大革命。法国革命对整个欧洲都产生了强烈的震动,同样也在英国引起巨大反响。此时,英国工业革命正在进行之中,社会阶级结构发生巨大变化,阶级矛盾日趋尖锐,激进派和保守派的斗争也在不断发展。法国革命使英国皮特政府面临一个比印度问题更严重的危机,它必须同时对付国内的激进主义、爱尔兰的叛乱和对法战争。

当法国大革命爆发的消息刚刚传入英国时,英国国内最初的反应是普遍的欢欣、快慰。除了乔治三世和埃德蒙·伯克等极少数人对法国革命大加谴责外,英国多数民众对它抱着同情观望的态度。②对绝大多数英国人来说,法国一向被看作是欧洲大陆最强大的专制国家,在政治上和立宪君主制的英国格格不入。在国际关系方面,法国是英国殖民扩张的主要对手,现在突如其来的革命推翻了波旁王朝,无疑为英国在争夺欧洲霸权和海外扩张的道路上扫除了一个障碍。所以大多数英国人认为这个君主专制王朝的崩溃,标志着政治自由时代的到来。但保守派人士则对法国革命的影响惶惶不安,为保护他们的既得利益,他们采取对策,在政治和宗教问题上更加保守。

在英国政府领导人看来,法国国内已被革命弄得天翻地覆,秩序大乱,它必然抵御不了对它抱敌视态度的奥地利和普鲁士,因此

---

① C. A. Bayly, *Imperial Meridian, The British Empire and World, 1780 – 1830*, London and New York: Longmans, 1989, p.100.
② Ramsay Muir, *A Short History of The British Commonwealth*, Vol. II, *The Modern Commonwealth* (1763 – 1919), p.161.

无需英国出面便会垮掉。战争爆发后英国采取了隔岸观火的政策①,连小皮特也以幸灾乐祸的态度来看待这件事,认为革命将给法国以沉重打击,至少使法国在短期内不再能够成为欧洲强国。②

但随着法国革命的不断深入,英国民众对它的看法发生了很大变化,反映在政治上就是两极分化。当大多数英国人对法国革命抱着肯定的态度,而一些保守分子还在观望的时候,英国著名的保守主义者埃德蒙·伯克却于 1790 年 11 月发表了《法国革命的感想》(*Reflections on the French Revolution*),对法国革命进行攻击。伯克宣称:按照事物的自然本性,社会分为上等人和下等人是正常现象,由于法国的第三等级无知和嫉妒,用暴力手段破坏了正常的自然秩序,造成了混乱和无政府状态。现在英国国内也有人要求改革,如果不批判这些人的言论,那么英国的国家、教会、社会和正义都要受到破坏,穷人将去掠夺富人的财富。

大革命疾风骤雨式的"平等"深深地伤害了贵族的尊严,骄傲的荣誉感荡然无存。当法国王后玛丽·安托瓦妮被送上断头台时,伯克惊呆了:"我简直没有梦想过,我竟然活着看到了在一个充满了豪侠之士的国度里、在一个充满了荣誉的人们和骑士的国度里,会有这样的灾难落在她的身上。"伯克以悲怆的心情惋惜道:"欧洲的光荣是永远消失了。我们永远、永远再也看不到那种对上级和对女性慷慨的效忠、那种骄傲的驯服、那种庄严的服从、那种衷心的部曲关系——它们哪怕是在卑顺本身之中,也活生生地保持着一种崇高的

---

① Sir A. W. Ward, G. P. Grooch, *The Cambridge History of British Foreign Policy, 1789 - 1919*, *Vol. I*, 1789 - 1815, Cambridge: Cambridge Universisty Press, 1922, p.216.

② J. Ehrman, *The Young Pitt*, II, *The Reluctant Transition*, London, 1983, p.4.

自由精神。那种买不到的生命的优美、那种不计代价的保卫国家、那种对英勇的情操和英雄事业的培育,都已经消逝了!"①伯克预言将出现无政府主义和独裁,他说:"那个[国民]议会自从推翻了秩序以后,就根本没有法,没有严格的惯例,没有受人尊敬的习俗来限制它。他们发现自己不是有义务要遵守一部固定的宪法,反而是自己有权力制订一部能符合自己想法的宪法。普天之下,没有任何东西可以用来控制他们。"②伯克担心法国会出现多数人的暴政,他说:"每当一个民主制的政体出现了它往往必定要出现的严重分歧时,公民中的多数便能够对少数施加最残酷的压迫;这种对少数人的压迫会扩大到远为更多的人身上,而且几乎会比我们所能畏惧的单一的王权统治更加残酷得多。在这样一种群众的压迫下,每个受害者就处于一种比在其他任何的迫害下都更为可悲的境地。"③在伯克看来,"法国大革命无疑就是一场实实在在的暴民政治,狂热、暴虐、空想、阴谋……充斥其中,一切传统的美好的东西统统被砸烂。法国人民的民主权力就像马儿挣脱了缰绳一样,已经毫无宪政约束可言,彻彻底底地成为一种暴虐的权力"。伯克深深担心这场革命会波及到自己的国家,甚至会殃及整个欧洲。"我主要是担心我自己国家的和平,并且绝不是不关怀你们的国家。"④

伯克的观点最初并无多大影响,听信他的人也不多。随着法国革命的深入发展,斗争越来越激烈,英国国内对法国革命的反响也发生了变化。中下层人民中对英国现实状况极端不满的人更加坚

---

① 伯克:《法国革命论》,何兆武、许振洲、彭刚译,商务印书馆1998年版,第101页。
② 同上书,第59页。
③ 同上书,第165页。
④ 同上书,第12页。

定地支持和同情法国革命,特别是当雅各宾派专政建立之后,他们对雅各宾派所采取的措施感到鼓舞。但是当法军在对外战争中节节胜利时,英国的利益受到威胁,有产者的畏惧情绪增长起来。保守派开始惶恐不安,有更多的人走到伯克这方面来。执政的托利党人准备采取措施镇压激进派运动,而乔治三世则对伯克的著作颇为赞赏,在一年之内,伯克的这本小册子一版再版。

当法军越过莱茵河,控制了奥属尼德兰的大部分地区时,英国政府才意识到欧洲局势不可等闲视之。1792年2月,英国政府公开表示愿意联合欧洲各国抵抗法国革命;同年12月,英国照会法国政府,其中说:

> 英国决不会同意法国擅自以冒充的天赋人权为借口,把自己当成唯一的裁判官去裁决由神圣的条约建立起来,并由所有大国一致加以保证的欧洲政治体系。英国坚持它一个多世纪以来所遵循的法则,对法国直接或间接地使自己成为低地国家的主人,成为欧洲普遍权力和自由的主宰者的行为,决不会置之不理。①

事实上,当法国军队横扫欧洲,称霸欧洲,打破了欧洲大陆力量均衡,特别是占领比利时,并威胁到荷兰以后,英国就不能袖手旁观了。英国政府公开表示会愿意联合欧洲各国抵制法国革命,从1792年秋天开始,英国政府联合普鲁士、奥地利、俄国、荷兰以及西班牙和德意志一些诸侯国组成第一次反法同盟,进入了长达22年之久的反法战争。

---

① T. C. W. Blanning, *The Origins of the French Revolutionary War*, London: Longman Publishing Group, 1986, pp. 158-159.

反法战争对英帝国产生了深远影响,大革命及拿破仑战争期间英帝国的战略方针发生了很大变化。战争期间,英国采取攻击敌人殖民地、占领具有战略意义地区的政策,英帝国的版图大大扩大了。

小皮特的首要目标是夺取法国富裕的西印度殖民地,其次是法国在印度和印度洋上的贸易货栈和海军基地。1793 年,查尔斯·格雷爵士(Sir Charles Grey)率领 1.7 万名海军开往西印度,以征服法国最富裕的殖民地圣多明各和马提尼克。① 1801 年,英国战争部大臣亨利·邓达斯(Henry Dundas)曾声称:"通过削弱法国经济来削弱法国,是自战争爆发以来英国的战略核心。"出于对七年战争的经验总结,英国政府把称霸海洋作为削弱法国,加强自身力量的手段。② 为了对付法国的威胁,英国一方面资助欧洲大陆上的盟国抗击法国,另一方面把大部分精力用在争夺海上及殖民地霸权上。在英国人看来,如果法国的殖民地被剥夺,其海外贸易及经济一定会萧条,这会导致法国的内乱,从而迫使法国从德国及其他地区撤军。1801 年 3 月,邓达斯在下院做解释说:"我们所关注的重要目标应该是通过什么手段能最有效地增加我们在海上的霸权可依赖的资源,同时又要消灭或者占有那些可能使敌人在这一方面同我们竞争的资源。因此,必须切断敌人的商业资源,这样,我们便可切实可靠地削弱、摧毁他们的海军力量。"③

从 1795 年到 1805 年,英国一直面临着法国入侵的威胁。法国人曾经做过三次进攻英国的尝试,一次想通过威尔士进攻,两次想

---

① P. J. Marshall, *The Oxford History of The British Empire, The Eighteenth Century*, p.186.
② Lawrence James, *The Rise and Fall of the British Empire*, p.153.
③ Ibid.

通过爱尔兰进攻。拿破仑还于 1800 年在英吉利海峡沿岸集结了大量兵力,动用几千条帆船和驳船,准备大举入侵英国。但战争之初,无论是海军,还是陆军,英国都没有做好准备,英帝国处于危机之中。小皮特首相费了九牛二虎之力才使海军实力有所恢复。1793 年春,英国海军 113 艘战舰中,有 93 艘适于航海,海军总人数也只有 56 337 人。① 而法国海军实力不弱,其战列舰(sail-in-the-line)、护卫舰(frigate)与英国同等级的军舰相比,在吨位、速度、火力等方面都比英国有优势。法国可服役的战列舰有 76 艘,每艘战舰装载 110—120 门炮,而英国最大的战舰(胜利级)上只有 100 门炮。② 就陆军而言,英国更是相形见绌。法国革命中"人民的军队"由 50 万到 75 万人组成,其中 30 万人是在 1793 年征召的。拿破仑军队顶峰的时候曾经达到 100 万人。③ 英国陆军兵力却严重短缺。英法开战之初,英国军队能派出的远征军只有 1 万人左右。1803 年,在不列颠和爱尔兰的正规军有 5.2 万人,1804 年上升为 9.4 万人,另外还有 8.5 万名民兵,40 万名志愿者。④ 直到 1810 年,英国也只有 14.5 万名水手,3.1 万名水兵,30 万名常备军,18.9 万名志愿军。⑤

　　法国大革命及拿破仑战争期间,英国政府采取了重点发展海军、在海外掠夺法国等敌国殖民地的战略,绝大多数情况下,英国并

---

① J. Holland Rose, A. P. Newton, E. A. Benians, *The Cambridge History of the British Empire, Vol. II, The Growth of The New Empire, 1783 - 1870*, p.39.
② Ibid., p.40.
③ Maya Jasanoff, *Edge of Empire, Lives, Culture, and Conquest in the East, 1750 - 1850*, New York: Vintage Books, 2005, p.119.
④ Christopher D. Pall, *British Strategy in the Napoleonic War 1803 - 15*, Manchester: Manchester University Press, 1992, p.104.
⑤ Lawrence James, *The Rise and Fall of the British Empire*, p.153.

不直接派军队到大陆与法国作战,直到1811年英国派遣军队到伊比利亚半岛时,英国的军队才在欧洲大陆上发挥了作用。格伦维尔坦承:他宁可资助大陆各国也不愿给它们派遣军队,因为这"会剥夺英国工业的人力"①。因此,英国于1805年4月和俄国签订条约时,英国同意对俄国每10万名士兵付给125万英镑。② 在整个反法战争中,英国政府用以资助其盟国的钱款达到6 000万英镑,为英国整个战争开支的5%。③ 英国正是靠其强大的海军力量,才把法国的舰队困守在港口,并封锁法国大西洋和地中海沿岸的港口。与此同时,英国在海外大肆掠夺法国以及荷兰等国在西印度、非洲、亚洲等地的殖民地。

英国的政策有其内外因素。首先,从经济方面讲,英国因夺取殖民地而受益匪浅。18世纪末至19世纪初,随着工业革命的推进,英国经济实力大增,因此英国有实力对其盟国进行经济援助。同时,拿破仑颁布《柏林敕令》实行大陆封锁后,英国征服敌人的殖民地便具有反击法国大陆封锁的目的。通过征服敌人的殖民地,英国还控制了殖民地的原料,欧洲各国要么从英国进口这些原材料,要么什么也得不到。通过占领敌国殖民地,英国又为英国棉纺织商品及其他工业产品开辟了新的市场。④ 因而邓达斯主张:"必须切断敌人的商业资源,这样,我们便可切实可靠地削弱、摧毁他们的海军

---

① 乔治·勒费弗尔:《拿破仑时代》,上卷,端木正译,商务印书馆1978年版,第34页。
② 帕尔默·科尔顿著:《近现代世界史》,中册,孙福生、周颖如等译,商务印书馆1992年版,第235页。
③ T. O. Lloyd, *The British Empire, 1558 - 1995*, p.114.
④ Ramsay Muir, *A Short History of The British Commonwealth*, Vol. II, *The Modern Commonwealth* (1763 - 1919), p.253.

力量。"①

　　英国和法国在西印度群岛展开激烈争夺,很大程度上也是出于经济考量。18 世纪下半期,西印度殖民地在帝国经济体系中无疑是非常重要的部分。1782 年,英属圣克里斯多弗岛及其他较小的 10 个英属西印度群岛殖民地总价值超过 1 500 万英镑,英国在西印度的投资估计为7 000 万英镑,而同期在东印度的投资只有 1 800 万英镑。② 1801 年,这些英属岛屿的收入为 3 300 万英镑,英国出口的制造品价值也由 1795 年的 1833.5 万英镑增长到 1801 年的 2569.9 万英镑。③

　　西印度殖民地对法国经济也至关重要。法属圣多明各（Saint-Domingue）在 18 世纪 80 年代特别繁荣,其外贸总额超过整个美国。法属西印度殖民地占了法国对外贸易总额的 2/5,海外商船总吨位的 2/3,注册海员的 1/3。人们有理由相信如果丢失了这些殖民地,法国的经济和海军实力会遭到沉重打击。④ 对英国而言,夺取这些富庶的殖民地实属一举多得,不但可以打击对手,更可以给自己带来实实在在的经济利益。

　　其次,从战略方面讲,英国占领敌人殖民地,就可确保通向印度的航路畅通无阻。1793 年—1815 年英法之间的战争,对英国来讲一方面是为了生存而战,另一方面是为了保卫英国海上及商业利益,保卫英国殖民地。小皮特的战略与他父亲老皮特的战略十分相

---

① J. Steven Watson, *The Reign of George III, 1760 - 1815*, p.153.
② J. Holland Rose, A. P. Newton, E. A. Benians, *The Cambridge History of the British Empire, Vol(II), The Growth of The New Empire, 1783 - 1870*, p.42.
③ Ibid., pp.78 - 79.
④ P. J. Marshall, *The Oxford History of The British Empire, The Eighteenth Century*, p.187.

似,他认为真正的英国利益在欧洲之外,某些地区如低地国家、波罗的海、地中海等,在这些地方英国的安全会受到威胁。① 因而1795年法国占领荷兰之后,英国随即派兵攻占荷属开普殖民地,东印度公司也派兵攻占了荷兰殖民地斯里兰卡,这两个地方对保护印度至关重要。

开普殖民地地处非洲大陆最南端,是欧洲通往印度的中转站,具有重要的战略地位。斯里兰卡则是印度次大陆的"一滴眼泪",是保卫印度的门户。占领开普、斯里兰卡这两块殖民地是英国保护印度的重要措施,对英国具有极其重要的战略意义。英国经过1795—1803年短暂占领开普后,1806年又第二次占领,最后在1814年,荷兰正式将开普殖民地割让给了英国。这一时期英国还占领了马来西亚、爪哇、马耳他以及西印度群岛的一些殖民地,其中大部分在战后又还给了原宗主国如法国、荷兰、西班牙等。②

最后,夺取敌人殖民地也比较现实。英法开战之时,英国的陆军力量非常弱小,小皮特刚把军队人数削减到1.8万人。③ 这些军队既要维护秩序,又要抵御敌人入侵,根本不可能抽出兵力支援大陆盟国。但英国海军是当时世界上最强大的,1790年,英国皇家海军500吨以上的军舰总吨位为45.89万吨,法国同等吨位的军舰总吨位为31.43万吨。④ 强大的海军足以使英国在海上自由游荡,保

---

① J. Steven Watson, *The Reign of George III, 1760–1815*, p.367.
② Ramsay Muir, *A Short History of The British Commonwealth, Vol. II, The Modern Commonwealth* (1763–1919), p.253.
③ J. Holland Rose, A. P. Newton, E. A. Benians, *The Cambridge History of the British Empire, Vol. II, The Growth of The New Empire, 1783–1870*, p.38.
④ P. J. Marshall, The Oxford *History of The British Empire, The Eighteenth Century*, p.185.

卫英国的殖民地并夺取法国的殖民地。在这种情况下，夺取敌人具有战略意义的据点，不但对英国海上霸权具有重要战略意义，还可以消灭敌人的经济资源，削弱敌人，壮大自己，确实是一举多得的政策。

法国也想夺取英国的殖民地，法国认为殖民地是英国财富的源泉，夺取了英国的殖民地，英国的力量就会衰弱。雅各宾派的领袖们曾呼吁法国人民："要么将和平建立在摧毁伦敦塔之上，要么吸干腐朽的英国财富。"也就是说，法国要么进攻英国，要么进行殖民和商业战争。[1] 拿破仑是个伟大的执行者，1798 年拿破仑率领远征军躲过英国舰队的追击，在埃及登陆，其目的就是为了从埃及威胁英国重要的殖民地印度，切断英国同印度的联系，推翻英国在印度的统治。[2] 为了威胁英国，法国派军舰到印度海岸，和印度一些土邦结成联盟，鼓动它们反击英国，企图恢复法国在印度的统治。在西印度群岛，法国也派了五艘巡洋舰[3]，英属西印度群岛受到了巨大威胁。《亚眠和约》签订后，拿破仑一面进行国内改革，一面制定庞大的殖民扩张计划。在欧洲，拿破仑企图恢复从莱茵河到阿尔卑斯山的法国天然疆界，在海外则恢复 18 世纪法国丧失的殖民地。拿破仑尤其想收复七年战争中失去的在印度的殖民地，而法国在 18 世纪所失去的殖民地大多为英国所得，因而拿破仑的扩张计划首先与英国

---

[1] J. Holland Rose, A. P. Newton, E. A. Benians, *The Cambridge History of the British Empire, Vol. II, The Growth of The New Empire, 1783-1870*, p.38.
[2] Larry H. Addington, *The Patterns of War Since the Eighteen Century*, Bloomington: Indian University Press, 1984, p.22.
[3] J. Holland Rose, A. P. Newton, E. A. Benians, *The Cambridge History of the British Empire, Vol. II, The Growth of The New Empire, 1783-1870*, p.40.

发生冲突。①

战争开始的头两年,英国的政策取得很大成功,许多法国海外殖民地都被邻近的英国殖民地驻军侵占。邓达斯曾经指示:"法国海军遭到沉重打击后,占领这些西印度殖民地将会阻止法国海军恢复。"②实际上,英国占领敌人殖民地的战略也得到英国国内大多数人的认可,这个战略的核心是摧毁法国海军和商业力量,并不是扩大英帝国版图。无论谁占领了这些富饶的岛屿,都会使其海上力量占绝对优势。当然,英国也为占领这些殖民地付出了沉重的代价,远征西印度的英军和水手伤亡惨重,死亡率达 70%,其中绝大多数人死于黄热病和疟疾。③ 由于伤亡率居高不下,当地指挥官决定招募黑人入伍,1798 年,作为权宜之计,军队开始出钱购买奴隶来补充兵员。9 年内,英国共购买 6 800 个奴隶,花费 48.4 万英镑。④

在这种政策的指导下,法国革命及拿破仑战争期间,英国从法国、荷兰、西班牙手中夺取了大量殖民地,英帝国的版图迅速扩大。战争结束之时,根据维也纳会议签署的《最后文件》,英国虽然放弃了一些它所征服的殖民地,但那些具有重要战略意义的殖民地,则被英国永久占领,其中包括非洲南部的开普殖民地(Cape Colony)、亚洲的锡兰(Ceylon,即斯里兰卡)、南美洲的埃斯奎博(Essequibo)、德梅拉拉(Demerara)、伯比斯(Berbic)(都在今圭亚那境内)、西印度的特立尼达(Trinidad)。英国还占领了马耳他岛(Malta)、塞舌尔群

---

① 王绳祖主编:《国际关系史》,第一卷,世界知识出版社 1995 年版,第 325 页。
② P. J. Marshall, *The Oxford History of The British Empire, The Eighteenth Century*, p.187.
③ Lawrence James, *The Rise and Fall of the British Empire*, p.154.
④ Ibid.

岛(Seychelles)和马达加斯加附近的毛里求斯岛(Mauritius),并从丹麦手中夺取了北海的重要据点赫尔戈兰岛(Halgoland),并将爱奥尼亚群岛(Ionian Islands)置于英国保护之下。在这一时期,英国在印度的领地也大大扩大,第二英帝国的基本框架定型了。

战争期间,英国殖民地的经济得到很大发展。这一时期正值英国工业革命飞速发展时期,英国主要工业部门以机器代替手工生产,以工厂制代替作坊制,结果生产量和劳动生产率均有较快的增长。英国的对外贸易结构也发生了变化,虽然还存在着一些商品的再出口,但英国外贸已变成商品销售为主,对外贸易成了英国经济的生命线。以实际价值计算,英国出口的货物从1798年的4 260万英镑增加到1800年的5 230万英镑,离港船只增加了1/3,几乎达到200万吨。[①] 在这种情况下,殖民地作为英国原料产地和产品销售市场,对英国经济的作用越来越大。英国为了自身的经济利益,必须保护已有的殖民地,尤其要保住印度这块东方宝地,并确保通向印度的航道畅通。英国占领地中海诸岛,占领开普、斯里兰卡等,都是为了保护通向印度的航路。

而西印度群岛殖民地的作用也日益凸显,战争使得棉花的价格飞涨。18世纪大部分年代,英国从东方购买大部分原棉,随着工业革命的发展,从东方运来的棉花已经满足不了英国的需要。到1790年为止,西印度群岛殖民地已经供应英国需要的棉花的70%以上。英美战争以及英国对美国港口的封锁,使西印度群岛殖民地暂时消除了一个危险的竞争者,1808—1815年期间,牙买加与特立尼达都

[①] 乔治·勒费弗尔:《拿破仑时代》,(上卷),第67页。

从对拉丁美洲的贸易中获得大量利润。①

拿破仑战争期间英属北美殖民地进一步巩固。1791年,下加拿大大约有16万人口,其中讲英语的有1万人。20年后,这里的人口达到27.5万人,其中从美国来的移民就有3万人。② 1815年,下加拿大人口又增至30万人,是1791年的两倍。③ 上加拿大的人少些,但增幅很快。据估计,1792年,上加拿大人口为1.2万人,到1800年有3.5万人,1812年为7.5万人。④ 1791—1812年,上加拿大人口增长了500%。⑤ 尽管拓荒时期经济困难重重,但是到1812年,上加拿大已经取得相当大的成就,沿着安大略湖北岸建立了一连串的殖民点,有的地方,如尼亚加拉半岛居民点已经深入离湖岸几英里的地方。在其他大西洋省份,也有7.5万—8万居民。⑥ 19世纪初,下加拿大的毛皮贸易衰落,但出口剧增。1810年,下加拿大木材出口已经占其全部出口的70%。在新的国际市场和国内消费的刺激下,农业也有巨大发展,其农产品出口总值由18世纪90年代的30万英镑增至1811年的122.1万

---

① J.H.帕里、P.M.舍洛克:《西印度群岛简史》,天津市历史研究所翻译室译,天津人民出版社1976年版,第225—226页。
② P.J. Marshall, *The Oxford History of The British Empire, The Eighteenth Century*, p.386.
③ R. Douglas Francis and Donald B. Smith, *Readings in Canadian History, Pre-Confederation*, Toronto: Holt, Rinehart and Winston of Canada, Limited, 1990, p.273.
④ Arthur R. Lower, *Canadians in the making, A social history of Canada*, Toronto: Longman's Green, 1958, p.175.
⑤ Margaret Conrad, *History of the Canadian Peoples, Beginnings to 1867*, p.366.
⑥ P. J. Marshall, *The Oxford History of The British Empire, The Eighteenth Century*, p.386.

英镑。①

由于战争的刺激,各殖民地经济迅速繁荣。英国政府逐渐放弃了旧的重商主义殖民政策,放弃了对殖民地的贸易垄断,促进了殖民地经济的发展。纽芬兰是世界上最大的渔场之一,在经济上对英国十分重要,尤其对于英国船运业和捕鱼业的重要性更为显著。不列颠贸易委员会甚至一度认为在财富和安全上,纽芬兰的重要性大于加拿大和路易斯安那的总和。② 18 世纪末,纽芬兰经济有了长足发展,它同加拿大和西印度殖民地贸易关系已经确立。1793 年反法战争爆发后,英国水手被征入海军,从英国来的渔船数量减少,定居渔业繁荣起来。纽芬兰人口从 1785 年的 1 万人增加到 1815 年的 3.5 万人;③1824 年,英国给纽芬兰以殖民地地位。

由于战争的刺激,新斯科舍、新不伦瑞克、布雷顿角和爱德华太子岛四个省的经济也发展起来,尤其是木材业和造船业发展最快。尽管在重商主义殖民理论的指导下,英国很早就鼓励北美木材贸易,但是由于路途遥远,成本较高,北美木材贸易的发展受到限制。波罗的海沿岸一直是英国主要木材供应地,但是拿破仑战争完全改变了原有的供求关系。1793 年以后,由于栎木短缺,英国改变政策通过关税保护,鼓励从英属北美殖民地大量进口木材。战争期间,英国政府对殖民地的经济实行保护,1798 年,英国对来自殖民地的

---

① R. Douglas Francis and Donald B. Smith, *Readings in Canadian History, Pre-Confederation*, p.275.
② W. T. Easterbrook and Hugh G. J. Aitken, *Canadian Economic History*, Toronto: University of Toronto Press, 1988, p.138.
③ 张崇鼎主编:《加拿大经济史》,四川人民出版社 1993 年版,第 124 页。

木材几乎免税,一船只征收 2 先令,后来出于特殊原因,则完全免税。① 1803 年,由于战争消耗,波罗的海沿岸的木材价格急升,北美殖民地输往英国的木材量激增。1808 年,英国政府对进入英国的大陆木材强行征收高关税,每船 27 先令 4 便士,1811 年加倍,1812 年则增至 64 先令。② 而殖民地的木材进入英国却不交税,这一做法目的是保护英国海军的木材供应,准备一旦英国失去波罗的海的木材供应也不至于束手无策。1810 年关税优惠加倍,1811 年和 1812 年再加优惠,达到补偿从北美运至英国的高运输成本的水平还大大有余。这种帝国特惠制度的结果是使上、下加拿大及沿海各省的木材工业空前繁荣,英国不少进口公司原来是与波罗的海进行贸易,而今大都转向北美,接受英国政府的合同,投资砍伐和运输殖民地木材。英属北美殖民地木材的贸易量从 1802 年的 21 782 吨增长到 1807 年的 91 660 吨,1814 年为 110 759 吨。③ 约有 1 500 条商船、1.8 万名英国海员在从事北美大西洋木材贸易。④ 美国独立战争之后,重建因失去美国而削弱的英国船队,刺激了英属北美殖民地的造船工业。1783 年后,沿海各省每一个重要港口都有造船厂,所造的船多数卖给英国。北美殖民地已度过了艰难的"拓荒时期",开始健康发展。

总的来说,1808—1815 年间是加拿大各殖民地经济大发展时期,最初,新斯科舍和新不伦瑞克只是地图上的两个地名,其后几年

---

① J. Holland Rose, A. P. Newton, E. A. Benians, *The Cambridge History of the British Empire*, Vol. II, *The Growth of The New Empire*, 1783 - 1870, p.219.
② Ibid., p.220.
③ 张崇鼎主编:《加拿大经济史》,第 126 页。
④ J. Holland Rose, A. P. Newton, E. A. Benians, *The Cambridge History of the British Empire*, Vol. II, *The Growth of The New Empire*, 1783 - 1870, p.220.

内,这里的港口和城镇成了大西洋西岸最繁荣的地方,积累了大批财富和资本。两地成了大西洋贸易体系中最活跃的两个成员,很快就对新英格兰的霸权形成了挑战。

在法国革命和拿破仑战争期间,为应付战争需要,英国政府逐渐放弃了对殖民地的贸易垄断权。美国独立战争之后,尽管《航海条例》仍未废除,但重商主义在英国正退出历史舞台,自由贸易也开始兴起。新、旧两种体制共存是第二英帝国初期的一个特点,小皮特本人便深深信服亚当·斯密的理论,他是坚信自由贸易的第一位英国政治家,而追随他的托利党人也先后接受了这种理论。[①] 1786年英法签订《英法商约》,这是根据新的经济原则签订的第一个自由贸易条约。

拿破仑战争期间,英国对于殖民地贸易的限制大大放松,直至最终放弃。美国独立虽然使它在政治上脱离了帝国,但是美国各州与英属西印度殖民地和英属北美殖民地的经济联系却无法割断。第一英帝国解体之前,为促进英国与其他国家殖民地的贸易,英国在1766年通过法案,将西印度殖民地的港口对外国船只开放[②],在西印度殖民地设立了自由港。美国独立后,英国《航海条例》实际上受到了挑战。英国政府最初希望完全禁止英属西印度与美国之间的贸易,甚至用英国船也不行。但是英属西印度殖民地与美国经济上的相互依存,使西印度殖民地强烈反对英国的政策,它们要求继续将美国留在帝国贸易体制内。事实上,到1783年,能够方便地为

[①] 温斯顿·丘吉尔:《英语国家史略》,薛力敏、林林译,下,新华出版社1983年版,第201页。

[②] P. J. Marshall, *The Oxford History of British Empire, Vol. II, The Eighteenth Century*, Oxford: Oxford University Press, 1998. p.585.

英属西印度殖民地供应食品和木材的仍然是美国各州。1783年4月,英属西印度种植园主和商人向英国政府提出:"同以前一样,允许美国船只自由地装运美国领土的产品到蔗糖殖民地。"①1783年6月23日,约翰·昆西·亚当斯总统明确说:"西印度群岛的贸易是美洲商业系统的一个组成部分。他们没有我们不行,我们没有他们也不行。造物主把我们安置在地球上,我们就有必要互相往来。"②为此,1784年,英国政府做了一些变通,决定允许英国船只装载木材、牲畜、面粉、谷物、桅杆以及各类海军必需品从美国港口出发驶往西印度。③ 涉及一切海上贸易事务时,对待美国与对待其他外国没有两样。④

面对英属西印度要求扩大自由港制度的要求,1787年,英国政府禁止任何面粉、面包、大米、小麦、其他谷类和木材从其他国家的西印度岛屿进入英属西印度,但同时英国又规定:如遇紧急情况则例外。⑤ 同年,通过了新的自由港法案,在以下西印度殖民地设立自由港,其中牙买加有四个,多米尼加一个,巴哈马一个。这些港口对欧洲国家的商船开放,但仅限于只有一层甲板、吃水量小于70吨的商船。⑥ 这样,事实上在这里实行了自由贸易。因为"紧急情况变得那样频繁",自由贸易也就成了常态。自由港开辟后,这些殖民地的

---

① 埃里克·威廉斯:《加勒比地区史》,辽宁大学经济系翻译组译,辽宁人民出版社1976年版,第356页。
② 埃里克·威廉斯:《加勒比地区史》,第355页。
③ 张崇鼎主编:《加拿大经济史》,第120页。
④ 同上。
⑤ 埃里克·威廉斯:《加勒比地区史》,第361页。
⑥ Helen Taft Manning, *British Colonial After the American Revolution, 1782 - 1820*, p.278.

对外贸易额急剧增加。牙买加同西班牙的货物贸易量每年达到5 000—6 000吨;1787—1790年,驶入多米尼加港口的外国商船数目超过了英国商船。① 到1792年,自由港制度已经常态化。

由于拿破仑的大陆封锁政策,英国对欧洲大陆的贸易锐减,因而英国便设法向欧洲大陆以及西班牙等国的殖民地走私其工业品,这样西印度殖民地的重要性就愈发明显。拿破仑战争期间,英国自由港的范围进一步扩大。同时为了保卫西印度殖民地,也为了夺取更多的敌国殖民地,英国在1795—1796年间派遣了3.5万人到加勒比海地区,但1796年死去1.4万人。② 英国在格林纳达(Grenada)、安提瓜(Antigua)、巴哈马(Bahamas)、百慕大(Bermuda)等殖民地设立的自由港的贸易额也大大增加。大量的英国工业品运到英属殖民地的自由港,再从这里出口到其他欧洲国家的殖民地。1793年以前,仅格林纳达的圣乔治自由港(S. George)每年从英国进口的工业品总额就达33万英镑。③ 而1793年之后,巴哈马每年从英国进口的制造业产品达到50万英镑,而其中18.4万英镑的产品被西班牙人买走。④ 拿破仑战争期间,自由港的贸易额进一步上升。1805年10月到1806年10月,仅在巴哈马殖民地,参与贸易的93艘商船就运送了价值60万英镑的货物。⑤

---

① Helen Taft Manning, *British Colonial After the American Revolution, 1782 – 1820*, p. 279.
② P. J. Marshall, *The Oxford history of British Empire*, Vol. II, *The Eighteenth Century*, p. 587.
③ By Vincent Harlow & Frederick Madden, *British Colonial Developments, 1774 – 1834, Select Documents*, Oxford: Oxford University Press, 1953, p. 331.
④ Helen Taft Manning, *British Colonial After the American Revolution, 1782 – 1820*, p. 281.
⑤ Ibid., p. 283.

1808年新斯科舍和新不伦瑞克的总督主动宣布允许英国或美国船只把某些列举商品转口运至西印度,后来这一决定得到了英国政府的认可。这实际上已经冲破了《航海法》的限制。1811年英国又进一步宣布:允许除法国之外的任何国家的船只装载某些重要产品,如小麦、面包、饼干、树脂、沥青等进入英属殖民地的哈里法克斯、圣安德鲁斯、圣约翰三个港口。① 英国对殖民地的贸易垄断进一步放松。同样在印度,1793—1813年,东印度公司对印度的贸易垄断权也被取消。1793年,东印度公司被迫允许一定数量的英国散商商品进入印度,从而在东印度公司近200年的贸易垄断厚壁上打开了一条缝;而1813年颁发的东印度公司特许状则废除了东印度公司对印度的贸易垄断特权,使印度对所有英国商人开放,东印度公司仅保留茶叶贸易垄断和对中国的贸易垄断。到1833年,东印度公司所有的商业特权都被取消,英国人可以自由定居印度,从事贸易和各种职业。② 自由主义殖民政策与重商主义殖民政策并存是这一时期的一个独特现象。但是其趋势是重商主义逐渐消亡,自由主义日益壮大。

由此看来,法国大革命及拿破仑战争对英帝国影响深远。战争期间,英帝国不但在版图上大大扩大,而且形成了一套新的殖民统治体制,英帝国开始了从重商主义殖民帝国向自由主义殖民帝国的转变。拿破仑战争结束后,随着英国工业革命的进一步发展,自由贸易的呼声进一步高涨,英国放弃对殖民地贸易垄断的步伐也大大加快。1825年英国国务大臣威廉·哈斯金森(William Huskisson)宣布将英国殖民地的商业对所有友好国家开放,条件是英国的商船

---

① 张崇鼎主编:《加拿大经济史》,第129页。
② H. H. Dodwell, *The Cambridge History of The British Empire*, Vol. IV, *British India*, (1497-1858), p.313.

在这些国家的殖民地也享有同等的权力。哈斯金森还取消了向殖民地各港口所征收的大多数收费。① 至此,自由主义殖民政策基本确立。

在这个过程中,英帝国的版图迅速扩大,1792年英国占有殖民地26块,至1816年占有的殖民地已扩展到46块。② 新的扩张可分三种情况,一是在西印度群岛,二是具有重要战略地位的地区,三是在印度和加拿大。在这三类地区中,前两类是英国攻占敌人殖民地的结果,后一类是为了应付危急局面而进行战争的结果。

西印度群岛是欧洲殖民者开辟较早的殖民地,那里盛产蔗糖,十分富饶,曾经是欧洲国家最重要的殖民地。美国独立战争之后,虽然西印度群岛殖民地在英帝国中的地位下降,但是仍具有很高的经济与战略价值。法国大革命爆发之后,英国在西印度群岛的殖民地受到威胁。大革命爆发不久,法国向加勒比地区派遣一支庞大的援军,仅在多米尼克(Dominica)就有4 000多名士兵③,由此法国在加勒比海域占据了明显优势,大有将英国驱逐出西印度群岛的迹象。面对法国的威胁,小皮特政府的第一个行动是向西印度群岛派遣一支远征军,攻击法国的西印度殖民地。④ 首相小皮特向格伦维

---

① Hugh Edward Egerton, *A Short History of British Colonial Policy*, London, 1924, p.257.
② Edited by Sarah Stockwell, *The British Empire, Themes and Perspectives*, Oxford: Blackwell Publishing Ltd., 2008, p.42.
③ J. Holland Rose, A. P. Newton, E. A. Benians, *The Cambridge History of the British Empire, Vol. II, The Growth of The New Empire, 1783－1870*, p.44.
④ Ramsay Muir, *A Short History of The British Commonwealth, Vol. II, The Modern Commonwealth* (1763－1919), p.188.

尔指示说："即使我们在地中海的部队耽误下来,西印度也必须保住。"①1793年1月陆军大臣亨利·邓达斯发给牙买加总督一封私人密信中,谈到了西印度殖民地的重要性,他说:"如果战争爆发,那么使陛下政府和英王军队的保护达到法属西印度殖民地,使它们从隶属于大英帝国中获得利益,并采取同样措施使这些岛屿和现有英国殖民地一样,免受那些必然导致他们完全灭亡的图谋的影响和蔓延——这些必将是我国采取的作战计划的一部分。"②在英国未做好战争准备,兵力不足的情况下,英国仍决定向西印度派遣重兵。1793年5月负责战争的国务秘书邓达斯给格伦维尔的报告中,记载了英国海军兵力分布的情况:英吉利海峡有25艘战舰,地中海有20艘,西印度12艘,东印度5艘。③ 由此可见西印度在当时英帝国中所占据的位置。

  法国大革命客观上为英国夺取西印度殖民地提供了有利条件。大革命爆发后,法属西印度殖民地受到很大影响,1793年,法属圣多明各殖民地的奴隶以自由、平等、博爱为口号,举行反对法国人的起义,其他法属西印度殖民地也有效仿。1793年8月,雅各宾派政府宣布解放殖民地奴隶,唤起了西印度殖民地黑人奴隶的狂热希望,他们揭竿而起,要求得到应有的权利。④ 但种植园主顽强抵制,他们拒不执行国内的指令,许多法裔种植园主逃到了英属牙买加(Jamaica)。法国殖民者甚至派代表到伦敦,请求将圣多明各置于英

---

① J. Holland Rose, A. P. Newton, E. A. Benians, *The Cambridge History of the British Empire, Vol. II, The Growth of The New Empire, 1783－1870*, p.45.
② 埃里克·威廉斯:《加勒比地区史》,第391页。
③ J. Holland Rose, A. P. Newton, E. A. Benians, *The Cambridge History of the British Empire, Vol. II, The Growth of The New Empire, 1783－1870*, p.47.
④ J.H.帕里、P.M.舍洛克:《西印度群岛简史》,第307页。

王的保护之下。① 同时,英国又收到了来自法属马提尼克(Martinique)和瓜德罗普(Guadeloupe)殖民地保王党代表呈送的归附英国计划,该方案提出,如果波旁王朝复辟,这些岛屿就归还法国,或者用以交换英国在战争中有可能丢失的殖民地。法裔居民向英国宣誓效忠,但可以像加拿大人一样享有宗教信仰的自由。②

英国接受了法属西印度群岛的要求,以法国种植园奴隶主的邀请为借口,于1793年9月从牙买加出兵,占领海地西部和南部沿海地区。11月,英国派7 000名士兵攻击其他法属西印度殖民地。1794年,英军从法国手里夺取了瓜德罗普、圣卢西亚(St. Lucia)、多巴哥(Tobago)等地。1795年荷兰、西班牙与法国结盟,英国又从荷兰手中夺取了库拉索岛(Curacao)、德梅拉拉、埃塞奎博以及圭亚那,从西班牙手中夺取了特立尼达(Trinidad)。除特立尼达之外,所有的殖民地在1801年根据《亚眠条约》归还;但1803年重新开战后,英国人重新占领了这些岛屿。1815年,根据战争最终解决方案,英国占领圣卢西亚、多巴哥、特立尼达,又购买了德梅拉拉、埃塞奎博、伯比斯。马提尼克和瓜德罗普还给了法国,这主要是由于英国希望维持英吉利海峡的安全。

与18世纪以前的其他战争不同,1793—1815年的英法战争除了政治理念冲突之外,还与争夺殖民地及商业霸权紧紧联系。战争中,英国一方面在欧洲大陆组织反法同盟,资助它们抗击法国;另一方面乘势建立了世界上最为强大的海军,并用它来攻击法国殖民

---

① Sir A. W. Ward, G. P. Gooch, *The Cambridge History of British Foreign Policy, 1783-1919*, Vol. I, Cambridge: Cambridge University Press, 1922, pp.560-561.
② J. Holland Rose, A. P. Newton, E. A. Benians, *The Cambridge History of the British Empire*, Vol. II, *The Growth of The New Empire, 1783-1870*, p.43.

地。英国的海上霸权地位自此确立,这对以后英帝国的发展起到了重大作用。

但是,攻占敌人殖民地的战略在西印度群岛却遇到了极大困难,使英国付出巨大的代价。法属西印度殖民地诸蔗糖岛看起来很诱人,但入侵这些岛屿殖民地却危险异常,其中最大的敌人便是黄热病。[①] 圣多明各殖民地是法属殖民地中最大、最富饶的岛屿,1679年就被法国占领。该岛盛产蔗糖,这里每亩地所产蔗糖要比英属牙买加多出2/3。[②] 但是由于岛上奴隶起义军的顽强反抗以及黄热病流行,致使英军伤亡惨重,成千上万名英军士兵因黄热病而死亡或残废。[③] 英国最终未能占领法属圣多明各岛。在海地英军遭到同样重创,1795年西班牙从海地撤军,英军陷入孤立作战境地,加上海地黄热病流行,使英军处于被动挨打的局面。1798年2月,在阿尔蒂尼特河谷平原,英军战败,几乎全军覆没,10月1日,英军向奴隶起义军投降。在六年的武装干涉海地的行动中,英国军队死亡4.5万余人。

当然,第二英帝国初期,帝国的扩张并非都是战争的副产品,塞拉利昂殖民地就是一个特例。该殖民地建于1787年,最初是为了给英国获得自由的黑人奴隶寻找一块居住地,由英国人道主义者出资建立的。1785年英国就开始在非洲寻找合适的地方来安置流放犯,那时伦敦还有大量黑人贫民,他们大多是解放了的奴隶或者北美独立战争时期的退伍兵。对这批人英国政府倍感头疼,按照当时的

---

① J. Holland Rose, A. P. Newton, E. A. Benians, *The Cambridge History of the British Empire, Vol. II, The Growth of The New Empire, 1783 – 1870*, p.50.

② Ibid., p.43.

③ T. O. Lloyd, *The British Empire*, pp.114 – 115.

《济贫法》,贫民救济应该由其原来的教区负责,但这些黑人显然无法回到北美。因而就有人出主意,建议把他们运到非洲去。

1787年,英国皇家海军鹦鹉螺号(HMS Nautilus)与三艘运输船抵达塞拉利昂。船上运载了400名自由的黑人和60名沿途收押的白人妓女。① 塞拉利昂殖民活动最初并不顺利,当地土著对他们进行抵制。美国独立战争胜利后,大批黑人效忠派逃到了新斯科舍,他们发现这里气候寒冷,并不是他们的理想之地,当地白人对他们也不欢迎。后来他们听到了塞拉利昂的移民计划,很感兴趣。1792年,在伦敦福音教派成立的"塞拉利昂公司"(Sierra Leone Company)的组织下,1 000名来自美国、加拿大的解放黑奴来到塞拉利昂,建立了一种新形式的殖民地。

1795年,500名被牙买加驱逐的黑奴来到塞拉利昂,这批人由于叛乱而被流放到新斯科舍。在那里他们发现自己不受欢迎,于是也设法来到塞拉利昂。1808年,由于塞拉利昂公司无法再向殖民地提供资助,遂将它转给了英国政府。当时该殖民地没有商业价值,也不适合英国移民。后来,该殖民地成了反对奴隶贸易和向非洲内陆扩张的前哨基地,才变得相对重要起来。

这一时期,英国在非洲、印度洋、太平洋、地中海等地夺取了开普、斯里兰卡、马来亚、马耳他等殖民地,主要是考虑其重要的战略地位。

开普殖民地位于非洲最南端,在苏伊士运河开凿之前,是欧洲通往亚洲的必经之地,是欧洲通往印度的中转站,战略位置极其重

---

① Richard Gott, *Britain's Empire, Resistance, Repression and Revolt*, London and New York: Verso, 2011, p.91.

要。最早来到南非地区的欧洲人是葡萄牙人;1652年4月,荷兰东印度公司派遣范里贝克(Jan van Riebeeck)率80名公司雇员来此建立了一个后勤补给站,并围绕这个中心建立起第一个白人殖民地。在最初五六十年,开普殖民地的土地扩张是缓慢的。从18世纪初开始,荷兰殖民者中以畜牧为主的农场主(后来渐渐被称为布尔人)加快了土地扩张的速度,这种扩张一直持续到18世纪末。

随着荷兰的国际地位日益衰落,在世界舞台上,英、法开始了激烈的争夺,而具有重要战略意义的好望角成为双方的必争之地。美国独立战争后旧的英帝国崩溃,印度成为新帝国的支撑点,在英国政治家看来,开普无论是在商业上还是在军事上都具有重要的战略意义。① 英国东印度公司的董事们宣称:"无论哪个列强占据了开普,它都将控制印度。"②早在1780年,英国内阁就试图派兵占领开普,以确保通向印度的航道畅通。③ 东印度公司主席在向英国内阁的报告中就指出:"那些占据了好望角的国家便拥有了通向东印度的钥匙,这个道理对我来说是不言而喻的,实际上,我们必须把好望角做为印度的直布罗陀。"④法国革命中荷兰与法国签定《海牙和约》,荷兰改称巴达维亚共和国(Batavia Republic),成为法国的仆从国,这对英国来说是个沉重打击。随后,亲英的荷兰国王威廉五世逃往英国,他训令荷兰东印度公司将财产移交给英国人,以免落入

---

① A. P. Newton, E. A. Benians, *The Cambridge History of the British Empire*, Vol. VIII, *South Africa, Rhodesia and the Protectorates*, Cambridge: At the University Press, 1936, p.168.
② Vincent T·Harlow, *The Founding of the Second British Empire*, VOL.(I), *Discovery and Revolution*, p.108.
③ Ibid., p.109.
④ Ibid., p.122.

法国之手。1795年6月英国人借口保护"盟国"的海外殖民地,派兵进军开普殖民地,驻守海港的荷兰正规军不战而逃,当地布尔人民团也只是象征性地进行一些抵抗。9月15日,英军顺利实现占领,"名正言顺"地接收了开普殖民地的管辖权。

这次占领历时八年,从名义上说是代"盟国"占领,但是实际上却在做长期占领的准备。英国当局取消了加尔文教作为南非国教的地位,确立宗教自由的政策,同时英国传教士加紧在南非传播英国国教。1796年,英国取消了荷兰东印度公司在开普所做的种种限制,以赢得荷兰裔居民的效忠。[①]

1802年3月27日英法签订《亚眠条约》(Treaty of Amiens, 1802),条约规定英国将战争期间所占的法国及其盟国的殖民地都给予归还,但斯里兰卡和特立尼达岛除外。法国将特立尼达岛割让给英国,巴达维亚(即荷兰)将斯里兰卡割让给英国,而英国将马耳他岛归还给圣约翰骑士团(Knights of St. John)。[②] 根据条约,1803年2月20日,英国极不情愿地撤出了它统治了八年的开普殖民地,由荷兰政府接管。但同年5月英法再度交战;1805年英国军舰再次逼近开普,1806年1月英国第二次占领开普殖民地,此后就再也不愿意把它交还给荷兰了。1814年维也纳会议上,英国迫使荷兰政府正式将开普殖民地移交给英国。此后直到1869年苏伊士运河开通,开普殖民地一直是英国从大西洋通向印度洋航线上最重要的海军基地。英国在好望角港口驻扎重兵和舰队,拱卫它在两大洋上的航线。

[①] A. P. Newton, E. A. Benians, *The Cambridge History of the British Empire*, Vol. VIII, *South Africa, Rhodesia and the Protectorates*, p.178.

[②] 王绳祖主编:《国际关系史》,第一卷,第324—325页。

开普殖民地对英国维持海军优势及它在东方的开拓具有重大意义，为英国推行海上霸权和殖民霸权提供了极其有利的条件。19世纪30年代以后，英国军舰和远洋商船从使用风帆改用蒸气动力，而盛产煤炭的南非，又从原来的海上食物供应站转变成极其重要的加煤站，开普殖民地在大英帝国中的地位显得更加重要。为了保卫开普殖民地，拿破仑战争期间英国在开普殖民地的驻军始终维持在4 000人以上。

而且随着工业革命的发展，印度殖民地对英国的重要性越来越大，成了英国重要的原料产地和产品销售市场。印度输往英国的棉花等原料激增，英国输往印度的工业品也急剧增加，航行于两大洋航线而停泊于开普的军舰和商船数目直线上升，这些船只在开普港停泊，补充给养，船员也得以休养。开普殖民地成了通往印度的重要的战略基地。

锡兰（Ceylon）（即现斯里兰卡）地处印度次大陆南端，是扼守印度洋保卫印度的门户，具有重要的战略地位。最早来到斯里兰卡的欧洲殖民者是葡萄牙人。1505年，在一次海上搜捕中，葡属印度殖民地总督弗郎西斯科·德·阿尔梅达（Francisco de Almeida, 1450—1510）派遣自己的儿子洛沦索去追击进行海上偷运的阿拉伯运输船。由于海上突然起了风暴，葡萄牙军舰不得不尾随阿拉伯人的海船进入一个港口躲避，这个港口就是位于斯里兰卡（Sri Lanka）西部沿海的科伦坡（Colombo），斯里兰卡从此沦为西方国家的殖民地。葡萄牙统治时期，斯里兰卡的政治经济制度并未发生根本性的改变。对于葡萄牙殖民主义者吸引力最大的是肉桂，因此他们来到斯里兰卡以后，首先抓在手里的就是岛上肉桂贸易的垄断权。在经济掠夺过程中，他们没有对其所控制的僧伽罗国家的现存的行政管理结构进行干涉,而是利用僧伽罗国家原有的一套行政机构和管理制度为自己服务。①

1658年,荷兰人从葡萄牙人手中夺下斯里兰卡,成了第二个统治斯里兰卡的西方殖民国家。荷兰人统治的区域主要集中在沿海,所以对斯里兰卡社会结构也没有造成多大破坏。

随着英国在印度的扩张,斯里兰卡的重要性日渐显现。对英国人来说,要完成对南印度的征服,在很大程度上依赖其在印度洋上的海上优势,而斯里兰卡的亭可马里(Trincomalee)港口是一个优良的港口,可以给英国人控制印度海岸提供战略据点,对保护印度至关重要。同时斯里兰卡资源丰富,尤其是这里出产肉桂,对英国人也有很大诱惑力。

1758年印度的马德拉斯被法国占领,亭可马里港的战略地位就变得更加重要。荷兰站在法国一边,不允许英国军舰在亭可马里停泊。1794年法国攻入荷兰,荷兰投降,荷兰总督逃到英国,英国便利用这个机会,由东印度公司派兵占领了斯里兰卡,以阻止法国接管斯里兰卡。英国于1795年2月开始进攻岛上荷兰人的定居点,1796年2月英军攻占科伦坡,将荷兰人赶出了斯里兰卡,占领了整个斯里兰卡岛,开始了150多年的英国殖民统治。

在战争中,地中海变得越来越重要,而地处地中海之中的马耳他(Malta)岛则是英国扼守地中海的门户,战略位置非常重要。但这块岛屿对法国来说同样十分重要,拿破仑曾经对一个英国大使说,

---

① K. M. De Silva, *A History of Sri Lanka*, London: C. Hurst and Co, 1981, p. 123.

他宁可让英国人占领一片巴黎的郊区,也不愿让他们占领马耳他岛。① 1530年,神圣罗马帝国皇帝查理五世将该岛授予圣约翰骑士团,此后两百多年这里一直由骑士团统治。拿破仑战争期间,英法曾经对该岛进行争夺,1798年6月9日拿破仑率军远征埃及途中登上了马耳他岛,开始了法国对该岛的统治。法国对马耳他实行的是肆意掠夺政策,激起了马耳他人的反抗。1798年9月,马耳他向停靠在西西里的英国海军求援,英国随即派军队对该岛进行封锁。1800年英国接管了该岛,并将该岛作为英国的保护领。曾经亲临马耳他的英国海军军官鲍尔上校论述了占领该岛的好处:一是把大港作为英国在地中海进行贸易的主要集散中心;二是马耳他诸港能为英国海军作战提供可靠的基地;三是管理群岛的费用,凭进口税和骑士团产业的收入就足以开支,而不必由英国国库开支。② 1802年,马耳他派代表团到伦敦,请求把马耳他列岛置于英王陛下的永久保护之下,马耳他成为英国的殖民地。

随着战争的进行,英国政府认识到马耳他在地中海具有何等重要作用。骑士团的小造船厂为皇家海军提供了一个有用的修船基地,马耳他还可以用来对法国在地中海的利益加以排挤。1803年,纳尔逊(Horatio Nelson, 1st Viscount Nelson)将军便宣称:"我现在宣布,我把马耳他看成是印度最重要的外围工事,而且它将对地中海东部诸国及整个意大利南部产生巨大影响,根据这一点,我希望

---

① 布赖恩·布洛伊特:《马耳他简史》,黑龙江大学英语系翻译组译,黑龙江人民出版社1975年版,第250页。
② 韩文宁、洪霞:《塞浦路斯、马耳他——地中海上的不同航程》,四川人民出版社2002年版,第220页。

我们永远也不要放弃此岛。"①1805 年初当有人征询基思海军上将对地中海各军港作用的意见时,他毫不含糊地回答:"马耳他较之我所提到过的一切港口都更为优越,整个港口遍布着绝妙的防御工事,只要它掌握在英国手中,任何敌人也不敢在这里登陆,因为围攻它所需要的兵力不可能从岛上获得给养,而一旦出现优势舰队,围攻的军队将只有投降⋯⋯马耳他所有的兵工厂、医院、仓库等规模都很大。"②而且,马耳他的商业作用也日益凸显,它不仅是皇家海军的基地,还成为一个货物仓库,可将各种货物批发到意大利等地,1806 年拿破仑颁布《柏林敕令》(Berlin Decree,1806)后,马耳他的商业价值就更为巨大了。

英国占领爪哇(Java)、马六甲(Malacca)也是出于战略考虑。1810 年英国印度管理委员会向印度总督明托勋爵发出指令:"要将敌人赶出爪哇。"③英国人无意永久占据荷兰的这一领地,他们的一个目的是破坏拿破仑包围印度的计划。1811 年 8 月,英国东印度公司派兵占领了荷属爪哇殖民地。这个殖民地是荷兰最富饶的殖民地,但英军只占领了五年。拿破仑战争结束后,英国将它归还给荷兰。

英国作为海上强国,对占领大洋上的要冲一向非常敏感。马来半岛(Malay Peninsula)和苏门答腊岛(Sumatra)之间的马六甲是进出远东的必经之路,因此英国人早就处心积虑想插足此地。18 世纪

---

① A. V. Laferla, *British Malta, Vol. I*, Malta: Government printing office, 1938, p. 47. Martin Kitchen, *The British Empire Commonwealth, A Short History*, p. 16.
② 布赖恩·布洛伊特:《马耳他简史》,黑龙江人民出版社 1975 年版,第 252—253 页。
③ D. G. E. 霍尔:《东南亚史》,(下),中山大学东南亚历史研究所译,商务印书馆 1982 年,第564 页。

80年代,英国东印度公司利用马来半岛北部的吉打苏丹阿卜杜拉需要援助的机会,与阿卜杜拉签订协议,根据协议,靠近吉打海岸的租给东印度公司,公司每年向苏丹支付3万西班牙币。① 1786年8月,东印度公司派一小队士兵,以英王乔治三世的名义占领槟榔屿,更其名为"威尔士亲王岛"。1800年,吉打苏丹又将槟榔屿对面大陆上的狭长地带割让给英国,英国人用这片地方种粮食。虽然英国人占领了槟榔屿,但是该岛距马六甲海峡太远,因此必须尽量在靠近海峡的地方再寻找一个据点。而马六甲是最靠近海峡的一个港口,它仍然掌握在荷兰人手里。1795年法军占领荷兰后,荷兰流亡政府将马六甲转交给英国。战争结束后,1818年,英国根据诺言将该地归还了荷兰;但六年之后英国与荷兰又签订协议,英国用苏门答腊岛西海岸的一块地换取马六甲,马六甲从此成为英国殖民地。

除以上这些地方,英国在战争中取得的殖民地还有:印度洋的法属岛屿波旁岛(Bourbon)、毛里求斯(Mauritius)、罗得里格斯岛(Rodriguez)及塞舌尔(Seychelles)。这几个岛屿除波旁岛外,都成了英帝国的一部分。在加勒比地区,英军占领了特立尼达、马提尼克、爪得罗普、圣卢西亚、多巴哥、荷属圭亚那、库拉索,丹属圣托马斯(St. Thomas)及圣克里奥克斯(Sr. Croix)。后来这些殖民地除特立尼达、圭亚那之外,大都返还给了法国、荷兰、西班牙等国。② 在印度洋,1796年,英国还从荷兰手里夺去了马尔代夫(Maldives)。这样,加上原来夺取的开普、斯里兰卡殖民地,通向印度及东方的战略据

---

① 理查德·温斯泰德、姚梓良译:《马来亚史》(下),商务印书馆1974年版,第320—321页。
② Ramsay Muir, *A Short History of The British Commonwealth*, Vol. II, *The Modern Commonwealth* (1763–1919), p.253.

点基本上被英国占领。

从英国在拿破仑战争之后又放弃这么多它曾占领的殖民地可以看出,在这一时期,英国对于扩张新的殖民地并不是非常感兴趣。拿破仑战争后期英国已完全击败了法国的海上势力,消灭了法国及其盟国的船队,成了当之无愧的海上霸主。海上优势确保了英国控制海上贸易,并大大扩大了它的贸易量,这就使它能顶得住拿破仑的大陆封锁政策,并不断增加开支资助反法同盟各国。英国征服殖民地主要是"要禁止中立国与敌方殖民地通商,而把这项贸易保留给自己"①。

海上霸主地位的确立,使得英国把殖民扩张重点转向占据具有重大战略意义的据点,以确保其海上航线的畅通,并使英国可以得到它想要的任何地方。拓殖新的殖民地对英国来说已没有多大意义了,英国占领的地方都与其海上力量与商业贸易有关,或者与英国现有殖民地的安全有关。② 占领特立尼达主要是为了向西班牙在南美的殖民地走私,多巴哥、圣卢西亚两个法属岛屿对安的列斯群岛具有重要的战略意义;开普殖民地是英国保持与东方殖民地联系的必经之地,占领毛里求斯和塞舌尔,是为了保卫东印度与远东的联系。在地中海地区,英国占领马耳他及爱奥尼亚岛,加强了英国在直布罗陀以东海上的力量,保证了从亚历山大港经红海通向印度这条线路的安全。③ 而英国占领斯里兰卡,正是为了保卫印度。

虽然在法国大革命及拿破仑战争期间,英国政府采取了攻击敌

---

① 乔治·勒费弗尔:《拿破仑时代》,下,第85页。
② D. K. Fieldhouse, *The Colonial Empire, —A Comparative Survey From the Eighteenth Century*, London: Macmillan, 1982, p.77.
③ Ibid., pp. 76 – 77.

人殖民地、占领重要的战略据点的战略,并且夺得了许多殖民地,但是这些征服与旧帝国时期的扩张有很大不同。此时英国的注意力主要是放在商业贸易上,对商业航道的畅通特别注意,而征服殖民地只是第二位的事①,这与第一英帝国崩溃之后,英国所采取的殖民政策是一致的。既然如此,有人不禁要问:既然英国不愿征服殖民地,为什么英国在西印度损兵折将之时,仍然死守着那些岛屿,并把殖民扩张的触角伸向世界各地呢?

要回答这个问题,必须从三个方面来考虑。

首先,从政治上讲,英国占领这些殖民地,目标是将敌人从欧洲吸引开,为战后和谈中的讨价还价做准备。② 1802 年的《亚眠和约》(*Treat of Amiens*)及 1815 年《巴黎和约》中英国同意返还在战争期间占领的一些殖民地,为此提供了例证。

其次,从经济方面讲,夺取敌人殖民地是打击敌人的一个有效的手段。随着战争的深入,英法斗争进入胶着状态,小皮特及邓达斯都认为:持久的战争只有靠经济力量来取胜,如果法国丢失其海外殖民地,法国经济就会枯竭③,法国大革命以前,殖民地贸易在法国对外贸易中所占的比例很大,1789 年占其进口贸易的 1/5。④ 一方面,通过征服敌人殖民地可以割断法国的商业资源,削弱、摧毁法国的海军力量。另一方面,英国经济则从战时夺取的殖民地中受益,英国可以控制这些殖民地的原料供应,欧洲被迫从英国进口这些原材料,否则什么也得不到,而英国却为兰开郡的棉纺织品及其

---

① 乔治·勒费弗尔:《拿破仑时代》,下,第 88 页。
② Martin Kitchen, *The British Empire and Commonwealth*, A Short History, p.11.
③ J. Steven Watson, *The Reign of George III*, p.370.
④ 乔治·勒费弗尔:《拿破仑时代》(上),第 47 页。

他工业产品开辟了新的市场。① 在 1806 年 11 月拿破仑颁布《柏林敕令》实行大陆封锁政策之后,英国征服敌人殖民地还具有反击法国大陆封锁体制,进而粉碎封锁体制的目的。

最后,从战略方面讲,英国占领敌人殖民地又是为了确保通向印度的航路畅通无阻。美国独立之后,英国政府并无意在印度进行新的扩张,1784 年《印度法》第 34 条明确规定:"追求征服、扩大印度占领地的计划对于国家政策、理想、道德及荣誉而言是个臭名昭著的措施",除了纯自卫目的外,"任何对印度境内的宣战、敌视或为战争而缔约都是非法"。② 也就是说,英国政府不允许东印度公司在印度采取战争和征服的政策。前印度大总督黑斯廷斯被弹劾的一大罪状是他曾在印度穷兵黩武、连年征战。但是在法国大革命及拿破仑战争期间,尤其是韦尔斯利(Richard Colly Wellesley, Marquees)任印度大总督时,英印殖民当局在印度仍进行了一系列战争,英国在印度的殖民地急速扩大,使印度成为第二英帝国的支柱。

接替黑斯廷斯的是康沃利斯(Charles Cornwallis, 1st Marquis, 1786—1793),他是第一个以上院议员身份担任印度总督的人,他和邓达斯关系密切,获得东印度公司董事会的大力支持。根据 1786 年的法案,他可以支配参事会,对马德拉斯和孟买实行有效的控制,还被授予了犹如总司令那样的军事控制权,这样他在印度的地位就非常巩固了。③

---

① Ramsay Muir, *A Short History of The British Commonwealth*, Vol. II, *The Modern Commonwealth* (1763 - 1919), p.253.
② Edited by A. Aspirall and E. Anthony Smith, *English Historical Document*, Vol. XI, (1783 - 1832), pp.829 - 831.
③ 恩·克·辛哈,阿·克·班纳吉:《印度通史》,第 548 页。

康沃利斯到达印度后不久便认识到,严格遵循《印度法》的禁令是不可能的,他认为这个法令"不免使我们公司总处于不方便的地位,必须在尚未预先争取到得力同盟军帮助的情况下发动一场战争"。康沃利斯还考虑到当时欧洲的国际环境,认为英法在欧洲一有战端,必然会在印度引起反响。而同法国人结盟的迈索尔苏丹提普(Tipu)也在大力扩充军队,积极开展外交活动,准备打击英国人。康沃利斯于 1788 年 3 月写信给驻扎官马利特说:"我把同提普的决裂,看作与法国发生战争的必然的直接的结果。如果那种情况发生,马拉塔人的有力合作,对我们在这个国家的利益的确是最重要的了。"①

于是他在 1790—1792 年和马拉塔联盟(The Maratha Confederacy)及海德拉巴(Hyderabadi)结成攻守同盟,马拉塔和海德拉巴答应各派 1 万人和英军一起战斗。有了这样的准备,英国人于 1790 年发动了第三次英迈战争,这场战争持续了将近两年,提普苏丹虽然率领军队奋起抵抗,但由于寡不敌众,在首都被围困的情况下不得不求和。1792 年 3 月双方签订条约,提普苏丹赔款 3 300 万卢比,割让领土的一半。② 通过战争英国人获得了对马拉巴尔(Malabar)等地的统治权,并取得丁迪古尔(Dindigul)及其南部毗邻地区;在印度东部,英国获得了巴拉马哈尔县(Baramabal District),并将其并入孟加拉和马德拉斯管辖区,大大扩张了东印度公司的领土。

不久,马拉塔联盟和海德拉巴又发生火并,海德拉巴被打败,割

---

① Sir G. Forrest, *Selecting from the State Papers of the Government of India*, *Lord Cornwallis*, London, 1926, Vol. I, p. 10.
② 林承节:《殖民统治时期的印度史》,第 32 页。

让一半领土给马拉塔联盟,从此失去南印度三强之一的地位。海德拉巴为了对付马拉塔人接受英国驻军,订立了军费补助金条约,成了英国的附属国。

这样,在18、19世纪之交,英印帝国的轮廓已经可见。沿海地区和肥沃的内陆平原都掌握在英国人手里,已与英国人讲和的印度王公们保留了一些内部自治,但却不能自行制定外交政策。英国人需要时间来消化这些征服的成果,于是英国人又重提不干涉政策。

1793年约翰·肖尔爵士(Sir John Shore)继任印度总督。肖尔是东印度公司一位文官,他在印度当了五年的总督。在其任期内,他严格遵循1784年《印度法》所规定的中立政策,这一时期英国在印度的势力范围也未扩大。然而,肖尔的不干涉政策并未能持久,英法战争爆发后,法国人把切断英国同印度的联系做为削弱英国的手段,并试图恢复法国在印度的统治。1798年拿破仑率军远征埃及,就是为了威胁英国在印度的殖民地。此外法国还支持印度土邦反对英国,马拉塔人首先发动对英国的战争,印度的稳定被破坏。

1798年4月,莫宁顿勋爵(后称为韦尔斯利侯爵)继任印度大总督。新总督时年只有37岁,他是威灵顿公爵的胞兄。他作为印度管理委员会的成员,对印度事务颇有了解,"除了寇松,没有一个印度总督像韦尔斯利侯爵那样对有关印度政府的一切问题都这样精通"。他是一位"成熟和渊博的学者",还是一个强有力的帝国主义者,用他自己的话来说,他的目的是"在印度斯坦和德干的每一个地区建立广泛的联盟和政治体系",换句话说,是"把英国政府提升到印度的最高权力的地位"[①]。正是在他担任总督期间,印度变成了英

---

① 恩·克·辛哈、阿·克·班纳吉:《印度通史》,第562页。

属印度。

韦尔斯利上任之时,英国在印度的局势异常危急,肖尔总督采取的中立政策使东印度公司面临严重的危险,公司宿敌提普苏丹的实力大大增加。1797年,迈索尔提普决定同法国建立更密切的联系,企图获得法国人的支持。① 因而在他统治期间,阻止法国势力在印度重新抬头,就成了英国扩张的主要因素。②

韦尔斯利的政策是:全部扫除法国在印度的影响,不让它在印度有立足点;而由于印度君主鼓励法国人在印度建立立足点,因而英国在印度的策略就是:用英国在印度的霸权取代不干涉政策。③ 英国政府给他全力支持,让他掌握一切可用的兵力。1799年,韦尔斯利借口法国派舰队来迈索尔,发动了第四次迈索尔战争。海德拉巴作为英国的附庸参战。这一次英国除了军事进攻外,还采取了从迈索尔内部收买封建主的方法,结果,迈索尔内部出现了一个内奸集团。战争开始后,尽管提普苏丹奋力抗战,但是由于迈索尔内奸集团的破坏,致使英国军队长驱直入,提普苏丹不得不退守首都。1799年5月4日,英军用大炮轰开城门冲入城内,迈索尔内奸集团关闭内城城门断绝了提普苏丹的退路,提普苏丹战死,他的儿子投降,迈索尔国灭亡,其领土大部分被英国人兼并,海德拉巴也分到一些,少部分留下用以扶持王室的后裔。一支英军驻扎此地,由迈索

---

① 安东诺娃·戈德别尔格·奥西波夫主编:《印度近代史》(上),北京编译社译,三联书店1978年版,第245页。
② A. 古德温编,中国社会科学院世界历史研究所译:《新编剑桥世界近代史,美国革命与法国革命,1763—1793》,第八卷,第738页。
③ Percival Spear, *The Oxford History of Modern India*, 1740-1975, p.107.

尔供养。① 英军还从迈索尔国库中掠取了 1 143 216 英镑的财物。②迈索尔的沦亡使英国完成了对德干以南地区的征服，为英国进一步吞并印度打下了基础。

为了保卫英国在印度的统治，韦尔斯利对印度各邦采取了"军费资助同盟"政策。印度是一个四分五裂的国家，面对这种情况，对每一个王公实行武力征服是东印度公司力所不及的。对大批弱小的王公来说，也不需要武力征服。所以英国人很早就考虑采取另一种征服手段，即用驻军和订立条约的办法把这些小邦国变成自己的附庸。其中最常用的是资助同盟条约，这项政策的主要内容是：英国军队驻扎该国担负防御任务，由该国负担全部费用，或者划出一片土地给公司作为给养费来源；这些小邦国在外交上要接受东印度公司的监护。③ 按照资助同盟体系："未经英国政府了解和同意，印度各邦不得从事战争，也不得和任何其他邦进行谈判。大的公国各以英国军官指挥的一支土著军队来维持公共和平，它们各自割让某些有充分主权的领土，以支付这支军队每年的费用，小公国则对最高权位者纳贡，作为回报，英国政府对它们个个都加以保护，以抵抗任何入侵的外敌。"④

资助同盟政策加强了东印度公司在印度的地位，"让当地王公

---

① John Clark Marshman, *History of India, From the Earliest period to the Close of the East India Company's Government*, Cambridge: Cambridge University Press, 2010, p.248.
② Maya Jasanoff, *Edge of Empire, Lives, Culture, and Conquest in the East, 1750 - 1850*, p.173.
③ 林承节：《殖民统治时期的印度史》，第 36 页。
④ R.C.马宗达、H.C.赖乔杜里、卡利金尔·达塔：《高级印度史》（下），张澍霖等合译，商务印书馆 1986 年版，第 755 页。

自己支付镇压他们的军备费用"①。这是一种不平等条约,接受这个条约就等于成为东印度公司的藩属。这样做好处很多:既然是一种不经过战争的征服,就无需耗费公司的钱财,东印度公司的军队分驻在各附属国,控制印度各土邦,最终确立英国在整个印度次大陆的最高权力。英国人通过这种方式,把一大批土邦纳入英国人的管辖范围下。一些王公之所以接受这种条约,有的是因为受到英国人军事进攻的威胁,有的是由于和别的王公有矛盾或者内部有矛盾,想借助英国人的力量保护自己。最早和英国人签订这种条约的是奥德和卡尔纳典克,1813—1823 年,中印度 145 个小王公,喀提雅瓦尔 145 个小王公和拉其普他 20 个小王公被纳入资助同盟体系。②

如果说,在此之前英国在印度的殖民扩张还是遮遮掩掩的话,韦尔斯利的政策则是赤裸裸的扩张。1801 年,韦尔斯利总督与奥德签订新条约,那瓦布的大部分领土割给了英国,奥德地区主要由英军防守,那瓦布每年付现款给他们。通过条约,英国将先进的英国军队驻扎到印度人的心脏地区。以后,资助同盟体系扩大到印度其他地区。韦尔斯利刚上任之时,英国只是印度六个重要的政治力量之一;而 7 年之后,英国已成了印度半岛的霸主。在他任职期间,东印度公司在印度的军队由 1790 年的 9 万人上升为 1815 年的 20 万人,这些军队不仅用来防卫、扩张,还被用来征税和治安。③ 在资助同盟体系下,韦尔斯利利用结盟、战争等手段,击败一个个强敌。

英国在印度的扩张行为动机复杂,其中最重要的一条便是为了

---

① 恩·克·辛哈、阿·克·班纳吉:《印度通史》,第 568 页。
② 林承节:《印度民族独立运动的兴起》,北京大学出版社 1984 年版,第 12 页。
③ Sarah Stockwell, *The British Empire, Themes and Perspectives*, p.43.

扫除法国人在印度的影响。那些同法国人勾结的土邦要么被解除武装,要么与英国兵戎相见。尼扎姆最早接受资助同盟条约,并且解除了武装,遣散了法国军官。① 而同法国人秘密结盟的迈索尔人则受到英国的严厉打击。1801年,英国吞并了卡纳蒂克,其全部军政、民政事务由东印度公司接管,公司保证将卡纳蒂克1/5的收入留给那瓦布作为年金。②

1803年,韦尔斯利发动了蓄谋已久的第二次英国对马拉塔战争。第三次英迈战争后,马拉塔联盟分到一大片迈索尔的领土,随后和海德拉巴作战又得到其一半的领土,其结果是联盟的统治者自我陶醉,他们因分赃问题而相互争夺,内斗不已,既不对英国人可能的侵略做任何准备,也不进行内部改革来增强国力。19世纪初,马拉塔联盟内各王公相互征战愈演愈烈,英国人利用这些矛盾挑拨离间,阻止他们的联合行动,这种外交手腕取得了成功。面对英国人的进攻,王公们不能团结一致共同抗敌。尽管马拉塔的兵力达25万,而英国在印度各地的兵力只有5.5万人,但联盟各王公最后被英国人各个击破。③

第二次马拉塔战争使联盟各王公丧失了大片土地,联盟也失去了强国地位,政治上已经部分失去了主权,在一定程度上受英国人控制。英国人在马德拉斯和孟加拉的领地现在完全连接起来。这场战争还彻底摧毁了法国人在印度的影响,由法国人训练的军队被遣散,1803年12月,英国同北方的信希亚签订了《苏杰尔·安江干

---

① Jams A. Williamson, *A Notebook of Empire History*, London: Macmillan and Co., Limited,1942, p.137.
② R.C.马宗达、H.C.赖乔杜里、卡利卡尔·达塔:《高级印度史》,下,第777页。
③ 同上书,第758页。

条约》，朱木拿河和恒河之间的领土以及其他一些领土割让给英国。对印度名义上的最高权威莫卧儿皇帝的控制权也从马拉塔人手中转到了英国人手中。① 这个条约的签订标志着莫卧儿帝国作为一个政治实体真正结束了，英国评论家芝罗讲道："我们现在是印度十足的主人了，只要我们采取适当的措施，使其更加巩固，那就没有什么东西能动摇我们的权力。"②

尽管韦尔斯利为英国在印度的扩张立下了汗马功劳，但是他的扩张政策在英国国内还是受到攻击，许多英国人认为新征服的地区太辽阔，不易经营获利，东印度公司的债务也从 1797 年的 1 700 万英镑增加到 1806 年的 3 100 万英镑。③ 小皮特和邓达斯起初支持韦尔斯利是因为他们相信法国对印度的威胁确实存在，当这种威胁消除之后，大臣们对他的扩张便漠不关心。1804 年英法重新开战之后，英国又面临法国入侵的威胁，小皮特则担心韦尔斯利的政策力不从心。④ 这样在英国便出现了一种奇特的局面：当韦尔斯利旗开得胜时英国政府是不干涉的，但当他一旦失败，他的"好战政策"便遭到强有力的指责，连小皮特本人也宣布"韦尔斯利的行事多半是轻率的、不合法的，不能容许他继续留在政府之内"。⑤ 这种大环境决定了韦尔斯利的命运，1806 年他被召回。

韦尔斯利离开印度后，他的继任人巴洛（Sir George Barlow）和

---

① Ramsay Muir, *A Short History of The British Commonwealth*, Vol. II, *The Modern Commonwealth* (1763-1919), p.199.
② R.C.马宗达、H·C·赖乔杜里、卡利金尔·达塔等：《高级印度史》(下)，第 761 页。
③ 同上书，第 762 页。
④ Percival Spear, *The Oxford History of Modern India*, 1740-1975, p.114.
⑤ R.C.马宗达、H.C.赖乔杜里、卡利金尔·达塔：《高级印度史》，下，第 762 页。

明托(Lord Minto)采取了完全不同的政策,他们与土邦王公进行和解。① 明托任总督时,拿破仑战争正处于高潮,欧洲的局势使英国无暇分散力量向印度派兵,而印度的局势也迫使英国不能后退。明托在稳定印度局势的同时派特使出使波斯,以消除法国的影响,并派遣1万名士兵占领了法属波拿巴岛、毛里求斯和塞舌尔岛。1810年,根据印度管理委员会的指令,明托派兵占领爪哇,以破坏拿破仑包围印度的计划。②

马拉特王公们在第二次马拉塔战争中蒙受了羞辱,近一个世纪来在印度封建势力纷争中处于支配地位的他们,不愿意接受英国这个外来势力的摆布。1817年11月,巴吉·拉奥二世领导佩什瓦起义,烧毁了英国统监的官邸,攻打英军的军营。佩什瓦起义对其他马拉塔王公是个鼓舞,他们纷纷起兵响应,第三次马拉塔战争由此爆发。但马拉塔军完全不是英军的对手,到1817年底,朋斯拉军、霍尔卡军都被击溃,1818年佩什瓦军队也被击溃,佩什瓦投降。明托趁此机会取消佩什瓦的职位,兼并了佩什瓦的土地,巴吉·拉奥二世被软禁在康浦尔,靠每年80万卢比的养老金生活。1818年,英国还与霍尔卡、朋斯拉签订条约,这两个王公被迫割让大片领土给英国人。③

经过1817—1818年的第三次马拉塔战争,马拉塔联盟不复存在,各个王公领地的相当一部分土地被兼并,并入孟买管辖区,但保留了马拉塔诸王公政权的残骸,使之成为附属于东印度公司的土

---

① 乔治·勒费弗尔:《拿破仑时代》(下),第86页。
② D.G.E.霍尔:《东南亚史》(上),第565页。
③ 林承节:《殖民统治时期的印度史》,第35页。

邦。马拉塔联盟的瓦解,消除了英国征服印度道路上的最强劲的敌手,德干和印度斯坦落入英国人之手。尽管印度各地特别是北、中部尚存在一批大大小小的王公,但他们已经没有力量可以和英国殖民者抗衡了,英国全面征服印度已在所难免。

法国大革命的风暴对澳大利亚、加拿大这两个殖民地的影响不是很大,这一时期,这两个殖民地都站稳了脚跟,并开始发展壮大。到1815年,澳大利亚殖民地已经越过蓝山,开始向澳大利亚内陆发展,随着牧羊业大规模地发展,澳大利亚的民族经济已经初步建立,殖民地已经巩固。

英属北美殖民地也进一步巩固发展。从美国独立战争结束到第二次英美战争,英属北美殖民地的特点逐渐形成。一些探险者横跨大陆,来到太平洋海岸,一个新的毛皮贸易帝国正在兴起。与此同时,大西洋沿岸各省依靠捕鱼和通商逐渐繁荣起来,由于缺乏足够的空间和肥沃的土地,自效忠派之后,除了一些苏格兰高地人来到新斯科舍、布雷顿角和爱德华王子岛之外,再也没有大规模的移民来到沿海各省。到18世纪末,沿海各省的居民总数大致为8万人。

1791年以后,仍有美国移民来到上下加拿大。1790—1812年,大约有10万人从美国移居加拿大,这其中大多数是美国人,和效忠派并无多大联系。吸引他们的是便宜的土地,而不是生活在英王的统治之下。① 在1791年,上下加拿大两省共有大约18万人,其中只有1.4万人居住在上加拿大,但到1812年时,上加拿大人口超过9万人,下加拿大则多达33万人。下加拿大人口增长主要得益于法裔

---

① Edited by Sarah Stockwell, *The British Empire, Themes and Perspectives*, p.68.

居民的自然增长，只有大约 9 000 名美国人迁移到那里，他们与早期到达的效忠派一起，居住在圣劳伦斯河以南的东部城镇。①

由于拿破仑战争的刺激，各殖民地经济迅速繁荣。英属北美殖民地已度过了艰难的"拓荒时期"，开始平稳发展。农业仍然是最主要的产业，在拿破仑战争期间，加拿大殖民地的木材业和捕渔业都有很大发展，哈利法克斯成了重要的海军基地和货物集散地。1800—1814 年，加拿大向英国的出口也大大增加，出口物主要是小麦、木材、海豹皮、鲸油、桅杆、船板。英属西印度殖民地向加拿大的出口也大大增加，仅咖啡的出口量就从 13 050 磅增至 63 929 磅。②北美各殖民地之间的贸易也有很大增加。

英属北美殖民地真正稳固下来还是在 1812 年英美战争之后。在这之前，英属北美殖民地的经济有了很大发展，人口大大增加。1810 年，大约有 50 万人在英属北美殖民地安了家③，1795—1812 年之间，数千名非效忠派美国人也移居到上加拿大。他们主要是被廉价的土地所吸引，而不是喜欢英国的制度。④ 老魁北克省的大法官呼吁把整个英属北美置于一个政府之下，他说："为了帝国各部分的共同利益和安全起见，把大不列颠在北美洲的老殖民地的残余部分放在一个政府的统治之下吧。"⑤但是，当时美加边境尚未划定，年轻

---

① J. M. S. Careless, *Canada: A Study of Challenge*, Toronto: Macmillan, 1970, p. 124.
② H. H. Dodwell, *The Cambridge History of The British Empire*, Vol. IV, *British India, 1497–1858*, p. 217.
③ Margaret Conrad, *History of the Canadian Peoples, Beginnings to 1867*, p. 310.
④ Rose, J. Holland, A. P. Newton, E. A. Benians, *The Cambridge History of the British Empire*, Vol. VI, *Canada and Newfoundland*, Cambridg: At the University Press, 1930, p. 223.
⑤ 格莱兹布鲁克：《加拿大简史》，山东人民出版社 1972 年版，第 145 页。

的美国时刻想把加拿大吸收到美利坚联邦中来,加拿大仍受到美国入侵的威胁。

根据1783年《巴黎和约》,俄亥俄地区被划给美国,但英国认为加拿大西部边境受到了美国的威胁,因此借口美国未清还效忠派的财产,迟迟不肯撤出俄亥俄地区驻有兵士的贸易站。实际上,1783年《巴黎条约》签订后,英国很快就后悔让出了如此广袤的西部土地,因而设法拖延该地区的割让。另一方面,美国也没有放弃吞并加拿大的野心,1786年杰斐逊宣称:"应当把我们的联邦看作是基地,我们应该从这里出发遍布全美洲,北美和南美。"兼并加拿大的念头,在富兰克林这些人的头脑中也深深扎下了根。印第安人问题是另外一个因素,美国唯恐印第安人对美展开袭击活动,英国也害怕受印第安人的拖累。加拿大总督卡尔顿曾一度希望在美国与上加拿大之间建立一个印第安人的隔离区,借以保护上加拿大。而美国却设法以武力夺取俄亥俄以南的地区。1794年,美国在"落木战役"中最终击败印第安人,夺取俄亥俄以南的地区——卡尔顿建立缓冲区的希望也随之破灭。

在英美关系日趋紧张的形势下,美国感到本身力量还很弱,国内也不团结,西南部虎视眈眈的西班牙殖民地仍是隐患,若再深入卷进与印第安人的冲突甚而与英国作战,恐怕对自己不利。1794年4月,美国总统华盛顿派遣最高法院首席法官约翰·杰伊(John Jay)赴英国进行谈判。1794年11月19日,英美签订《杰伊条约》(the Jay's Treaty),条约规定:英国撤走在美国西部所占领的据点和要塞,但仍可在美国北部边境进行毛皮贸易;美国可以与英国东印度公司进行贸易,但不能与加拿大通商。美国承诺将积极处理效忠派的财产问题;美国船只对英属西印度群岛进行贸易,仅限用70吨以下的船只运载,并且不能将进口货物转运英国。①

但是《杰伊条约》并未消除英美间的摩擦。西部据点虽然在 1796 年前交还给美国,但印第安人仍然到昔日的贸易站以北同英国商人进行交易,英国也乐意与印第安人继续保持和睦关系,以便日后同美国发生冲突时可以利用印第安人。在俄亥俄地区,美国的毛皮商人竭力排斥英国人,英美矛盾还在增长。

在海上,英美冲突也在增加。拿破仑战争期间,法国实行大陆封锁,英国则实行反封锁政策,禁止中立国在敌方港口之间进行贸易,这一措施直接损坏了美国的商业利益,影响了美国的中立国地位。1802 年后,为了防止向法国控制的欧洲提供战争物资,英国海军在公海上强行登上中立国船只进行检查,其中包括美国商船。英国的军舰甚至在证据不足的情况下从美国船只上拘捕所谓的英国逃兵,在 1812 年英美战争爆发之前,英国人劫夺了 6 000 名以上的美国海员,被英国扣留的美国商船达到 528 艘之多。② 英国海军的所作所为遭致美国的强烈抗议,为了避免争端和寻求解决办法,美国最终终止了它与交战国的所有贸易,但问题并没有解决,对中立国船只搜查权的争论,导致英美关系日趋紧张。1807 年 6 月 22 日,英国"豹"(Leopard)号军舰借口搜查逃兵,袭击了美国快帆船"切萨皮克"号(Chesapeake),打死 3 人,打伤 18 人。③ 这一事件刺激了美国人对英国人的仇恨,全国上下群情激愤,准备对英开战。如果此

---

① Joel H. Wiener, *Great Britain: Foreign Policy and the Span of Empire, 1689 - 1971, A Documentary History,* New York: Chelsea House Publishers, 1972, Vol. I, pp. 317 - 318.
② 李元明:《世界近代国际关系史》(上),中共中央党校出版社 1988 年版,第 137 页。
③ Rose, J. Holland, A. P. Newton, E. A. Benians, *The Cambridge History of the British Empire, Vol. VI, Canada and Newfoundland,* p. 221.

时美国拥有足够的军事力量,"切萨皮克"号事件或许已经把美国拖入了战争。

随着事态的发展,美国日益感到自己无法维持中立国地位。1807年12月,美国国会通过禁运法令,禁止向英法输出一切货物。这项法令使美国在经济上付出巨大代价,无异自食其果。为拉拢美国,法国在1810年8月宣布,将从11月1日起将美国商船从柏林敕令和米兰敕令的名单中去除;但英国拒绝承认美国的中立权,这种政策使美国人相信美国事实上已经处于殖民地地位①,11月2日,美国宣布断绝对英国的贸易。1811年3月美国国会制订了一个法案,宣布对英实行"不来往法"。同时,美国西部各州急切希望向加拿大扩张,一些号称"战鹰"的议员不断发出夺取加拿大的叫嚣。

在英国控制海洋的情况下,美国不得不避开在海上同英国发生对抗,它把军事进攻的矛头直接指向加拿大,企图吞并加拿大。用门罗的话来说,美国的目标是"通过入侵这些省,……这个英国唯一易遭攻击的地区,报复她对我国海上权力所造成的伤害"②。于是,美国到处响起了"向加拿大进军"的口号,众议院议长亨利·克莱甚至扬言:"把不列颠人从美洲大陆上赶走",他还说:"我不要在魁北克停下来,我要的是整个加拿大。"③

1812年6月28日美国对英国宣战,英美两国再次开战,宣战的理由是:美国说英国在以下三个方面侵犯其主权:(1) 英国不遵守

---

① Edited by Jeff Wallenfeldt, *The American Revolutionary War and the War of 1812, People, Politics, and Power*, New York: Britanniac Educational Publishing, 2010, p.179.
② 孔华润(沃伦·I.科恩)主编:《剑桥美国对外关系史》,第一卷,共和制帝国的创建(1776—1865),周桂银、杨光海译,新华出版社2004年版,第142页。
③ 转引自杨令侠《加拿大与美国关系史纲》,第21页。

1783年《巴黎条约》,拒绝移交西部地区的军事要塞,并且武装印第安人,威胁美国边陲;(2)皇家海军拦截美国商船追捕逃兵,强征美国海员入伍——这些人虽然出生于英国,但已归化为美国公民;(3)英法之间的战争导致的贸易禁运,使上百艘美国商船被皇家海军扣押,美国的中立国地位未被尊重。费城一家报纸宣布美国向英国宣战的十大原因,包括:抓捕和奴役美国公民,鼓动印第安人屠杀美国人,进攻美国边境,侵犯美国中立权,侵犯美国港口,以及商业上对美国的不平等,等等。①

这是继美国独立战争后英美之间第二次军事较量,也是美国企图使用武力兼并加拿大的第二次尝试。对于美国来讲,战争的目的是夺取地广人稀的英属北美殖民地,尤其是加拿大。② 美国人把这次战争看成是把英国彻底赶出美洲大陆、彻底摆脱英国控制的第二次独立战争,但对加拿大来说,则是反对美国扩张和军事入侵的斗争——美国是主动出击者,加拿大是被动防御者。

战争初期,英国在加拿大的正规军相当薄弱,还不到5 000人,加拿大人口只有40多万,英国援军又一时难以到达。美国应征入伍的正规军有7 000人,民兵有70万人,美国总人口已达725万,给养充足。③ 美军在军事上占优势,所以美国采用了进攻战略。

实际上,不论是在加拿大的英军还是美国,都没有做好战争的准备。美国人对即将到来的战争异常乐观,认为他们很快就能占领

---

① David A. Copeland, General Editor, *The Greenwood Library of American War Reporting*, Vol. 2, *The war of 1812* & *The Mexican American-War*, Lodon: Greenwood Press, 2005, pp.118–119.
② Margaret Conrad, *History of the Canadian Peoples, Beginnings to 1867*, p.408.
③ 刘绪贻、杨生茂总主编,张友伦主编:《美国通史》第2卷,美国的独立和初步繁荣,1775—1860,人民出版社2002年版,第119页。

大部分英属北美地区,轻而易举地征服该地。① 美国陆军部长威廉·尤斯蒂斯(William Eustis)宣称:"我们不费一兵一卒就能占领加拿大,我们只需要派一些官员到加拿大,那里的人民就会团结在我们周围。"托马斯·杰斐逊也写道:"今年占领加拿大和邻近的魁北克,只是一个进军的问题,这将会为我们接下来攻击哈利法克斯以及最终将英国赶出北美大陆提供经验。"②

战事是在加拿大领土上进行的,分两个区域:大西洋及其沿海,圣劳伦斯-五大湖盆地。美国在大西洋区域缺少强大的海上力量,它的军事行动局限于袭击英国的商船,但是由于商业利益,美国新英格兰地区继续与加拿大沿海省份进行贸易,因此,加拿大不仅从英国人大量的军事订单中大获其利,而且从与新英格兰的非法贸易中获利匪浅。到战争结束时,英国皇家海军实际上封锁了美国海岸,总计掳掠200多艘美国商船。

在英国陷于拿破仑战争泥潭之际,美国征服加拿大本来并不是难事,但是美国军队的入侵行动进行得并不顺利。美军将领威廉·赫尔(William Hull)本应在1812年从底特律出发向东进击,但却被一支远弱于自己的部队打败。

总的来说本次战争共分为三个阶段,1812年6月至1813年初是美国的战略进攻阶段。在海上,美国战舰和私掠船在大西洋上全面出击,仅几个月时间便击沉3艘英舰,俘获英船500艘以上。但在陆地上美军却连吃败仗,陆战主要在美加边境的西北部展开,美军

---

① A. L. Burt, *The United States, Great Britain and British North American, From the Revolution to the Establishment of Peace after the War of 1812*, p.319.
② Edited by Jeff Wallenfeldt, *The American Revolutionary War and the War of 1812, People, Politics, and Power*, p.181.

向加拿大发动了3路攻势,企图入侵加拿大。英将布罗克率军于7、8月击退了美军的西路进攻,并攻占了美国西部的几个重要堡垒。底特律的2 500名美军不发一枪,便向700名英军缴械投降。接着,英军转到中路,于10月12日夜以1 000人的军队击溃了美军的进攻,许多美军士兵还未交火便四散逃跑,而纽约民兵则袖手旁观,按兵不动。11月东路美军的攻势也因民兵不配合半途而废,最终美国输掉了这三路战争。

战争初期,在陆上,英属加拿大处于防御地位,三个重要因素决定了加拿大人的成功:法裔加拿大人和"效忠派"的忠诚,少量英国正规军的训练有素和战术得当,以及美军战略失误。最后一个因素至关重要。美军一开始就低估了上加拿大的实力,而且从战略上讲,加拿大具有战略意义的地点,按其重要性而言,依次是魁北克、蒙特利尔、金斯顿(Kingston)、尼亚加拉(Nigara)和底特律河(Detroit River)。但美军却把进攻重点放在底特律河[①],事后证明,如果美军最初将其进攻主力放在蒙特利尔,该城由于寡不敌众,肯定会陷落,这样将会切断圣劳伦斯河谷对上加拿大的供应线。而在实际进攻中,美军分三个方向进攻,结果三路部队均遭到失败。下加拿大总督普雷沃斯特对法裔居民实行怀柔政策,而美国的胜利将剥夺法裔加拿大人的宗教、语言和法律特权之前景,争取了大多数居民对英国殖民政府的忠诚。美国人入侵下加拿大的部队主要是被由法裔加拿大人组成的民兵击退的。在上加拿大,美国人对紧随效忠派从美国西部进入该地区的大部分农民抱有期望,威廉·赫尔

[①] R. Douglas Francis, Richard Jones, Donald B. Smth, *Origins: Canadian History to Confederation*, p. 213.

将军从底特律向他们发出呼吁:"你们将会从暴政和压迫中解放出来,获得自由的身份",但收效甚微。① 加拿大总司令伊萨克·布鲁克(Isaac Brock)在欧洲参加过对法国的战争,作战经验丰富。他在加拿大建立了一些堡垒,训练当地军队,维持同当地居民的良好关系,赢得了加拿大人的信赖。1812年8月16日,布鲁克率领英军以少胜多,在底特律取得了意想不到的胜利。军事上的胜利对效忠派来说是很大的鼓舞,也奠定了英军胜利的基础。

1813年初英军转守为攻,大批英国海军赶到北美,控制了制海权。英国海军封锁了美国东海岸,1813年捕获了200多艘美国船只。美国舰船避在港内,难有作为,仅有个别美舰突破了封锁在外海作战。

这一期间,英美双方主要在通往加拿大的门户——五大湖地区展开激烈争夺。美国吸取了前一阶段的教训,改组了指挥机构,由阿姆斯特朗担任陆军部长,成立了总参谋部,提高了指挥效率。1813年初,美军三路反攻底特律,英军击溃了其中两路,美军损失900人。在五大湖区,9月10日,美军司令佩理率9艘军舰组成的舰队在伊利湖(Lake Erie)同英国舰队激战,迫使由6艘军舰组成的英国舰队竖起白旗。这是英国海军史上仅有的一次舰队投降事件。美军控制了伊利湖后,打开了通往安大略湖的通道,切断了英军供应线,英军被迫撤出底特律。美将哈利逊指挥3 500人乘胜追击,10月5日在泰晤士河畔的莫拉维安追上了英国与印第安人组成的联军1 600人。经激战,美军歼敌500多人,生俘英军600人。

---

① R. Douglas Francis, Richard Jones, Donald B. Smth, *Origins: Canadian History to Confederation*, p.213.

美军在战斗中残忍地杀害了著名的印第安人领袖特库姆塞（又译杜堪士），并将他的皮剥下来制成剃刀皮带。接着，美军兵分两路，共1.3万人向加拿大首府蒙特利尔发起钳形攻势，但被2 000名英印联军击溃。美国人获得了大湖区的实际控制权，攻入上加拿大首府约克城，并纵火焚烧城内议会大厅等建筑，以后又向加拿大纵深发动几次进攻，但是均没有坚守住任何阵地。到年终，英军反攻，把美军赶出了加拿大。这期间，战争还扩大到美国东海岸和墨西哥湾沿岸地区。

1814年9月—1815年1月是战争的第三个阶段，美军粉碎了英军的进攻，取得战争胜利。1814年初，美军进一步改组指挥机构，大胆提拔年轻军官取代老朽无能的将领，立有战功的布朗、伊泽比、斯科特、杰克逊等人被委以要职。高级将领年龄从60岁降至36岁。此外，美军加紧了对军队的训练，使部队的战术水平有了很大提高。这期间，英国从欧洲战场脱身，大举增兵北美。一方面继续用海军严密封锁美国沿海，使美国的外贸和渔业几乎全部停止；另一方面，双方在各战场展开激战。在五大湖区，美军7月5日和7月25日在奇普瓦和隆迪斯兰两次同英正规军正面交锋，并展开白刃战。美军经强化训练，战斗素质大大提高，把英军打得溃不成军。9月11日，美五大湖区舰队司令麦克多诺（Thomas Macdonough）指挥14艘美舰同两倍于己的英舰队交战，击毙英舰队司令，俘英舰4艘，取得了普拉茨堡战役（Battle of Plattsburgh）的胜利，从而消除了英军从加拿大入侵的威胁。在东海岸，英将罗斯8月19日率军4 000人登陆，直奔首都华盛顿。美军集中正规军和民兵7 000人迎击。但英军300人的先头部队一发起冲锋，美军便溃不成军。麦迪逊总统及美国政府成员仓皇出逃，英军轻而易举地占领了华盛顿，将白宫等建筑物付之一炬,以报复美军对约克城的破坏。9月12日至14日,英军又进攻巴尔的摩。

1814年4月英国在欧洲反拿破仑战争中取得胜利。这也根本改变了北美战场的态势,英国海军可以腾出力量,将战斗转移到了美国本土。很明显,此时的美国根本无法征服加拿大,美国人的战争热情也迅速消退。①

从1813年起,英美双方都在摸索怎样才能使自己在这场战争中的损失最小,并期望赶快结束这场战争。从整个第二次英美战争来说,美国战争费用大约为1.05亿美元,英国的军费大体上也差不多。在俄国沙皇亚历山大一世的调停下,英美双方代表在1814年秋在根特开始谈判。英国提议在美国北部建立一个印第安人的缓冲区,并企图修改美国与加拿大的边界线,但一直没能达成协议。1814年9月以后,一方面英国在战争中处于劣势,另一方面西欧国家又一次组织反法联盟,英国无暇西顾,最终两国于1814年12月24日签署了《根特和约》(Treaty of Ghent)。

《根特和约》并没有反映北美战场上的军事态势,而是英国担心拿破仑法国东山再起的产物。条约双方恢复了战前的边界,规定:双方互相交还在战争中占领的所有对方领土,停止同任何一方印第安人的敌对行动;双方成立四个委员会,根据1783年《巴黎和约》第二条的规定划定边界,解决美国同加拿大没有解决的边界问题。战后,根据《根特和约》及1817年、1818年签订的和约,双方恢复了战

---

① Rose, J. Holland, A. P. Newton, E. A. Benians, *The Cambridge History of the British Empire*, Vol. VI, *Canada and Newfoundland*, p.232.

前的边界,划定从伍兹湖沿北纬 49 度线至落基山脉的边界。① 美国渔民不再享有在加拿大沿海捕鱼的权力,而加拿大人自由进入北美西部毛皮产区的权利也同时被取消。这样,美加双方的边界被正式确定下来,此后虽然美国仍不时发出吞并加拿大的叫嚣,但在英国海军控制大洋的时代,美国用武力兼并加拿大的可能性不复存在了。

1812—1814 年的英美战争对于加拿大的发展具有重大意义,战争阻止了美国人向上加拿大移民的潮流,而这个潮流持续下去会改变上加拿大的特性。战争还切断了上加拿大美国移民同美国的联系,他们开始接受现实做一名英国臣民。②

战争促进了加拿大的联合,加强了加拿大与宗主国的联系。战争使英属北美殖民地的反美情绪高涨,特别是在美国垂涎已久的上、下加拿大,这种情绪更加明显。战争没有打断加拿大发展的历程,沿海各省和圣劳伦斯河谷地区的贸易都开始变得繁荣。这次战争中,加拿大的士气比上一次战争高得多,新斯科舍、新不伦瑞克和上下加拿大的效忠派成了反抗美国的中坚分子,就连在上一次美国入侵时支持过美国的蒙特利尔商人,这次也坚决反对美国人。美国原想兼并英属北美殖民地的两个富裕省份,但结果适得其反,战争使上、下加拿大更紧密地联系起来,共同反对美国的入侵,英裔和法裔加拿大人成功地抵御了侵略者,由此培植了加拿大的民族感情。美国军队在加拿大烧杀掳掠,使加拿大人共同反对美国,上加拿大

---

① Joel H. Wiener, *Great Britain: Foreign Policy and the Span of Empire, 1689－1971, A Documentary History*, Vol. I, pp. 317－318.
② Rose, J. Holland, A. P. Newton, E. A. Benians, *The Cambridge History of the British Empire*, VOL.(Ⅵ), *Canada and Newfoundland*, p.233.

的反美情绪尤为明显,正如历史学家洛厄(A. R. M. Lower)所说:"上加拿大社会诞生于1812年战争,其人民不再是美洲人或者是英属臣民,而是上加拿大人。"① 正是在这种反美情绪的基础产生了加拿大的民族主义。

值得一提的是法裔加拿大人在战争中的表现。英美战争与欧洲持续多年的英法之争,使英国处于两面受敌状态,这不免激起法国人和美国人对法裔加拿大人的期盼。在战争前夕,曾有一些法国间谍试图在法裔加拿大人中煽起叛乱,然而他们的期待和努力全部落空了。拿破仑的法美结盟提议并没有在法裔加拿大人中激起热情,许多法裔人并不为法国人的宣传所动,相反,他们积极投入了战争。一方面,尽管他们不喜欢英国的影响,但他们更清楚,在美国统治下就不会有独立的宗教与语言,他们因此感到在英国的统治下更安全。② 另一方面,法国大革命摧毁了魁北克天主教会所依赖的旧法国的宗教和社会体系,法裔加拿大人同法国之间旧有的纽带已所存无几,因此在英国与法国的作战中,他们更倾向于英国。③ 法裔加拿大人把这次战争看作是对他们的侵略,因而奋起反击美国人。法裔民兵在拉科勒和沙托盖击退了美国军队的进攻,英裔加拿大人也成功地把美军赶出昆斯顿高地。总之,1812年战争对英属北美殖民地的影响是巨大的,加拿大的安全至此才得到保证,美国也从此被迫放弃用武力吞并加拿大的打算。

---

① A. R. M. Lower, *Colony to Nation*, Toronto: Longmans, 1957, p.179.
② T. O. Lloyd, *The British Empire*, p.125.
③ Mason Wade, *The French Canadians*, Toronto, 1968, p.122.

第四章 新的统治机制的出现

在版图不断扩大的同时,英帝国的统治方式也出现了较大变化,新的统治机制逐渐形成。帝国统治不再采取过去那种赤裸裸的掠夺、剥削的方法,而是关注到土著人的需求,在殖民地发展教育、发展经济。针对不同类型的殖民地英国采取不同的统治政策,从而保证了帝国的暂时稳定。拿破仑战争结束时,新的帝国统治机制基本形成了,第二英帝国也得以巩固。

一、在爱尔兰的试验

自从公元 12 世纪英国征服爱尔兰(Ireland)后,爱尔兰问题就成了令英国统治阶级深感棘手的问题,特别是宗教改革以后,爱尔兰人保留着原来的天主教,他们与英格兰人的矛盾冲突更加激烈。英国曾经想把爱尔兰同英格兰合并,但是,由于宗教和文化方面的巨大差异,加上英国在爱尔兰问题上的高压政策,使爱尔兰问题长期得不到解决。

爱尔兰是个独立的小岛,毗邻英国,面积大约为 82 万平方公里,是英国本岛的 1/3。早在公元前 5 世纪,克尔特人就在岛上定居下来,后来不断有新的族群进入爱尔兰,最终形成了现在的爱尔兰人,并依照地区建立一些小国家。这些国家为了牲畜和土地互相袭掠,争斗不止,因此,爱尔兰在政治上一直没有出现统一的国家。这里的人们共享同一种语言、法律(古爱尔兰法)、口头诗歌和音乐传统以及由古代神话改编而成的历史。而且,他们用自己的语言书写时,都会把自己写成爱尔兰人。

从公元8世纪到11世纪初期,北方的斯堪的纳维亚人曾不断入侵,但都被爱尔兰人成功地抵抗住了。不论是挪威人还是诺曼人,始终没有把爱尔兰民族制服,相反,却是异族入侵者被爱尔兰人同化。北欧人,即维京人很快就成为爱尔兰人的一部分,他们在海岸上建立了第一批爱尔兰城镇,他们与盖尔人通婚,自己也成为爱尔兰人。正如恩格斯所指出:"在征服者对爱尔兰连续不断进行冲击的每次新的浪潮之后,反而是他们自己被爱尔兰同化。"[1]

但是,爱尔兰后来却没有能够抵抗住英国人的进攻。1171年10月英格兰国王亨利二世率4 000大军(其中500名骑士),乘坐400艘船只,大举入侵爱尔兰。[2] 在大军压境之下,爱尔兰各地政权纷纷归顺亨利二世,就这样,爱尔兰开始沦为英国的殖民地。1172年9月,罗马教皇亚历山大三世发表三封关于爱尔兰问题的书信,将统治爱尔兰的特权授予了亨利二世,封他为"爱尔兰领主"。[3] 1177年5月在牛津召开的咨询议会上,亨利二世把爱尔兰封给了自己的儿

---

[1] 恩格斯:《爱尔兰史》,《马克思恩格斯全集》,第16卷,第526页。
[2] Edited by Art Cosgrove, *A New History of Ireland, Vol. II, Medieval Ireland, 1169-1534*, Oxford: At The Clarendon Press, 1987, p.87.
[3] 埃德蒙·柯蒂斯:《爱尔兰史》,(上),江苏师范学院翻译组译,江苏人民出版社1974年版,第107页。

子约翰①,1199年约翰继承英国王位,从此爱尔兰大领主和英国国王这两个头衔便结合在一起。

之后,英国在爱尔兰的统治地区逐渐扩大,统治机构逐渐健全。在亨利三世时期(1216—1272),英国派一位总督管辖爱尔兰,总督既是最高司法官,又是行政长官,还兼任封建军队的统帅,他有权任命低级官员,但重要官员却则由英王自己委任,英王把爱尔兰当作一个可以遥控的国家。13世纪中期,英裔爱尔兰人取得特权,可以享有英格兰人的权利和自由,这些权利和自由被当作"爱尔兰的法律和惯例",成了英格兰殖民者的遗产。但这个时期英格兰和爱尔兰之间并不存在民族冲突,英格兰征服者虽然手中掌握统治大权,并占领大片土地,但人数毕竟过少,处于爱尔兰人的包围之中。一方面,在这种情况下,他们要在爱尔兰扎下根来,必须依赖爱尔兰原有的社会结构,并把土地的绝大部分租佃给爱尔兰的土著居民。另一方面,他们和当地王公联姻、结盟,走上了300年前挪威侵略者的老路,他们改说爱尔兰语,采用爱尔兰人生活方式和法律制度,其中许多人变得比"爱尔兰人还要爱尔兰人"。马克思曾指出:英格兰人征服爱尔兰以后,出现了"盎格鲁诺曼贵族和爱尔兰的首领们的混合",同时也形成了"一般英国移民和爱尔兰人的混合"。② 这样经过一段时间的混合,这些来自英国的贵族和普通劳动者很快就成了盎格鲁诺曼人同盖尔人混血的爱尔兰人了。英国国王采取了许多措施来阻止这种同化的进程,1366年在基尔肯尼(Kilkenny)召开的爱

---

① Edited by Art Cosgrove, *A New History of Ireland*, Vol. II, *Medieval Ireland, 1169-1534*, p.111.
② 马克思:《关于爱尔兰问题的报告的提纲》,《马克思恩格斯全集》,第16卷,第507页。

尔兰议会上通过法律,禁止"在爱尔兰出生的英国人"穿爱尔兰服装、蓄留爱尔兰发式、说爱尔兰语和使用爱尔兰法律。但是这些法律的效力是短暂的,这些人都成了所谓的"退化的英国人"。①

16世纪宗教改革后,英国改信国教,爱尔兰仍然坚持天主教传统,英爱之间的冲突逐渐明显。英王亨利八世宣布:爱尔兰所有的土地,不论由爱尔兰人拥有或者是由爱尔兰化的英格兰人拥有,都由英国国王再行授予,以确保英王对土地的控制权。此后信奉天主教的爱尔兰人与信奉新教的英国人之间的矛盾冲突延续不断。17世纪,大批信奉新教的英格兰人和苏格兰人移居到爱尔兰东北部的厄尔斯特地区,这些新教移民在殖民政府的庇护下掀起了所谓的"新开地运动",大肆掠夺爱尔兰人的土地。

伊丽莎白女王当政时,英国进一步扩大对爱尔兰的征服,加强了对爱尔兰的统治,伊丽莎白甚至提出:"朕以为当时机来临时,尔等当以法律手段劝诱、说服原始、野蛮之民族接受文明教化,而非诉诸暴力或杀戮;当然情况必要之时,尔等则务必倾之全力,降服那些不可理喻之辈……"②伊丽莎白女王派驻爱尔兰的大臣均为英王任命的英国人,不再任用那些有诺曼-英格兰背景的爱尔兰领主,军队用前所未有的残暴手段打击原先已经在爱尔兰的英国人和爱尔兰人。征服手段起了效果。在伊丽莎白女王末期,爱尔兰第一次处于英国政府的有效统治之下,但爱尔兰人对英国人的仇恨已经铸成,并深深地植根于爱尔兰人的意识之中。③ 而且,宗教改革在爱尔兰

---

① 罗伯特·基:《爱尔兰史》,潘兴明译,中国出版集团东方出版中心2010年版,第19页。
② 罗伯特·基:《爱尔兰史》,第22—23页。
③ 同上书,第28页。

是失败的,其原因主要是爱尔兰的自然环境,对散居在爱尔兰的100万人口来说,通信联系极为困难,而且爱尔兰有一半的土地是沼泽和灌木丛,几乎没有道路相通。由于语言的障碍,国教对普通民众难以接近。伊丽莎白女王出于政治原因,也没有强制推行新教。

1608年,在伦敦成立了一个委员会,负责处理向爱尔兰移民事宜。此后,一些英格兰人和苏格兰人陆续迁移到爱尔兰,并且建立了包括贝尔法斯特在内的23个城镇。1622年,移到爱尔兰的移民人数达到2万余人,其中英格兰人7 500人,苏格兰人1.3万人。①

1640年爆发的英国革命,在爱尔兰引起极大反响。爱尔兰人也想使用武力来解除自己所受的苦难,但是在接下来发生的起义中却发现,领导起义的领袖们从来没有摒斥英国王朝,他们至多只为爱尔兰争取天主教的权利。1641年10月23日,在都柏林爆发反对英国的起义,尽管起义缺乏协商,人员没有训练,武器匮乏,但是到1642年,起义还是扩散到爱尔兰全境,沉重打击了英国殖民者。②

克伦威尔统治时期,英国曾经想把爱尔兰合并到英国。1649年8月,克伦威尔以"英格兰议会派往爱尔兰的总督和统帅"的身份,亲率1万多军队侵入爱尔兰,残酷镇压了爱尔兰的起义,起义军被击败,许多人被杀害。克伦威尔对战败的拥有土地的爱尔兰天主教徒进行严厉的惩罚,香农河以东所有的天主教徒原有的土地,均分配给议会军官兵和提供物资的投机商,被剥夺土地的天主教徒被迁往香农河以西贫瘠的康诺特郡(Connaught)。1650年5月,"残缺议

---

① John O'Beirne Ranelagh, *A Short History of Ireland*, Cambridge: Cambridge University Press, 1994, p.55.
② Edited by T. W. Moody, F. X. Martin, *A New History of Ireland, Vol. III, Early Modern Ireland, 1534 - 1691*, Oxford: At The Clarendon Press, 1978, pp.290 - 295.

会"投票将爱尔兰合并到英国,取消了爱尔兰议会,只允许爱尔兰派30名议员参加英国议会;①还把爱尔兰分成6个辖区(后来增加到15个,最后定为12个),每个辖区都有一名军官做总督。② 1652年英国议会颁布《殖民法案》(Act of Settlement of 1652),爱尔兰大批土地被没收,其中大部分落入了英军高级军官手中,还有一部分落入到士兵手里,克伦威尔及许多英国高级军官都成为爱尔兰的大土地所有者。爱尔兰总共有2 000万英亩土地,被没收和殖民的计有1 100万英亩,其中良田800万英亩。③ 接下来又通过了专门针对爱尔兰天主教徒的严酷的法令,在这项法律下,天主教徒的财产被剥夺,约有8万人被处以死刑。④ 1653—1654年,又将大约4.4万爱尔兰人驱逐到荒凉贫瘠的康诺特郡和科勒尔,使新教移民逐渐在北部地区占有优势。1653年,爱尔兰被宣布为英国领土的一部分,并获得了可以同大不列颠及其殖民地自由贸易的权力。⑤

1660年查理二世复辟,爱尔兰希望能恢复爱尔兰天主教徒原有的地位,但是查理二世不愿意得罪支持自己登基的新教教徒。到了詹姆士二世时期,爱尔兰天主教徒所占有的土地只有爱尔兰全部土地的22%。⑥ 后来,这个百分比在1695年再减到14%,到1714年只剩下7%。⑦ 詹姆士二世在位时曾一度试图恢复爱尔兰天主教徒的

---

① John O'Beirne Ranelagh, *A Short History of Ireland*, p.64.
② Edited by T. W. Moody, F. X. Martin, *A New History of Ireland*, Vol. III, Early Mordern Ireland, 1534-1691, p.353.
③ 埃德蒙·柯蒂斯:《爱尔兰史》(下册),第482页。
④ Edited by T. W. Moody, F. X. Martin, *A New History of Ireland*, Vol. III, Early Mordern Ireland, 1534-1691, p.359.
⑤ Ibid., p.354.
⑥ John O'Beirne Ranelagh, *A Short History of Ireland*, p.65.
⑦ 罗伯特·基:《爱尔兰史》,第45页。

势力,但光荣革命以后天主教徒的地位更加低下。在爱尔兰天主教徒的支持下,一支法国军队曾在爱尔兰登陆,武装支持被罢黜的詹姆士二世,但在1690年的博伊斯战役(the Battle of Boyne)中被英国新国王威廉三世击败。这以后,爱尔兰的地位更像一个纯粹的殖民地,大多数地主都是外在地主,他们人在苏格兰或者英格兰,只派管家在爱尔兰经营土地,爱尔兰的资源和财富被源源不断地抽走,产业被限制,不可与英国产品竞争。18世纪初,英国政府颁布了一系列严苛的法律惩罚爱尔兰天主教徒,规定天主教徒不得担任公职,不可进入议会,没有选举权,不可进入陆、海军或从事法律工作,而且无权购买土地,若其租用土地,期限不可高于31年,租约也不可遗赠。天主教的土地所有者在去世后,其土地须平分给所有孩子,若一个孩子改宗成为新教徒,那么他将继承家里所有的土地。结果,到1751—1775年,爱尔兰天主教徒只拥有5%的土地。[①] 但这些法律并没有禁止爱尔兰人信奉天主教,教区神父只要在政府登记,即可以行使宗教职能,一些宗教条款在实施时并不十分严厉,因而爱尔兰的天主教会并没有消亡。

　　18世纪中期,爱尔兰是由英国政府任命的总督统治的,总督对英国政府负责,他任命一些部长管理爱尔兰的事务。爱尔兰此时尚没有立宪政府或者责任制政府,其政府是由英国控制的,既为爱尔兰新教势力服务,又为与爱尔兰有宗主关系的英格兰服务。爱尔兰有一个两院制的议会,但是因为爱尔兰的天主教徒被剥夺了选举权,而爱尔兰的大部分居民都是天主教徒,所以爱尔兰议会实际上是被少数新教大地主控制,天主教劳动者处于悲惨的处境中。由少

[①] 罗伯特·基:《爱尔兰史》,第52页。

数人统治多数人的局面很难维持社会稳定,占居民多数的天主教徒与占统治地位的新教徒之间的冲突十分激烈。乔治三世国王统治初期,爱尔兰曾出现广泛的农民运动,出现了所谓的"白衣团员"(the Writeboys)、"护教派"(the Defenders)等农民组织。这些秘密会社以暴力的方式给爱尔兰天主教农民提供保护,使他们免受地主和捐客的高地租盘剥。由于他们讲爱尔兰语,因此他们又把这种普遍的不满情绪,跟过去对"撒克逊人外国佬"以及对"加尔文教徒和路德教徒"的仇恨结合起来,并希望得到法国和西班牙的援助。①

1760年以后,英国政府在爱尔兰面临两个迫切的问题,一是宽容天主教徒,二是新教徒要求成立立宪议会。1767年,英国政府任命唐森德勋爵为爱尔兰总督,指示他要削减盎格鲁-爱尔兰贵族和乡绅的影响,认为通过这些人来统治爱尔兰的代价是高昂的,并且无效、令人感到羞耻。② 但是"七年战争"结束后英帝国发生了危机,这种危机不但发生在美洲殖民地,而且也发生在离英国本土更近的爱尔兰。美国独立为爱尔兰人树立了榜样,使他们大为激动,数以千计的爱尔兰人自行组成义勇队,他们身穿制服,佩带武器,大搞军事训练。他们既要求爱尔兰议会进行内部改革,也要求英国政府给爱尔兰议会以更大的自治权。随着危机的发展,英国发现在同法国和西班牙的斗争中,爱尔兰的战略地位越来越重要,为防止爱尔兰同法国的关系日益紧密,英国政府对爱尔兰粮食出口实行禁运。英国政府还意识到,如果法国入侵爱尔兰,一定会在天主教徒和国教农民反动派中找到许多支持者,为了抵抗入侵,就要在爱尔兰准备

---

① 埃德蒙·柯蒂斯:《爱尔兰史》,(下册),第583页。
② Lawrence J. Mccaffrey, *Ireland from Colony to Nation State*, London, 1979, p.24.

应付紧急情况。①

爱尔兰志愿军(Irish Volunteer Corps)就是在这个背景下发展起来的。爱尔兰本身没有民兵,美国独立战争期间,英国得到爱尔兰军事上的支持。爱尔兰议会同意从爱尔兰的 1.2 万名驻军中抽调 1/3 到美洲服役。但是爱尔兰新教徒却进行请愿,要求英国出兵保卫爱尔兰,以免爱尔兰遭到美国的同盟——法国的入侵。请愿活动失败后,他们便开始组织自己的志愿军(Volunteer Corps),英国政府接受了这个建议,并且给新建的部队发放武器。1778 年开始,这个运动很快在爱尔兰发展,志愿军在爱尔兰各地纷纷建立。每一支志愿军的力量都比较小,参加的人员也主要是新教徒。② 到 1780 年,爱尔兰志愿军人数达到约 4 万人,1781 年达 8 万人左右,1792 年甚至达到 10 万人。③ 组建志愿军最初的目的是为了防御法国的入侵,但很快变成了爱尔兰上层人士向英国争取更多权利的工具,他们以此为后盾,要求允许爱尔兰自由贸易。④ 因而当爱尔兰议会向总督呈情"只有贸易自由才能使爱尔兰免于崩溃"时,志愿军列队出现在街头。面对美洲的失败和英国国内的压力,英国政府做出了重大让步,甚至比爱尔兰领导人所希望的还要大。1779 年 12 月,诺斯政府采取了一系列措施:准许爱尔兰自由输出羊毛、毛织品和机制玻璃,

---

① Nick Pelling, *Anglo-Iish Relation, 1798 - 1922*, p.4.
② Edited by T. W. Moody, F. X. Martin, *A New History of Ireland*, Vol. IV, *Eighteenth Century Ireland*, Oxford: Clarendon Press, 1986, p.222.
③ James Lydon, *The Making of Ireland, From Ancient Times to the Present*, London, 1998, p.247.
④ Edited by T. W. Moody, F. X. Martin, *A New History of Ireland*, Vol. IV, *Eighteenth Century Ireland*, p.222.

并可以和殖民地进行自由贸易。①

但爱尔兰人并不满足于这些让步。1782年,志愿军召开代表大会,有143支部队的代表出席了大会。大会最后通过决议:"只有国王、爱尔兰上院和下院才有权制定法律来约束这个王国。除此以外,其余一概都是违反宪法的,都是非法的因而也是祸根。"②决议要求:(1)建立独立的爱尔兰议会;(2)完全的自由贸易;(3)由爱尔兰议会控制爱尔兰司法。③

出于历史的原因,英国政府没有将《魁北克法》的有关精神运用到爱尔兰去,爱尔兰天主教徒仍没有得到相应的法律地位。英爱关系性质比较独特,英国人一直把爱尔兰政策当作国内政策来看待,因而在处理爱尔兰问题时也就与其他殖民地不相同。但是随着人道主义运动的发展,英国政府对于爱尔兰天主教的态度也变得宽容。1782年辉格党政府上台,罗金汉侯爵(Marquis Rockingham)出任首相,福克斯(Charles James Fox)任下院多数党领袖,他们都受了洛克思想的影响,这使爱尔兰问题出现了转变。1782年,谢尔本伯爵通知新上任的爱尔兰总督波特兰公爵,希望能"满足爱尔兰人民的愿望"。④ 1782年,爱尔兰议会通过宽容法案,根据这项法案,凡是在1778年已经履行过忠诚宣誓的天主教徒,可以按照新教徒同样的条件购买、领有或者遗赠自由持有地和租佃权。⑤ 这实际上是取消了对爱尔兰天主教徒在取得并继承租地上的限制,标志着推行了

---

① 埃德蒙·柯蒂斯:《爱尔兰史》(下册),第584页。
② 同上书,第585页。
③ Lawrence J. Mccaffrey, *Ireland from Colony to Nation State*, p. 27.
④ P. J. Marshall, *The Oxford History of British Empire, Vol. II, The Eighteenth Century*, p. 267.
⑤ 埃德蒙·柯蒂斯、江苏师范学院翻译组译:《爱尔兰史》(下册),第596页。

100多年的宗教惩罚措施已经结束。

英国在美洲殖民地的失利影响了英国对爱尔兰的政策,而爱尔兰志愿军的压力又迫使英国不得不采取进一步的行动。1782年5月,福克斯在英国议会提出一系列提案,建议满足爱尔兰的要求,废除1719年的《波伊宁斯法案》(Poynings Law)①和1720年颁布的《公告法》②,英国议会和爱尔兰议会同时承认爱尔兰议会的独立地位。同时还仿照英格兰的做法,确定了法官的独立地位和薪金制度。这些变化意味着爱尔兰总督及其顾问今后不能再为爱尔兰议会提出任何法案,英国国王可以否决爱尔兰的法案,但却无权改变它们。英国议会今后也无权再为爱尔兰立法,这实际上是把爱尔兰当作一个与英国平行的国家,600多年来,爱尔兰议会第一次获得了独立的立法权,爱尔兰在形式上获得了自治权。由于美洲的战争还在继续,英国还在跟三个海上强国作战,爱尔兰议会答应给英国海军提供10万英镑的军费,并且答应英国政府,只要它需要,还可以从1.2万名爱尔兰军队中抽调5 000人。③

英国在美洲的失败给英帝国带来前所未有的打击,但是英帝国的发展却并没有停止,帝国的重心开始转移到东方,到美国独立战争结束时,英国在印度的统治已经大大扩展。由于1774年的《魁北克法》使法裔加拿大人保留了自己的法律,因而在美国独立战争期间信仰天主教的法裔加拿大人不仅不反对英国的统治,反而成了英国统治的支持者。加拿大的经验为爱尔兰提供了范例,于是小皮特

---

① 1719年通过,主要内容是关于英格兰和爱尔兰的枢密院可以修改爱尔兰议案。
② 1720年通过,法令坚持英国议会对爱尔兰的立法权,从而限制了爱尔兰的主权。
③ 埃德蒙·柯蒂斯:《爱尔兰史》,(下册),第599—600页。

上台后开始调整帝国政策,他认为加拿大的范例同样适应于爱尔兰,于是他光明正大地承认了爱尔兰的新地位。在尔后的十多年时间内,爱尔兰作为一个姐妹国家所享有的权力,未受到英国的挑战。

不过,虽然英国议会放弃了对爱尔兰的立法权,爱尔兰在形式上获得了自治权,但是英国对爱尔兰人的让步比对美洲殖民地的让步小得多。英国对于爱尔兰仍然没有一套指导思想,其他殖民地的政策在这儿并不完全适用。从宪法上讲,英格兰和爱尔兰是两个主权独立的王国,但它们必须共戴一君,这种规定使爱尔兰的独立成了一句空话。爱尔兰的地位本身就很尴尬,它既非完全的殖民地,又没有取得像苏格兰那样的平等地位。

这时爱尔兰实行的是行政权和立法权分离的二元制政治结构,爱尔兰总督对英国政府负责而不对爱尔兰政府负责。在爱尔兰问题上,英国国王接受的是英国大臣的建议而不是爱尔兰部长的建议。英国国王仍然是爱尔兰的行政首脑,英国国王仍然任命爱尔兰官员。这样的行政、立法二元制,必然导致以后两种权力的不断冲突。

《1782年宪法》是爱尔兰新教民族主义的高峰,表面上爱尔兰获得了"自由宪政",似乎成了英格兰的姐妹王国,但是事实上,这种新秩序不仅错误百出,缺陷重重,而且还危及其自身的生存。爱尔兰议会不像英国的那样存在反对党,所以更加腐败,尤其是它对内阁缺乏控制和约束,尽管各种议案也和英国一样由议会两院提出和通过,然后呈送英王,但是英国内阁可以唆使英国国王否决这些议案。总督与爱尔兰的关系,看起来相当于英王与英格兰的关系,但是总督必须听从英国内政大臣的命令。总督从爱尔兰枢密院里挑选成员,组成爱尔兰政府,他们不受下院的罢免;当某项措施被挫败后,他们不必集体辞职。如果他们曾经反对过某项法案，比如说天主教徒宽容法案，下一年他们仍可以因为英国政府的命令或者舆论的要求而重新表示赞成，这样做不被认为是出尔反尔。议会唯一能使这个非责任制政府就范的手段是拒绝通过一年一度的惩治叛乱法案。① 另一方面，爱尔兰新教徒对议会改革问题立场不一致，对天主教解放问题也没有一致意见，所以这种二元制机制就能够被延续。

事实上，英国之所以同意授予爱尔兰议会独立的立法权，主要是受当时内外交困形势的影响。英国大臣十分清楚爱尔兰的独立立法权会对英帝国造成威胁，但是形势所迫，就只能够让步。另外，英国在爱尔兰问题上还受国内工商界的影响，1778年4月，在诺斯的支持下，下院通过了五项决议，取消了航海制度强加给爱尔兰的大部分负担。英格兰和苏格兰的工业城市立即作出了剧烈反应，对此，英国政府只好作出让步，将上述商业方面的让步几乎全部取消。②

小皮特当政后，也想彻底解决爱尔兰问题。他认为1782—1783年的解决办法不彻底，因为它没有规定帝国内部的控制权，甚至没有解决爱尔兰在帝国内部的贸易权问题。为此，1784年2月，小皮特派遣拉特兰公爵（Duke of Ruttland）去担任爱尔兰总督，委派托马斯·奥德（Thomas Orde）做爱尔兰事务大臣，并且命令他们去推行后来被称为"奥德商务协定"（Orde's Commercial Resolutions）的措施。这些措施总的意图是要签订英爱之间的通商条约，规定爱尔兰

---

① 埃德蒙·柯蒂斯：《爱尔兰史》（下册），第612—613页。
② A. 古德温编：《新编剑桥世界近代史，美国革命与法国革命，1763—1793》，第八卷，第706页。

可以享受实际上与英国平等的贸易权力。1785年,奥德在爱尔兰议会里提出建议,主张两国之间进行自由贸易,并允许爱尔兰参加帝国的全部贸易,交换条件是,当爱尔兰的岁入超过66.5万英镑时,要献出部分岁入余额资助帝国海军。爱尔兰议会接受了这些建议,如果能够得到米德兰和兰开郡制造商的同意,皮特是会允许爱尔兰享有与宗主国同样平等的商业自由的。由于这个通商协议在下院以极微弱的多数勉强通过,小皮特不得不缩小对爱尔兰的让步范围,禁止爱尔兰在南非和南美之间进行贸易,并规定不通过大不列颠就不得进口印度货物。爱尔兰议会必须把不列颠的有关殖民地航运和贸易的全部法律予以复制,不列颠议会有权限制美洲和西印度群岛等殖民地从爱尔兰进口货物,甚至有权限制爱尔兰和美国之间的贸易。① 这个修改了的协议无法为爱尔兰议会所接受,假如接受这些协议,爱尔兰就被限制在不列颠帝国内部的贸易范围内了,使爱尔兰"在东方放弃贸易,在西方放弃自由"。

小皮特及其同事把帝国看成是通过共同的特权和负担联系起来的一个紧密的结合体。1785年英国修改的通商协议的失败,对英国帝国政策的制定产生了巨大影响,推迟了爱尔兰向责任制政府过渡的进程。这件事情加深了英国的政治家们固有的想法:帝国范围内独立于威斯敏斯特之外的主权、立法权是对帝国巨大的威胁。② 特别是在1788年乔治三世精神失常,英国出现"摄政王危机"后,英爱两个议会之间的分歧进一步扩大。已经取得独立立法权的爱尔兰议会希望取得更多的权力,而小皮特和大多数英国政治家们却认

---

① 埃德蒙·柯蒂斯:《爱尔兰史》,(下册),第621页。
② J. Holland Rose, A. P. Newton, E. A. Benians, *The Cambridge History of the British Empire, Vol. II, The Growth of The New Empire, 1783–1870*, pp. 134–135.

为已经达到了极限。

乔治三世精神失常后,摄政王的人选是威尔士亲王乔治,小皮特希望在制订一项限制亲王权力的议会法律后才能让摄政王亲政,而英国议会要求爱尔兰议会也这样做。但是1789年2月,爱尔兰议会以二比一的票数通过给亲王的呈情,敦促亲王"在英王陛下抱恙期间,以爱尔兰摄政王的名义掌管本国政府,行使国王特权"①。2月底英王康复,摄政王问题不复存在,但是这件事却表明如果摄政问题再度发生,爱尔兰议会将推举一个拥有国王全部权力的摄政王,而且不会像英格兰议会那样要求他受议会法案的限制。进而可以看出,爱尔兰议会有可能会在贸易、政治,甚至战争与和平方面采取独立的路线,从而危及英格兰在帝国中的最高统治地位。② 在英国人看来,爱尔兰人是不可靠的,它会在自身的私利和公众舆论的压力下走向反叛。为了避免出现这种情况,唯一的办法只有英爱合并。同时,受法国大革命的影响,爱尔兰在经济上也越来越困难,对英国经济的依赖程度也越来越深,这也给英爱合并提供了借口。

法国革命大大影响了英国对爱尔兰的政策,革命不但未使爱尔兰取得独立,反而让它丧失了原有的地位。法国革命的消息传到爱尔兰,激起了爱尔兰人民反抗英国的浪潮,爱尔兰人在法国革命中看到了希望,更加鼓起勇气争取自由和独立。领导爱尔兰人反抗英国的是"爱尔兰人联合会"(the Society of United Irishmen),该会成立于1791年10月,总部设在贝尔法斯特,领导人是沃尔夫·托恩(Wolfe Tone)。联合会的宗旨是废除一切人为的宗教差别,联合一

---

① 埃德蒙·柯蒂斯:《爱尔兰史》(下册),第623页。
② 同上书,第624页。

切不同宗教信仰的爱尔兰人反对大不列颠的强横统治,争取政治独立。① 除了提出普选权、每年召集议会和议员发薪等议会改革要求外,联合会还提出废除教会什一税、降低地租等要求。② 会员中许多人是潘恩的信奉者。

联合会得到爱尔兰中下层人民的广泛拥护。面对法国革命所引起的混乱及压力,英国政府不得不作出一些让步,不得不考虑解决爱尔兰天主教问题。天主教会是君主政体的朋友,也是反对革命的坚强堡垒,爱尔兰的天主教会对法国革命流露出恐惧的情绪,天主教徒似乎又站到了保守派一边。首相小皮特认为:英国必须采取一些措施,来安抚爱尔兰人。于是英国政府向爱尔兰议会施加压力,迫使爱尔兰议会下院于 1793 年以三比二的多数票通过《天主教解放法》(The Catholic Relief Act),该法将议会选民资格扩大到"年收入 40 先令的天主教徒",允许天主教徒担任大多数低级官员和军队中将军以下的军官,允许他们获得大学学位,但是他们不能当选为议会议员,也不能担任高级官职。③

英法战争爆发后,法国公开承诺要帮助各国人民推翻其统治者。于是托恩以及爱尔兰人联合会便决定利用法国的承诺,开始策划起义。但爱尔兰的情况与北美殖民地有很大不同,爱尔兰既没有一支强大的起义军队,也没有北美大陆会议那样的统一指挥机构,爱尔兰保皇派的力量也比北美殖民地强大得多。这些因素注定联合会的计划很难成功。由于其计划被政府发现,他们便转入地下活

---

① 埃德蒙·柯蒂斯:《爱尔兰史》(下册),第 628 页。
② 蒋孟引主编:《英国史》,中国社会科学出版社 1988 年版,第 458 页。
③ Thomas E·Hachey, *The Irish Experience, A Concise History,* New York, 1996, p.46.

动,而这时爱尔兰新教教徒和天主教教徒之间一直在进行斗争,爱尔兰逐渐滑入了天主教徒和新教教徒之间的战争。1795年9月21日,爱尔兰新教教徒秘密组织报晓队(Peep O'Day),和天主教的秘密组织护教派在阿尔玛市(Town of Armagh)发生激烈冲突。报晓队获胜,这次冲突被称为"钻石之战"(Battle of Diamond)。在双方的武装冲突中,大约有二三十名护教派丧命。"报晓队"在获胜当天改名为"橙带党"(the Orange Order),该组织的宗旨是"维护国家的法律与和平,维护新教宪法,以及保卫英王和他的继承者"。① 紧接着,爱尔兰爆发了持续不断的宗教战争,在战争中,厄尔斯特(Ulster)大批天主教徒由于受到新教教徒的威胁被迫逃到康诺特,而斗争性较强的人则加入了爱尔兰人联合会。

政府对这些暴乱进行镇压,宣布爱尔兰人联合会为非法组织,并在全国大规模逮捕联合会成员。1796年爱尔兰议会通过了一项严厉的惩治叛乱法,授权总督可以宣布某个或某几个地区情况紧急,并对这些地区实行戒严。法令强迫人民交出武器,处死非法宣誓的主持者,并授权地方长官逮捕可疑分子,将他们送往舰队服役。② 军队的暴行以及政府镇压起义的决心迫使一大批绝望的受害者投身起义,爱尔兰人联合会向法国执政府求援。1796年,托恩离开爱尔兰到法国寻求帮助,他向法国夸大了爱尔兰的革命形势,声称法国只要派遣一支军队在爱尔兰登陆,爱尔兰将立刻爆发起义。

1796年12月,一支由43艘战舰组成的法国舰队装载着1.5万

---

① 埃德蒙·柯蒂斯:《爱尔兰史》(下册),第640页。
② 同上书,第641页。

名法国士兵和武器弹药开往爱尔兰,托恩也在其中的一艘军舰上。①舰队于 12 月 21 日进入爱尔兰西南的班特里湾,因为遇到风暴,舰队被打散,指挥远征的年轻司令官奥什(Louis Lazare Hoche)将军乘坐的旗舰失踪,副司令官负起指挥的职责。由于逆风越刮越大,舰队无法靠近海岸,在等待一星期之后,法军最后不得不砍断缆绳,返回法国。不过托恩继续和法国联系,试图得到法国的支持。这时法国的盟国西班牙、荷兰在同英国的斗争中遭到了失败,法国缺乏足够的海军力量在爱尔兰登陆。1798 年,法军支援爱尔兰的计划又因入侵埃及而未果。

英国政府得知爱尔兰与法国的秘密谈判后,即开始对爱尔兰实行镇压。爱尔兰人联合会的领导优柔寡断、不敢起义,致使内部分歧越来越多。最终预定在 1798 年 5 月发动起义,但是在起义爆发以前,爱尔兰人联合会的许多领袖已经被捕,所以,当起义终于发动时,已得不到有力的领导,法国军队也没有支援。起义失败,几万爱尔兰人遭杀害。这次起义失败后,爱尔兰激进运动一蹶不振、急遽衰落。

甚至在起义发生的前一年,爱尔兰的混乱已经改变了英国政治家的看法。英国统治集团认为,只有实行合并才能确保英帝国的安宁。爱尔兰叛乱也使首相小皮特改变了对爱尔兰的政策,他决心敦促英国与爱尔兰合并。他说:"爱尔兰好比一条着火的船,要么把火扑灭,要么把缆绳砍断,让它飘走。"②既然起义者的领袖们未能使它飘离英国,此时就只好把它钩在英国一边。在他看来,合并是帝国

---

① John O'Beirne Ranelagh, *A Short History of Ireland*, p.83.
② Ibid., p.90.

的当务之急,英国与爱尔兰合并不但对帝国有利,而且还可以安抚爱尔兰。① 英国政府被1798年的叛乱震惊,它相信叛乱是一个教训,表明没有英国的帮助,爱尔兰就无法维持。叛乱分子曾经得到法国的援助,这种情况可能再度发生。在危险面前,单独的爱尔兰议会是无法维持的。解决问题的灵丹妙药是英爱合并,合并是帝国的必要措施。独立的爱尔兰立法机构是"孩童般的措施",已经威胁到帝国的安全。而合并会"加强帝国的力量,给帝国增添荣耀"。只有在帝国的总体立法中,才能平静地看待爱尔兰问题,在解决这些问题时,才不至于偏颇。② 当帝国在西边不再受到爱尔兰极端民族主义的威胁时,英王政府才能集中全国的兵力,用来对付法兰西。

实现英爱合并,最关键的难题是天主教解放,当时的局势似乎表明,只有当国教在帝国中占多数,天主教的解放问题才能被提出来,而单独的爱尔兰议会是不可能解决这个问题的,只有合并才带来解放的可能性。1792年小皮特在给爱尔兰总督威斯特摩兰伯爵(Earl of Westmorland)的信中写道:"鉴于目前的混乱局面,我一直在思考这样一个问题:应该逐渐引导两党商讨与爱尔兰合并。给天主教徒选举权并不是什么危险的事情。"③皮特还向爱尔兰天主教僧侣集体承诺:一旦两国合并,他将支持解放天主教。④ 此时爱尔兰的天主教主教,尤其是都柏林大主教约翰·特罗伊(John Troy)已经偏向于支持英爱合并,期望接下来能解放天主教。1799年,爱尔兰的

---

① Thomas E. Hachey, *The Irish Experience, A Concise History*, p.50.
② P. J. Marshall, *The Oxford History of the British Empire, The Eighteenth Century*, pp.272-273.
③ John O'Beirne Ranelagh, *A Short History of Ireland*, p.90.
④ Thomas E. Hachey, *The Irish Experience, A Concise History*, p.50.

天主教主教们通过秘密决议,决定接受政府的薪金,同时承认政府对教皇选派的主教和任命的教区神甫有否决权。① 1799—1800 年,为了克服爱尔兰内部的反对,总督康沃利斯勋爵和爱尔兰首席大臣(Irsh Chief Secretary)卡斯尔雷勋爵(Lord Castlereagh)奉小皮特之命做了大量工作,用官职、津贴、爵位来收买爱尔兰议员。约有 50 名爱尔兰议员被提拔为贵族,政府还花了 115 万英镑用于贿赂。② 爱尔兰有影响的贵族,在克莱尔伯爵约翰·菲茨吉本(John Fitzgibbon, Earl of Clare)的领导下,也支持威廉·皮特的方案,他和他的朋友都认为:国教的优势地位比独立的议会更为重要,如果爱尔兰与英国合并,英国的军事力量能够保护国教在爱尔兰的垄断地位。③ 因此首相皮特和爱尔兰总督康沃利斯希望合并之后就实现天主教解放,这样才可能"不是和某个党派,而是和爱尔兰国家实行合并"。④

在这种情况下,到 1798 年末,英国议会两院同意了合并的原则。1799 年 1 月 22 日,爱尔兰议会召开最后一次会议,康沃利斯提出了合并建议,但是爱尔兰议会下院却通过了一项反对合并的动议,于是,康沃利斯利用手中的权力罢免了财政大臣和皇家首席法官,还在爱尔兰内阁里清洗了反对派。他多次扬言,合并的建议不管失败多少次,一直要到它获得通过才为止。

当 1800 年 1 月 15 日召开新议会时,政府可能获得多数,因为新册封和提升的贵族已经达到 48 名,政府还花了 126 万英镑把私有选

---

① Thomas E. Hachey, *The Irish Experience, A Concise History*, p. 50.
② John O'Beirne Ranelagh, *A Short History of Ireland*, pp. 91-92.
③ Lawrence J. Mccaffrey, *Ireland from Colony to Nation State*, p. 31.
④ 埃德蒙·柯蒂斯:《爱尔兰史》(下册),第 659 页。

邑收买了过去，这样爱尔兰议会里的阻力逐渐消除。1800年9月5日，卡斯尔雷勋爵拟就了合并法案，根据法案，爱尔兰将派100名代表参加英国下院，32名贵族参加英国上院，爱尔兰国家组织维持原状，总督职位和法院也保持不变；在贸易方面，双方将实行自由通商，并向爱尔兰开放帝国的全部贸易。为了照顾爱尔兰的利益，对某些部门将保留奖励政策，例如亚麻纺织业。关于帝国经费问题，爱尔兰将分担帝国总开支的2/15，为期20年，到期之后重行调整，在此期间爱尔兰将保留自己的国库和单独的国债。在宗教方面，英格兰和爱尔兰的国教教会实行合并；而联合的议会则排斥天主教徒。① 由于康沃利斯的工作，爱尔兰议会下院以153票支持、115票反对、27票缺席的微弱多数通过该法案，上院也以75票对26票的多数予以通过。② 1800年8月1日，英国国王签署了英爱合并法案。③

1801年1月1日，合并法案生效。1801年1月28日，100名爱尔兰下议员和32名上议员出席了第一届联合议会的开幕式，英、爱两国正式合并。合并后的国家称"大不列颠和爱尔兰联合王国"，爱尔兰丧失了政治独立。

但合并不是通过"两个国家之间订立的什么条约"实现的，而是通过收买等腐败手段获得的。1799年1月，爱尔兰总督康沃利斯勋爵曾抱怨道："我的职业是最无趣的，要不断和那些世上最腐败的讨价还价打交道。我十分鄙视、痛恨我自己从事的肮脏工作，我支持

---

① 埃德蒙·柯蒂斯：《爱尔兰史》（下册），第664页。
② Samuel Smiles, *History of Ireland and the Irsh People; Under the Government of England*, Routledge/Thoemmes Press, 1997, pp.469–470.
③ John O'Beirne Ranelagh, *A Short History of Ireland*, p.92.

它只是出于这样一种考虑,没有联合,大英帝国就会解散。"①英国方面许下的诺言包括解放天主教徒、给天主教教士提供国家薪金以及解决什一税问题,这些诺言要经过好长时间才得到兑现。英国对于爱尔兰始终存在着一种偏见,认为爱尔兰人"无用、幼稚、容易激动"。这种偏见加上自高自大、漠不关心,渗透在对爱尔兰政策的制定当中。由于乔治三世国王顽固地坚持他是一个用"国教宪法统治的国教国家的国教国王"②,因此皮特政府无法尽快兑现天主教解放的承诺。那些为爱尔兰立法的英国政治家们对爱尔兰的了解比起对欧洲大陆或者遥远的海外帝国的了解要少得多,事实上,在统治阶级和知识分子中,很少有人到过爱尔兰,这难免会对英国制定爱尔兰政策产生很大影响。在合并的时候,许多新教徒反对这项法案,生怕新教的利益受到损害;而天主教徒总体上支持这项法案,其依据是:英爱合并后,英国的宗教宽容政策能够给自己提供更好的保护,这是从爱尔兰新教掌权者那里很难得到的。然而在合并确立后,大多数新教徒逐渐认识到,保持他们权贵地位的最佳方式是保持英爱的合并;天主教徒则逐渐认识到,废除英爱合并是推进他们利益的最佳途径。③ 这样,由爱尔兰新教徒首创的爱尔兰现代民族主义,逐渐成了爱尔兰天主教徒的诉求,为他们所利用。

实践证明英爱合并是一项失败的政策,由于合并不是在平等的基础上而是在欺骗和高压的基础上进行的,所以没有使英爱双方变得更加互相信任,它不但没有解决爱尔兰问题,反而使原有的矛盾

---

① Nick Pelling, *Anglo-Iish Relation, 1798-1922*, p.14.
② Lawrence J. Mccaffrey, *Ireland from Colony to Nation State*, p.36.
③ 罗伯特·基:《爱尔兰史》,第69页。

激化,爱尔兰人对英国产生了强烈的恐惧感。① 英爱合并导致以后的爱尔兰问题无法解决,随着19世纪事态的展发,合并法案的不利影响越来越明显。

合并后很长一段时间里,英国政府没有兑现当初的承诺,没有实现对天主教徒许下的诺言,这就使合并一开始就大失人心,人民的反抗活动不断。1803年7月23日爆发罗伯特·埃米特(Robert Emmet,1778—1803)领导的起义,起义者试图攻击都柏林城堡,但在几个小时内就被镇压了,8月25日,埃米特被逮捕,9月20日被处死。② 这次起义规模很小,但埃米特的牺牲影响深刻,影响了爱尔兰的政治情绪。③ 合并以后的40年间,英国当权者不顾爱尔兰人的正当要求,玩弄政治手段,辜负了爱尔兰人的期望。1805年3月12日,爱尔兰天主教徒向英国政府递交请愿书,要求解放天主教。结果下院以336票对124票、上院以178票对49票的绝对多数否决了请愿书。④ 1808和1810年,爱尔兰天主教徒又递交了第二次、第三次请愿书,但是仍被英国议会否决。当时,英国议会中约有660名议员,爱尔兰议员只有100名,他们永远是少数,而且他们都不能是天主教徒,因此天主教解放在那个时候几乎是无望。英国政府在爱尔兰实施高压统治,推行集会法,停止执行人身保护法,结果使爱尔兰在1796—1823年这段时间内,只有四五年时间处于正常的文官统

---

① Samuel Smiles, *History of Ireland And The Irsh People Under The Government of England*, p.471.
② Edited by W. E. Vaughan, *A New History of Ireland*, Vol. V, *Ireland under the Union*, Oxford: Clarendon Press, 1989, p.15.
③ 埃德蒙·柯蒂斯:《爱尔兰史》(下册),第671页。
④ Edited by W. E. Vaughan, *A New History of Ireland*, Vol. V, *Ireland under the Union*, pp.28–29.

治下。

合并以后的爱尔兰经历了社会、经济的巨大变迁。1793—1815年,英国与法国处于交战之中。战争对爱尔兰经济产生了显著影响:随着繁荣程度的增强,爱尔兰人口增长,这不但使人们对土地占有更加关心,而且由于拿破仑战争期间欧洲的农产品被禁止运往英国,爱尔兰的土地以及农产品的价格急剧攀升。当时,在爱尔兰550万人口中有90%生活在乡下,而爱尔兰1 400万英亩土地中有90%属于5 000名地主,其中多数是有英格兰背景的新教地主。① 拿破仑战争结束后,农产品价格暴跌,农村人口陷入困境,对贫民而言更是个灾难。② 地主的力量在爱尔兰原来就十分强大,1816年,英国又通过法案,使地主可以轻易地驱逐欠交地租的佃户。③ 人们的不满情绪滋生犯罪和骚乱,而政府则采取高压手段镇压,派出2.5万名军队驻防爱尔兰。

合并还加重了爱尔兰的负担。1793年时,爱尔兰的国债仅为225万英镑,可是到了1817年,其国债竟高达1.13亿英镑。爱尔兰必须把起义和动荡造成的经济损失单独承担下来,同时担负战争期间它应该提供的经费,这对于贫穷的爱尔兰来说,无疑是一个沉重的负担。④ 当时,爱尔兰是一个拥有450万人口的国家,一半以上的人民生活在贫困中,主要依靠马铃薯生活。所有这些都导致在英爱合并后不久,爱尔兰就发生了取消合并的运动,要求恢复爱尔兰的

---

① John O'Beirne Ranelagh, *A Short History of Ireland*, p.99.
② Edited by W. E. Vaughan, *A New History of Ireland, Vol. V, Ireland under the Union*, p.107.
③ 埃德蒙·柯蒂斯:《爱尔兰史》(下册),第676页。
④ 同上书,第677页。

自治。整个 19 世纪,爱尔兰的政局都不稳定,英国在爱尔兰的统治也以失败而告终。

二、印度新的统治机制

对印度及其他土著殖民地统治方式的变化是新帝国与旧帝国最大的区别之一。由于基督教福音教派及人道主义运动的传播,英国形成了对土著人殖民地的"托管理论",它要求改变过去那种赤裸裸的掠夺和压迫政策,而代之以在表面上为土著人建立良好的政府、消除暴政、杜绝腐败、发展教育等一系列做法。这在一定程度上促进了殖民地经济文化的发展,从而充当了马克思所说的"历史的不自觉的工具"。①

1784 年《印度法》将印度置于英国议会和东印度公司共同管制之下,法案提出惩处公司职员在印度的敲诈勒索、索贿受贿行为,削减了东印度公司的权力,开始了英国在印度统治的新时期。

对新机制的形成起重大作用的是长达 10 年的弹劾前印度大总督黑斯廷斯的事件。黑斯廷斯来自一个贫穷的保守派家庭,1750 年他到达印度时担任抄写员,年薪只有 5 英镑,穷得连买蜡烛的钱都没有。但是他凭着自己的聪明才智以及对印度人民的凶狠毒辣,逐步由抄写员、代理商、初级商人上升到高级商人。1757 年他被克莱武提拔出任派驻孟加拉那瓦布宫廷的驻扎官,这是他进入英印政府高

---

① 马克思:《不列颠在印度的统治》,《马克思恩格斯选集》第 2 卷,人民出版社 1972 年版,第68 页。

层的开始。以后黑斯廷斯不断高升,1772年成为孟加拉总督,《调整法案》颁布后又成为英印首任总督。黑斯廷斯非常敬仰印度文化,精通波斯语和北印度语,他曾翻译印度圣典《薄珈梵歌》,在其序言中他写道:

> 每次我们有机会认真审视印度人的真实性格,我们便会有度量地认同他们与生俱来的权力,承认我们应以评价我们自己的标准来评价他们,但是,我们只有在认真阅读他们的文字时才会产生这种感觉;而且,即便是在英国结束对印度的统治之后,在那些曾经产生过财富和权力的源泉被人们遗忘的时候,他们的文字也能永世流传。①

他还是一个很好的管理者,在他执政的前两年中,他把东印度公司管理得很好。他的商业改革非常成功,还尝试去组建税收系统。但是他上任之后热衷于战争和征服,一会儿同这个土邦结盟,一会儿同另一个土邦结盟,不断发动战争,扩大东印度公司在印度的领地。1774年他发动洛西拉战争,实行斩尽杀绝、抢光烧光的政策。1776年他发动迈索尔战争,一直打到1784年。尽管黑斯廷斯的行动为英国在印度的统治立下汗马功劳,但他在印度横征暴敛,收受贿赂,动辄兴师起兵,逮捕王公,成了一个专横的暴君,受到英国国内舆论的猛烈抨击。

1785年2月8日黑斯廷斯离任回国,6月13日抵达英国。在返回英国的途中他始终心情愉快,他写道:"这是一次愉快的旅途;没

---

① 尼尔·弗格森:《帝国》,中信出版社2012年版,第34页。

遇上恶劣天气；船只整洁干净，船员专心能干，我热爱这个社会。"①但是，令黑斯廷斯万万没有想到的是，从1786年2月17日开始，英国议会对他进行长达10年的弹劾，小皮特、邓达斯等人也都投票反对黑斯廷斯。下院对他的指控中，是把他作为一种政策的代表人物来攻击的，并非攻击他个人。四个有争议的事件导致了英国国会对黑斯廷斯的弹劾。第一，他派了公司一个旅的印度士兵去援助他的盟友奥德的维齐尔（即宰相），帮助他去抵抗居住在邻近的罗海坎德（Rohilkhand）的阿富汗武士，而这是违反公司政策的。第二，当他被指控受贿时，他以控告其敌人的首要证人纳德-库马作伪证来回应。库马被判有罪并被处决——一个合法但过分严厉的惩罚。第三，由于政府经费短缺，他对贝拿勒斯加征重税，激发了查伊德-辛赫的起义，黑斯廷斯剥夺了查伊德-辛赫的土地，并把这些土地给了查伊德-辛赫的侄子；后来英国人打回来，迫使查伊德-辛赫的侄子向东印度公司交纳比以前多得多的贡品。第四，黑斯廷斯向奥德的纳瓦布的母亲和祖母施压，要求更多的贡品。

这些罪状不涉及他个人的丑闻，但弹劾者抓住黑斯廷斯横征暴敛，发动战争，抢劫王公贵妇金库，贪污腐败，收礼受贿这几个方面进行控告，指责他是暴君。这几个方面曾经是印度公司职员常用的手法，然而时过境迁，英国人的价值观念发生了变化，过去流行的手法现在变成了罪行。尽管黑斯廷斯在美国独立战争期间左右逢源，不但保住了印度这块英国最重要的殖民地，而且使英国管辖的地域大大扩张，他却未摆脱被弹劾的命运。

---

① Colonel G. B. Malleson, G. S. L., *Life of Warren Hastings*, London: Chapman & Hall LD., p.440.

下院首先控告黑斯廷斯在印度连年战争、横征暴敛,指出他强行追加王公的军事捐款,破坏了公司与王公的稳定关系,甚至逮捕王公,激起内战。黑斯廷斯对此难以辩驳。下院还控告黑斯廷斯抢劫奥德贵妇的金库,奥德王公的母亲和祖母占有的领地及财产曾经由公司的协定保证其不受侵犯,黑斯廷斯为了解决公司的财政困难,于1781年底和1782年初两次下令没收她们的领地和财宝,命令士兵抢劫金库。英印军队执行命令逮捕了宫中重臣和官吏,锁之以镣铐,施之以重刑,随后抢走500万卢比的财富,送进公司的钱库。① 这项行动使黑斯廷斯臭名远扬,也使旧的殖民政策难以容忍。下院又控告黑斯廷斯贪污腐败、收礼受贿,1772—1776年,黑斯廷斯汇到英国家中的财富价值12.2万英镑,而据估计,1772年4月到1774年10月,黑斯廷斯的正式收入为6万英镑,1774年10月到1776年为3.75万英镑。这四年他的薪水总额只有9.75万英镑,其他的收入显然来路不正。② 1775年,他接受了孟加拉贵妇的15万卢比;1780年,接受那里斯王公的20万卢布;1781年,接受奥德王公的100万卢比,这些都是所谓的捐赠。他被审判时,交出一本不完全的账本,上面记着接收不同来源的捐款100万卢比。③ 这些捐款人,有的通过捐款得到了土邦的摄政权,有的得到了大规模的农场,有的则保住了自己的财产。黑斯廷斯用贪污的财产给公司董事会主席的女儿买贵重的首饰,买通英国国内政要,苦心营造了一个腐败的独立王国。所有这些都是因为东印度公司把持着印度的贸易垄断

---

① P. J. Marshall, *The Impeachment of Warran Hastings*, p.127.
② P. J. Marshall, *The Personal Fortune of Warren Hastings*, Economic History Review, New Series, Vol.17, No.2(1964), pp.292 - 293.
③ P. J. Marshall, *The Impeachment of Warran Hastings*, p.152.

权和行政权，这自然成为攻击的目标。

弹劾自 1786 年至 1795 年长达 10 年之久，最后以黑斯廷斯无罪释放而结束。之所以产生这种局面，与当时英帝国所处的政治经济及社会环境有密切关系。黑斯廷斯任印度大总督时，英帝国正面临危机，黑斯廷斯的扩张行径扩大了英国在印度的统治范围，为第二帝国立下了汗马功劳。印度殖民地的扩大为英国提供了广阔的市场和原料产地，这些都是英国所需要的。工业革命的发展使英国人精神面貌发生了巨大变化，而黑斯廷斯在印度不断发起战争，收受贿赂，就成了人们攻击的目标。虽然最后黑斯廷斯被宣布无罪，但长达 10 年的弹劾耗尽了他的精力与钱财。在支付了 1.5 万英镑现金后，他仍背负着 6 万英镑的债务。① 他对此感慨道："我拖累不堪地接收了孟加拉国政府……我给它制定了政体和制度。我扩大了别人所已取得的勇武精神，并给予你们在那里掌握的统治权以形式和实质；我保持了它。我以有效的然而是经济的手段派出军队，穿过陌生和敌对的地区去支持你们的其他领地，把这一块领地从堕落和耻辱中拯救出来，把另一块领地从绝对困难和屈从中解脱出来……我把一切给了你们，而你们却以没收财产、侮辱和受弹劾的生活来报答我。"② 黑斯廷斯被宣告无罪后，靠东印度公司提供的退休金过了好多年退休生活，在 1813 年他作为证人回到下院，参加了修改东印度公司宪章的讨论。他在任期间不断发动战争，扩大英国在印度的统治范围，他的行为实际上代表英国，而他自己成了旧帝国体制的替罪羊。

---

① Colonel G. B. Malleson, G. S. L., *Life of Warren Hastings*, London: Chapman & Hall LD., p.500.
② 恩·克·辛哈、阿·克·班纳吉：《印度通史》，第 543—544 页。

弹劾黑斯廷斯事件影响深远。首先,弹劾黑斯廷斯是英国在印度殖民统治的一个转折点,此后派往印度的高级官员如总督、省督和参事等人,都对英国议会而不是对东印度公司负责。印度殖民地的控制权已经不在公司职员手里,而转由声名显赫和门第高贵的人担任,这些人大都有贵族头衔,也有一定的责任心,他们在印度进行了一些必要的改革,洗刷了一些旧的弊端,开启了向自由主义贸易政策的转变。

1815年以前,重商主义尽管没有退出历史舞台,有时还能显示出强大的力量,比如1815年的《谷物法》。但是随着工业革命的发展,英国国内自由贸易的呼声越来越高涨,资产阶级强烈要求开放印度市场,在这种形势下,东印度公司在印度的垄断地位加速终结。1793年,负责印度事务的国务大臣邓达斯曾经考虑过:"万一东印度公司垄断结束后把印度的税收转移到政府",而当年的公司特许状规定:东印度公司每年必须为公司外的私商提供3 000吨的商品空位。① 这个数目尽管很小,但是毕竟打破了东印度公司贸易垄断的坚冰,预示着新的变革的到来。

此时,英国与殖民地新的贸易方式不断出现,生丝、棉花、靛蓝、蔗糖等初级产品作为印度向英国出口的商品,正在取代传统的棉布。而同时英国也向印度出口越来越多的工业品,主要是纺织品。1794—1813年,英国输往印度的棉织品从156磅增至108 824磅,20年内增长了700倍②,英国物美价廉的棉布很快打败了印度传统的

---

① P. J. Marshall, *The Oxford History of the British Empire, The Eighteenth Century*, p.548.
② Ramkirshna Mukherjee, *The Rise and Fall of the East India Company, A Sociological Appraisal*, pp.402 – 403.

棉纺织业,而东印度公司在印度的垄断地位更不稳定。1813年的特许状取消了东印度公司对印度的贸易垄断,东印度公司只保留对中国的垄断权。大批英国私商因此蜂拥而来,开办各种公司,而以前在印度的英国人包括公司职员,也纷纷建立商业公司或代理行。从这时起,私商便逐渐主导了英印贸易,而英国对印度的商品输出额则直线上升,其中占第一位的就是棉纺织品。1814—1835年输往印度的棉布增长60多倍,1823—1828年棉纱输出量增长33倍。① 尽管直到19世纪30年代东印度公司的贸易垄断地位才被完全取消,但是1815年拿破仑战争结束时它对于印度的贸易垄断已经不存在了,重商主义的衰亡已经不可避免。

其次,黑斯廷斯事件所造成的强大的社会舆论迫使英国政府不得不改革其殖民政策。事实上,从1774年克莱武自杀到1788年弹劾黑斯廷斯,英国公众转变了对印度统治的看法。那种把英国与印度的联系仅看成是一种商业手段的,应当游离于议会控制之外的观点被抛弃了,取而代之的是伯克、福克斯、小皮特等人新思想的混合物,人们对于公开的掠夺、敲榨以及贪污受贿、损公肥私等可恶的行为已经不能容忍,弹劾黑斯廷斯正是在这样一个大背景下发生的。对黑斯廷斯的弹劾警示着东印度公司的职员,要他们杜绝贪污;同时也宣告:英国人支持埃德蒙·伯克的主张:印度应根据"在欧洲、非洲和亚洲及全世界均可发现的法律加以统治"。② 强大的社会舆论使垄断商业资本无力进行反扑,旧的殖民政策也被逐渐抛弃,而新的殖民统治机制在印度开始形成,它主要表现在以下几个方面。

---

① 林承节主编:《殖民主义史——南亚卷》,北京大学出版社1999年版,第146页。
② 温斯顿·丘吉尔:《英语国家史略》(下),第187页。

（1）英国议会完全掌握对印度统治的控制权，英属印度统治机构进一步健全。根据1784年《印度法》，由英国政府内阁任命一个印度管理委员会，负责"监督、指导、控制所有涉及英国在东印度控制区域内的政府的，内政、军事方面的法令、行动及税收问题"①，并任命一个直属于印度管理委员会的机密委员会。孟加拉及马德拉斯、孟买的委员会由总督和另外三名成员组成，英军总司令和各管区副总督分别参加总督委员会和省督委员会，委员会设秘书若干人，分工负责一些部门的工作②，这些部门后来逐渐发展成为殖民地中央各部和省府各厅。县一级政权的主要官员是收税官，他们不仅负责税收，还负责行政、司法事务。此外有治安长官，负责维持社会秩序；还设有警察局，担任镇压任务；印度原来的统治机构被全部废除。

这时，尽管印度的日常管理仍由东印度公司负责，但是东印度公司的作用越来越小。康沃利斯担任印度大总督后，总督便成了印度最高统治者，总督由英国议会委派，对英国议会负责，东印度公司对于印度的统治权被取消。到1813年，议会又取消了东印度公司的贸易垄断权，议会印度管理委员会的主席成了负责印度事务的内阁成员，并规定英国议会派专人去印度，负责印度立法。由英国议会直接派人掌管印度立法这是保证推行新的殖民政策的一项重要措施。

1784年—1832年，英国政府对于东印度公司的控制日益增强，而东印度公司在英国议会中的势力日益缩小，其在议会中的席位从

---

① Frederick Madder, *Imperial Constitutional Document, 1765 - 1965, A Supplement*, p.7.
② Ibid., p.9.

1760年的103席,降至1834年的45席。① 这表明,随着英国工业革命的发展,工业资产阶级力量壮大,他们对东印度公司垄断印度商业的情况猛烈抨击,这是英国改变印度统治方式的根本原因之一。

(2) 英印殖民政府实行文官职业化,东印度公司职员在印度的腐败行为得到遏制。印度殖民地政府官员是从东印度公司职员中任命的,最初,东印度公司的职员和殖民地政府官员常常是一身二任。黑斯廷斯任印度总督后,他把东印度公司职员分为商业职员和行政职员,一人不能身兼二任,行政职员就成了殖民地政府官员,负责税收、司法、行政,他们按资历逐级晋升,这就是印度文官制度的起始。1784年《印度法》颁布后,东印度公司职员仍由公司董事会荐任,这样,东印度公司的职能分为商业和政治两部分:商人仍然做生意,而行政官员领取高薪执行行政管理。英国又在印度建立独立的法院,有权审判政府官员。②

印度文官大多是东印度公司董事们送来的达官贵人子弟,当时英属印度的官员如总督、收税官、巡察员的薪水都十分优厚。英属印度政府的高薪职位都由东印度公司的年轻官员们把持,这些年轻的官员野心十足,对印度事务一无了解,由这些人构成的官员队伍造成公司早期政权的专横、暴戾就可想而知。1786年康沃利斯勋爵到印度担任总督,他一上任就着手实行改革,为印度的文官制度建立了新的传统。他坚持"在印度实行严格的纪律和保持伦理标准,这种标准现在英国已经为人所接受"③。之前,印度的行政人员中有

---

① C. H. Phillips, *The East India Company, 1784 – 1834*, Manchester: Manchester University Press, p.299.
② 布赖恩·拉平:《帝国斜阳》,第27页。
③ 恩·克·辛哈、阿·克·班纳吉:《印度通史》,第552页。

欧洲籍的收税官,康沃利斯采用了公务人员彻底英国化的原则,并且用高薪、严格监督的办法限制公司职员的掠夺行为,所有公司职员都有适当的薪水,包括固定的薪金及部分佣金;一个最低职务的职员可得年薪 500 英镑,一个税收官月收入达到 1 500 卢比,另外还有 1% 的手续费。① 布德万县的税收官得到的手续费每年可达 2.75 万卢比。1793 年特许状确定了排除印度人的原则,该法案规定:"任何不是东印度公司的订了合同的职员,对每年的薪金和津贴超过 500 英镑的职务、地位或职业不得担任三年以上。"②因为没有一个印度人能够成为东印度公司的订了合同的职员,所以他们就不能担任行政人员。康沃利斯还改革印度的管理体制,包括改革刑事审判制度,将之转到英国人控制下;将民事审判从税收管理中分离,建立各级地方法庭。③ 这些措施对于改进印度的管理体制具有很大作用,有助于形成一支职业化的官员队伍。在此基础上采取强有力的措施,从制度上杜绝了公司职员的腐败现象。

(3) 东印度公司职员的思想发生了变化。18 世纪 80 年代,福音教派在中上层阶层中广为传播,并取得了相当大的进展。18 世纪末,第一批英国福音派传教士到达孟加拉,这些人强调通过信仰上帝使个人灵魂得到新生,强调按基督教人道主义的原则为人类提供有效的服务。他们认为福音派信徒在全世界履行他的职责,个人品行正直是前提条件。康沃利斯曾较早接受福音派思想,在他被任命

---

① 李文业:《印度史——从莫卧儿帝国到印度独立》,辽宁大学出版社 1988 年版,第 81 页。
② 恩·克·辛哈、阿·克·班纳吉:《印度通史》,第 873 页。
③ Ramsay Muir, *The Making of British India, 1756 - 1858, Described in A Series of Dispatches, Treaties, Statutes And Other Documents*, pp.192 - 193.

为印度大总督时,他列出的优先考虑的原则是:"做有益的事情,用上帝愿意交到你手中的方式,为国家服务,为你的朋友服务。"18世纪80年代早期即已进入印度的约翰·马尔科姆(J. D. Malcolm)相信:英国的权力植根于英国军队的勇猛及其管理者的高尚道德标准,而如果英国人和他们所统治的人民的情况一样,他们将完蛋。①

福音派的思想对东印度公司年轻职员产生了很大影响。在福音教派影响下,公司的年轻职员开始强调道德上的责任。1813年的公司特许状规定:"促进在英国统治下的印度人民的利益与幸福是英国人民的责任。"②这个观念当时在英国所有的土著人殖民地推广,比如1811年英国占领荷兰殖民地爪哇(Java)后,爪哇总督斯坦弗·莱佛士(Sir Stanford Raffles)就主张用英国人"正义、人道、温和"的原则进行统治,使长期遭受压迫的当地人过上较好的生活。③莱佛士统治爪哇期间,他将爪哇分为16个管辖区,驻扎官行使行政、立法权,此外还充当税收官。他改革了税收制度,采用普遍的"土地税",以此来代替全部的徭役和实物定额税。他还在爪哇岛上设立慈善机构,进行反对奴隶制的宣传。1812年,他对拥有奴隶的人课以重税,并颁布一项法令:从1813年1月开始,禁止向爪哇和它的属地输入新的奴隶;随后又批准一项规定:禁止在整个群岛贩卖奴隶。④

(4)在印度推行英语教育。英国人在印度统治的早期阶段,东

---

① Lawrence James, *The Rise and Fall of the British Empire*, p.137.
② H. H. Dodwell, *The Cambridge History of The British Empire*, Vol. IV, *British India, 1497-1858*, p.313.
③ D.G.E.霍尔:《东南亚史》(上),第565页。
④ 同上书,第570页。

印度公司在文化方面没有采取任何措施,作为一个商人公司,它关心的只是横征暴敛,完全没有长远的考虑。所以,在英国人征服印度之后的大约半个世纪里,英国人没有试图把自己的文化强加于印度。公司职员绝大多数也不懂印度语,有个公司董事说:"我们刚失掉美洲,因为我们太愚蠢,竟允许在那里建立学校和学院。我们在印度不应再做这种蠢事。"①东印度公司也担心一旦印度人民接受了西方教育,会起来反抗英国的统治,出于这种考虑,它不会去发展印度的教育。

黑斯廷斯任印度大总督期间,曾鼓励复兴印度学,他于1781年创办了加尔各答宗教学院。他还鼓励东印度公司的年轻职员学习印度古典语言,其目的在于创立一个可以利用的知识群体。② 出于同一种考虑,驻扎官乔纳森·邓肯(Jonathan Duncan)在贝拿勒斯创办梵文学院。两者都是按照印度原来的教育体制设立的,学习的科目依然是传统的印度语法、哲学、文学和宗教。

韦尔斯利任总督时,针对英国在印度的文官素质低劣的情况,强调文官要有行政能力和广博的知识,要熟悉印度语言和风土人情。他说:"帝国的稳定……必须由内部秩序的持久的原则来保证;由一种纯洁、正直而始终如一的公平的行政制度来保证;由一种慎重而稳健的税收制度来保证。"③为保证实行这种制度,1800年他在加尔各答开办了威廉堡学院,培训东印度公司的行政职员。1806年,英国建立海利伯里学院(Haileybury College),作为印度文官的

---

① 闵光沛主编:《殖民地印度综论》,四川民族出版社1996年版,第298页。
② Bernard S. Cohn, *Colonialism and Its Forms of Knowledge, The British In India*, Princeton University Press, 1996, p.61.
③ 恩·克·辛哈、阿·克·班纳吉:《印度通史》,第573页。

培训基地,其主要课程有东方语言、宗教、历史等。学院开办后,英印文官的素质才略有变化。

西方传教士在早期英语教育方面起了极为重要的作用,许多印度人都是通过西方传教士的活动而熟悉西方的。西方传教士在宣扬基督教教义的过程中,不得不创办一些学校,其中大多数为初级学校,授课内容主要是基督教教义,但也教一些简单的读写算知识,授课语言一般用学生的母语。传教士在传播基督教的时候就创办了教会学校,马德拉斯和孟加拉都有他们建立的英语学校,比如威廉·凯里于1793年在加尔各答建立了英语的教会学校。

最早动议在印度教授英语的人是东印度公司一个名叫查尔斯·格兰特(Charles Grant)的文员。他在1773年到达印度,对印度的教育状况进行了调查,并向英国政府提交了一份名为《英属亚洲臣民社会状态观察》(*Observations on the State of Society among the Asiatic Subject of Great Britain*)的调查报告。在这篇报告中他指出,要想在印度这片土地上进行统治,就要履行责任,建立和维护和平,普及教育,把所谓的"现代文明"带入印度。他提倡用英语作为教学语言,说"社会的恶俗与人民的道德堕落,是愚钝和普遍无知的结果,只有教育,首先是英语教育,方可消除这些现象"[①]。格兰特回到英国后,竭力劝说英国议会和东印度公司董事会接受他的意见,并得到了英国下院议员威尔伯福斯的支持,但当时的英国政府并不接受他的意见。

19世纪初,英国统治者内部出现两个派别,一派支持在印度继续使用梵语和印度语教育,鼓励提倡东方文化,发展印度文明,这一

[①] R·C·马宗达、H·C·赖乔杜里、卡利金尔·达塔:《高级印度史》,下册,第880页。

派被称为"东学派";另一派主张英语教育,在印度推广西方文明和科技知识,这一派被称为"西学派",他们之间的争论持续了近20年。但英国政府逐渐认识到教育的重要性,1813年,英国议会颁布东印度公司《特许状法》(Charter Act, 1813),取消了东印度公司贸易的垄断权,同时还规定:印度总督每年应从公司税收中拨出不少于10万卢比(1万英镑)的经费用于发展教育,"用于文学的复兴,鼓励印度本地的学者,以及在英属印度领地的居民中介绍和提倡科学知识"。[①] 但是对于这批经费如何使用却没有详细说明。法案还授权印度管理委员会对未来担任印度文官的人员进行必要的培训,规定只有在海利伯里学院受过训练并取得毕业证书的人才能被董事会推荐为文官。这是英国议会干预印度文官任命的开始。为了培养为英国人服务的印度人,英国殖民者还在印度大力发展英语教育。

当然,殖民地教育发展实际上是一把双刃剑,它既培养了为殖民统治服务的印度人,又为殖民统治培养了掘墓人。近代学校培养了大批近代知识分子,他们把近代知识和资产阶级观念(功利主义、利润导向、自由平等、个人主义等)带进了印度社会,为印度的独立准备了条件。对于这一点,英国人也早有认识,19世纪初,在应该不应该对殖民地输入西方教育的问题上,英国国内有两种不同的看法。一部分人主张保持旧式的印度教育制度而加以资助,另一部分人主张实行欧式教育,以英语为媒介。前者认为鼓励发展旧式教育制度既可以培养推行新政策必要的知识分子又可以防止西方思想传到印度,总督黑斯廷斯就持这种观点。后者认为巩固殖民统治的

[①] Ramsay Muir, *The Making of British India, 1756–1858, Described in A Series of Dispatches, Treaties, Statutes and Other Documents*, pp. 296–297. Wolpert, Stanley, *A New History of India*, Oxford University Press, 1982, p. 209.

道路不在于是否使印度隔绝西方思想,恰恰相反,最根本的办法是通过灌输西方思想和文化,摧毁印度人的传统意识和价值观。印度立法会议成员马考莱公开说:"以我们有限的手段,我们不可能教育全体人民,我们现在必须尽力培养出在我们和由我们统治的无数人之间充当译员的一批人。这些人从血统和肤色说是印度人,但其爱好、见解、道德和才智是英国式的。"①但当时在英国反对这种观点的人居多,他们郑重地警告说,推广西方教育,就是把西方知识和观念教给东方人,后者会把这些知识作为武器,要求地位平等,其结果将会断送英国在印度的统治。但是,为了使英国的殖民统治机器能够良好运转,殖民当局不得不采取推广西方教育的方针,以培养大批为殖民统治服务的人。

1784—1813年这20年时间内,英国在印度的统治发生了许多变化。首先在领土上,英国已将印度大部分土地征服,英属印度领土大大扩张。其次,英国议会控制印度的机制确立起来,这有利于遏制公司职员的腐败行为,并为英国政府直接统治印度做好准备。最后,英国开始"关注"印度人民的利益,1813年特许状宣布:"促进维护印度人民幸福与利益是英属印度政府的职责。"②所有这些都与东印度公司统治印度时期有明显不同,是新帝国政策的标志,也是英国在土著人殖民地的统治能够稳固的原因之一。

英属印度新的统治机制的形成,巩固了英国在印度的统治,成为英国统治土著人地区的典范。印度作为巨大的销售市场及原料产地,成了英帝国最重要的组成部分。从此以后,保卫印度就是英

---

① 斯塔夫里阿诺斯斯:《全球通史——1500年后的世界》,第449—450页。
② C. H. Philips, *The East India Company*, p. 191.

国外交政策最重要的任务之一。19世纪中后期,英国与俄国在西亚、中亚进行了长期角逐,其目的之一也是为了保卫印度。

英国在确立新的统治机制时,也破坏了印度原有的社会结构,给印度人民带来深重的灾难。马克思说:"不列颠入侵给印度斯坦带来的灾难,与印度斯坦过去的一切灾难比较起来,毫无疑问在本质上属于另一种,在程度上不知要深重多少倍。"①他还说:"不列颠入侵者打破了印度的手织机,毁掉了它的手纺车,英国起先是把印度的棉织品挤出了欧洲市场,然后是向印度斯坦输入棉纱,最后使棉织品的祖国充满了英国的棉织品……不列颠的蒸汽机和不列颠的科学在印度全境把农业和手工业的结合彻底毁了。"②英国在印度兴办教育,改革管理,修建公共工程,客观上促进了印度经济的发展,但实际上这只是为了更好地统治它。发展印度不是殖民者的主观愿望,也不是他们的自觉行动,但却是其不可避免地带来的社会后果。殖民主义的种种措施实际上是双刃剑,马克思在《不列颠对印度的统治》和《不列颠在印度统治的未来结果》中,对于殖民主义的这种"二重性"有过精辟的论述。他考察了殖民统治对东方社会造成的恶果,但是在殖民主义的卑劣的私欲背后,他也看到了殖民统治在客观上对东方社会有一种改造作用。马克思说:"贵族只是想降服它,财阀只是想掠夺它,工业巨头只是想用低廉商品压倒它,工业巨头们发现使印度变成一个生产国对他们有很大好处。为了达到这个目的,首先就要供给印度水利设备和内地的交通工具。"③

---

① 马克思:《不列颠在印度的统治》,《马克思恩格斯选集》,第2卷,第63页。
② 同上书,第65页。
③ 马克思:《不列颠在印度统治的未来结果》,《马克思恩格斯选集》,第2卷,第71页。

在关于印度问题的辩论中,小皮特及其他政治家代表着深刻的思维:善待被统治者,不但是基督教伦理的要求,也是商业赢利的必要条件。① 19世纪英国在印度的殖民政策从未偏离这个双重性原则,这个原则及实现这个原则的管理机构,成了英国在所有土著殖民地统治的特征。正如马克思所说:"英国在印度要完成双重的使命,一是破坏性使命,即消灭旧的亚洲式的社会;另一个是建设性的使命,即在亚洲为西方式的社会奠定物质基础。"②

殖民主义者来到东方是为了掠夺财富,无论什么时候,无论采取何种方式,打出何种旗号,这个宗旨始终不变。西方殖民者在破坏印度传统的社会结构时,给印度人民带来了空前的灾难。殖民者通过在征服地公开洗劫国库珍宝,抢劫黄金白银,勒索战争赔款,进行不等价交换,实行垄断贸易,征收各种苛捐杂税等手段掠夺了巨大的财富。例如在1757—1815年,东印度公司从印度榨取的财富就达10亿英镑之多。马克思一针见血地指出,英国在印度的所作所为,"完全是被极卑鄙的利益驱使的,在谋取这些利益的方式上也很愚钝"③。

18世纪末19世纪初,在自由贸易旗帜下,英国通过不平等交换实现掠夺。英国物美价廉的工业品打败了印度传统的手工业产品,破坏了印度原有的自给自足的经济结构。在长期的殖民统治中,殖民者采取了数不尽的掠夺手段,包括经济上的、政治上的、思想文化上的,等等,它所造成的危害之大,影响之深远,都是史无前例的。

---

① J. Holland Rose, A. P. Newton, E. A. Benians, *The Cambridge History of the British Empire, Vol. II, The Growth of The New Empire, 1783–1870*, p.143.
② 马克思:《不列颠在印度统治的未来结果》,《马克思恩格斯选集》,第2卷,第70页。
③ 马克思:《不列颠在印度的统治》,《马克思恩格斯选集》,第2卷,第68页。

印度的纺织业曾经闻名于世,17世纪许多欧洲旅行家和商人都以羡慕的口吻描述印度精细的纺织品。印度的生铁和钢冶炼质量也很高,英国人最初比不上。印度的造船技术举世闻名,所造船只可比英国船只寿命长10年。

然而在英国人的殖民统治下,这一切都成了往事。在殖民主义者的盘剥下,印度传统的手工业不断衰落。棉纺织是英国工业革命的先导。英国首先要把印度变成英国纺织品的市场和棉花供应地。1783—1784年,英国东印度公司向孟加拉出口羊毛亏损5000英镑,1783—1789年亏损则为2.6万英镑,当时,印度生产的棉布和丝织品仍然物美价廉。① 从1813年英国废除东印度公司对印度贸易的垄断特权后,英国对印度商品的输出直线上升,其中占第一位的就是纺织品。1814—1835年,英国输往印度的棉布由818 208码增加到51 777 277码,增长60多倍。② 为了彻底摧毁印度的家庭纺织业,英国殖民者借助国家的力量,实行差别关税,对于英国输往印度的商品只征收象征性的关税,而印度输往英国的商品则征收高关税。英国大机器工业的商品本来就成本低,加上关税差别,就出现了这样的局面:印度棉花输往英国制成棉纱或棉布再运回印度,其售价比本地织品还要低。英国廉价的商品潮水般地涌进印度,挤垮了印度传统的手工业,改变了印度传统的社会结构。

而殖民主义的"建设性使命"表现为对东方社会进行了资本主义改造,当商品经济在殖民地为资本主义生产方式创造条件后,殖民者会把西方大工业移植过来,在殖民地创办大工业和近代交通事

---

① Jhon Bowle, *The Impirial Achievement -The Rise and Transformation of the British Empire*, p.195.
② 林承节:《印度民族独立运动的兴起》,第34页。

业。这是宗主国资本主义得到充分发展后,对殖民地、半殖民地剥削必须采取的新的手段。对此马克思写道:"英国工业愈是依靠印度市场,英国厂主就愈是感到在他们摧残了印度本国工业之后,必须在印度造成新的生产力。"①

英国在破坏印度原有的社会经济结构的同时,也改变了印度历史发展的方向,正如马克思所说:"不列颠的蒸汽和不列颠的科学在印度斯坦全境把农业和手工业的结合彻底摧毁了。"②铁路的铺设、水利的兴修、工厂的建立,使印度经济有了质的变化,印度告别了手工生产的时代。因此马克思说:"只要你把机器应用到一个有煤有铁的国家的交通上,你就无法阻止这个国家自己去制造这些机器了。如果你想要在一个幅员广大的国家维持一个铁路网,那你就不能不在这个国家里把铁路交通日常急需的各种生产过程都建立起来,这样一来,也必然要在那些与铁路没有直接关系的工业部门里应用机器。……由于铁路产生的现代工业,必将会瓦解印度种姓制度所凭借的传统的分工方式,而种姓制度则是印度进步和强盛道路上的基本障碍。"③

马克思所言符合印度历史发展状况。1813年废除东印度公司在印度的商业垄断后,英国和印度之间才开始了真正意义上的贸易。为快速把印度变为工业品的销售市场和工业原料产地,英国殖民者对孟买、加尔各答、马德拉斯港口进行改建扩建,以后逐渐修筑了从孟买到加尔各答的,以及其他一些大城市之间的公路、铁路,并

---

① 《马克思恩格斯全集》,第9卷,第175页。
② 马克思:《不列颠在印度的统治》,《马克思恩格斯选集》,第2卷,第65页
③ 马克思:《不列颠在印度统治的未来结果》,《马克思恩格斯选集》,第2卷,第72页。

兴办各种与铁路有关的工矿企业。由铁路产生的现代工业,必然会瓦解印度种姓制度所凭借的分工方式,而种姓制度则是印度社会进步的基本障碍。所以英国在印度殖民统治的结果便是把印度纳入到资本主义世界体系,英国资本家在印度投资,在印度逐渐建立了现代工业体系。但印度的现代化、工业化进程却仍有待于摆脱殖民统治,只有摆脱了殖民统治,实现了民族独立,印度才能真正完成工业化。而令英国统治者预料不到的是,英国在印度的统治在客观上促成了印度的统一,为印度现代民族国家的形成奠定了基础。

印度在历史上长期不统一,不但存在着宗教之间的冲突,而且也存在着部落、种姓之间的冲突。以往,印度一向存在着文化和地区之间的隔离,政治上的统一很难形成。而现代印度民族主义是在英国统治下发展起来的,有下面几个方面的动因。

一是英国人的优越感刺激了印度民族主义,英国人相信他们是优秀的种族,视印度人为低劣民族。在印度的军队和官僚机构中,印度人不论条件如何,不可能升迁到某些等级以上;在社会生活中,印度人被拒绝在某些旅馆、俱乐部和公园之外。在这种情况下,一种以印度认同为基础的民族意识不可避免地发展起来,最后发展成印度民族主义。

二是英国人在发展铁路、电报、邮政等设施的同时,无意中沟通了原先互相隔离的各个地区,打通了社会的各个层面,加强了全印度范围内的联系,锻造了一种有形的统一。而东印度公司强加于印度的贸易往来把印度连接在同一个经济体系下,殖民统治则把印度置于同一个政府、同一种法律和统一的关税管理之下,这样就为统一的印度国家设定了基本的框架,在此基础之上形成了统一的印度民族。政治上的统一是印度实现全面复兴的首要前提,对此马克思写道："英国人用宝剑实现的这种统一,现在将被电报巩固起来,永远地存在下去。不列颠的教练班长组织训练出来的印度人军队,是印度自己解放自己和不再一遇到侵略者就被征服的必需条件。在亚洲社会里第一次出现并且主要由印度人和欧洲人的共同子孙所领导的自由报刊,是改建这个社会的新的和强有力的因素。……从那些在英国人监督下在加尔各答勉强受到一些很不充分的教育的土著居民中间,正在成长起一个具有管理国家的必要知识并且接触了欧洲科学的新阶级。"①

三是在英国的殖民统治下,一批印度人参与到行政管理中,在土著居民中,逐步形成了一个具有管理国家的必要知识并且接触了欧洲新思想的集团,这个集团经过一段时间的准备之后,将带领人民进行反对英国殖民统治的斗争,从而成为英国殖民统治的掘墓人。正是在这些人的领导下现代民族主义在印度形成,促进了印度民族的形成。

四是英国人把西方的教育制度和政治思想引入印度,也促进了印度的民族主义。英国在印度大力推行西方教育,培养了大批近代知识分子,他们把近代知识和资产阶级观念带到社会各个领域,为印度知识和观念上的变革准备了条件。英国统治者还进行了某些社会改革,如禁止溺婴、童婚,允许寡妇改嫁等,向陈规陋习挑战并配合以基督教伦理教育,其本意是显示西方文明的优越性。但在英国人所办的学校里受过教育的印度人,最终成了反抗英国殖民统治的领导力量,正是英国在印度所建立的现代教育机构为反抗英国统治培养了社会基础,这一切都是英国殖民者当初没有预料到的。

---

① 马克思:《不列颠在印度统治的未来结果》,《马克思恩格斯选集》,第 2 卷,第 70 页。

殖民主义者在殖民地的一切行为,无论破坏性也好,建设性也好,其初衷都是为了实现对殖民地的掠夺。但事与愿违,前者破坏了印度的传统社会,给印度人带来极大的损害;后者在客观上则促进了印度社会的发展,使印度走上现代化道路。矛盾的两个方面紧密地交织在一起,是不以人们的意志为转移的。这正是近代殖民主义统治的内在两重性。

三、其他殖民地的统治机制

1783年美国独立之后,英国议会先后通过了1784年《印度法》和1791年《加拿大宪法》等法案,加强了总督的权力,确立了英国议会对殖民地的主权。自此以后,通过英国议会立法来确定殖民地的管理机制,成为一种模式。

然而,虽然英国通过扩大总督权力,加强了对殖民地的控制,但是直到拿破仑战争后期,英国对于殖民地的控制仍缺乏统一的管理。英国政府没有专门管理殖民地事务的部门,主管殖民地事务的官员也并非内阁大臣,有关殖民地的几个重要立法也是由小皮特、邓达斯、格伦维尔等几个政治家提出的。到拿破仑战争结束时,英国殖民地管理机构——殖民部形成。从此对殖民地的日常管理便由殖民部来运行。

英国殖民地管理机构的形成有一个演变过程。

1782年,美国的独立已成定局,当时在许多英国人看来,殖民地是英国的一个负担,有些人甚至主张放弃殖民地。1782年英国议会通过《伯克法案》(*Burke's Act*,1782),废除了美洲事务部及商务部,残余殖民地的管理权转到英国内政部,原商务部的工作由枢密院各委员会分担。① 1782 年到 1786 年,殖民地事务一度由内政部一小部分职员负责,这就是以内政部次长格雷·埃利奥特爵士(Sr Grey Elliott)为首的"拓殖局"(Plantation Bureau)。1784 年 3 月,枢密院成立新的委员会,其成员有 18 人,负责有关贸易和殖民方面的一切事务,该委员会由一名国务大臣负责。在殖民地事务方面,该委员会没有特权,不接受从殖民地来的公文及请愿,它本身仅关注商贸、航行、土地授予、拓殖等方面事务,重申枢密院的法令。② 1786 年,该委员会又重组成"枢密院贸易及对外拓殖委员会",扩大了范围,包括第一财政大臣,海军大臣,两个国务大臣、财政大臣及司库下院发言人等。这时,首相小皮特通过财政委员会控制经费开支,邓达斯以及后来的格伦维尔在内政部负责与殖民地通信,将帝国管理的每一个部门都直接置于所谓的"三人执政"的共识管理之下。

与殖民地扩张相比,这个时期英国的大臣们对于海军基地及商业货栈更有兴趣。尽管在美国独立战争以后,出于种种原因,英帝国的版图仍然不断扩大,但是在他们的眼里,殖民地是导致战争的一个主要因素,所以到了 1801 年,殖民地事务的管理便由内政部转到战争与殖民部。③ 1801 年 3 月 17 日,霍巴特勋爵(Lord Hobart)

---

① Charles. M. Andrens, *Guide to the Materials for American History to 1783, in the Public Record Office of Great Britain*, Washington D. C.: Carnegie Institution of Washington, 1912, Vol. I, p.100.
② J. Holland Rose, A. P. Newton, E. A. Benians, *The Cambridge History of the British Empire, Vol. II, The Growth of The New Empire, 1783 - 1870*, pp.143 - 144.
③ Eric A. Walker, *The British Empire, Its Structure and Spirit, 1497 - 1953*, Cambridge:Cambridge University Press, 1953, p.35.

被任命为战争与殖民地大臣,这一天便成了殖民部的诞生日。① 有关帝国的控制管理是由多个机构来进行的:印度管理委员会(由邓达斯主持)负责印度殖民地的有关事务,贸易与拓殖委员会(Committee Council for Trade and Plantation)(由詹金斯主持)负责殖民地与爱尔兰问题,商务部则集中精力处理英国国内经济问题。

法国大革命和拿破仑战争期间,英国从法国、荷兰、西班牙等国手中夺取了许多殖民地,这些殖民地情况不尽相同,英国对殖民地事务管理变得复杂起来。1815年之后,战争与殖民部演变成19世纪殖民部的核心。自此以后,殖民地事务便开始由殖民部内阁大臣负责,殖民部大臣也成为英国内阁成员。

在英国的殖民地中,印度因1784年的《印度法》,已建立起一个完备的殖民政府体系,由英国议会委派总督,东印度公司委派官员来进行管理。而英属北美殖民地,包括上、下加拿大,新不伦瑞克、新斯科舍等,都已建立了代议制政府,由总督委派的立法委员会和民选的议会组成,其中总督的权力很大,议会的权力则很弱小。殖民地或多或少都分担一部分行政管理费用,但殖民地驻军的费用仍由英国负担,其中布雷顿角是唯一例外,由于这里人口稀少,它仅由一名总督和一个人数很少的官员委员会统治,这种局面一直维持到1820年这里和新斯科舍合并。在加拿大殖民地制定帝国宪法是不必要的,新的帝国体制并非是在这里创立的。② 同时,英国也开始实行"小殖民地"政策,对殖民地实行分而治之,当殖民地人口到达一定规模时,英国就会从中分出一个新的殖民地。这个政策在加拿

---

① J. Holland Rose, A. P. Newton, E. A. Benians, *The Cambridge History of the British Empire, Vol. II, The Growth of The New Empire, 1783-1870*, p.711.
② Ibid., p.146.

大、澳大利亚殖民地体现得非常充分。

美国的教训使英国政府在殖民地问题上十分谨慎,政府吸取教训,尽可能避免敏感的殖民地受到刺激。帝国理论经过调整,更适合于殖民地的统治实践。

18世纪初,英属加勒比殖民地的总人口是14.5万人,其中3/4是黑人奴隶,但是到1815年这个数目已经达到87.7万人。① 在西印度群岛及其他地区,原有的英国殖民地仍实行代议制政府,对新占领的地区显然不能用这个办法,因为这些殖民地都是由其他欧洲国家开垦的,这里的居民有他们自己的语言、传统、宗教、法律,他们并不习惯民选制议会。② 在这些新征服的殖民地中,总督是殖民地的最高首脑,对英国议会负责,总督、法官及其他一些文官的薪水由帝国政府支付,这样就可避免以前美洲殖民地所出现的那种情况,即总督及文官因为薪俸问题而受到殖民地议会的控制。1787年,德鲁里·奥特里(Drury Ottley)被任命为圣文森特(St. Vincent)的大法官,恰巧英国政府没有拨给他薪水,他多次向国务大臣悉尼勋爵求助未果,失望之余,他向圣文森特殖民地议会解释了自己的处境,该议会一致同意从当地的地方收入中支付他的薪水。但这个方案未被悉尼接受,悉尼通知奥特利说:"无论如何,殖民地大法官依靠当地议会的支持是不合适的"③,于是,殖民地议会的决议随之撤销。英国政府这样做,实际上是为了避免第一英帝国时期,殖民地总督

---

① P. J. Marshall, *The Oxford History of The British Empire, Vol. II, The Eighteen Century*, p. 2.
② Eric A. Walker, *The British Empire, Its Structure and Spirit, 1497–1953*, p. 36.
③ J. Holland Rose, A. P. Newton, E. A. Benians, *The Cambridge History of the British Empire, Vol. II, The Growth of The New Empire, 1783–1870*, p. 147.

及文官受制于殖民地议会的局面,从而加强了殖民地总督的地位,进而加强对殖民地的控制。

殖民地行政官员应尽心尽职,这不仅是要防备殖民地的地方野心,而且还要反对专制行为。在布雷顿角殖民地,总督威廉·麦卡米克(William Macarmick)与议会的秘书、登记官亚伯拉罕·盖勒(Abraham Guyler)时常争吵,因而盖勒时常受到总督的胁迫。于是盖勒向英国枢密院提出申诉,枢密院所属的殖民地请愿委员会接到这个案子,严厉谴责了总督麦卡米克的行为,称其"不可原谅"。① 这件事表明,帝国政府须时时控制自己的官员,不允许他们任意干涉地方官员。

通过1763—1815年的持续不断的殖民征服,英帝国统治下不仅有法裔、西班牙裔、荷兰裔等欧洲人,也有印度人、非洲人、斯里兰卡人等土著人。第一英帝国时期旧的代议制显然不适合这些新征服的地区,帝国局势的发展需要英国当局在不同的条件下针对不同的地区、不同的情况,建立一套严密而又公平的殖民地政府体制。在这种体制下,总督必须有广泛的甚至不受限制的权力,同时受英国严格的控制,以防止他们的滥用职权,并使"人道主义"的帝国托管理论尽可能实现。② 这样在拿破仑战争期间所征服的殖民地所建立的殖民政府,大都是王室直属殖民地。这种类型殖民地没有特定模式,但有两个显著的特征:(1)政府的权力集中在总督及委员会手中;(2)体制有灵活性,既可以引入立法会等代议制政府的因素,扩

---

① J. Holland Rose, A. P. Newton, E. A. Benians, *The Cambridge History of the British Empire, Vol. II, The Growth of The New Empire, 1783－1870*, p.147－148.
② L. W. White and W. D. Hussey, *Government in Great Britain, the Empire and the Government*, p.228.

大殖民地政府的社会基础;又可以恢复旧的机制,给行政长官至高无上的权力。① 由于这种灵活性,王室直属殖民地成了英国设置殖民地的方式,在这些地方,殖民地可根据其发展情况分阶段演进,直至最后建立责任制政府。

在这种形式的殖民地,原有的语言、宗教习惯都得以保留,尤其在那些所谓的"割让的岛屿"(Ceded Islands)②,1774 年的《魁北克法》成了处理这些法属西印度殖民地的依据。英国在魁北克实行的政策,在法属西印度殖民地也完全适用。罗马天主教可以在这里得到保留。这些殖民地包括:特立尼达、伯比斯、圣卢西亚、德梅拉拉等。在这些新征服的殖民地,以前的法律和制度均予保留。但在特立尼达、圣卢西亚、英属圭亚那,英国王室把立法权掌握在自己手中。③ 其中以特立尼达、圭亚那最具典型。

特立尼达面积较大,土地肥沃,可耕作土地很多,只要投入适量资金,即可获得巨大收益。这里有 91 万英亩肥沃的已开垦土地,而其中西班牙人只开垦了 1/25,估计仍有 42 万英亩未开垦的土地。④ 同时特立尼达靠近南美洲西班牙殖民地,如果英国在此引入"自由港"制度,就可以将英国工业品大量走私到西属南美殖民地,英国对该地区非常重视。与其他西印度殖民地不同的是,该岛自由民中有

---

① L. W. White and W. D. Hussey, *Government in Great Britain, the Empire and the Government*, p. 229.
② 即 1763 年割给英国的原法属格林纳达、多米尼克、圣·文森特等殖民地情况比较特殊。这几块殖民地在 1783 年美国独立战争后又归还给法国,1793 年英国再次夺取这些殖民地。
③ J. H. 帕里、P. M. 舍洛克:《西印度群岛简史》,第 394 页。
④ J. Holland Rose, A. P. Newton, E. A. Benians, *The Cambridge History of the British Empire, Vol. II, The Growth of The New Empire, 1783 - 1870*, p.155.

色人种占多数。① 在这种特殊情况下,采取何种统治形式是英国政府必须考虑的。1801年,根据国内指示,第一任总督托马斯·皮克顿(Thomas Picton)决定保留西班牙在那儿建立的大部分制度,总督享有和西班牙总督所拥有的同样的专制权。但是,这里人口中占多数的并不是西班牙人,而是自由黑人,其中多数是从法国殖民地逃过来的,一部分是从英国种植园逃过来的。受人道主义运动的影响,人们反对奴隶贸易。1802年,坎宁(Canay)在下院提出动议,要求"在议会制订出防止奴隶贸易进一步扩大的法规之前,不要授予新的土地",同时在其慷慨激昂的演讲中,他要求利用这个机会,将特立尼达与奴隶制的种植园经济传统彻底决裂。② 但议会未采纳他的建议,因为如果这样的话,英国政府就会陷入与种植园主的斗争中去。最后,尽管英国劝说老的西印度殖民地改善黑人奴隶的努力失败了,但在特立尼达却通过了改善黑人奴隶状况的法令。

1810年,利物浦勋爵(Lord Liverpool)宣布把权力保持在王室手中,这样一来政府就可以比较容易地"保护"有色人种,并且实施有关废除奴隶贸易的立法。他宣称"为此目的,王室认为新建立的殖民地与议会均不应由于皇家议会与下级立法机关意见之分歧而处于窘境"③。这实际上确立了这样一个原则:正常的英国殖民地宪法不适应于非英裔社会,无论何时,帝国政府都应把权力掌握在自己手中,以保证殖民地按英国的意愿发展。④ 它有一个由主要官员和

---

① Vincent Harlow, *British Colonial Development*, p.94.
② J. Holland Rose, A. P. Newton, E. A. Benians, *The Cambridge History of the British Empire, Vol. II, The Growth of The New Empire, 1783–1870*, p.156.
③ Vincent Harlow, *British Colonial Development*, pp.94–95.
④ J. Holland Rose, A. P. Newton, E. A. Benians, *The Cambridge History of the British Empire, Vol. II, The Growth of The New Empire, 1783–1870*, p.159.

几个非官方的咨议组成的行政会,一个由主要的公职人员和由总督控制的非官方代表组成的立法会。利物浦勋爵在特立尼达所采取的政策,实际上已在开普及其他非英裔殖民地实施,也为未来英帝国的发展提供了一个模式。

王室直辖殖民地政府与第一帝国时期的王室殖民地有很大不同,它主要是在土著人殖民地或欧洲其他国家拓殖的殖民地实行。在这种殖民地中,殖民地总督有很大的权力,它在整个社会推行一种托管政策。这个政策的基本原则是:"王室对没有代表权的阶级进行直接保护,并以此代替代表权"①;殖民地政府由白人把持。王室直辖殖民地在不同的情况下,所实行的方式也有所差别,1796年英国占领荷兰殖民地圭亚那,《亚眠条约》签订后,英国将之还给了荷兰,1803年英国重新占领了该地。英国在圭亚那保留了原有的制度,英国与荷兰签订的《移交条约》第一款规定:"殖民地法律及习俗仍然有效,受到尊重。现行的赋税形式仍保留,当地居民仍享有与移交之前相同的宗教。"第14条规定:"不经当地立法机构同意,不得引入新的机构。"②这实际上保留了殖民地原有的法律制度与宗教习惯。

而在德梅拉拉和埃斯奎博,情况与特立尼达又有所不同。在这里,当地"贵族"协助管理内政,而帝国当局控制最高立法行政大权。政策委员会(Court of Policy)是其主要机构,负责维持秩序,在母国指示下发布指令,在政治、经济诸事务方面向总督提供咨询。该委员会由总督及其他四名选举产生的成员组成,两名来自德梅拉拉,

---

① J.H.帕里、P.M.舍洛克,天津市历史研究所翻译室译:《西印度群岛简史》,第405页。

② Vincent Harlow, *British Colonial Development*, pp.100-101.

两名来自埃斯奎博,由于总督有决定性的一票,行政因素常常主导委员会决定。总督没有否决权,但在提出任何一项措施之前,须先征得总督同意。① 按照英国传统设立的次一级的机构是两个法院;第三个机构是混合委员会(Combined Court),其职责是征税和审查账目。

英国在锡兰(即今天的斯里兰卡)的实验则为英国统治土著居民提供了一个深刻的教训。斯里兰卡是一个历史悠久的多民族国家,有文字记载的历史长达两千多年,它位于南亚次大陆南部的海洋上,地理位置十分重要。1505年斯里兰卡成了葡萄牙的殖民地;17世纪中期,为了赶走葡萄牙人,康提王国的统治者与新来的荷兰殖民者秘密联系,取得了荷兰的支持。但是斯里兰卡前门驱狼,后门进虎,1658年荷兰殖民者进驻斯里兰卡。不论是葡萄牙人还是荷兰人的殖民统治,都没有改变斯里兰卡的社会经济结构,该地区"三足鼎立"的局面没有改变。

七年战争之后,英国将法国人的势力赶出了印度。对于英国人来说,要完成对南印度的征服,在很大程度上依赖其在印度洋上的优势,而斯里兰卡的港口可以给他们控制印度东西海岸提供战略据点。同时,斯里兰卡拥有丰富的资源,尤其是肉桂,一直是西方的重要输出品,对英国人具有很大的诱惑力。因此英国人对于斯里兰卡的重要性越来越注意,一直在寻找机会攻击荷兰在斯里兰卡的殖民地。

法国革命后英法开战,1794年法国占领了荷兰本土,宣布成立

---

① J. Holland Rose, A. P. Newton, E. A. Benians, *The Cambridge History of the British Empire, Vol. II, The Growth of The New Empire, 1783 - 1870*, p.160.

巴塔维亚共和国。荷兰总督逃到英国,这给英国提供了一个极好的机会。为防止斯里兰卡的亭可马里这样具有重要战略意义的天然良港落入法国人手中,英国东印度公司派兵占领了该港。1795年康提王国与英国东印度公司在马德拉斯签订条约,宣布双方为盟友,共同对付荷兰人。康提王国将斯里兰卡海岸上一个有利的地方划给英国东印度公司建筑堡垒,驻扎军队。1795年,英国东印度公司在预先取得康提国王的支持后,开始进攻荷兰在斯里兰卡的据点。荷兰人未进行有效的反击,1795年8月,亭可马里陷落,9月贾夫纳陷落,1796年英军攻占科伦坡。至此,所有荷兰占领的地区都转到了英国人手中,英国人继葡萄牙人和荷兰人之后,在斯里兰卡沿海地区建立了殖民统治。

1797年,英国决定永久占领斯里兰卡。1798年,英国宣布这个岛为"皇家殖民地"。1801年根据英法《亚眠和约》,荷兰正式把在斯里兰卡的殖民地划归英国。由于斯里兰卡具有独特的地理位置,对于保护英属印度殖民地具有重要的战略意义,所以连首相小皮特也把斯里兰卡描述为:"世界上最有价值的殖民地,他们给我们的印度帝国提供了自建立以来从未得到的安全保障。"[1]

由于斯里兰卡是由英国东印度公司派兵征服的,所以英国政府于1796年将斯里兰卡交由东印度公司管理。当时英国、法国、荷兰和西班牙在欧洲谈判,斯里兰卡的最终归宿未定。因此英国占领斯里兰卡沿海地区最初几年是一个过渡期。英国东印度公司急于收回占领过程中的经费开销,他们担心欧洲战事一旦停止,这些土地就可能要归还给荷兰,因此它派来的官员都想在最短的时间里榨取

---

[1] E.F.C.卢多维克:《斯里兰卡现代史》,四川人民出版社1980年版,第34页。

最大的收入。英国在斯里兰卡的最高统治官员是驻扎官（Resident and Superintendent），英国驻印度马德拉斯的总督任命了一名税收官罗伯特·安德鲁斯（Robert Andrews）为斯里兰卡的驻扎官。

英国人在接管斯里兰卡时比较顺利，没有发生流血事件，但是东印度公司在斯里兰卡的统治却很不顺利。当时，斯里兰卡的情况很复杂，斯里兰卡有一个庞大的荷兰职员阶层，他们或多或少已经在这个国家扎下了根；还有一个人数相当多，积极帮助荷兰人的伯格人（Burgher）①集团。1801年英国占领区有新教徒34.2万人，主要是荷兰人和伯格人②，这是英国人不得不考虑的强大的社会力量，因而英国当局决定吸收荷兰人和伯格人参加殖民地政府行政机构的工作。

由于不了解岛上的传统和急功近利，英国人到来后采取了几个极不得民心的措施，激起了僧伽罗人的极大愤怒。

首先，英国人对当地的封建贵族不信任，任用从印度带来的一大批东印度公司的泰米尔人职员，他们充当了英国人和当地居民之间的中间人。英国当局用从南印度来的泰米尔人取代僧伽罗贵族所担任的政府职位，这些泰米尔人不了解当地的风俗，和僧伽罗人占多数的斯里兰卡社会格格不入，而语言和民族的不同更加深了英国殖民者与殖民地的矛盾。过去荷兰人曾经广泛利用僧伽罗贵族，当地贵族被殖民当局当做可以依靠的社会基础，享有各种优厚待遇。英国殖民者改弦易辙，使得葡萄牙与荷兰殖民者在沿海省份形成的，与僧伽罗首领

---

① 伯格人：斯里兰卡殖民时期葡萄牙人和荷兰人与僧伽罗妇女结合所生的后代称为伯格人，伯格一词源于荷兰语，意为"市民"。
② 瓦.伊.科奇涅夫：《斯里兰卡的民族历史文化》，王兰译，中国社会科学出版社1990年版，第118页。

之间的那种不稳定的平衡被彻底破坏。

其次,英国人实行税务改革,税率划一,破坏了当地传统的税收制度,加重了农民的负担。僧伽罗贵族的职位被解除,已经使他们极为不满,而在经济上剥夺穆达利亚尔们(Mudaliyars)①的额外收入来源则引起这个特权阶层强烈的愤怒。

东印度公司的税收官们在征收税务时强行勒索贿赂,这类情况比以前更多。安德鲁斯上任后,完全不考虑业已形成的传统,决定在斯里兰卡引入印度马德拉斯的税制。僧伽罗人和泰米尔人世代形成的税收制度被打破,这令斯里兰卡人难以容忍。同时,为了削弱贵族的势力,安德鲁斯取消了在斯里兰卡实行多年的国家劳役制度,规定原国家劳役作为新税纳入地税中,直接上交国家。穆达利亚尔们也不得不缴纳各种新税。实际上,这项政策的目的是希望原来向封建土地占有者交纳的税务都能落入东印度公司的腰包,但是这种做法大大提高了土地税额,因此损害了农民的利益。

过去征收土地税,根据土地质量规定不同的税率。按照安德鲁斯在岛上实行的税务改革,斯里兰卡全部的税收都被统一起来,所有土地占有者都必须向殖民者交纳其产量的一半,这种税率划一的做法使斯里兰卡农民的处境急剧恶化。椰树所有者必须为每一棵椰树缴纳货币税,其税额甚至"有时超过椰子的年产值"②。地主将赋税转嫁给农民,结果农民大量负债,处境急剧恶化。

英国殖民当局为了在斯里兰卡建立一支可以依靠的社会力量,大力支持原来受到排挤和歧视的天主教徒和阿拉伯人,在英国人的

---

① 指斯里兰卡殖民时期僧伽罗贵族。
② L. A. Mills,*Ceylon under British Rule, 1795-1932*, Oxford: Oxford University Press, 1933, p.21.

支持下,阿拉伯人很快成为斯里兰卡贸易、企业活动中主要的社会集团,这在后来保证了这些人对英国的完全效忠。

英国殖民当局这种涸泽而渔的搜刮政策和英国各级官吏的大肆贪污受贿行为,严重破坏了当地正常的社会经济生活,必然会引起斯里兰卡各阶层对英国殖民者的仇恨,直接导致了1796年12月爆发的斯里兰卡历史上第一次反英起义。起义从科伦坡省开始,席卷了英国人控制的沿海地区。起义者主要采取游击战术,战斗十分顽强,持续了一年多,沉重打击了英国殖民者。直到1798年3月,英国人才以巨大的损失为代价,镇压了这场反英起义。英国殖民者以骇人听闻的残酷手段屠杀和平居民,烧毁村庄,把起义地区夷为平地。许多穆达利亚尔们参加了起义,贾夫纳和巴提卡罗亚的泰米尔人也参加了反英起义。这次起义还得到康提国的非正式支持,可以说,这是全斯里兰卡境内第一次大规模的反英起义,它在某种程度上团结了斯里兰卡的各个居民阶层。

岛上大规模的起义使英国东印度公司的董事会极为不安。英国政府认为斯里兰卡在战略方面具有重大意义,保持该岛国的稳定对于巩固英国在南亚地区的利益有重要的意义,因此英国有意在此实行直接统治。经过和东印度公司的董事们的长期谈判,1798年英国在斯里兰卡建立了英国国王和东印度公司的双重统治。所谓"双重统治",就是英国政府接管斯里兰卡英国占领区的行政和司法大权,而税收和贸易权力仍掌握在东印度公司手里。弗雷德里克·诺斯(Frederick North)成了英属斯里兰卡第一个文职总督。

在新的体制下,总督由英王任命,但在英属印度大总督及东印度公司董事会的指导下工作。在岛上实行双重统治实际上是某种过渡性安排,是英国政府和东印度公司之间达成的妥协性协议,这种状态一直维持到1802年《亚眠和约》签订为止。

新任总督诺斯为英国在斯里兰卡统治的首脑,是英王在斯里兰卡的代表,总督直接隶属于伦敦的殖民部。东印度公司仍然掌握征税和外贸大权。东印度公司的官员对总督采取不合作态度,而且公司行政官员素质极差,贪污腐败现象十分严重。1802年,斯里兰卡转由英国殖民部直接管理,所有权力归殖民部,斯里兰卡成了英国的直辖殖民地,而东印度公司在20年内仍保留斯里兰卡肉桂贸易的垄断权。

新任总督诺斯从反英起义中吸取教训。他开始和荷兰人一样,把当地僧伽罗贵族广泛吸收进国家机构,并在多次试验之后,在一定程度上恢复了国家劳役制度,传统的税制被部分恢复。同时,诺斯开始谨慎地削减当地地方首领的权力,放弃以土地为任职薪俸的制度,取而代之的是薪金制度。他还扩大国家机构网,把高种姓的僧伽罗人和泰米尔人吸收进去。这样,僧伽罗贵族逐渐失去自己在农场的影响,越来越紧密地与英国殖民者联系在一起。此外,英国还在高层官僚机构中大量任用欧洲人,而不是像葡萄牙人和荷兰人那样在政府机构中大量任用本地人。

1798年,为在殖民地培养一批忠于英帝国的小官吏,诺斯还在科伦坡创办了一所语言学校即科伦坡学院,教授僧伽罗人、泰米尔人、伯格人和其他欧洲人学习英语。能够进入英国人学校读书的都是当地上层人士的孩子,这些人后来进入殖民当局行政机构工作,成了英国人统治下的"社会精英"。诺斯在1802年还规定:"任何申请书,如果不用英语,则一律不接受。"[①]这样,英语很快取代荷兰语,

---

① E.F.C.卢多维克:《斯里兰卡现代史》,第56页。

成了僧伽罗人和泰米尔人上流社会的主要用语。

在诺斯任总督期间,英国在斯里兰卡的统治体系和司法管理体系基本形成。行政首脑是总督,总督之下设立咨询会议(Advisory Council),所有的立法权及行政权都集中在总督手里,在立法事务方面由咨询会议协助,行政职能由一批文官实行。① 此外还设立了土地服务部门,社会工作部门等多种部门。英国在各占领区设省,各由一名英国文官管辖,称"税务官",其下设置与前相同。诺斯谨慎地削弱地方首领的势力,将穆达利亚尔们握有的权力分散给各种政府官员。英国殖民当局还提高了殖民地文官的工资待遇,建立了行为规范,在一定程度上纠正了腐败和欺诈行为。

英国入侵斯里兰卡后,先以康提王国的保护者姿态出现,因而顺利取代荷兰的殖民统治。但是英国殖民者在占领沿海地区后,便开始征服康提王国。英国急切想结束康提王国的独立地位,主要是出于如下考虑:第一,独立的康提王国在岛上的存在对英国而言是危险的,因为它支持沿海地区僧伽罗人的反英斗争,威胁到英国人在沿海地区的殖民统治。第二,英国人在战略上把斯里兰卡看作通往印度的咽喉要地,而康提王国的存在妨碍了斯里兰卡东部海岸的主要军事基地亭可马里和科伦坡之间的直接交通。第三,肉桂仍然是英国人在斯里兰卡贸易收入的主要来源,而肉桂的最佳品种都集中在康提国境内。

鉴于以上考虑,诺斯决定利用康提国内不稳定的时机公开发动战争,1803 年,英军借口在康提境内发生了逮捕阿拉伯商人的事件,

---

① J. Holland Rose, A. P. Newton, E. A. Benians, *The Cambridge History of the British Empire, Vol. II, The Growth of The New Empire, 1783 – 1870*, p.167.

入侵康提。这几名阿拉伯人是居住在沿海地区经营槟榔贸易的商人，被认为是英国属民。英军入侵后，康提军民抓住英军士兵水土不服的有利因素，与英军展开游击战，使英军伤亡惨重，被迫撤军。1805年，康提军民再次击退英军的入侵。

英国殖民主义者见武力难以取胜，就转而采取欺骗的手法。1811年和1815年，英国殖民当局两次借康提国发生内讧之机，收买大封建主。1815年，英军借口10名英占区僧伽罗商人在康提境内被抓，被当作英国间谍而给予割耳朵和砍手的严厉刑罚的事件，宣布对康提王国开战。经过40天的浴血奋战，康提王国终于抵挡不住强大的英军进攻，最后一个独立的僧伽罗国家陷落了。康提国的首都被洗劫一空，末代僧伽罗国王和他的亲属被送往印度。

1815年3月2日，英国殖民当局和前康提国代表签订了一项条约。条约规定废黜康提国王，他的后裔永远不得承袭王位；康提各省的统治权归英王所有，"暂时"由斯里兰卡总督及其所委派的代理人行使；康提酋长和当地的法律、风俗、宗教等将被尊重和维持。①

通过这个条约，英国终于在康提王国建立了殖民统治。协议签订以后，康提国便正式被英王兼并。英国当局对康提省进行单独的行政管理，沿用了许多传统的统治制度，保留了那些与英国人合作的穆达利亚尔们的特权。斯里兰卡总督作为英帝国主权的代表统治斯里兰卡全岛，在康提通过驻扎官行使职权。康提最高的政治、行政和司法权集中于驻扎官手中，驻扎官通过本地政府机构予以执行。1816年英国在斯里兰卡设置了税收局管理税收和公共事务。

1796年、1798年及1801年英国在斯里兰卡进行的管理改革，代

---

① E.F.C.卢多维克：《斯里兰卡现代史》，四川大学外语系翻译组译，第73—74页。

表了新殖民政策的三个演进阶段,其原则是根据帝国的利益,将斯里兰卡与印度连为一体。这个变化也表明英国逐渐承认这样一个原则:帝国政策要适当考虑殖民地人民的利益,否则帝国的统治不会牢靠。在新的时期,英国对于殖民地出现的问题,不再采取粗暴的压制办法,而是先派遣调查团赴当地考察,经过充分的调查和论证才做出决策,马耳他的情况是一个例证。

1800年英国人占领马耳他,当时只是把它当作一个军事基地来看待,没有进行任何改革。与大英帝国其他殖民地不同,马耳他有独特的社会环境,在骑士团长期的统治下,形成了独具特色的地中海文化,有特别的语言、宗教和习俗。但马耳他民众的文化程度相当低,普通教育几乎为零,大部分人为文盲,只是从传教士和上层绅士那里获得一些知识及消息。马耳他的国家组织形式和英国的惯例截然不同,随着马耳他成为一个重要的军港,民政与军事当局之间的矛盾也与日俱增。

这些特点决定了英国人一方面要打破岛上原有的政治制度,另一方面又必须兼顾当地的自治传统。1803—1813年,英国人是在"人民默认"的情况下进行统治的,英国人对马耳他人宣布:英王将保护"你们的教会、你们神圣的宗教、你们的人身、你们的财产"[①]。但是,随着英国在马耳他统治地位的确立,英国人着手削弱原来的天主教势力,这一做法使马耳他人认为,英国人干涉了他们的自由,因此希望建立一个自己的议会。1811年7月10日,他们以"马耳他居民"的名义上书英国国王乔治三世,要求恢复马耳他人"原有的权利",其中包括居民议会、出版自由,以及有权向议会上诉的陪审制

---

① 查尔斯·欧文:《马耳他群岛》,四川人民出版社1979年,第21页。

度,设立独立的法庭。①

1812年英国派来一个调查团,调查团奉命调查除军务以外的一切问题。他们将就该岛的民政管理方式,以及如何"在该岛军事条件许可的条件下尽可能多地给予公民自由"提出建议。调查团经过认真调查起草了一个调查报告,详述了英国人初到该岛时的状况,对1812年的当地生活和公众舆论做了确切的描述。调查报告对今后的行动提出了若干建议,认为在地方事务管理上需有改进之处,但提出忠告要小心行事,牢记"我们的目的是为一个民族的幸福安宁提供种种条件,而这个民族的风俗、习惯、宗教、教育都与我们迥然不同"②。英国政府仔细研究了调查团的报告后,采取了一种折中的措施,一方面对当地的习惯法不做太大的改变,另一方面又在1813年将马耳他变为英国直辖殖民地,由一个英国总督去统治,其权力不受马耳他咨询机构或者立法机构的任何限制,而只服从英国政府的管理与训令。这实际上是在不触怒马耳他人的情况下强化英国的控制。

这之后,托马斯·梅特兰爵士(Sir Thomas Maitland)成为马耳他总督,他上任后便着手改组岛上的行政机构,限制教会法庭的权力,要求民众使用英语并代替意大利语成为官方语言。与此同时,他又降低了关税和运输的费用,力图恢复马耳他昔日的贸易,并开办工厂以刺激逐渐衰弱的棉纺织工业的发展。1813年的宪政安排并没有使马耳他人满意,以后的时间里,他们一直为恢复自治权力而奋斗。但是,马耳他人仍然将英国式的政治机构接受了,其自治

---

① 布赖恩·布洛伊特:《马耳他简史》,第258页。
② 同上。

的要求还是得到了部分实现。

通过派驻调查团,对殖民地事务进行充分的调查,然后再进行决策,成了英帝国决策的一个模式。这种模式在后来的帝国统治中不断应用,在加拿大、印度、斯里兰卡等殖民地,当殖民统治出现危机的时候,英国总是派出一个调查团进行调查,然后英国政府根据调查团的报告进行决策。这种做法,避免了英国在北美殖民地所采取的错误、武断的决策过程,化解了可能爆发的矛盾冲突,使帝国的稳定得到了保障。

总之,到拿破仑战争结束时,英帝国的版图大大扩张,新的帝国统治机制已基本上形成,从旧帝国到新帝国的转变也基本上完成。英国针对各个殖民地不同的情况,实行了不同的统治方法。对英属北美诸殖民地及英国在西印度的原有殖民地,英国实行代议制度,让殖民地自己管理自己,通过加强总督的权力和缩小殖民地议会的权力,实现帝国对殖民地的控制。在这类殖民地中,非英裔居民的法律、宗教、语言、文化均得以保留。而对于印度等土著居民殖民地,英国则承担义务,为殖民地建立一个"好政府",惩治腐败,根除暴政,关心殖民地人民的利益,兴办教育,修筑道路,促进了殖民地经济文化的发展,同时也巩固了英国在这些殖民地的统治。也正因为在第一英帝国解体之后英国政府采取了新的殖民政策,用新的帝国理论作为其指导思想,新的帝国才具有了生命力,从而使英国对殖民地的统治更稳固。

结语:旧帝国与新帝国

1783—1815年是从旧帝国向新帝国过渡的时期,到1815年拿破仑战争结束之时,新的帝国已经形成。到19世纪,"英帝国"这个术语已经有了一个为人们所普遍接受的含义,即,英国所统治的地区和人民的集合体。而这个术语所涵括的内容则是在18世纪晚期确立的。

美国独立之前的英帝国是以重商主义理论为指导的殖民帝国,是一个商业帝国,它所关心的是商业利润,因而可称之为旧帝国。在重商主义殖民理论的指导下,旧帝国呈现以下几个方面的特征:(1) 在政治方面,英国的控制十分微弱,英国没有一个专门的部门来全权负责殖民地事务,殖民地议会拥有很大的权力,而作为英王代表的殖民地总督,他的权力很难行使。(2) 在经济方面,英国通过制定《航海条例》等重商主义性质的法令,严格限制殖民地的对外贸易,力图遏制殖民地工业的发展,以免其与英国工业竞争。(3) 为获取巨额商业利润,英国殖民者利用一切手段,包括使用黑人奴隶,对殖民地进行赤裸裸的殖民掠夺,给殖民地人民带来深重的灾难。实际上,在18世纪前半期,即第一英帝国时期,"帝国"并不一定意味着统治某一地区,而是英国海外霸权和占优势地位的象征。

美国独立后,英国政府从美国独立战争中吸取教训,调整其殖民政策,因而在旧帝国崩溃后短短的30多年时间里,又建立了一个新帝国。这时,英帝国的特征已经开始变化,美国独立战争以及英国工业革命的迅猛发展对于新帝国的形成和发展都产生了重大影响。原来的大西洋殖民地变得不太重要,而保持与东方尤其是印度的联系,加强在印度的统治,在帝国战略中变得越来越重要,并且逐渐占据了主导地位,自由贸易也代替了商业垄断,英帝国的贸易逐渐冲破帝国原有的规则,向全世界范围拓展。

与旧帝国相比,新帝国具有以下几个特征:(1) 在政治方面,英国加强了对殖民地的控制,将殖民地事务置于英国议会和英国政府的直接控制之下,将殖民地统治由公司行为转为政府行为。(2) 在经济方面,英国抛弃了旧的重商主义殖民政策,开始向自由贸易方向发展。英国对殖民地经济方面的控制逐渐放松,直至放弃对殖民地的贸易垄断。(3) 由于工业革命的发展和福音教派人道主义的传播,英国开始"关注"土著人殖民地的利益,并标榜要为殖民地建立"好政府"。英国在这些殖民地发展教育,铺设铁路,建立工厂,客观上促进了殖民地经济的发展,把这些殖民地拉入了世界资本主义体系,使它们开始了艰难的现代化历程,同时也促进了这些殖民地统一的民族国家的形成,为殖民主义培养了掘墓人。

当然,这一时期有许多迹象表明,尽管"旧殖民体制"已经调整,新帝国的特征已经形成,但是这一时期旧帝国的特征还没有完全消失,重商主义也还没有完全退出历史舞台,帝国的新、旧特征同时存在,共同进入了19世纪。[1] 但是在这一时期,帝国表现出这样一个

---

[1] Charles F. Mulleft, *The British Empire*, London: George G. Harrap & CO. LTD, 1938, p.301.

非常明显的趋势:新帝国的因素在逐渐加强,旧帝国的因素在逐渐削弱,到拿破仑战争结束时,从旧帝国向新帝国的过渡基本上完成,新帝国的特征基本上形成,旧帝国的特征尽管还存在,但是其退出历史舞台的趋势却是无法改变的。随着时间的推移,旧帝国的特征越来越弱。和英国历史发展的步伐一样,英帝国从旧帝国向新帝国的转变是一个渐变的过程,是通过逐步探索形成的,并非一下子就完成的。直到19世纪三四十年代,随着英国工业革命进一步发展,自由贸易占据主导地位,自由帝国才完全确立,新帝国才完全定型。

但是在1815年拿破仑战争结束时,英帝国新的统治体制已基本形成,英国政府主管殖民地事务的殖民部已经建立,殖民地的管理已经由原来的分散、无序走向了集中、有效。旧帝国瓦解后,英帝国的统治方式也发生了很大变化,在英帝国范围内,实行了分而治之的原则,当殖民地发展到一定规模时,就从中分出一个新的殖民地。英国针对不同类型的殖民地,采取了不同形式的统治方法,发展出两种截然不同的政府形式。在以加拿大为代表的欧洲移民殖民地,英国虽然仍然授予其代议制政府,但是殖民地议会的作用越来越小,而受英国的控制越来越多,非英裔居民的语言、宗教、文化都得以保留,从而保证了他们对英帝国统治的认同。这种制度在客观上培养了殖民地人民的政治素养,提高了他们的政治觉悟,促进了加拿大等民族的形成,促进了殖民地自治政府的形成。在以印度为代表的土著人殖民地,英国人建立了更为专制的政府,由伦敦直接控制,英国实行的是直接统治的方法。英国标榜为殖民地建立"好政府",标榜关心殖民地人民的疾苦,英国在殖民地发展教育,铺设铁路,兴建工厂,这些措施一方面是为英国获取更多、更长久的利润,但客观上也促进了殖民地经济社会的发展,把这些殖民地拉入了世界资本主义体系,为其现代国家的形成创造了条件。

尽管失去了北美13个殖民地,但是英国仍然保持了在全世界范围内的扩张,在1793—1815反对法国的大战中尤其如此。这一时期英帝国的版图扩大,世界各大洲都可以看到英国殖民者的足迹。越来越多的非欧洲人被纳入了英国人统治的范围,新帝国的特征基本形成。但是这一时期的帝国扩张与旧帝国时期不同,新帝国的扩张并非像第一英帝国那样是为了夺取新的殖民地,增加英国人的消费品,而是为了保证英国在世界各地自由地出卖其日益增加的工业品。澳大利亚的拓殖完全是为了安置日益增多的令人头痛的流放犯问题,而这一时期英国所夺取的殖民地都具有重要的战略意义。南非、斯里兰卡是重要的战略据点,法属、荷属西印度群岛都是非常富裕的地方,对英国工业而言其原料和市场都很重要,而且占有这些殖民地,还可以削弱英国的老对手法国,可谓一举两得。

工业革命的迅速发展在各方面极大地影响了新帝国的发展,影响了英帝国的扩张模式,加快了旧帝国衰亡的步伐,促进了新的帝国因素的形成。一方面,由于工业革命的迅猛发展,英国成了世界霸主,英国在世界上任何一个地方横行无阻,因此占领殖民地对英国来说意义不是很大,所以这一时期英国对拓殖新的殖民地并不感兴趣。到18世纪末、19世纪初,英国的经济利益已经具有全球的性质了,其经济发展已经冲出了帝国的范围,整个世界都是英国商品倾销的市场。尽管如此,英国现存的殖民地仍然是要保卫的,其资源也需要全面开发。

另一方面,工业革命的发展使得对外贸易越来越重要,成了英国经济发展的生命线,因而英国必须保护其海上贸易路线的畅通,拿破仑战争期间英国夺取具有重要战略意义的殖民地正是为了这个目的。而工业革命的发展又促使英国去寻找更多的原料产地和产品销售市场,殖民地对英国的作用越来越大。但是工业品的极大丰裕使英国人认识到,不再需要对殖民地的贸易进行垄断,也不需要对殖民地的原料进行保护,相反,为了使英国的工业品打进别的国家的市场,英国需要别的国家也实行自由贸易。由此,"贸易优先于统治"的原则成了第二英帝国赖以依存的原则,这一原则导致英国在印度获取主权,控制一个更为广阔、人口更稠密的地区,并且影响到英国与其殖民地的关系。作为世界第一制造大国,贸易的无限制拓宽加强了"无形帝国"的扩张,而作为宗主国,英国逐渐将自己殖民地的商品置于与外国商品相同的地位上,这样就刺激了殖民地民族主义的兴起,以后将帮助它们摆脱殖民统治。

所以,尽管英国在18世纪末开始奉行"贸易优先于统治"的原则,尽管英国的政治家们不断戏称"相对于统治土地以及人民,我们更喜欢世界范围内的商业网络"[1],英帝国扩张的步伐却一刻也没有停止过。在亚洲,英国是最强大的欧洲势力;在非洲、在加勒比地区以及拉丁美洲,英国人的统治范围也越来越大。"无形帝国"的概念逐渐在英国流行,但是对于现存的实实在在的帝国,英国人从来没有打算放弃过——这也是由殖民主义者的本性所决定的。

---

[1] P. J. Marshall, *The Oxford history of British Empire, Vol. II, The Eighteenth Century*, p.25.

附　录

一、地　图*

---

* 本书地图引自［英］马丁·吉尔伯特著《英国历史地图》(第三版)，王玉菡译，中国青年出版社，2009年。

附录 353

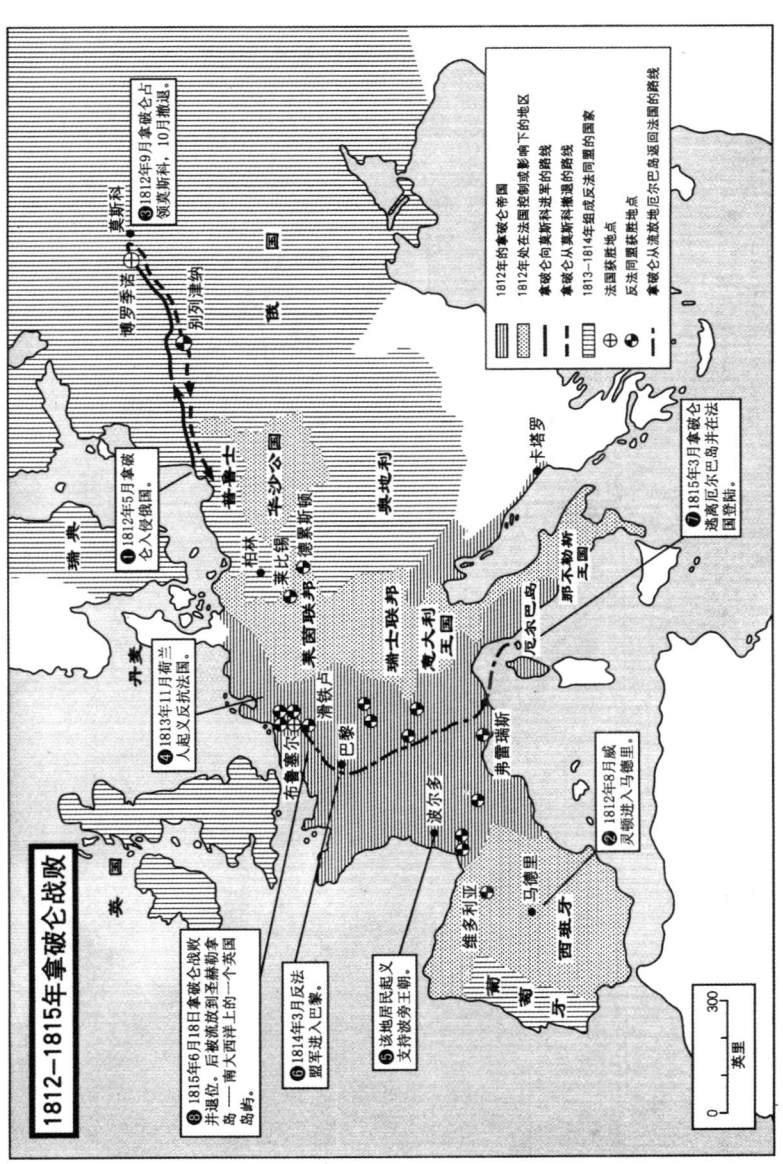

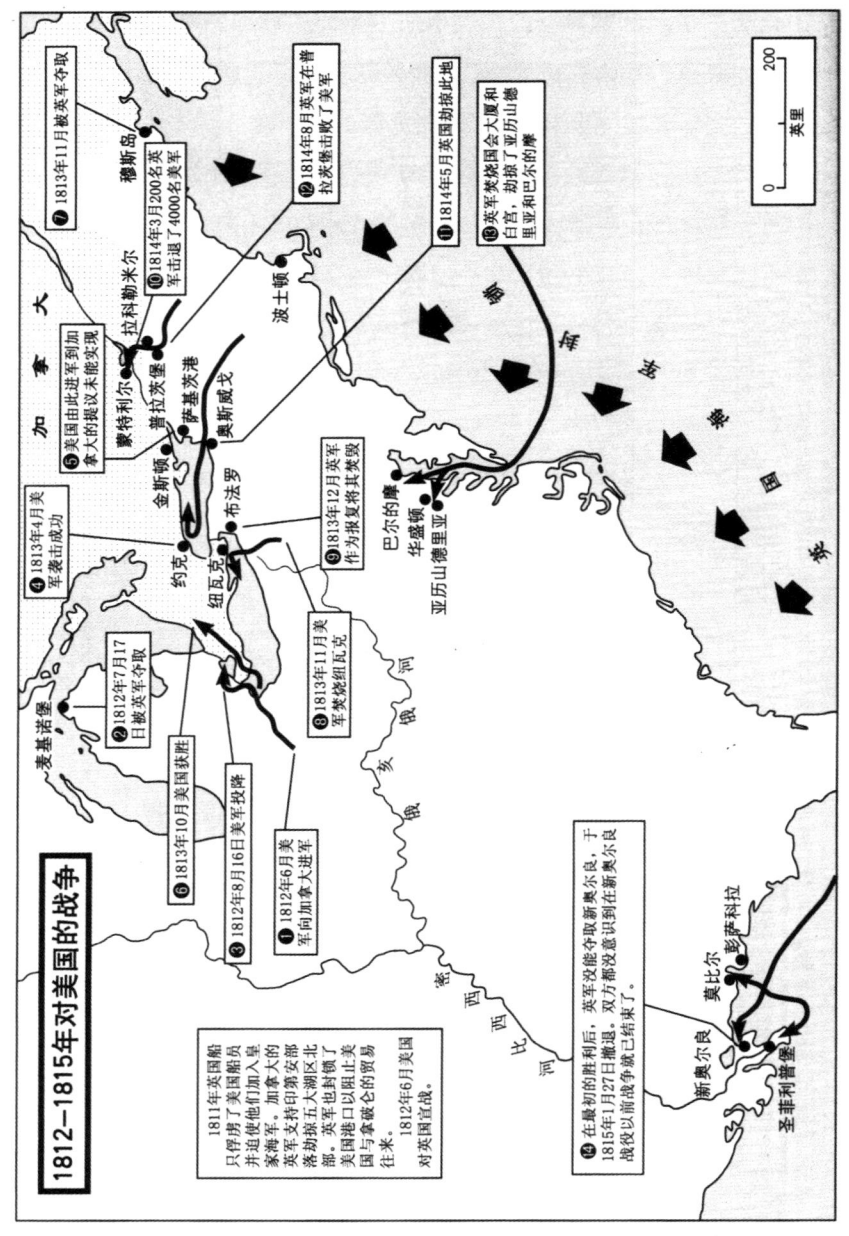

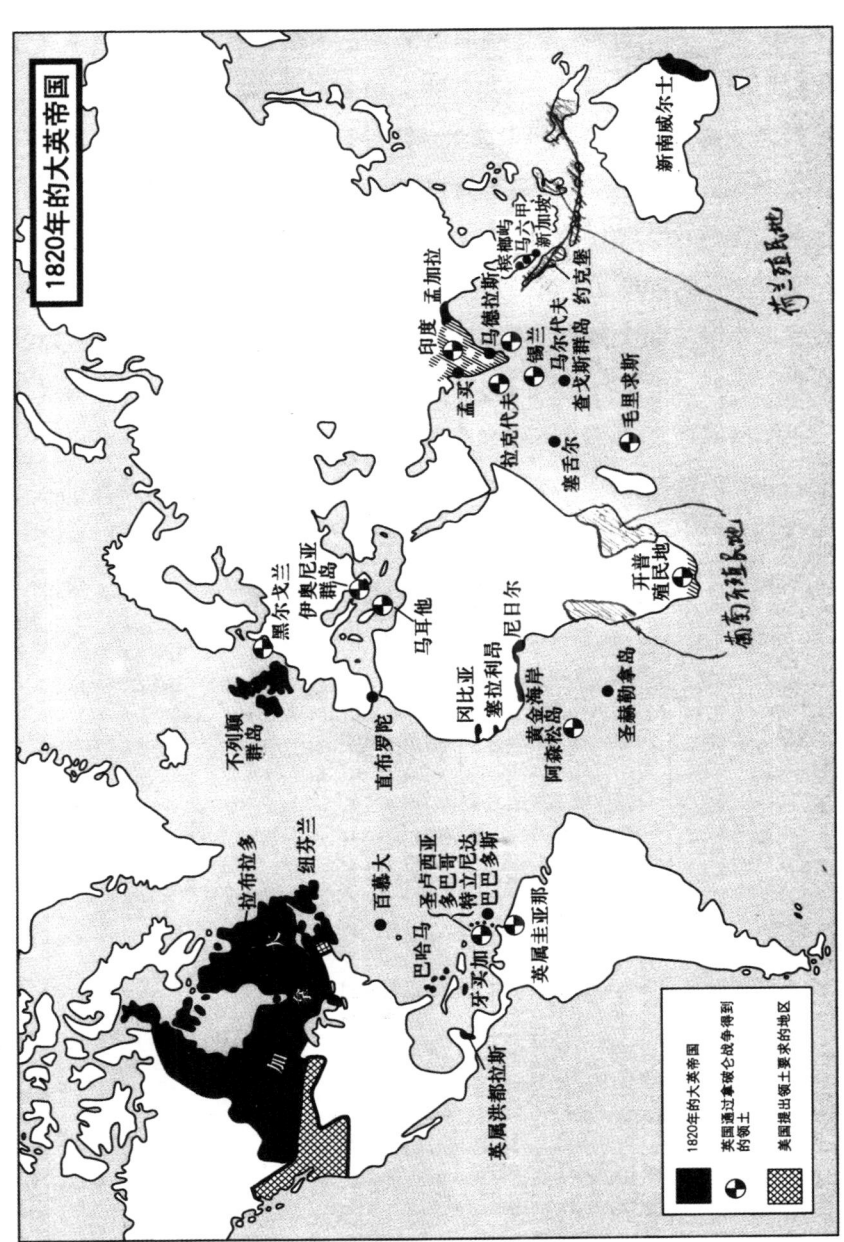

二、大事年表

1783 年	《巴黎和约》签订,英国承认美国独立,放弃佛罗里达、多巴哥、塞内加尔等地
	英国议会通过关于爱尔兰的《撤销法案》
1784 年	帝国效忠派在加拿大定居并创建了新的殖民地——新不伦瑞克
	英国议会通过法案,禁止美国商船驶入西印度殖民地
	《印度法》颁布,建立了双重管理制度,第二次迈索尔战争结束。黑斯廷斯离开印度
	新不伦瑞克成为独立的殖民地
1785 年	英爱《奥德商务协定》失败
1786 年	英国议会开始长达 10 年的弹劾印度大总督黑斯廷斯事件
	康沃利斯出任孟加拉总督
	英国第一次在马来西亚拓殖
	英国枢密院贸易及对外拓殖委员会成立
	英法签订关于双方自由贸易的《英法商约》
1787 年	美国宪法颁布
	英国开始在塞拉利昂拓殖
	英国决定在植物湾建立流放犯殖民地,5 月 13 日,菲利普总督率领第一批载犯人的船,从普利茅斯港起航去澳大利亚
1788 年	伦敦废除奴隶贸易委员会成立
	第一批流放犯到达植物湾,建立新南威尔士殖民地,同时向诺福克岛移民
1789 年	法国革命爆发,议会第一个废除奴隶贸易的动议提出
	第三次迈索尔战争开始
1790 年	埃德蒙·伯克《法国革命随想录》发表
	新南威尔士保安团及第二批流放犯到达澳大利亚
	同提迈索尔普苏丹战争
1791 年	爱尔兰人联合会成立
	第三批流放犯人达到新南威尔士
	加拿大的《1791 年宪法》颁布,加拿大分为上、下两个部分
1792 年	法国圣多明各殖民地爆发奴隶起义
	英国议会下院投票废除奴隶贸易
	第三次迈索尔战争结束
1793 年	法国对英国宣战,第一次反法联盟组成

	英国派兵远征法属西印度殖民地,东印度公司更换特许状
	爱尔兰《天主教解放法案》颁布,天主教徒有权和国教教徒一样进入议会
	第一批自由移民到达新南威尔士
	马嘎尔尼使团抵达中国
1794年	英美《杰伊条约》签订
	格雷率军远征法属西印度,英国夺取瓜德罗普、圣·卢西亚
1795年	英国占领荷兰殖民地好望角,夺取了荷兰殖民地库拉索岛、德梅拉拉、埃塞奎博
	东印度公司开始攻占荷兰殖民地斯里兰卡的据点
	英国从西班牙手里夺取特立尼达
1796年	英国占领荷兰殖民地圭亚那
	英国占领斯里兰卡
1797年	英国占领西班牙殖民地特立尼达
	麦克阿瑟购买一些美利奴羊,澳大利亚养羊业从此开始
	英国决定永久占领斯里兰卡
1798年	爱尔兰人起义开始
	英国试图征服圣多明哥遭到失败
	韦尔斯利出任印度殖民地总督
	英国在斯里兰卡建立英国国王和东印度公司双重管理体制
1799年	印度提普苏丹去世
	第四次迈索尔战争,英国占领迈索尔,迈索尔成了英国的附属国
1800年	英国占领马耳他
1801年	《英爱合并法案》生效
	英国吞并印度的卡纳蒂克和奥都的一部
1802年	《亚眠条约》签订,根据《亚眠条约》英国永久占领了特立尼达、斯里兰卡
	斯里兰卡转由英国殖民部管辖
1803年	第二次马拉塔战争开始
	英国开始在塔斯马尼亚建立移民区
1804年	第三次反法同盟
1805年	特拉法加海战爆发,英国击败了法国和西班牙舰队
	韦尔斯利被英国从印度殖民地召回
1806年	英国在印度建立了海利伯锐学院
1807年	英国对法国及其盟国实行"反封锁"
	美国对英国贸易实行封锁
	英国废除奴隶贸易
	塞拉利昂成为王室殖民地
	澳大利亚美利奴羊毛首次输往英国
1808年	新南威尔士发生反对总督布莱的"一月政变"

1810 年	英国占领法国殖民地毛里求斯、塞舌尔诸岛
	新南威尔士保安团被调回英国
1811 年	英国占领荷兰殖民地爪哇
1812 年	美国向英国宣战,第二次英美战争爆发
1813 年	东印度公司新的《特许状法》颁布,英国议会废除了东印度公司对印度的贸易垄断权,允许福音教派传教士进入印度
1814 年	英美《根特条约》签订,第二次英美战争结束
	英国入侵尼泊尔
1815 年	拿破仑战争结束,根据《维也纳条约》,英国保留对马耳他、多爱奥尼亚岛、巴哥、圣·卢希卡、圭亚那、毛里求斯及开普殖民地的占领,将爪哇等其他一些荷兰殖民地归还给荷兰

三、参考书目

(一) 英文参考书目

Addington, Larry H., *The patterns of war since the eighteenth century*, Indiana University Press, 1994.

Alden, John R., *A History of the American Revolution*, New York: Alfred A Knopf, 1969.

Allen, Harry Cranbrook, *Great Britain and the United States: a history of Anglo-American relations* (1783 – 1952). New York, St. Martin's P, 1955.

Andrews, Charles McLean, *Guide to the Materials for American History, to 1783, in the Public Records Office of Great Britain*. Vol. 2. No. 90. Carnegie institution of Washington, 1914.

Aspinall, Arthur, David Charles Douglas, and E. Anthony Smith, eds. *English historical documents*, 1783 – 1832. Vol. 8. Psychology Press, 1996.

Ayling, Stanley Edward. *George the Third*. New York: Knopf, 1972.

Bailyn, Bernard. *The ideological origins of the American Revolution*. Harvard University Press, 1976.

Baker, W. A., Aubyn G. R. St. and R. L. Ollard, *A General History of English*, 1688 – 1852, London: A. & C. Black, 1963.

Banerjee, Anil Chandra, *Indian Constitutional Documents*, 1757 – 1947, In Four Volumes, Volume I: 1757 – 1858, Calcutta: A. Mukherjee & CO. Private, 1961.

Barker, Ernest, *The Ideas and Ideals of the British Empire*, Cambridge: Cambridge University Press, 1941.

Barnes, Donald Grove, *George III and William Pitt 1783 – 1806*, New York: Octagon Books, 1965.

Barnes, Ian, *The Historical Atlas of the American Revolution*, New York:

Routledge, 2000.

Bayly, C. A. , *Imperial Meridian, the British Empire and the World*, 1780 – 1830, London and New York: Longmans, 1989.

Bayly, C. A. , *The New Cambridge History of India, Vol. II, Indian Society and the Making of the British Empire*, Cambridge: Cambridge University Press, 2006.

Beer, George Louis, *The Old Colonial System*, 1660 – 1754, *Part I, The Establishment of the System*, 1660 – 1688, IN Two Volume, Vol. I, Vol. II, New York: Peter Smith, 1933.

Bemis, Samuel F. , *The Diplomacy of the American Revolution*, Bloomington: Indiana University Press, 1985.

Bennett, George, ed. *The Concept of Empire: Burke to Atlee*, 1774 – 1947. A. and C. Black, 1962.

Birdwood, Sir George, *Report on The Old Records of the India Office*, London: W. H. Allen &. Co. , Limited, 1891.

Black, Jeremy, *Trade, Empire and British Foreign Policy*, 1689 – 1815, *the Politics of a Commercial State*, London and New York: Routledge, 2007.

Blanning, T. C. W. , *The Origins of the French Revolutionary War*, London: Longman Publishing Group, 1986.

Bowen, H. V. , *The Business of Empire: The East India Company and Imperial Britain*, 1756 – 1833, Cambridge: Cambridge University Press, 2006.

Bowle, John, *The Imperial Achievement: The Rise and Transformation, of the British Empire*, London: Secker &. Warburg, 1974,.

Brendon, Piers, *The Decline and Fall of the British Empire*, 1781 – 1997, New York: Vintage Books, 2010.

Briggs, Asa, *The Age of Improvement* 1783 – 1867, London, New York: Longmans, 1980.

Brown, Wallace, *The Good Americans —The Loyalists in the American Revolution*, New York: William Morrow and Company, Inc. , 1969.

Brown, Christopher Leslie, *Moral Capital: Foundations of British abolitionism*. UNC Press Books, 2012.

Burke, Edmund, and John A. Woods. *The Correspondence: Vol. 4; Edited by John A. Woods*. 1778 – 1782. Cambridge University Press, 1963.

Burt, A. L. , *The United States, Great Britain and British North American, From the Revolution to the Establishment of Peace after the War of* 1812, New Haven: Yale University Press, 1940.

Carless, J. M. S. , *Canada, A Study of Challenge*, Cambridge: Cambridge University Press, 1953.

Chamberlain, Muriel E. , *Pax Britannica?: British Foreign Policy* 1789 – 1914. Routledge, 2014.

Char, SV Desika, *Readings in the constitutional history of India*, 1757-1947. Oxford University Press, USA, 1983.

Christie, Ian R., *Crisis of Empire: Great Britain and the American colonies*, 1754-1783. Edward Arnold, 1966.

Clark, George, *The Later Stuarts*, 1660-1714, Oxford: At the Claredon Press, 1976.

Clark, C. M. H., *A History of Australia*, Vol. I, *From The Earliest Times to The Age of Macquarice*, Melbourne: Melbourne University Press, 1962.

Clarke, John, *British Diplomacy and Foreign Policy, 1787-1865, The National Interest*, London: HarperCollins Publishers Ltd, 1989.

Cohn, Bernard S., *Colonialism and Its Forms of Knowledge, The British in India*, Princeton University Press, 1996.

Colley, Linda, *Captives-Britain, Empire and the World*, 1600-1850. New York: Archor Books, 2002

Combs, Jerald A., *The History of American Foreign Policy*, New York: M. E. Sharpe Inc., 1963.

Commager, Henry S., *Documents of American History*, Vol. I, New York: Prentice-Hall, 1963.

Conrad, Margaret, *History of the Canadian Peoples, beginning to* 1867, Toronto: Copp Clark Pitman Ltd, 1993.

Cook, Ramsay, et al. *Canada: a modern study*. Irwin Pub, 1963.

Cook, C., and J. Stevenson. *British Historical Facts* 1760-1830. Palgrave Macmillan UK, 1980.

Cook, Chris, *British Historical Facts, 1760-1830*, The Macmillan Press Ltd, 1980.

Copeland, David A., General Editor, *The Greenwood Library of American War Reporting, Vol. 2, The war of 1812 & The Mexican American-War*, London: Greenwood Press, 2005.

Cosgrove, Art, *A New History of Ireland*, Vol. II, *Medieval Ireland*, 1169-1534, Oxford: At The Clarendon Press, 1987.

Coupland, Reginald, *The American Revolution and the British Empire*, Longmans, Green and Co., 1930.

Cowie, Leonard W. *Hanoverian England*, 1714-1837, Humanities Press, 1967.

Crowley, Frank, *A Documentary History of Australia*, Vol. I, *Colonial Australia*, 1788-1840, Oxford: Oxford University Press, 1953.

Crowley, Frank, *A New History Australia*, Melbourne: William Heinemann, 1974.

Currey, Charles Herbert. *British colonial policy*, 1783-1915. London; New York: Oxford University Press, H. Milford, 1916.

Dasgupta, A. P., *The Central Authority in British India*, 1774 – 1784, A Study of the Relations of the Supreme Council with the Madras Government under the Regulation Act of 1773, Calcutta: Calcutta University, 1930.

Davis, Ralph. *The Industrial Revolution and British Overseas Trade*, Leicester University Press, 1979.

Deane, P. and Cole, W. A., *British Economic Growth* 1688 – 1959, Cambridge: Cambridge University Press, 1969.

Dickinson, H. T., *A Companion to Eighteenth-Century Britain*. Oxford: Blackwell Publishing Ltd, 2006.

Dodwell, H. H., *The Cambridge History of the British Empire*, Vol. IV, *British India*, 1497 – 1856, Cambridge: Cambridge University Press, 1929.

Dorman, Marcus K. P., *A History of the British Empire in the Nineteenth Century*, Vol. II, Thse Campaigns of Wellington and the Policy of Castereagh (1806—1825), London: Kegan Paul, 1904.

Doyle, William, *The Old European Order*, 1660 – 1800, Oxford: Oxford University Press, 1981.

Drescher, Seymour, *Capitalism and Antislavery*, British Mobilization in Comparative Perspective, New York: Oxford University Press, 1987

Dutt, Romesh Chunder. *The Economic History of India Under Early British Rule : From the Rise of the British Power in 1757, to the Accession of Queen Victoria in 1837*, Vol. 1, Kegan Paul, Trench, Trübner, 1906.

Hobsbawm, E. J. *The Pelican Economic History of Britain*, Vol. 3, *From 1750 to the Present Day: Industry and Empire*. Pelican Books, 1970.

Easterbrook, W. T. and Hugh G. J., *Canadian Economic History*, Toronto: University of Toronto Press, 1988.

Egerton, Hugh Edward, *A Short History of British Colonial Policy*, 1606 – 1909, London: Methuen & CO LTD., twelfth edition, 1950.

Eldridge, C. C., *British Imperialism in the Nineteenth Century*, New York: St. Martin's Press, 1984.

Eli. F. Heckscher, *Mercantilism*, Vol. I, New York: Garland Publishing Inc. 1983.

Fay, C. R. *Great Britain from Adam Smith to the Present Day*, London, New York: Longmans, Green and Co, 1928.

Fieldhouse, D. K. *The Colonial Empire, A Comparative Survey from the Eighteenth Century*, London: Macmillan Press, 1982.

Fitzpatrick, Brian, and H. V. Evatt. *British Imperialism and Australia*, 1783 – 1833: *an Economic History of Australasia*. Sydney University Press, 1971.

Flick, Alexander Clarence, *Loyalist in New York During the American Revolution*. Honolulu, Hawaii: University Press of the Pacific, 2002. (reprinted from the 1901, edition)

Floud, Roderick and Maccloskey, Dorlald, *The Economic History of Britain Since* 1700, Vol. II, 1700 – 1860, Cambridge: Cambridge University Press, 1981.

Force, Peter. *American Archives: Fifth Series: Containing a Documentary History of the United States of America from the Declaration of Independence, July 4, 1776 to the Definitive Treaty of Peace with Great Britain, September 3, 1783.* Vol. 1. M. St. Clair Clarke and Peter Force, 1848.

Forrest, Sir G. , *Selecting From the State Paper of the Government of India, Lord Cornwallis* , London, 1926.

Francis, R. Douglas, Richard Jones, Donald B. Smith, *Origins: Canadian History to Confederation.* Toronto: Harcourt Brace & Company, 1996

Francis, R. Douglas. *Reading in Canadian History, Pro-confederation*, Holt: Rinehart and Winston of Canada LTD, 1986.

Furber, Holden & Marshall, P. J. *The Correspondence of Edmund Burke*, Vol. V, 1782 – 1789, Cambridge: Cambridge University Press, 1965.

Gardner, Brian, *The East India Company, A History*, London: Rupert Hart-Davis, 1971.

Gipson, Lawrence Henry, *The British Empire Before the American Revolution, Vol. XIII, The Triumphant Empire*, 1770 – 1776, New York: Alfred A. Knopf, 1974.

Gipson, Lawrence Henry, *The British Empire before the American Revolution, Vol. IX, The Triumphant Empire, New Responsibilities within the Enlarged Empire*, 1763 – 1766, New York: Alfred A. Knopf, 1956.

Gipson, Lawrence Henry, *The coming of the Revolution*, 1763 – 1775, New York: Harper & Brothers • Publishers, 1954.

Goodwin, A. , *The New Cambridge Modern History, Vol. VIII, The American and French Revolutions*, Cambridge University Press, 1965.

Gott, Richard. *Britain's Empire: Resistance, Repression and Revolt*, Verso Books, 2011.

Green, Jack P. Pole, and J. R. *A Companion to the American Revolution*, Oxford: Blackwell Publishing Ltd, 2004.

Hachey, Thomas E. , Joseph M. Hernon, and Lawrence John McCaffrey. *The Irish Experience: a Concise History*, ME Sharpe, 1996.

Hall, Christopher D. , *British Strategy in the Napoleon's War* 1805 – 15, Manchester University Press, 1992.

Hampsher-Monk, Iain. , *The Political Philosophy of Edmund Burke* (Documents in Political Ideas), London; New York: Longman, 1987.

Harlow, Vincent T. , *The founding of The Second British Empire, 1763 – 1793, Vol. I, Discovery and Revolution*, New York: Longmans, Green and Company, 1952.

Harlow, Vincent T. , Madden, Frederic, *British Colonial Developments, Select*

Documents, Oxford: Oxford University Press. 1953.

Harlow, Vincent T. , *The founding of The Second British Empire*, 1763 - 1793, *Vol. II*, New Continents and Changing Values. New York: Longmans, Green and Company, 1964.

Hom, D. D, & Ransome, May, *English Historical Documents* (1714 - 1783) Vol. IIX, New York and London: Routledge, 1996.

Hunt, William, *The Political History of the England*, *Vol. X*, New York: Longmans, 1969.

Hussey, W. D. *The British Empire and Commonwealth*, 1500 - 1961, Cambridge:Cambridge University Press, 1963.

Ilbert, Courtenay. *The Government of India: Being a Digest of the Statute Law Relating Thereto, with Historical Introduction and Explanatory Matter*, Clarendon P. , 1907.

Jackson, R. V. , *Australian Economic Development in 19th Century*, National Australia University Press, 1987.

James, Lawrence, *The Rise and Fall of the British Empire*, London: Little, Brown and Company,1998, p. 165.

Jan R. Christie, *Wars and Revolutions, Britain, 1760 - 1815*, Cambridge: Harvard University Press, 1982.

Jasanoff, Maya, *Edge of Empire, Lives, Culture, and Conquest in the East, 1750 - 1850*, New York: Vintage Books, 2005.

Judd, Denis, *Empire—The British Imperial Experience from 1765 to the Present* ,London,1996.

Karl de Schweinitz Jr. , *The Rise & Fall British India, Imperialism as Inequality*, London: Methune, 1983.

Karl de Schweinitz Jr. , *The Rise and fall British India, Imperialism as Inequality*, London, New York: Methuen, 1983.

Keith, A. Beriedale, *Constitutional History of the First British Empire*, Oxford: Oxford University Press, 1930.

Keith, A. Beriedale, *Speeches and Documents on Indian Policy*, 1750 - 1921, Vol(I), London: Oxford University Press, 1922

Kitchen, Martin, *The British Empire and Commonwealth , A Short History*, London: Macmillan Press Ltd, 1996.

Klingberg, Frank J. , *The Anti-Slavery Movement in England: A Study in English Humanitarianism*, New Haven: Yale university press, 1926.

Knaplund, Paul, *The British Empire, 1815 - 1939*, New York: Harper & Brothers, 1941.

Knorr,Klaus E. , *British Colonial Theories* 1570 - 1850, London: Frank Cass & LTD, 1965.

L Laut, Agnes Christina. *Canada, the Empire of the North: Being the*

Romantic Story of the New Dominion's Growth from Colony to Kingdom. W. Briggs, 1909.

Lecky, W. E. H., *A History of England In the Eighteenth Century*, Vol. IV, Vol. V, New York, 1968.

Lloyd, Christopher, *The Navy and the Slave Trade: The Suppression of the African Slave Trade In the Nineteen Century*, London: Frank Cass and Company Limited, 1968.

Lloyd, T. O., *The British Empire*, 1558 – 1983, Oxford: Oxford University Press, 1996.

Logan, Deborah, *Harriet Martineau's Writing on the British Empire*, Vol. 5, *The India Question*, London: Pickering & Chatto, 2004.

Lord Elton, *Imperial Commonwealth*, New York: Reynal & Hitchcock, 1946.

Lord Fitzmaurice, *Life of William, Earl of Shelburne*, London, 1912. Vol. (II)

Lord Mahen, *History of England: From The Peace of Utrecht to The Peace of Versailles*, 1713 – 1783, Vol. VII, 1780 – 1783, New York, 1975.

Lower, Arthur R., *Canadians in the Making, a Social History of Canada*, Toronto: Longman's Green, 1958.

Lower, Arthur R. W., *A History of Canada, Colony to Nation*, Toronto: Longman's Green, 1958, 1981.

Lydon, James, *The Making of Ireland-From Ancient Times to the Present*, London, 1998

Macooby, S. *English Radicalism*, 1762 – 1785, *the Origins*, London: George Allen & Unwin Ltd, 1955.

Madden Frederick, David Fieldhouse, *Select Documents on the Constitutional History of the British Empire and Commonwealth*, Vol. III, *Imperial Reconstruction, 1763 – 1840, The Evolution of Alternative Systems of Colonial Government*. London: Greenwood Press, 1987.

Madden Frederick, *Select Documents on the Constitutional History of the British Empire and Commonwealth*, Vol. II, *The Classical Period of First British Empire, 1689 – 1783*, London: Greenwood Press, 1985.

Madden, Frederick, *Imperial Constitutional Documents*, 1765 – 1965, *A Supplement*, Oxford: Oxford University Press. 1966.

Madden, Frederick, *Select Documents on the Constitutional History of the British Empire and Commonwealth*, Vol. I, *The Empire of the Bretaignes*, 1175 – 1688, London: Greenwood Press, 1985.

Malleson, Colonel G. B. G. S. L., *Life of Warren Hastings*, London: Chapman & Hall LD. 1894, P. 27.

Manning, H. T., *British Colonial Government after the American Revolution*, 1783 – 1820, Yale and Oxford, 1933.

Manning, Helen Taft, *British Colonial After the American Revolution*, 1782 – 1820, Hamden, Connecticut: Archon Books, 1966.

Marshall, P. J., *The Impeachment of Warrant Hastings*, Oxford: Oxford University Press, 1965.

Marshall, P. J., *The Cambridge Illustrated history of British Empire*, Cambridge: Cambridge University Press, 1996.

Marshall, P. J., *The Oxford history of British Empire*, Vol. II, *The Eighteenth Century*, Oxford: Oxford University Press, 1998.

Marshall, Dorothy, *Eighteenth Century England*, 1714 – 1783, London: Longman, 1982.

Marshall, Peter and Williams, Glyn, *The British Atlantic Empire before the American Revolution*, London: Frank Cass and Company Limited, 2005.

Marshman, John Clark, *History of India, From the Earliest period to the Close of the East India Company's Government*, Cambridge: Cambridge University Press, 2010.

Mayer, Henry, ed. *Australian politics: A reader*. Melbourne; Canberra [etc.]: FW Cheshire, 1967.

Mccaffrey, Lawrence J., *Ireland from Colony to Nation State*, London: Englewood Cliffs, 1979.

McInnis, Edger, *Canada, A Political and Social History*, New York: Holt, Rinehart and Winston, 1959.

Mellor, George R., *British Imperial Trusteeship*, 1783 – 1850, London: Faber and Faber Limited, 1951.

Mika, Nick and Helma, *United Empire Loyalists, Pioneers of Upper Canada*, Ontario, 1976.

Miller, John C., *Origins of the American Revolution*, Stanford: Stanford University Press 1959.

Mills L. A., *Ceylon Under British Rule*, 1795 – 1932, London: Oxford University Press, 1933.

Misra, B. B., *The Central Administration of the East India Company*, 1773 – 1834, Manchester: Manchester University Press, 1959.

Moody, T. W., F. X. Martin, *A New History of Ireland*, Vol. IV, *Eighteenth Century Ireland*, Oxford: Clarendon Press, 1986.

Moody, T. W., Martin, F. X., *A New History of Ireland*, Vol. III, *Early Mordern Ireland*, 1534 – 1691, Oxford: At The Clarendon Press, 1978.

Moon, Sir Penderel, *The British Conquest and Dominion of Inida*, London: Gerald Duckworth &. co. Ltd, 1989.

Morgan, Edmund S. *Prologue to Revolution: Sources and Documents on the Stamp Act Crisis*, 1764 – 1766, UNC Press Books, 2012.

Morgan, Kenneth, *Slavery and The British Empire-From Africa to America*,

Oxford: Oxford University Press, 2007.

Muir, Ramsay, *A Short History of the British Commonwealth*, Vol. II, The Modern Commonwealth 1763 – 1915, London: G. Philip & Son, Ltd. ,1927.

Muir, Ramsay, *The Making of British India*, 1756 – 1858, *Described in A Series of Dispatches, Treaties, Statutes and Other Documents*, London: George Philip and Son, 1923.

Mukherjee, Ramkirshna, *The Rise and Fall of East India Company*, Berlin: Humboldt University, 1958.

Mukherji, Panchanandas, *Indian Constitutional Documents* (1600 – 1918), *Vol. I*, Calcutta and Simla, 1918.

Mulleft, Charles F. , *The British Empire*, London: George G. Harrap & CO. LTD, 1938.

Namier, Lowis, *The Structure of Politics at The Accession of George III*, London: Macmillan Company,1957.

Nelson, William H. , *The American Tory*, Boston: Beacon Press, 1968.

Newton, A. P. , Benians, E. A. , *The Cambridge History of the British Empire*, *Vol. VIII*, *South Africa*, *Rhodesia and the Protectorates*, Cambridge: At the University Press, 1936.

Newton, A. P. , P&J Ewing, *The British Empire Since 1783*, *Its Political and Economic Development*, London: Methuen, 1929.

Nicholls, John, *Recollections and Reflections*, *Personal and Political as Connected with Public Affairs during the Reign of George III*, *Vol. 2*, London: Printed for Longman, 1822.

Norton, Mary Beth, *The British-Americans: the Loyalist Exiles in England*, 1774 – 1789, Boston & Toronto: Little, Brown and Company, 1972.

O'Gorman,Frank, *The Long Eighteenth Century*, *British Political and Social History*, 1688 – 1832, London, New York: Arnold, 1997.

Owened, T. S. , *A selection from the Despatches*, *Memoranda and other Papers relating to India of the Marquees Wellesley during his Government of India*, London,1977.

Paene, P. , *British Economic Growth*, 1688 – 1957, Cambridge: Cambridge University Press. 1969.

Pall, Christopher D. , *British Strategy in the Napoleonic War* 1803 – 15, Manchester: Manchester University Press, 1992.

Pawson, Eric, *The Early Industrial Revolution: Britain in the eighteenth century*, New York: Barnes & Noble Books, 1979.

Pelling, Nick, *Anglo-Irish Relation*, 1798 – 1922, London and New York: Routledge, 2003.

Perkin, Harold, *The Origins of Modern English Society* 1780 – 1880, London: Routledge & Kegan Paul, 1969.

Philips, C. H., *The East India Company*, 1784 – 1834, Manchester: Manchester University Press, 1960.

Pitt, Leonard, *Documenting America*, *A Reader in United States History*, Vol. I, *Colonial Times to 1877*, Dubuque: Kendall/ Hunt Publishing Company, 1989.

Pollard, A. F., *The British Empire; Its Past, Its Present, and Its Future*, London: The League of the Empire, 1909.

Poter, Andrew, The *Oxford History of the British Empire, the Nineteenth Century*, Oxford, New York: Oxford University Press, 1999.

Ranelagh, John O'Beirne, *A Short History of Ireland*, Cambridge: Cambridge University Press. 1994.

Riendeau, Roger, *A Brief History of Canada*, New York: Facts On File, Inc. 2007.

Rose, J. Holland, A. P. Newton, E. A. Benians, *The Cambridge History of the British Empire*, Vol. I, *The Old Empire*, *From Beginning to* 1783, Cambridge: At the University Press, 1960.

Rose, J. Holland, A. P. Newton, E. A. Benians, *The Cambridge History of the British Empire*, Vol. VII, *Australia*, Cambridge: At the University Press, 1933.

Rose, J. Holland, A. P. Newton, E. A. Benians, *The Cambridge History of the British Empire*, Vol. II, *The Growth of the New Empire*, 1783 – 1870, Cambridge: At the University Press, 1961.

Rose, J. Holland, A. P. Newton, E. A. Benians, *The Cambridge History of the British Empire*, Vol. VI, *Canada and Newfoundland*, Cambridge: At the University Press, 1930.

Scott, Ernest, *Australia, A Reissue of Volume VII, Part I of the Cambridge History of the British Empire*, Cambridge: Cambridge University Press, Reprinted and a new introduction, 1988.

Seeley, Sir J. R., *The Expansion of England, Two Course of Lecture*, London: Macmillan, 1925.

Shortt, A. & Doughty, A. G., *Documents Relating to the Constitutional History of Canadian*, 1759 – 1791, Vol. I, Ottawa: King's Printer, 1918.

Silva, K. M. De, *A History of Sri Lanka*, London: C. Hurst and Co, 1981.

Simms, Brendan, *Three Victories and a Defeat, the Rise and Fall of the First British Empire*, 1714 – 1783, London: Penguin Books, 2008.

Slected and edited by Edwards, Philip, *James Cook, The Journals*, London: Penguin Books, 2003.

Smelser, Marshall, *American Colonial and Revolutionary History*, New York: Barnes & Noble, 1963.

Smiles, Samuel, *History of Ireland and the Irish People Under the Government of England*, London: Routledge/Thoemmes Press, 1997.

Spear, Percival, *The Oxford History of Modern India*, 1740 - 1975, Oxford: Oxford University Press, 1978.

Stockwell, Sarah, *The British Empire, Themes and Perspectives*, Oxford: Blackwell Publishing, 2008.

Sutherland, Lucy S. , *The East India Company in Eighteenth Century Politics*, Oxford: At the Clarendon Press, 1952.

Taylor, Stephen, *Hanoverian Britain and Empire*, Woodbridge: The Boydell Press, 1998.

Temperley, Harold and Penson, Lillian M. , *Foundations of British Foreign Policy, From Pitt (1792) to Salisbury (1902), Old and New Documents Selected*, London 1966.

The speeches of the Right Honorable William Pitt in the hourse of Commons, Vol. I, London: Longman, Hurst, Rees, Orme, and Brown. 1817.

The Works of the Right Honorable Edmund Burke, Vol. I, Boston: Little Brown and Company. 1899.

Thorntar, A. P. , *The Imperial Idea and its Enemies, A Study in British Power* , New York: Palgrave Macmillan, 1985.

Tindall, George B. *American, A Narrative History*, Vol. 1, New York: W. W. Norton, 1984.

Tuck, Patrick, *The East India Company*, 1600 - 1858, *Vol. IV, Trade, Finance and Power*, London and New York: Routledge, 1998.

Tuck, Patrick, *The East India Company*: 1600 - 1858, *Vol. II*, P. J. Marshall, *Problems of Empire, Britain and India*, 1757 - 1813, London and New York: Routledge, 1999.

Upton, Leslie F. S. (ed.), *Revolutionary versus Loyalist : The First American Civil War* 1774 - 1784. London: Blaisdell Publishing Company, 1968.

Vaughan, W. E. , *A New History of Ireland, Vol. V, Ireland under the Union*, Oxford: Clarendon Press, 1989.

Wade, Mason, *The French Canadians*, Toronto: Macmillan of Canada, 1968.

Wallenfeldt, Jeff, *The American Revolutionary War and the War of 1812, People, Politics, and Power*, New York: Britanniac Educational Publishing, 2010.

Wallker, Eric A. , *The British Empire, Its Structure and Spirit*, 1497 - 1953, Cambridge: Cambridge Publish Ltd, 1953.

Walvin, James, *Slavery and British Society, 1776 - 1846*, London: The Macmillan Press Ltd. , 1982.

Ward, A. W. , *The Cambridge History of British Foreign Policy*, 1783 - 1919, Vol. I, Cambridge: Cambridge University Press, 1922.

Watson, Steven, *The Reign of George III*, 1760 - 1815, Oxford: Oxford University Press, 1960.

Wheeler, J. Talboys, *A History of the English Settlements in India*, London:

Curzon Press, 1972.

Wiener, Joel, *Great Britain: Foreign Policy and The Span of Empire*, 1689-1971, *A Documentary History*, Vol. I, New York: Chelsea House Publishers, 1972.

Wilbur, Marguerite Eyer, *The East India Company, and the British Empire in the Far East*, New York: Richard R. Smith, 1945.

William, Douglas Hussey, Leslie William White, *Government in Great Britain, the Empire and the Commonwealth*, Cambridge: At the University Press, 1958.

Williams, Eric, *Capitalism & Slavery*, London: Lowe and Brydone Ltd, 1964,

Williams, William Appleman, *From Colony to Empire: Essays in the History of American Foreign Relations*, New York: John Wiley and Sons, 1972.

Williamson, James A., *A Short History of British Expansion*, London: Macmillan & Co., Ltd, 1927.

Williamson, James A., *A Notebook of Empire History*, London: Macmillian, and Co., Limited, 1942.

Winks, Robin W., Low, Alaine, *The Oxford History of the British Empire*, Volume V, *Historiography*, Oxford, New York: Oxford University Press, 1999.

Wolpert, Stanley A. *A New History of India*. Oxford University Press, USA, 2004.

Young, Douglas MacMurray, *The Colonial Office in the Early Nineteenth Century*. No. 22. Royal Commonwealth Society, 1961.

Younghusband, Francis. *Dawn in India*, Asian Educational Services, 1996.

(二) 英文论文:

Ernst, Robert. "A Tory-eye View of the Evacuation of New York." *New York History* 64. 4(1983):376-394.

Harper, Lawrence A. "Mercantilism and the American Revolution." *Canadian Historical Review* 23. 8(1942):22-23.

Marshall, P. J. "The Personal Fortune of Warren Hastings." *Economic History Review* 17. 2(1964):284-300.

Nettels, Curtis P. "British Mercantilism and the Economic Development of the Thirteen Colonies." *Journal of Economic History* 12. 2(1952):105-114.

Smith, Paul H. "The American Loyalists: Notes on Their Organization and Numerical Strength." *William & Mary Quarterly* 25. 2(1968):259-277.

Tate, Thad W. "The Coming of the Revolution in Virginia: Britain's Challenge to Virginia's Ruling Class, 1763-1776." *William & Mary Quarterly* 19. 3(1962): 324-343.

Thomas, Robert Paul. "A Quantitative Approach to the Study of the Effects of British Imperial Policy upon Colonial Welfare: Some Preliminary Findings." *Journal *of Economic History* 25.4(1965):615-638.

（三）中文书目

《马克思、恩格斯选集》，第 2 卷，人民出版社 1972 年版。
《马克思、恩格斯全集》，第 9 卷，人民出版社 1972 年版。
《美国历史简介》，美国大使馆文化处编写，（中文版）1982 年 5 月第二版。
A. 古德温编：《新编剑桥世界近代史，美国独立战争与法国革命，1763—1793》，第 8 卷，中国社会科学院世界历史研究所译，中国社会科学出版社 1999 年版。
C. W. 克劳利等编：《新编剑桥世界近代史，动乱年代的战争与和平，1793—1830》，第 9 卷，中国社会科学院世界历史研究所组译，中国社会科学出版社 1999 年版。
D. G. E. 霍尔：《东南亚史》（上、下），中山大学东南亚历史研究所译，商务印书馆 1982 年版。
J. H. 帕里、P. M. 舍洛克：《西印度群岛简史》，天津市历史研究所翻译室译，天津人民出版社 1976 年版。
J. 布卢姆、S. 摩根等：《美国的历程》上册，杨国际、张儒林译，商务印书馆 1995 年版。
R. C. 马宗达、H. C. 赖乔杜里、卡利金尔·达塔：《高级印度史》（下），张澍霖等合译，商务印书馆 1986 年版。
R. C. 西蒙斯：《美国早期史——从殖民地建立到独立》，商务印书馆 1986 年版。
埃德蒙·柯蒂斯：《爱尔兰史》，江苏师范学院翻译组译，江苏人民出版社 1974 年版。
埃里克·威廉斯：《加勒比地区史》，辽宁大学经济系翻译组译，辽宁人民出版社 1976 年版。
安东诺娃·戈尔德别尔格·奥西波夫主编：《印度近代史》（上），北京编译社译，生活·读书·新知三联书店 1978 年版。
布赖恩·布洛伊特：《马耳他简史》，黑龙江大学英语系翻译组译，黑龙江人民出版社 1975 年版。
布赖恩·拉平：《帝国斜阳》，钱乘旦等译，上海人民出版社 1996 年版。
查尔斯·比尔德、玛丽·比尔德：《美国文明的兴起》，第一卷，农业时代，徐亚芬译，商务印书馆 1991 年版。
陈志瑞博士论文《自由与保守——埃德蒙·伯克的政治思想》（未出版）。
丹尼尔·布尔斯廷：《美国人——开拓历程》，中国对外翻译出版公司译，三联书店 1993 年版。
恩·克·辛哈、阿·克·班纳吉：《印度通史》，张若达、冯金辛、王伟译，商务印书馆 1964 年版。
高鉴国：《加拿大文化与现代化》，辽海出版社 1999 年版。
格莱兹布鲁克：《加拿大简史》，山东大学翻译组译，山东人民出版社 1972 年版。
格林伍德：《澳大利亚政治社会史》，北京编译社译，商务印书馆 1960 年版。

韩文宁、洪霞：《塞浦路斯、马耳他——地中海上的不同航程》，四川人民出版社2002年版。

赫尔曼·库尔克、迪特玛尔·罗特蒙特：《印度史》，王立新、周红江译，中国青年出版社2008年版。

黄绍湘：《美国史纲，1492——1823》，重庆出版社1987年。

蒋孟引主编：《英国史》，中国社会科学出版社1988年版。

杰拉尔德·高尔：《加拿大法律制度》，刘艺工、杨士虎译，兰州大学出版社1997年版。

克莱顿·罗伯茨、戴维·罗伯茨、道格拉斯·R. 比松：《英国史》，下册，1688年——现在，潘兴明等译，商务印书馆2013年版。

肯尼迪·O·摩根主编：《牛津英国通史》，王觉非等译，商务印书馆1993年版。

孔华润（沃伦·I. 科恩）主编：《剑桥美国对外关系史》，第一卷，《共和制帝国的创建（1776—1865）》，周桂银、杨光海译，新华出版社2004年版。

李文业：《印度史——从莫卧儿帝国到印度独立》，辽宁大学出版社1988年版。

李元明：《世界近代国际关系》，中共中央党校出版社1988年版。

林承节主编：《殖民主义史—南亚卷》，北京大学出版社1999年版。

林承节：《印度民族独立运动的兴起》，北京大学出版社1984年版。

林承节：《殖民统治时期的印度史》，北京大学出版社2004年版。

刘绪贻、杨生茂总主编：《美国通史》，第一卷，李剑鸣著，《美国的奠基时代——1585—1775》，人民出版社2001年版。

罗梅什·杜特《英属印度经济史·从1757年的起始至1837年维多利亚女登位》（上册），陈洪进译，生活·读书·新知三联书店1965年版。

曼宁·克拉克：《澳大利亚简史》，中山大学《澳大利亚简史》翻译组译，广东人民出版社1973年版。

帕尔默·科尔顿：《近现代世界史》，中册，孙福生、周颖如等译，商务印书馆1992年版。

乔治·布朗·廷德尔、大卫·埃默里·施：《美国史》（第一卷），宫齐等译，南方日报出版社2012年版。

乔治·勒费弗尔：《拿破仑时代》，（上、下卷），端木正译，商务印书馆1978年版。

塞缪尔·埃利奥特·莫里森等：《美利坚共和国的成长》（上），南开大学历史系美国史研究室译，天津人民出版社1980年版。

斯塔夫里阿诺斯：《全球通史——1500年后的世界》，吴象婴、梁赤民译，上海社会科学出版社1992年版。

宋家衍：《枫叶国度——加拿大的过去与现状》，山东大学出版社1989年版。

托马斯·潘恩：《潘恩选集》，马清槐等译，商务印书馆1982年版。

瓦.伊.科奇涅夫：《斯里兰卡的民族历史文化》，王兰译，中国社会科学出版社1990年版。

王觉非主编：《英国近代史》，南京大学出版社1997年版。

王绳祖主编：《国际关系史》，第一卷（1648—1814），世界知识出版社1996年版。

王宇博：《澳大利亚——在移植中再造》，四川人民出版社2000年版。

威廉·冯·申德尔:《孟加拉国史》,李腾译,中国出版集团东方出版中心 2011 年版。
温斯顿·丘吉尔:《英语国家史略》(下),薛力敏、林林译,新华出版社 1983 年版。
亚当·斯密:《国民财富的性质和原因的研究》(下),郭大力、王亚南译,商务印书馆 1974 年出版。
杨令侠:《加拿大与美国关系史纲》,天津社会科学院出版社 1995 年版。
伊曼纽尔·沃勒斯坦:《现代世界体系》,第 2 卷,吕丹、刘海龙等译,高等教育出版社 1998 年版。
张崇鼎主编:《加拿大经济史》,四川人民出版社 1993 年版。
张天:《澳洲史》,社会科学文献出版社 1996 年版。
张芝联主编:《法国通史》,北京大学出版社 1989 年版。

四、译名对照表

A

《奥德商务协定》(Orde's Commercial Resolutions)
《阿兰惠斯条例》(Treaty of Aranjuez, 1779)
阿巴拉契亚河(The Apalachicola River)
阿巴拉契亚山脉(The Appalachian Mountains)
阿尔玛市(Town of Armagh)
阿尔梅达,弗郎西斯科·德(Almeida, Francisco de)
阿卡迪亚(Acadia)
阿里,海德(Ali, Hyder Ruler of Mysor)
阿默斯特,杰夫(Amherst, Jeffery)
阿诺德,本尼迪克特(Arnold, Benedict)
埃格拉蒙特(Egremont, The Earl)
埃利奥特,格雷爵士(Elliott, Grey)
埃米特,罗伯特(Emmet, Robert)
埃斯奎博(Essequibo)
爱奥尼亚群岛(Ionian Islands)
爱尔兰(Ireland)
爱尔兰人联合会(the Society of United Irishmen)
爱尔兰首席大臣(Irsh Chief Secretary)
爱尔兰志愿军(Irish Volunteer Corps)
安德鲁斯,罗伯特(Andrews, Robert)
安提瓜(Antigua)
奥德,托马斯(Orde, Thomas)
奥里萨邦(Orissa)
奥什(Hoche, Louis Lazare)
奥斯沃德,理查德(Osuald, Richard)
奥特里,德鲁里(Ottley, Drury)
澳大利亚(Australia)

B

白衣团员(Writeboys')
波士顿惨案(The Boston Massacre)
波士顿茶党(The Boston Tea-Party)
《巴黎和约》(Treaty of Paris, 1763)
《柏林敕令》(Berlin Decree, 1806)
《宾夕法尼亚农民来信》(Letters From a Farmer in Pennsylvania)
《波伊宁斯法案》(Poynings Law)
《伯克法案》(Burke's Act, 1782)
巴巴多斯岛(Barbados)
巴达维亚共和国(Batavia Republic)
巴哈马(Bahamas)
巴拉马哈尔县(Baramabal District)
巴腊马特河(Parramatta River)

巴洛爵士(Barlow, Sir George)
百慕大(Bermuda)
班克山之战(the Banker's Hill)
班克斯,约瑟夫(Banks, Joseph)
报晓队(Peep O'Day)
鲍威尔,约翰(Powell, John)
贝尔法斯特(Belfast)
贝尔伊斯尔海峡(the Strait Belle-Isle)
比哈尔(Bihar)
比西,德(Bussy, De)
槟榔屿(Penang)
波纳尔,托马斯(Pownall, Thomas)
波旁岛(Bourbon)
伯比斯(Berbic)
伯格人(Burgher)
伯克,爱德蒙(Burke, Edmund)
博伊斯战役(the Battle of Boynes)
布莱,威廉(Bligh, William)
布雷顿角(Cape Breton)
布列斯托尔(Bristol)
布鲁克,伊萨克(Brock, Isaac)

C

橙带党(the Orange Order)
《常识》(Common Sense)
《撤销法案》(the Renunciation Act, 1783)
查尔莫斯,乔治(Chalmers, George)
《茶叶法》(The Tea Act, 1773)

D

《独立宣言》(United States Declaration of Independence)
达曼(Damān, Ad)
丹皮尔,威廉(Dampier, William)
德梅拉拉(Demerara)
德蒙(de Monts)
邓达斯,亨利(Dundas, Henry, 1st Viscount)
邓肯,乔纳森(Duncan, Jonathan)
狄金森,约翰(Dickinson, John)
迪斯雷利,本杰明(Disraeli, Benjamin)
底特律河(Detroit River)
地理号(Le Geographe)
帝国效忠派(The United Empire Loyalists)
帝汶(Timor)
第瓦尼(Diwani)
第乌(Diu)
第一舰队(First Fleet)
丁迪古尔(Dindigul)
东印度公司(British East India Company)
杜夫根号(DugfKen)
多巴哥(Tobago)
多米尼克(Dominica)
调查号(Investigator)
调查委员会(Select Committee)

E

厄尔斯特(Ulster)
俄亥俄河(Ohio River)

F

《法国革命的感想》(Reflections on the French Revolution)
法国大革命(French Revolution)
发现号(Discovery)
范·迪门地区(Van Diemen's Land)
范里贝克(Jan van Riebeeck)
菲茨吉本,约翰(Fitzgibbon, John, Earl of Clare)
菲利普,阿瑟(Philip, Arthur)
废除奴隶贸易协会成立(Society for the Abolition of the Slave Trade)
废除奴隶贸易运动(Abolitionism)
芬迪湾(Bay of Fundy)

弗吉尼亚公司(Virginia Company)
弗林德斯,马修(Flinders,Matthew)
福克斯,查尔斯(Fox,Charles James)
福克斯,乔治(Fox,George)
弗兰克,菲利普(Franic,Philip)
富兰克林,本杰明(Franklin,Benjamin)
福音教派(Evangelical)

黑斯廷斯,沃伦(Hastings,Warren)
皇家非洲公司(the Royal African Company)
皇家殖民地(Crown Colonies)
混合委员会(Combined Court)
霍巴特勋爵(Hobart,Lord)
霍克斯布理河(River Hawkesbury)

G

《根特和约》(Treaty of Ghent)
盖勒,亚伯拉罕(Guyler,Abraham)
橄榄枝请愿书(the Olive Branch Petition)
冈比亚(Gambia)
高康达(Golconda)
戈兹登,克里斯托弗(Christopher Gadsden)
格莱斯顿,威廉姆·爱华特(Gladstone, William Ewart)
格兰特,查尔斯(Grant,Charles)
格林纳达(Grenada)
格伦维尔(Grenville,William Wyndham)
公告令(The Declaratory Act,1766)
瓜德罗普(Guadeloupe)
果阿(Goa)

J

监护人号(Guardian)
旧的代议制体制(The Old Representative System)
《计划要点》(Heads of a Plan)
《杰伊条约》(The Jay Treaty,1794)
基尔威尔角(Caps Keerweer)
加尔各答(Calcutta)
贾拉法,米尔(Jafar,Mir)
杰伊,约翰(Jay,John)
金,菲利普·G(King,Phillip Gidley)
金斯顿(Kingston)

K

《魁北克法》(The Quebec Act of 1774)
卡蒂埃,雅克(Cartier,Jacques)
卡尔顿,盖伊(Carleton,Guy)
卡纳蒂克(Carnatic)
卡斯尔雷勋爵(Lord Castlereagh)
开普殖民地(Cape Colony)
凯佩尔,奥古斯塔斯(Keppel,Augustus)
康德罗加(Ticonderoga)
康诺特郡(Connaught)
康沃利斯(Cornwallis,Charles,1st Marquis,1786-1793)
科伦坡(Colombo)
克莱武,罗伯特(Clive,Robert)
克朗波因特(Crown Point)
肯尼贝克河(Kennebec River)
库克,詹姆士(Cook,James)

H

护教派(Defenders)
黄金诏谕(Golden Firman)
《航海条例》(Navigation Acts)
《合并法案》(Act of Union,1800)
哈尔迪曼德(Haldimand,Frederick)
哈斯金森,威廉(Huskisson,William)
海德拉巴(Hyderabadi)
海地(Haiti)
海利伯锐学院(Haileybury College)
赫,威廉(Hull,William)
赫尔戈兰岛(Halgoland)

库拉索岛(Curacao)
魁北克(Quebec)

L

罗巴克号(Roebuck)
《伦敦记事》(London Chronicle)
拉特兰公爵(Ruttland, Duke of)
莱佛士,斯坦弗德(Raffles, Sir Stamford)
黎塞留河(Richelieu river)
利物浦(Liverpool)
利物浦勋爵(Liverpool, Lord)
领主制(Seigniorial System)
鲁珀特斯兰(Rupert's land)
鲁斯,詹姆斯(Ruse, James)
罗得里格斯岛(Rodriguez)
罗金汉侯爵(Rockingham, Marquis)
罗斯,梅杰(Rose, Major)

M

马德拉斯(Madras)
马尔代夫(Maldives)
马尔科姆,约翰(Malcolm, J·D)
马耳他岛(Malta)
马拉巴尔(Malabar)
马拉塔(Marthas)
马拉塔联盟(The Maratha Confederacy)
马来半岛(Malay Peninsula)
马六甲(Malacca)
马塞诸萨(Massachusetts)
马特拉,詹姆士·玛丽亚(Matra, James Maria)
马提尼克(Martinique)
迈索尔(Mysore)
麦卡米克,威廉(Macarmick, William)
麦克阿瑟,约翰(Macarthur, John)
麦克多诺,托马斯(Macdonough, Thomas)
麦夸里,拉伦克(Macquarie, Lachlan)
曼,托马斯(Mun, Thomas)

毛里求斯岛(Mauritius)
贸易与拓殖委员会(Committee Council for Trade and Plantation)
梅特兰,托马斯 爵士(Maitland, Thomas Sir)
门达纳,阿·迪(Mendaña, Álvaro de)
蒙哥马利,理查德(Montgomery, Richard)
蒙特利尔(Montreal)
孟加拉(Bangal)
孟买(Bombay)
秘密委员会(Secret Committee)
密西西比河(The Mississippi River)
明托勋爵(Minto, Lord)
莫莱特,阿贝(Morellet, Abbe)
默里,詹姆士(Murray, James)
牧羊业大跃进(the Great Sguatting)
穆达利亚尔(Mudaliyars)

N

《南方大陆之行》(Voyage to Terra Australis)
拿破仑战争(The Napoleonic Wars)
纳尔逊(Nelson, Horatio)
纳瓦布(Nawab)
南方大陆(Terra Australis)
尼克尔斯,约翰(Nicholls, John)
尼亚加拉(Nigara)
尼扎姆(Nizam)
纽芬兰(Newfoundland)
纽盖特监狱(Newgate Prison)
努力号(Endeavou)
诺福克岛(Norfolk Island)
诺斯,弗雷德里克(North, Frederick)

P

潘恩,托马斯(Paine, Thomas)
皮克顿,托马斯(Picton, Thomas)
普拉茨堡战役(Battle of Plattsburgh)

普拉西战役(the Battle of Plassey)
普赖斯,理查德(Price, Richard)
小皮特,威廉(Pitt, William the Younger)

Q

七年战争(the Seven Years' War)
切萨皮克号(Chesapeake)

R

人道主义(Humanitarian)
《人身保护法》(Habeas Corpus Amendment Act, 1679)

S

塞拉利昂公司(Sierra Leone Company)
《食糖法》(the Sugar Act, 1764)
塞拉利昂(Sierra Leone)
塞舌尔群岛(Seychelles)
瑟洛,爱德华(Thurlow, Edward)
尚普兰,萨米埃尔·德(Champlain, Samuel de)
圣·多明各(Saint-Domingue)
圣·克里奥克斯(Sr. Croix)
圣·克里斯托弗岛(St. Christopher)
圣·劳伦斯河谷(St. · Lawrence River Valley)
圣·卢西亚(St. Lucia)
圣·托马斯(St. Thomas)
圣·文森特(St. Vincent)
圣约翰岛(Island of St. John)
圣约翰骑士团(Knights of St. John)
舒贾-乌德-道拉(Shuja-ud-daulah of Oadh)
斯里兰卡(Sri Lanka)
斯密,亚当(Smith, Adam)
苏门答腊岛(Sumatra)

T

《唐森德法》(The Townshend Act, 1767)
《特许状法》(Charter Act, 1813)
《天主教解放法》(The Catholic Relief Act, 1829)
《调整法案》(The Regulating Act, 1773)
《通货条例》(The Currency Act, 1764)
弹劾黑斯廷斯事件(The Impeachment of Warrant Hastings)
塔斯曼,埃贝尔(Tesman, Abel Janszoon)
唐森德(Townshend, Charles)
特立尼达(Trinidad)
特罗,伊约翰(Troy, John)
提康德罗加(Ticonderoga)
提普(Tipu)
亭可马里(Trincomalee)
托恩,沃尔夫(Tone, Wolfe)
托雷斯海峡(Torres Strait)
拓殖局(Plantation Bureau)
拓殖委员会(Committee Council for Trade and Plantation)

W

王室诏谕(The Proclamation)
《乌特勒支条约》(Treaty of Utrecht)
威尔伯福斯,威廉(Wilberforce, William)
威斯特摩兰伯爵(Westmorland, Earl of)
韦尔斯利(Wellesley, Richard Colly)
卫斯理,约翰(Wesley, John)
未知的南方大陆(Terra Australis Incognita)
沃德勒伊(Vaudreuil, Pierre de Rigaud de)
沃仑,托马斯(Warren, Sir Thomas)
"五月花公约"(Mayflower Compact)

X

《1791年宪法》(Constitutional Act of

1791)
《新南威尔士法案》(The New South Wales Act,1823)
悉尼勋爵(Sydney, Lord)
锡兰(Ceylon)
肖尔,约翰(Shore, Sir John)
谢尔本伯爵(Shelburne, Earl of)
新不伦瑞克(New Brunswick)
新法兰西(New France)
新南威尔士(New South Wales)
新南威尔士保安团(New South Wales security corps)
新斯科舍(Nova Scotia)

Y

《亚眠条约》(Treaty of Amiens,1802)
《印花税法》(The Stamp Act)
《英法商约》(The Anglo-French Commercial treaty of 1786)
牙买加(Jamaica)
亚当斯,萨缪尔(Adams, Samuel)
杨茨,威廉(Yansz, William)
杨格,乔治(Young, Sir George)
业主殖民地(Proprietor Colonies)
伊利湖(Lake Erie)
印度法(Inida Act,1784)

印度管理委员会(India Board of Control)
印度事务委员会(Commissioners for the Affair of India)
英国海军与皇家学会(The English Admiralty and Royal Society)
尤斯蒂斯,威廉姆(Eustis, William)
约翰斯通,乔治(Johnston, George)
约瑟夫二世(Joseph II)

Z

植物湾(Botany Bay)
钻石之战(Battle of Diamond)
《殖民法案》(Act of Settlement of 1652)
《驻营条例》(the Quartering Act,1765)
詹金森,查尔斯(Jenkinson, Charles)
张伯伦湖(Lake Champlain)
爪哇(Java)
政策委员会(Court of Policy)
重商主义(Mercantilism)
朱利安尼夫人号(Juliana, Laddy)
主权委员会(Sovereign Council)
驻扎官(Resident and Superintendent)
咨询会议(Advisory Council)
自然号(Le Naturalise)
自治殖民地(Autonomy Colonies)
最高委员会(Superior Council)

后 记

本卷由郭家宏撰写,钱乘旦修改定稿。